What is VAK?

YOU CAN APPROACH the topic of learning styles with a simple and powerful system—one that focuses on just three ways of perceiving through your senses:

- Seeing, or *visual learning*
- Hearing, or *auditory learning*
- Movement, or *kinesthetic learning*

To recall this system, remember the letters VAK, which stand for **v**isual, **a**uditory, and **k**inesthetic. The theory is that each of us prefers to learn through one of these sense channels. To reflect on your VAK preferences, answer the following questions. Circle the answer that best describes how you would respond. This is not a formal inventory—just a way to prompt some self-discovery.

When you have problems spelling a word, you prefer to

1. Look it up in the dictionary.
2. Say the word out loud several times before you write it down.
3. Write out the word with several different spellings and then choose one.

You enjoy courses the most when you get to

1. View slides, videos, and readings with plenty of charts, tables, and illustrations.
2. Ask questions, engage in small-group discussions, and listen to guest speakers.
3. Take field trips, participate in lab sessions, or apply the course content while working as a volunteer or intern.

When giving someone directions on how to drive to a destination, you prefer to

1. Pull out a piece of paper and sketch a map.
2. Give verbal instructions.
3. Say, "I'm driving to a place near there, so just follow me."

When planning an extended vacation to a new destination, you prefer to

1. Read colorful, illustrated brochures or articles about that place.
2. Talk directly to someone who's been there.
3. Spend time at that destination on a work-related trip before vacationing there.

You've made a commitment to learn to play the guitar. The first thing you do is

1. Go to a library or music store and find an instruction book with plenty of diagrams and chord charts.
2. Listen closely to some recorded guitar solos and see whether you can sing along with them.
3. Buy a guitar, pluck the strings, and ask someone to show you a few chords.

You've saved up enough money to lease a car. When choosing from among several new models, the most important factor in your decision is

1. The car's appearance.
2. The information you get by talking to people who own the cars you're considering.
3. The overall impression you get by taking each car on a test drive.

You've just bought a new computer system. When setting up the system, the first thing you do is

1. Skim through the printed instructions that come with the equipment.
2. Call up someone with a similar system and ask her for directions.
3. Assemble the components as best as you can, see if everything works, and consult the instructions only as a last resort.

You get a scholarship to study abroad next semester in a Spanish-speaking country. To learn as much Spanish as you can before you depart, you

1. Buy a video-based language course on DVD.
2. Download audio podcasts that guarantee basic fluency in just 30 days.
3. Sign up for a short immersion course in which you speak only Spanish.

Name _____ Date _____

Now take a few minutes to reflect on the meaning of your responses. The number of each answer corresponds to a learning style preference.

1 = visual   **2 = auditory**   **3 = kinesthetic**

	Visual	Auditory	Kinesthetic
My totals			

My dominant Learning Style(s): _____
_____

Do you see a pattern in your own answers? A pattern indicates that you prefer learning through one sense channel over the others. Or you might find that your preferences are fairly balanced.

Whether you have a defined preference or not, you can increase your options for success by learning through *all* your sense channels. For example, you can enhance visual learning by leaving room in your class notes to add your own charts, diagrams, tables, and other visuals later. You can also key your handwritten notes into a computer file and use software that allows you to add colorful fonts and illustrations.

To enhance auditory learning, reinforce your memory of key ideas by talking about them. When studying, stop often to summarize key points and add examples in your own words. After doing this several times, dictate your summaries into a voice recorder and transfer the files to an iPod or similar device. Listen to these files while walking to class or standing in line at the store.

For kinesthetic learning, you've got plenty of options as well. Look for ways to translate course content into three-dimensional models that you can build. While studying grammar, for example, create a model of a sentence using different colors of clay to represent different parts of speech. Whenever possible, supplement lectures with real-world audio and video input and experiences, field trips to Spanish-speaking neighborhoods, and other opportunities for hands-on activity. Also recite key concepts from your courses while you walk or exercise.

These are just a few examples. In your path to mastery of learning styles, you can create many more of your own.

VOLUME 4

CUADROS

INTERMEDIATE SPANISH

Sheri Spaine Long
University of Alabama at Birmingham

María Carreira
California State University at Long Beach

Sylvia Madrigal Velasco

Kristin Swanson

HEINLE
CENGAGE Learning·

Australia · Brazil · Japan · Korea · Mexico · Singapore · Spain · United Kingdom · United States

Cuadros

Sheri Spaine Long, María Carreira, Sylvia Madrigal Velasco, & Kristin Swanson

Vice President, Editorial Director: PJ Boardman

Publisher: Beth Kramer

Senior Acquisitions Editor: Heather Bradley Cole

Senior Development Editor: Kim Beuttler

Assistant Editor: Sara Dyer

Editorial Assistant: Claire Kaplan

Senior Media Editor: Morgen Murphy

Executive Marketing Manager: Ben Rivera

Marketing Coordinator: Claire Fleming

Marketing Communications Manager: Glenn McGibbon

Senior Content Project Manager: Aileen Mason

Senior Art Director: Linda Jurras

Senior Manufacturing Planner: Betsy Donaghey

Rights Acquisition Specialist: Mandy Grozsko

Production Service: PreMediaGlobal

Text Designers: Carol Maglitta, Susan Gilday

Cover Designer: Harold Burch

Cover Image: © Wolfgang Thieme/dpa/Corbis

Compositor: PreMediaGlobal

For product information and technology assistance, contact us at **Cengage Learning Customer & Sales Support, 1-800-354-9706**
For permission to use material from this text or product, submit all requests online at **www.cengage.com/permissions**
Further permissions questions can be emailed to **permissionrequest@cengage.com**

Library of Congress Control Number: 2011937474

ISBN-13: 978-1-111-34117-6

ISBN-10: 1-111-34117-6

Heinle
20 Channel Center Street
Boston, MA 02210
USA

Cengage Learning is a leading provider of customized learning solutions with office locations around the globe, including Singapore, the United Kingdom, Australia, Mexico, Brazil and Japan. Locate your local office at **international.cengage.com/region**

Cengage Learning products are represented in Canada by Nelson Education, Ltd.

For your course and learning solutions, visit **www.cengage.com**

Purchase any of our products at your local college store or at our preferred online store **www.cengagebrain.com**

Instructors: Please visit **login.cengage.com** and log in to access instructor-specific resources.

Printed in Canada
2 3 4 5 6 7 15 14 13 12

To the Student

¡Bienvenidos! Welcome to the *Cuadros* intermediate Spanish program. Spanish is one of the most useful languages you can learn; it is spoken by nearly 500 million people across the globe, including over 50 million Hispanics in the United States alone—one out of every six Americans. It is the most spoken language in the world after Mandarin Chinese and English. As you undertake your study of the Spanish language with *Cuadros*, keep in mind the following:

- We strive to present the Spanish-speaking world in all its diversity, with particular attention to indigenous and African-Hispanic populations, as well as European and Latin American immigrant populations.

- We guide you to make cross-cultural comparisons between the cultures you learn about and your own. Too often, the emphasis has been on the differences among cultures, when what may be surprising is the number of things we have in common with Spanish speakers around the world.

- We encourage you to look at your own community and to meet and interact with the Spanish speakers you encounter in both local and global communities. Spanish is all around you—just keep your eyes and ears open for it!

- *Cuadros* is designed to enrich your language-learning experience—while you are learning another language, you are also gathering information *about* the people who speak it and the countries where it is spoken. At first, you may feel that you are unable to read or understand some of the materials, but in *Cuadros*, the focus is on getting the main ideas, and the tasks expected of you are limited to what you have already learned or what you can safely deduce from context. You will be surprised to see that you can comprehend more than you think you can!

- *Cuadros* features a variety of resources to help you achieve your language-learning goals more easily. Media icons at relevant points throughout the print book tell you exactly which component to use for additional practice or support. Or, work right from the eBook for direct access to all of the program's resources, including audio recordings of key vocabulary and grammar terms, instant activity feedback, and online chat and commenting functionality.

- Learning a language is easier if you relax and have fun. Keeping this in mind, we've included humorous and contemporary content with the goal of making language learning enjoyable and interesting.

We hope you enjoy your continued studies of the Spanish language and its many peoples and cultures. Learning a language sets you on a course of life-long learning. It is one of the most valuable and exciting things you can do to prepare yourself to be a global citizen of the twenty-first century.

—The Authors

Student Text

Your **Student Text** contains all the information and activities you need for in-class use. Volumes 3 and 4 each contain a preliminary chapter followed by five regular chapters that contain vocabulary presentations and activities, grammar presentations and activities, video-related practice, cultural information, reading selections, and writing practice. There are also valuable reference sections at the back of each book, including Spanish-English and English-Spanish glossaries and verb charts. In addition, both Volumes 3 and 4 contain an appendix that reviews all of the grammar presented in the previous volume.

Student Activities Manual (SAM): Workbook / Lab Manual / Video Manual

The **Student Activities Manual (SAM)** includes out-of-class practice of the material presented in the Student Text. Volumes 3 and 4 of the SAM are each divided into a Workbook **(Cuaderno de práctica)**, which focuses on written vocabulary and grammar practice, reading, and writing; a Lab Manual **(Manual de laboratorio)**, which focuses on pronunciation and listening comprehension; and a Video Manual **(Manual de video),** which offers extra practice of the storyline and **Voces del mundo hispano** segments.

iLrn™ Heinle Learning Center

An all-in-one online learning environment, including an audio- and video-enhanced interactive eBook, assignable textbook activities, companion videos, assignable voice-recorded activities, an online workbook and lab manual with audio, interactive enrichment activities, a chapter- and volume-level diagnostic study tool for better exam preparation, and now, media sharing and commenting capability through Share It! The iLrn: Heinle Learning Center is offered separately for Volumes 3 and 4.

Premium Website

You will find a wealth of resources and practice on the *Cuadros* **Premium Website**, accessible for Volumes 3 and 4 at **www.cengagebrain.com.** The **Premium Website** assets should be used as you work through each chapter and as you review for quizzes and exams.

To get access, visit CengageBrain.com

- It provides access to the text audio program, Web activities and links, Google Earth™ coordinates, and an iTunes™ playlist.
- The premium password-protected resources include the SAM audio program, the video program, grammar and pronunciation podcasts, grammar tutorial videos, auto-graded quizzes, and more!
- The web quizzes focus on vocabulary and grammar and provide automatic feedback, which helps you understand errors and pinpoints areas for review.
- The web activities offer the opportunity to explore authentic Spanish-language websites. Cultural web links relate to the **Voces de la comunidad, ¡Fíjate!,** and **¿Quieres saber más?** activities as well as **Tú en el mundo hispano**, which covers volunteer, study abroad, and internship opportunities throughout the Hispanic world and **Ritmos del mundo hispano**, a section that explores traditional and contemporary Hispanic music through music and video links.

Acknowledgments

Reviewers and Contributors

We would like to acknowledge the helpful suggestions and useful ideas of our reviewers, whose commentary was invaluable to us in shaping *Cuadros*.

Many thanks go to the following professors, each of whom offered valuable suggestions through their participation in live and virtual focus groups:

ACTFL: Introductory Spanish Focus Group
Aleta Anderson, *Grand Rapids Community College*
Yolanda González, *Valencia Community College*
Monica Montalvo, *University of Central Florida*
Renee Wooten, *Vernon College*

Pasadena Focus Group
Esther Castro, *San Diego State University*
Mercedes Limón, *Chaffey College*
Ofelia McQueen, *Los Angeles City College*
Markus Muller, *California State University, Long Beach*
Rosalinda Nericcio, *San Diego State University*
Yelgy Parada, *Los Angeles City College*
Victoria Tirado, *Chaffey College*

Philadelphia Focus Group
Norma Corrales-Martin, *Temple University*
Judith R. Downing, *Rutgers University – Camden*
April Jacobs, *Temple University*
Maríadelaluz Matus-Mendoza, *Drexel University*
Patricia Moore-Martínez, *Temple University*
Eva Recio-Gonzalez, *University of Pennsylvania*
Kimberly Ann Vega, *Temple University*

Development Reviews
Karen Berg, *College of Charleston*
Genevieve Breedon, *Darton College*
Matt Carpenter, *Yuba College, Clear Lake Campus*
John Catlett, *Cabrini College*
Daria Cohen, *Rider University*
Carmen García, *Valencia Community College*
Martha García, *University of Central Florida*
Diego Emilio Gómez
Yolanda González, *Valencia Community College*
Laurie Huffman, *Los Medanos College / Florida State College*
Isabel Killough, *Norfolk State University*
Lori Lammert, *Chattanooga State Community College*

Jill Loney, *Urbana University*
Richard McCallister, *Delaware State University*
Meghan Mehlos, *University of Wisconsin – Eau Claire*
Deanna Mihaly, *Eastern Michigan University*
Dianne Moneypenny, *Franklin College*
Lisa Nalbone, *University of Central Florida*
Janet Norden, *Baylor University*
Catherine Ortíz, *University of Texas at Arlington*
Sieglinde Poelzler-Kamatali, *Ohio Northern University*
Rosalea Postma-Carttar, *University of Kansas*
Laura Ruiz-Scott, *Scottsdale Community College*
Lester Edgardo Sandres Rapalo, *Valencia Community College*
Erika Sutherland, *Muhlenberg College*
David Tate, *Brevard Community College*
Wendy Westmoreland, *Cleveland Community College*
Sandra Wise, *University of Texas at Arlington*

Testing Program Consultants
Bárbara Ávila-Shah, *University at Buffalo, The State University of New York*
Patrick Brady, *Tidewater Community College*
Marta Nunn, *Virginia Commonwealth University*
Helga Winkler, *Ventura County Community College District – Moorpark College*

We would like to extend our gratitude to the Graduate Teaching Assistant and Adjunct Faculty Focus Group, which discussed the tools needed to ensure a successful transition to a new edition and successful use over the course of the semester.

Graduate Teaching Assistant / Adjunct Faculty Focus Group
Alison Atkins, *Boston University*
Alison Carberry, *Boston University*
Alejandra Cornejo, *Boston University*
Daniela Dorfman, *Boston University*
Megan Gibbons, *Boston University*
Rebeca Hey-Colón, *Harvard University*
Magdalena Malinowska, *Boston University*
Glenda Quiñónez, *Harvard University*

Finally, special thanks go to the following professors and writers, who have written the outstanding supplements to accompany this program:

Meghan Allen, *Babson College – Volume-level diagnostics and Web assets*
Flavia Belpoliti, *University of Houston – Bridge chapter teaching suggestions*
Maria Colina – *Lesson plans*
Juan De Urda, *SUNY Fredonia – Web quizzes*
Karen Haller Beer – *Testing program*
Maribel Lárraga, *Our Lady of the Lake University – Testing program and audio script*
Sarah Link – *PowerPoint presentations*
Jeff Longwell, *New Mexico State University – Volume-level oral assessments*
Nina Patrizio-Quiñones, *Our Lady of the Lake University – Testing program and audioscript*
Joshua Pope, *University of Wisconsin – Madison – Information gap activities*
Nidia Schuhmacher, *Brown University – Web searches*
Sierra Turner, *University of Alabama – Activity worksheets*

A hearty thanks to our fine VAK system, Learning Style worksheet writers: **Carlos Abaunza, Rebeca Hey-Colón** from **Harvard University** and **Magdalena Malinowska** from **Boston University**. Through creativity, hard work, and proactive communication, these writers took full ownership of the project from its incipient stages to create a comprehensive set of intuitive and valuable tools for visual, auditory, and kinesthetic learners.

We would also like to thank the World Languages Group at Heinle Cengage Learning for their ongoing support of this project and for guiding us along the long and sometimes difficult path to its completion! Many thanks especially to Beth Kramer and Heather Bradley for their professional guidance and outstanding support. We would also like to thank Kim Beuttler, our development editor, for her enthusiastic support and dedication to the project, her unflagging energy and enthusiasm, and her unerring eye for detail, Sara Dyer for her creative and focused work on the supplements that support *Cuadros*, and Morgen Murphy for her dedication to the quality of the media package. Thanks also to Aileen Mason, our production editor, for her meticulous care, and for her cheerful and good-humored tenacity in keeping the production side of things moving efficiently, and to Katy Gabel for her excellent project management work. We would like to extend our appreciation to Lindsey Richardson, Marketing Director, and Ben Rivera, Senior Marketing Manager, for their outstanding creative vision and hard work on campus, and to Glenn McGibbon, Senior Marketing Communications Manager, for his phenomenal work on marketing and promotional materials. We would like to acknowledge our copyeditor Janet Gokay, our proofreaders Pilar Acevedo and Jonathan Jucker, our art director, Linda Jurras, for her inspired design work, our illustrators JHS Illustration Studio and Fian Arroyo, Hilary Hudgens for his creative design contributions, and the many other design, art, and production staff and freelancers who contributed to the creation of this program.

¡Mil gracias a todos!
To my inspirational students, who helped shape *Cuadros*, and to *mi querida familia*, John, Morgan, and John, who have accompanied me on my life's magical journey as a Hispanist. *Gracias por el apoyo infinito.*
—S. S. L.

I am particularly appreciative of the help and encouragement of my husband, Bartlett Mel, my father, Domingo Carreira, and my colleagues Ana Roca, Najib Redouane, and Irene Marchegiani Jones.
—M. C.

I would like to thank my parents, Dulce and Óscar Madrigal, for bequeathing to me their language, their culture, their heritage, their passion for life, and their *orgullo* in *México, lindo y querido.*
—S. M. V.

A special thanks to Mac Prichard and to Shirley and Bill Swanson for their constant support and encouragement, both personal and professional.
—K. S.

Scope and Sequence

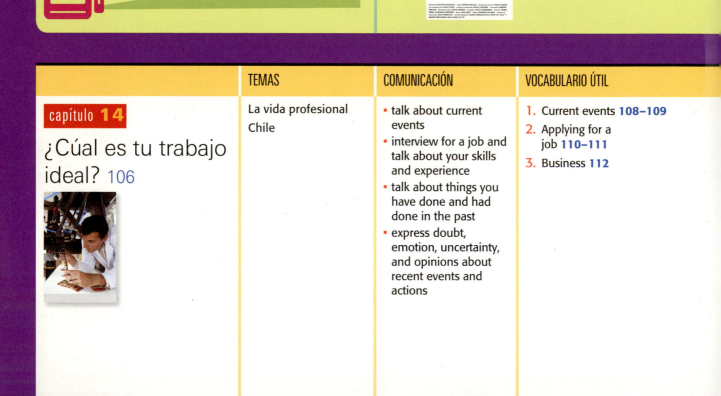

El deseo enorme de acercarse a su querida en una fiesta le presenta al protagonista de este cortometraje argentino una serie de obstáculos que trata de superar *(overcome)* uno por uno. ¿Cómo se resuelve la situación del joven enloquecido por el amor?

	TEMAS	COMUNICACIÓN	VOCABULARIO ÚTIL
capítulo 15 ¿Te gustaría explorar el mundo? 138 	Comunidad global Andorra, Belice, Filipinas, Guinea Ecuatorial y Marruecos	• talk about travel and make travel plans • talk about nature and geography • hypothesize and speculate • express doubt, emotion, and reactions about past events	1. Travel, the airport, on the airplane **140–141** 2. In the hotel **144** 3. Geography **146**

Volume 4

	COMUNICACIÓN
capítulo preliminar 4 Mi comunidad global P4-2 	• las relaciones personales: amigos, amores, familia, colegas • las artes: televisión, cine, teatro, danza, música, baile, pintura, escultura • la salud: la dieta diaria, enfermedades o accidentes, experiencias con los médicos • la vida profesional: planes de estudio, profesión futura • el mundo: problemas o temas mundiales, cuestiones de política, las noticias del día • los viajes: planes para viajar, experiencias en los hoteles y el aeropuerto, lugares que quieres visitar

Un pobre hombre está en una situación muy rara: va caminando por Barcelona y en un abrir y cerrar de los ojos, se encuentra en Venecia.

Este anuncio español presenta un producto revolucionario —uno que ha existido por siglos, desde la invención de la prensa de Gutenberg.

¿Qué tiene que ver el amor y la venganza con un perro llamado Man? Déjate llevar por esta historia madrileña de un perro que sabe más del amor que los humanos que lo cuidan.

Reference Materials

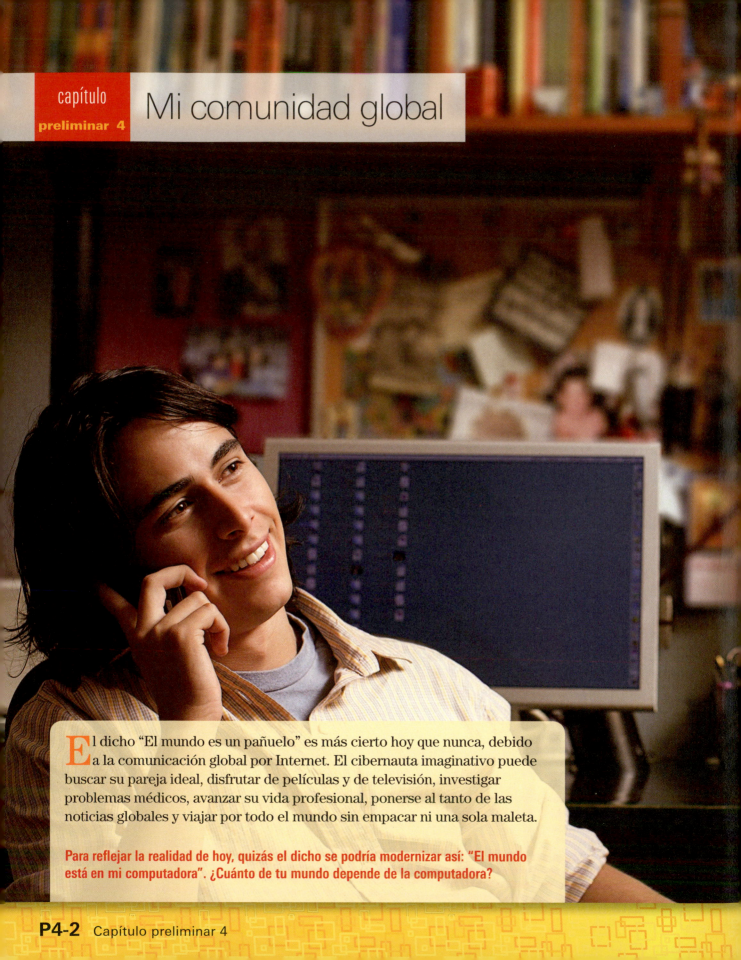

Mi comunidad global

El dicho "El mundo es un pañuelo" es más cierto hoy que nunca, debido a la comunicación global por Internet. El cibernauta imaginativo puede buscar su pareja ideal, disfrutar de películas y de televisión, investigar problemas médicos, avanzar su vida profesional, ponerse al tanto de las noticias globales y viajar por todo el mundo sin empacar ni una sola maleta.

Para reflejar la realidad de hoy, quizás el dicho se podría modernizar así: "El mundo está en mi computadora". ¿Cuánto de tu mundo depende de la computadora?

© Fancy/Alamy/RF

En este capítulo, vas a repasar

Comunicación

- **las relaciones personales:** amigos, amores, familia, colegas
- **las artes:** televisión, cine, teatro, danza, música, baile, pintura, escultura
- **la salud:** la dieta diaria, enfermedades o accidentes, experiencias con los médicos
- **la vida profesional:** planes de estudio, profesión futura
- **el mundo:** problemas o temas mundiales, cuestiones de política, las noticias del día
- **los viajes:** planes para viajar, experiencias en los hoteles y el aeropuerto, lugares que quieres visitar

Gramática

- el perfecto del subjuntivo
- el subjuntivo y el indicativo
- el futuro
- el presente perfecto
- el pasado perfecto
- el imperfecto de subjuntivo
- el condicional
- las cláusulas con **si**

Cultura

- un blog de un estudiante peruano

A repasar

Activity 1 practices the subjunctive with verbs of volition using **Chapter 11** vocabulary.

1 Parejaldeal.com Tú y tu compañero(a) van a investigar un sitio web que ofrece ayudarles a encontrar la pareja ideal. Antes de registrarse en el sitio, usen las expresiones y conversen sobre sus expectativas y deseos.

MODELO Tú: *¡Espero que todos los candidatos tengan la edad que publican!*
Compañero(a): *Yo espero que sean sinceros en sus descripciones.*

Expresiones: Deseo que..., Espero que..., Insisto en que..., Necesito que..., Prohíbo que..., Quiero que...

Activity 2 practices the subjunctive with impersonal expressions using **Chapter 11** vocabulary.

2 Recomendaciones para la boda En grupos de cuatro personas, representen uno de los siguientes papeles: el novio, la novia, la madre o el padre de la novia y el (la) organizador(a) de la boda. Antes de empezar, cada persona debe escribir tres recomendaciones sobre cómo deben celebrar la boda, usando las expresiones **(No) Es importante, (No) Es necesario, (No) Es lógico,** and **Es bueno / malo** con sugerencias de la siguiente lista. Después, júntense para dar sus recomendaciones y compararlas con las de las otras personas en el grupo. Traten de crear un plan que todos aprueban *(approve)*.

MODELO Padre de la novia: *No es necesario que tengamos ni un banquete ni un buffet. ¡La comida es cara!*

Sugerencias: contratar una orquesta o banda (¿de qué tipo?), gastar (¿cuánto?) dinero, invitar a (¿cuántas?) personas, participar (¿cuántos?) padrinos y damas de honor, tener un banquete o un buffet, viajar (¿adónde?) para la luna de miel, ¿...?

Activity 3 practices the subjunctive with verbs of emotion using **Chapter 12** vocabulary.

3 Los buenos y los malos En grupos de tres o cuatro personas, usen las siguientes expresiones para comentar sus preferencias con relación a las películas y los programas de televisión. Pueden hablar de los actores, los directores, los escritores, los personajes, los argumentos *(plots)*, el diálogo, las imágenes digitales y cualquier otro aspecto que les interese.

MODELO *¡No me gusta que haya tantos programas con vampiros!*

Expresiones: Espero que..., Me alegro de que..., Me encanta que..., (No) Me gusta que..., Me molesta que..., Me sorprende que..., Ojalá que..., Siento que...

Activity 4 practices the subjunctive with expressions of doubt and disbelief using **Chapter 12** vocabulary.

4 Crítica a los críticos Con un(a) compañero(a), usen palabras de la lista para hablar de sus opiniones y dudas sobre los críticos y blogueros.

MODELO Tú: *Dudo que los blogueros mismos escriban todas las entradas (posts) de sus blogs.*
Compañero(a): *Creo que a veces los críticos hacen comentarios sólo para crear una reacción fuerte.*

Expresiones: (No) Creo que..., Dudo que..., Es dudoso / Es improbable que..., No es cierto / probable / seguro / verdad que..., No estoy seguro(a) de que...

5 **¿Existe o no existe?** Con un(a) compañero(a), túrnense para contestar las preguntas a continuación. Usen oraciones completas con el subjuntivo o el indicativo, según el caso.

1. ¿Conoces a alguien que toque en una banda? (¿Quién es?)
2. ¿Hay un cine en tu barrio que presente películas de otros países? (¿Cuál es?)
3. ¿Hay una estación de radio que te guste mucho? (¿Cuál es?)
4. ¿Conoces a alguien que no tenga televisor? (¿Quién es?)
5. ¿Conoces a alguien que sea actor o actriz profesional? (¿Quién es?)
6. ¿Hay una tienda en tu barrio que venda discos de vinilo (*vinyl*)? (¿Dónde está?)

Activity 5 practices the subjunctive with nonexistent and indefinite situations using **Chapter 12** vocabulary.

6 **Condiciones** Con un(a) compañero(a), túrnense para crear oraciones completas con palabras y frases de las tres columnas.

MODELO *No como mucha comida frita a menos que esté de vacaciones.*

Columna A	Columna B	Columna C
(no) comer mucha comida frita	a menos que	estar de vacaciones
(no) dormir ocho horas	antes de que	estar enfermo(a)
(no) hacer mucho ejercicio	aunque	engordarse (*to gain weight*)
(no) ir a ponerme a dieta	cuando	estar muy ocupado(a)
(no) ir a ver al médico	después de que	hacer ejercicio
(no) beber mucha agua	hasta que	tener acceso a un gimnasio
¿...?	¿...?	¿...?

Activity 6 practices the subjunctive with conjunctions, using **Chapter 13** vocabulary.

7 **La salud** Con un(a) compañero(a), túrnense para completar cada oración con el indicativo o el subjuntivo, según el caso.

1. Con relación a la dieta, creo que...
2. Con relación al ejercicio, es imposible que...
3. El médico quiere que yo...
4. Aunque tengo dinero para comer en la cafetería, mis padres saben que yo...
5. No voy a cambiar mis hábitos a menos que...
6. Necesito encontrar un gimnasio que...
7. Estoy seguro(a) de que los médicos...
8. Ojalá que mi nueva clase de ejercicio...

Activity 7 practices choosing between the indicative and subjunctive moods using **Chapter 13** vocabulary.

8 **¿Qué harán?** Con un(a) compañero(a), miren las fotos. Juntos(as), hagan tres predicciones sobre lo que hará cada persona para mejorar su salud y la calidad de su vida durante el año que viene. Después, digan qué harán ustedes durante el próximo año para mejorar su propia salud.

Activity 8 practices the future tense using **Chapter 13** vocabulary.

MODELO   *Juan José apagará el televisor.*

Juan José

La señora Álvarez

Manolito y Carlitos

9 **¿Qué has hecho?** Trabaja con un(a) compañero(a). Túrnense para hacer preguntas sobre las noticias del día, los empleos y los negocios, según el modelo. Tu compañero(a) te contesta y te hace otra pregunta. Usen formas del presente perfecto.

Activity 9 practices the present perfect tense using **Chapter 14** vocabulary.

MODELO   Tú: *¿Has participado en una campaña electoral alguna vez?*
Compañero(a): *Sí, he participado... / No, no he participado...*
¿Has trabajado en una oficina alguna vez?
Tú: *Sí, he trabajado... / No, no he trabajado...*

10 **Al entrar en la escuela** En parejas, digan cinco cosas que ya habían hecho al entrar en el primer grado de la escuela primaria. Hagan una lista completa y después comparen su lista con la de otra pareja para crear un resumen.

Activity 10 practices the past perfect tense using **Chapter 14** vocabulary.

MODELO   Tú: *Al entrar en el primer grado, ya había viajado a Europa con mi familia.*
(Resumen): *Al entrar en el primer grado, Austin ya había viajado a Europa con su familia. También había... Henry ya había... y también había...*

11 **Dos verdades y una mentira** *(lie)* Formen un grupo de cuatro o cinco personas. Cada persona debe hacer una lista de dos cosas raras o sorprendentes que ya ha hecho (las dos verdades) y otra cosa que en realidad no ha hecho (la mentira). Después, túrnense para leer sus listas. Mientras una persona lee su lista, las otras personas del grupo dicen si creen o no creen lo que dice. La persona que lee la lista recibe un punto por cada actividad que resulta en una adivinanza equivocada *(wrong guess)* por parte de las otras personas del grupo.

MODELO   Persona 1: *He trabajado en la misma oficina que Oprah Winfrey.*
              Persona 2: *No creo que hayas trabajado...*
              Persona 3: *Yo sí creo que has trabajado..., etc.*

Activity 11 practices the present perfect subjunctive using **Chapter 14** vocabulary.

12 **Un viaje desastroso** Con un(a) compañero(a), túrnense para describir un viaje desastroso que hicieron en el pasado. El viaje puede ser verdadero o imaginario. Cada persona debe enfocarse en lo que él o ella quería hacer y en lo que otras personas insistieron en que hiciera. Usen expresiones de la lista y sigan el modelo.

MODELO   *Hice un viaje desastroso a la playa con mis amigos. Yo quería ir a Cabo San Lucas, pero ellos insistieron en que fuéramos a una playa pequeña en Texas...*

Expresiones: buscar, dudar que, insistir en que, no creer que, no era buena idea que, no era posible que, no querer que, recomendar que

Activity 12 practices the imperfect subjunctive using **Chapter 15** vocabulary.

13 **De vacaciones** Con un(a) compañero(a), imaginen que están de vacaciones. Cada persona debe hacer una lista de dos cosas que haría en cada uno de los siguientes lugares. Después comparen sus listas y hagan un resumen completo de sus preferencias.

MODELO   Tú: *Yo observaría pájaros* (birds) *en la selva tropical.*
              (Resumen): *Tessa observaría pájaros y Julian... También nosotros...*

1. la selva tropical
2. la playa
3. las montañas
4. una ciudad grande

Activity 13 practices the conditional using **Chapter 15** vocabulary.

14 **Encuesta** Mira la siguiente lista de preguntas. Pregúntaselas a tantos compañeros que puedas y haz una lista de las respuestas. Después, compara tus resultados con la clase entera para hacer una lista de las respuestas más populares.

Activity 14 practices **si** clauses with the subjunctive and the indicative using **Chapter 15** vocabulary.

1. *Si tuvieras más dinero, ¿qué harías?*
2. *Si tuvieras más tiempo, ¿qué harías?*
3. *Si pudieras viajar a cualquier sitio, ¿adónde irías?*
4. *Si pudieras tener un talento especial, ¿cuál sería?*
5. *Si pudieras ser una persona famosa por un día, ¿quién serías?*
6. *Si pudieras hablar con una persona histórica, ¿con quién hablarías?*

A leer

>> **Antes de leer**

ESTRATEGIA

Understanding an author's point of view

You've already learned the reading strategy of analyzing and understanding a writer's point of view. When you read a blog, the point of view is usually quite clear—it is a first-person narration that shares the author's information, ideas and/or feelings about various topics. But sometimes it helps to know more about this point of view. That's where the tone of the author's language can give you some clues. Is it sincere? Humorous? Ironic? Persuasive? Angry? When you read a blog, try to decide what the writer's goal is in sharing this information and then check to see how the point of view helps support that goal.

1 Trabaja con un(a) compañero(a) para contestar las siguientes preguntas.

1. Piensen en los temas de las actividades que hicieron en la sección **A repasar** de este capítulo. ¿Cuáles de estos temas les parecen buenos para tratar en una entrada de blog?

2. El nombre del blog que van a leer es "Tengo 18". Miren el nombre de la entrada en la próxima página. ¿De qué creen que se va a tratar?

3. Lean la siguiente información biográfica del autor. En base a esta información, ¿cómo deben ser el punto de vista y el tono de su blog? ¿Serio? ¿cómico? ¿emocional? ¿enojado? ¿por qué?

> Nombre: Miguel Aspauza
> Nacionalidad: Peruano
> Bio: Tengo 18 años y estudio Derecho en la Universidad Nacional Mayor de San Marcos. Siempre me sentí atraído por toda forma de expresión personal, es así que a lo largo de mis cortos años me fui interesando por el teatro, la música y la literatura. Tímido, dudoso e inseguro al principio, trato de adaptarme al nuevo mundo que me da la bienvenida, esperando no tropezarme muy seguido[1] en este largo camino.

---
[1]*not to trip very often*

2 Para prepararte a leer el blog, haz una correspondencia entre las frases a la izquierda y sus equivalentes en inglés a la derecha.

1. me han restringido
2. me hace falta
3. sin que nadie me fiscalice
4. en lo que a mí me plazca
5. echarles en la cara
6. hasta donde me doy cuenta
7. han quemado
8. hacer cola

a. *have wasted, missed out on*
b. *at least as far as I can tell*
c. *throw it back in their face*
d. *they have restricted me*
e. *to wait in line*
f. *on whatever pleases me*
g. *without anyone supervising me*
h. *I need*

3 Ahora lee la primera entrada del blog "Tengo 18," en la que el autor describe sus sentimientos al cumplir 18 años.

Lectura

"Tengo 18", Miguel Aspauza

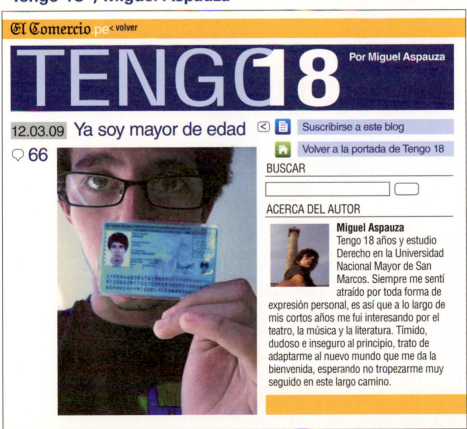

El Comercio.pe < volver

TENGO 18
Por Miguel Aspauza

12.03.09 **Ya soy mayor de edad**

💬 66

Suscribirse a este blog

Volver a la portada de Tengo 18

BUSCAR

ACERCA DEL AUTOR

Miguel Aspauza
Tengo 18 años y estudio Derecho en la Universidad Nacional Mayor de San Marcos. Siempre me sentí atraído por toda forma de expresión personal, es así que a lo largo de mis cortos años me fui interesando por el teatro, la música y la literatura. Tímido, dudoso e inseguro al principio, trato de adaptarme al nuevo mundo que me da la bienvenida, esperando no tropezarme muy seguido en este largo camino.

Reprinted by permission of Miguel Aspauza

El Comercio.pe < volver

TENGO 18

Por Miguel Aspauza

Un año más que pasa en mi corta vida y esta vez el cambio es desconcertante... acabo de cumplir 18 años, he llegado a la mayoría de edad y he dejado de ser niño para convertirme en adulto, con las responsabilidades y las libertades que ello implica. Una infinidad de posibilidades se abren ante mi pequeño mundo y, la verdad, me da miedo.

Viéndole el lado amable a este cambio, ahora podré ir a cualquier discoteca, pub, bar, karaoke o lugar de entretenimiento alcohólico sin que me miren mal o me pidan DNI[1]. ¡Ya no más!... ahora también podré gozar de las libertades que los adultos me han restringido desde que tenía razón suficiente para envidiarlos. Nunca más seré discriminado por ser un chibolo[2] que "se cree mayor". Ya no. Con mi plastificado documento color celeste, y como He-Man, ya tengo el poder[3]. Y de paso con esta posibilidad de poder entrar a cualquier lugar también se abre la puerta de los permisos hasta más tarde.

Ahora podré llenar todos los formularios para buscar trabajo en Starbucks, KFC, Burger King, McDonalds, Bembos, o cualquier lugar; tendré con qué llenar ese espacio obligatorio en el que te piden el documento de identidad; y podré contar con ese dinero que tanto me hace falta. Ya no habrá necesidad de portarme bien y poner cara de perrito arrepentido para decir "mamá, es cumple de mi amiga...", ya se acabó esa ridícula escena, ahora tendré dinero fruto de mi sudor[4] y lo podré gastar sin que nadie me fiscalice. Cuando trabaje —cosa no tan lejana— podré utilizar el dinero ganado en lo que a mí me plazca y nadie me podrá reclamar nada.

También podré elegir a mis gobernantes y arrepentirme después, sabiendo que ahora tendré parte de la culpa[5] de que gobiernen mal mi país, o por el contrario, podré lavarme las manos diciendo "yo no voté por él". Sí, ahora tendré voz y voto, y tendré que hacer colas interminables para marcar algún símbolo y un par de números para ver qué pasa.

Como ya soy mayor de edad, también podré ser incluido sin ninguna censura en las charlas de gente mayor, charlas con contenido sexual y con secretos familiares y de amigos con respecto a hijos no reconocidos, amantes, delitos[6], entre otros, total, en teoría ya tengo edad suficiente como para oír y entender esas cosas. Incluso podré ver a los chibolos con sarcasmo y echarles en cara que no tienen DNI y demás tonterías que a mí me hicieron y que, por lo visto, me dejaron cierta huella[7].

Por lo menos hasta donde me doy cuenta, yo no la sufro tanto. He visto alrededor de mí a muchas personas que ya tienen responsabilidades grandísimas, como ser padres o madres de familia. Personalmente opino que han quemado etapas de su vida y eso en cierto modo me apena; por otro lado, sé que cada persona es libre de decidir el curso de sus acciones, exceptuando obviamente a las personas que por diferentes circunstancias se han visto en la necesidad de mantener a sus padres, hermanitos, o qué sé yo. Estas personas tienen mi admiración. En parte estas cuestiones son las que me dan un poco de miedo, ver que hay personas de mi edad con responsabilidades que para mí son lejanísimas, eso me hace sentir que de cierto modo no estoy tan preparado para afrontar las responsabilidades de ser un mayor de edad.

Me doy cuenta de que muchas cosas van a cambiar ahora que tengo 18 años y pese a[8] lo emocionante que esto puede ser, tengo miedo, pues no puedo evitar el hecho de pensar en qué rayos[9] será de mi vida de aquí a un tiempo. ¿Qué significa ser mayor? Quizá signifique independizarme finalmente de la tiranía parental, comenzar a pensar maduramente y buscarle un destino firme a mi camino. Yo no pedí nada de eso, y sin embargo, ahora tengo que enfrentarlo. Ya lo pensé bien, no importa si no estoy preparado, total, esto tenía que pasar, así que como diría una amiga, "adelante troyanos"[10]. Empezaré a vivir sin torturarme por lo que venga y espero que pueda aprender algunas cosas en el camino y narrarlas aquí. Dieciocho años, ¡bienvenidos!

Reprinted by permission of Miguel Aspauza

[1]Documento Nacional de Identidad (en Perú se lo recibe al cumplir 18 años) [2]muchacho [3]*power* [4]*sweat* [5]*fault, blame*
[6]*crímenes* [7]*mark* [8]*in spite of* [9]*what the heck* [10]*"Onward, Trojans!"*

>> Después de leer

4 Con un(a) compañero(a), contesten las siguientes preguntas sobre la lectura.

1. ¿Cuáles son tres cosas que Miguel puede hacer ya que es adulto?
2. ¿Cómo se llama el documento que indica que Miguel es mayor de edad?
3. ¿Cómo afecta a su situación financiera el acto de cumplir 18 años?
4. ¿Qué significa su nuevo status con relación a la política?
5. ¿Cuál es el tono o punto de vista predominante del blog? ¿Cómico? ¿serio? ¿seguro? ¿nervioso? ¿entusiasmado? ¿deprimido?
6. ¿Cómo contesta Miguel la pregunta: '¿Qué significa ser mayor?'?
7. ¿Cuál es la meta *(goal)* que él expresa al final?

5 Trabaja con un(a) compañero(a) para hablar de las reacciones que tiene Miguel al cumplir 18 años. Comenten las emociones e ideas de Miguel usando frases como **(No) Es lógico, (No) Es normal, (No) Es típico, (No) Es necesario,** etc. Después comenten sus reacciones. Si ustedes ya son mayores de edad, ¿cómo reaccionaron al cumplir 21 años? Si todavía son menores de edad, ¿cómo creen que van a reaccionar? ¿Por qué?

6 Con un(a) compañero(a), hablen de lo que ya habían hecho al cumplir 18 años y lo que han hecho después de cumplirlos. Hagan una lista de por lo menos seis actividades en total. Después, digan qué piensan que harán al cumplir 65 años. ¿Cómo celebrarán aquel cumpleaños?

7 Escribe un comentario sobre el blog de Miguel. Da tu reacción personal y comenta sobre los sentimientos y emociones que él expresa. ¿Qué consejos puedes ofrecerle? ¿Tienes experiencias personales que puedas compartir con él?

MODELO   *En mi opinión, no es normal que todo el mundo ponga tanta énfasis en la idea de cumplir 18 años. Para mí, la edad es solamente un número. No quiero que otras personas...*

A escribir

ESTRATEGIA

Creating an outline

You've likely already learned a variety of writing strategies in your introductory study of Spanish. As you write, always try to focus on a mix of the strategies you already know to help you approach a specific task.

Given the nature of this task, this strategy will help you organize your material. Creating an outline will give your blog a topical focus and help you organize your ideas before you write.

1. What is the main focus of your blog?
2. What are 2–4 subpoints that you can use to organize the content?
3. What details and other information can you put under each subpoint?

1 Vas a escribir una entrada para tu blog personal. Después, mira lo que escribiste y decide cuál de los temas quieres usar para tu blog.

- las relaciones personales: ¿amigos, amores, familia, colegas?
- las artes: ¿televisión, cine, teatro, danza, música, baile, pintura, escultura?
- la salud: ¿la dieta diaria, enfermedades o accidentes, experiencias con los médicos?
- la vida profesional: ¿planes de estudio, profesión futura?
- el mundo: ¿problemas o temas mundiales, cuestiones de política, las noticias del día?
- los viajes: ¿planes para viajar, experiencias en los hoteles y el aeropuerto, lugares que quieres visitar?

2 Usa tus notas para crear un bosquejo para tu entrada de blog.

Idea central: _____

Primer sub-tópico: _____

    Detalles / opiniones / ideas: _____

_____

Segundo sub-tópico: _____

    Detalles / opiniones / ideas: _____

_____

Tercer sub-tópico: _____

    Detalles / opiniones / ideas: _____

_____

>> Composición

3 Ahora, escribe el borrador de tu entrada de blog. Escribe tres párrafos y asegura que se pueda leer como una entrada completa, añadiendo transiciones, amplificando detalles, haciendo todo lo necesario para transformar tus escrituras en un blog súper divertido, informativo e interesante. Recuerda quiénes van a ser tus lectores y adapta tu tono y punto de vista para dirigirles tus comentarios en una manera eficaz. No olvides de darle un título creativo a tu blog. Si quieres, incluye una foto o un dibujo para personalizarlo aun más.

>> Después de escribir

4 Intercambia el borrador de tu entrada con otro(a) compañero(a). Usa la siguiente lista como guía para revisar el borrador de tu compañero(a).

- ¿Tiene una idea central bien definida?
- ¿Hay detalles, ideas, emociones u observaciones personales que reflejen la personalidad del (de la) bloguero(a)?
- ¿Hay oraciones que son difíciles de entender? Indícalas.
- ¿Hay errores de ortografía?
- ¿Son todos los verbos en la forma correcta?
- ¿Hay concordancia entre los artículos, los sustantivos y los adjetivos?
- ¿Qué sugerencias tienes para mejorar el blog?

5 Busca los blogs de algunos de tus compañeros en Internet o de blogueros que te gusta leer y haz un comentario sobre cada uno.

© istockphoto

Al final de este capítulo, sabrás más sobre:

COMUNICACIÓN

- el e-mail y las acciones en línea
- los aparatos electrónicos
- el intercambio de información personal en Internet
- los sitios de red sociales
- el texteo y el tuiteo
- las compras y la banca en línea

GRAMÁTICA

- los usos de **ser** y **estar**
- los usos de **por** y **para**
- los usos de verbos como **gustar** y otras estructuras relacionadas

CULTURAS

- España: arte digital del Prado
- Costa Rica: los mensajes de texto y el español
- Amazonia: la telemedicina
- México: Internet gratis en el Zócalo
- Perú: un juego popular en Facebook
- Estados Unidos: los latinos conectados a la red

© istockphoto/webphotographer

Estamos viviendo la revolución digital.

Cada día se introduce a la vida diaria un aparato electrónico o un sitio web o una idea electrónica que cambia cómo vivimos. La revolución digital ha llegado a todos los rincones del mundo, desde las grandes ciudades como Nueva York y Madrid hasta lugares más remotos, como las selvas de la Amazonia y los pueblitos de Yucatán. El mundo hispanohablante ha abrazado los cambios digitales con tanto entusiasmo como el resto del mundo. ¿Cómo ha cambiado tu vida desde la introducción del teléfono inteligente y los sitios de redes sociales? ¿Crees que seguirá cambiando tu vida a causa de la tecnología? ¿que algún día vas a practicar una profesión que no existe en este momento? ¿que el mundo real y el mundo digital se unen cada vez más?

MI VIDA DIGITAL

¿Es tu uso de los aparatos electrónicos tan integral a tu vida que ni te das cuenta cuánto tiempo estás conectado de una manera u otra? Completa el siguiente cuestionario sinceramente para analizar tu vida digital.

¿Cuántas horas por día pasas…

… enviando mensajes de texto? _____

… hablando por teléfono celular? _____

… escuchando música en tu MP3? _____

… viendo televisión? _____

… jugando juegos multijugador? _____

… navegando en Internet solamente para entretenerte? _____

… navegando en Internet para tareas relacionadas al trabajo o al estudio? _____

… escribiendo un blog? _____

The Spanish pronunciation of **wifi** is very similar to the English word from which it is borrowed. **MP3** is also an English borrowing, but is pronounced **eme-pe-tres** in Spanish.

… haciendo comentarios en los blogs o sitios web de otros? _____

… usando cualquier otro aparato electrónico no mencionado? _____

… usando un aparato electrónico? **SUMA TOTAL:** _____

… sin usar un aparato electrónico? **24 horas – SUMA TOTAL** = _____

¿Cuántas cuentas de redes sociales tienes en Internet? _____

¿Cuántas cuentas de banca tienes en Internet? _____

¿Cuántas cuentas de compras tienes en Internet? _____

¿Cuántos sitios web visitas por día? _____

Si tuvieras que vivir un mes sin uno de tus aparatos electrónicos, ¿cuál sería? Pon una X al lado de ese aparato.

_____ el teléfono celular

_____ la computadora

_____ la televisión

_____ el MP3 portátil

_____ la cámara digital

_____ la videocámara digital

Ahora numera los aparatos de 1 a 6, 1 siendo el que bajo ninguna circunstancia sacrificarías y 6 el que se te haría más fácil sacrificar.

_____ el teléfono celular (sólo para uso telefónico)

_____ la computadora

_____ la televisión

_____ el MP3 portátil (puede ser aparato distinto o parte del celular)

_____ la cámara digital (puede ser aparato distinto o parte del celular)

_____ la videocámara digital (puede ser aparato distinto o parte del celular)

 Are you a digital native? To see your results, go to www. cengagebrain.com.

Compara los resultados de tu cuestionario con un(a) compañero(a) y decidan quién de los dos vive una vida digital más completa.

¡Imagínate!

ADELA: Puedo escribir un e-mail y **adjuntar** fotos y con un solo clic, enviárselos a todos mis **contactos personales** ¡en un instante!

En los **sitios de redes sociales**, como Facebook, puedo **subir** y **bajar** fotos, audio y video. Puedo **etiquetar** las fotos para identificar a todos quienes estén en la foto.

>> **El escritorio, La pantalla** *Desktop (of a computer)*

la barra de herramientas *toolbar*	**la página de inicio** *startup page*
el documento *document*	**la página principal** *home page*
el favorito *bookmark*	
el inicio *startup, beginning*	**Adelante** *Forward button*
el menú desplegable *drop-down menu*	**Anterior** *Previous*
	Atrás, Regresar *Back button*
	Siguiente *Next*

El correo electrónico *E-mail*

Responder   Responder a todos   el (la) remitente   Adjuntar (un archivo)

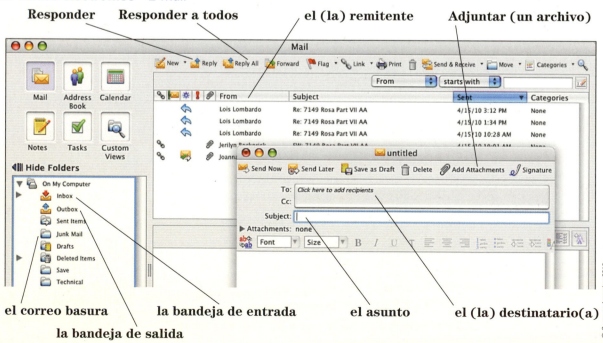

el correo basura   la bandeja de entrada   el asunto   el (la) destinatario(a)

la bandeja de salida

© Cengage Learning 2013

agregar *to add*
almacenar *to store, archive*
arrastrar *to drag*
borrar *to delete, erase*
cancelar *to cancel*
comentar *to comment*
cortar y pegar *to cut and paste*
duplicar archivos *to back up or duplicate a file*
elegir (i) una opción *to choose an option*

etiquetar fotos *to label photos*
iniciar / cerrar (la) sesión *to log in; to initiate session / to log out; to close session*
guardar cambios *to save changes*
saltar *to skip*
subir / bajar *to upload / to download*
 … fotos . . . *photos*
 … audio y video . . . *audio and video*

Other terms used for *to upload / to download* are **cargar / descargar** and **hacer un upload / download;** for **to download,** you might also see **capturar** or **copiar.**

ACTIVIDADES

1   En la compu Escoge de la segunda columna la opción que mejor corresponda con la descripción en la primera.

1. Ésta es la persona a quien le escribes un e-mail.
2. Éste es un sitio que visitas con frecuencia.
3. Aquí están todos los e-mails que has recibido.
4. Aquí haces clic cuando quieres que todos los destinatarios reciban tu respuesta.
5. De aquí puedes elegir varias opciones.
6. Éstos son los e-mails que no quieres recibir.

a. responder a todos
b. el correo basura
c. el menú desplegable
d. el (la) destinatario(a)
e. el favorito
f. la bandeja de entrada

2   Acciones en línea Escribe las acciones que tomarías en cada caso.

1. Quieres mover un párrafo de un documento a otro.
2. Acabas de sacar muchas fotos y quieres compartirlas con tu familia.
3. Le pediste una acción a tu computadora pero ahora no quieres completarla.
4. Quieres entrar a tu red social.
5. Quieres identificar a todas las personas en la foto antes de enviarla.
6. La página principal empieza con un anuncio que no quieres ver.

3   ¡Hazlo! Ten las siguientes miniconversaciones con un(a) compañero(a). Tú le dices qué quieres hacer y él o ella te da un mandato. Sigue el modelo.

MODELO Tú: Quiero que todos sepan quiénes están en la foto.
      Compañero(a): *Etiqueta la foto.*

1. Tú: Tengo una opinión sobre el video que acabo de ver en YouTube.
2. Tú: No necesito ver esa página.
3. Tú: Necesito las instrucciones para instalar el programa.
4. Tú: Quiero compartir el video que acabo de sacar con todos en mi red social.
5. Tú: Quiero agregar esa canción a mi MP3.

>> El intercambio de información personal *Exchanging personal information*

el archivo de contactos *address book*	**el (la) desconocido(a)** *someone you don't know*
la búsqueda de contactos *search for contacts*	**el nombre de usuario** *user name*
los contactos personales *personal contacts*	**la madrugada** *wee hours of the morning*
la charla *chat*	**la mensajería instantánea** *instant messaging*
la charla en tiempo real *real-time chat, live chat*	**el perfil** *profile*
la sala privada *private chat room*	**la red social** *social network*
el (la) conocido(a) *someone you know*	**los sitios de redes sociales (SRS)** *social networking sites*

ACTIVIDADES

4 **Descripciones** Escoge de la lista la frase que corresponda con cada descripción.

la red social	**el archivo de contactos**
la sala privada	**la mensajería instantánea**
el perfil	**la búsqueda de contactos**

1. Aquí puedes anotar las direcciones, los números de teléfono y los cumpleaños de tus contactos.

2. Éstos incluyen tus amigos, parientes y colegas.

3. Aquí puedes chatear con alguien a solas.

4. Aquí pones tu nombre, edad, fecha de nacimiento, dirección electrónica, partido político, profesión, religión, una foto y otros datos personales.

5. Aquí puedes compartir fotos, videos, pensamientos, comentarios, enlaces favoritos y muchas otras cosas.

6. Utilizas esto si quieres hablar en línea instantáneamente con algún amigo que esté en línea en ese mismo momento.

7. En la red social, para agregar amigos, puedes usar esto para buscar a todos tus conocidos.

© Stephen Coburn/Shutterstock

5 El inexperto Completa el e-mail de Pepe, quien se encuentra un poco inexperto en los modos de la computadora. Escoge las palabras del **Vocabulario útil 1** que tengan el mejor sentido.

⊗ ⊖ ⊕	✉ ¡Desastre!	

✉➡ Envíe ahora   ✉➡ Envíe luego   💾 Guarde   🗑 Borre   📎 Adjuntar (un archivo)   ✒ Firma

Para:	Eduardo Bocanegra
De:	Pepe Sincompu
Fecha:	21/09/2013
Asunto:	¡Desastre!

Fue mi primer día en el trabajo nuevo y la compu ya se me hizo enemiga. Envié un e-mail a todo el departamento y adjunté un (1) _____ equivocado. Recibí un e-mail y respondí a todos, en vez de responder sólo al (2) _____ deseado. Tuve que escribir un informe y cuando acabé, se me olvidó (3) _____. Lo acabé de nuevo. Almacené el (4) _____, pero después no pude abrirlo. Luego se me olvidó mi (5) _____ y tuve que pedir ayuda. A la hora del almuerzo, charlé con alguien que creía que era un amigo, pero en realidad era un (6) _____. Estaba a punto de (7) _____ cuando llegó a mi escritorio mi jefe y, ¿qué crees que me dijo? "¡Hombre! ¡La oficina no es tu (8) _____! ¡Lárgate de aquí!" Oye, E, ¿no sabes dónde pueda inscribirme a una clase de computadoras? Pepe :-(

6 Un e-mail Escribe un e-mail cómico a un(a) amigo(a) sobre algo que te pasó con la computadora o en Internet. Usa uno de los asuntos a continuación o inventa uno. Trata de usar el vocabulario que acabas de aprender.

Asunto: ¡Tarea perdida!   **Asunto:** Etiqueta equivocada

Asunto: Perfil falso   **Asunto:** ¡No puedo abrir tu documento!

Asunto: Foto horrible   **Asunto:** Correo basura

7 ¿Experto o inexperto? Con un(a) compañero(a), hablen sobre los problemas que alguna vez hayan tenido en línea o con la computadora. Y si son expertos, y nunca han tenido problemas, entonces hablen de las cosas que les guste hacer en la computadora, en línea o en Internet.

Opciones para empezar la conversación

¿Cuál es tu sitio favorito? ¿Por qué?

¿Participas en una red social? ¿Cuál? ¿Te gusta?

¿Cuántas horas al día pasas en las redes sociales?

¿Pones todos tus datos en tu perfil?

¿Te gusta charlar con desconocidos en línea?

¿Compartes fotos y videos en tu red social?

ADELA: Mis papás usan la tecnología en el trabajo, pero cuando llegan a casa, no quieren saber nada de los **aparatos electrónicos**. Creen que todos estos aparatitos son un **robatiempo** y nada más. Para mí, al contrario, no sería la misma sin mis aparatos electrónicos.

Los aparatos electrónicos *Electronic devices*

el juego multijugador

la tableta

el libro electrónico, el libro-e

el lector digital

el sistema GPS

el teléfono inteligente, el "smartphone"

el televisor de alta definición

>> **El uso del teléfono inteligente** *Using a smart phone*

El microblog is a personalized social networking site where you can send short messages, like Twitter.

la biblioteca musical *music library (on an MP3 player)*
el e-mail en cadena *chain e-mail*
la interacción *interaction*
la pantalla táctil *touch screen*
el robatiempo *a waste of time*
el salvavidas *a lifesaver*

el texteo *texting*
el tuiteo *a tweet*
enviar / mandar mensajes de texto cortos *to send brief text messages*
textear *to text*
tuitear *to tweet*

>> **Verbos y frases útiles** *Useful verbs and phrases*

acostumbrar(se) *to be in the habit of; to get accustomed to*	**fastidiar(se)** *to bother, annoy; to get upset*
cambiar de tema *to change the subject*	**gozar** *to enjoy*
dar(se) cuenta *to report; to realize, become aware of*	**halagar** *to flatter*
disfrutar *to enjoy, enjoy doing*	**insultar** *to insult*
engañar *to deceive, mislead*	**relajar(se)** *to relax*
entretener(se) (*like* **tener**) *to be entertaining; to entertain or amuse oneself*	**revisar** *to read, examine; to review*
	tener suerte *to be lucky*
	valer la pena *to be worthwhile*

Acostumbrar means *to be in the habit of.* **Acostumbrarse** means *to get accustomed to, get in the (new) habit of.* **Fastidiar** means *to bother (someone),* whereas **fastidiarse** means *to get upset.* **Dar cuenta** *(to report)* and **darse cuenta** *(to realize)* also have different meanings. You will learn more about these verbs and others like them on page 201, **Gramática útil 3.**

ACTIVIDADES

8 Regalos ¿Qué regalos electrónicos recomendarías para los siguientes parientes? Escoge de la lista.

un teléfono inteligente   **un juego multijugador**   **un sistema GPS**
una tableta   **un televisor de alta definición**

1. El tío Fernando siempre se pierde cuando conduce a sitios desconocidos.
2. Al primo Riqui le encanta la competencia *(competition)* de cualquier forma.
3. Tus padres pueden pasar horas viendo deportes en la tele o programas sobre la naturaleza.
4. A tu hermana le encanta leer hasta la madrugada en su cama.
5. Tu prima Gloria viaja mucho y como es abogada tiene que tener acceso a Internet en cualquier momento.

9 ¿Lo halagó o lo insultó? Jaime recibió los siguientes mensajes de texto. Di si la persona lo halagó o lo insultó.

1. ¡No fastidies! ¡No me envíes mensajes de texto en la madrugada!
2. Gracias por tu mensaje. Me hiciste sentir mucho mejor.
3. ¡Tus mensajes de texto son casi poéticos! ¿Dónde aprendiste a escribir?
4. ¡Por favor, Jaime! Los enlaces que me envías son nada más que un robatiempo.
5. Gracias por el video. ¡No me he reído tanto en años!
6. ¡Deja de enviar tuiteos y ponte a estudiar! Se nota que te hace falta repasar las reglas de ortografía *(spelling)*.

10 Miniconversaciones Completa las siguientes miniconversaciones con un verbo o una frase de la lista a continuación. Dentro de cada miniconversación, la forma correcta del verbo varía. Sigue el modelo.

cambiar de tema	**disfrutar / gozar**
relajarse	**revisar**
fastidiarse	**entretenerse**
valer la pena	**darse cuenta**

MODELO —*Daniel <u>acostumbra</u> estar en línea por lo menos tres horas al día.*
—*¿Y tú? ¿Cuánto tiempo <u>acostumbras</u> estar en línea?*

1. —¿Cómo _____ tantas horas en la computadora?

   —Yo _____ leyendo los blogs de los periodistas.

2. —Para _____, Susana apaga la computadora, descuelga el teléfono y pone el televisor.

   —Yo, en cambio, _____ navegando por Internet.

3. —Raquel _____ que no le gustan las redes sociales porque son un robatiempo.

   —Yo _____ que los sitios de redes sociales son buenos para mantenerme en contacto con mucha gente, incluso gente de mi pasado.

4. —_____ hacer las compras en línea porque hay más variedad que en las tiendas.

   —También _____ usar los servicios bancarios en línea.

5. —¿No _____ recibir correo basura?

   —Sí, pero más _____ recibir e-mails en cadena que prometen fortuna o desastre si rompo la cadena.

6. —¿_____ de las charlas en las salas privadas?

   —No, pero sí _____ de los sitios de redes sociales.

7. —¿Por qué _____? ¿No quieres decirme tu edad?

   —_____ porque mi edad ¡no es asunto tuyo!

8. —Necesito _____ el documento para asegurarme de que no tenga errores gramaticales.

   —Yo _____ todos mis informes más de una vez.

11 **Mensajes de texto de personajes históricos, ficticios o contemporáneos** Imagínate que el texteo existía en otros tiempos. ¿Qué dirían varios personajes históricos y ficticios? Mira los ejemplos y trata de escribir cuatro mensajes de texto desde el punto de vista de un personaje que te interese, ya sea histórico, ficticio o contemporáneo.

MODELOS   Cristóbal Colón: *Me dan muchas ganas de viajar pero no tengo dinero. Sería bueno encontrar un monarca rico que me comprara unos barcos.*
Pablo Picasso: *¡Tengo cinco galones de pintura azul! A ver qué puedo pintar.*
Malinche: *¿Sabes lo que me hace falta? Un buen diccionario náhuatl-español.*

el aviso *notice, alert*	**las preferencias** *preferences*
el carro de la compra *shopping cart*	**la privacidad** *privacy*
las condiciones de uso *terms of agreement*	**el servidor seguro** *secure server*
	el sitio web seguro *secure web site*
el mapa del sitio *site map*	**la transacción** *transaction*

ACTIVIDADES

12 **¿Qué hago?** De las tres opciones, elige la que tenga más sentido según la situación.

1. Estás en línea y has encontrado un sistema GPS que quieres comprar. Lo pones en: **a.** la bandeja de salida. **b.** el carro de la compra. **c.** el archivo de contactos.

2. Estás en la página principal de tu banco y quieres saber más sobre todos los servicios bancarios que te ofrecen. Escoges: **a.** las condiciones de uso. **b.** las preferencias. **c.** el mapa del sitio.

3. En tu red social, quieres asegurarte que sólo tus conocidos tengan acceso a tu página. Eliges: **a.** el servidor seguro. **b.** la privacidad. **c.** las condiciones de uso.

4. No quieres hacer una transacción con tu tarjeta de crédito a menos que el sitio tenga: **a.** un servidor seguro. **b.** una sala privada. **c.** un menú desplegable.

5. Para configurar la cuenta a base de tus gustos, visitas: **a.** el mapa del sitio. **b.** las condiciones de uso. **c.** las preferencias.

13 **¿Transacción?** Lee los servicios que ofrece un banco en línea y di si la descripción es una transacción o no.

1. Verifica los saldos de tus cuentas.
2. Consulta la actividad de las transacciones de las cuentas de cheques, de ahorros y de tarjeta de crédito personales.
3. Descarga las transacciones de tu cuenta a tu programa financiero.
4. Recibe y paga tus cuentas en línea.
5. Transfiere fondos entre cuentas.
6. Revisa los resúmenes de cuenta de tu línea de crédito.

14 Acostumbro… Conversa con un(a) compañero(a) sobre sus hábitos de compra y de banca en línea. Primero, escriban seis preguntas para hacerse el uno al otro. Luego, háganse las preguntas y contéstenlas con todo el detalle posible. Usen todo el vocabulario que puedan del **Vocabulario útil 1 y 2.**

Opciones para empezar la conversación

¿Prefieres hacer las compras en línea o en las tiendas? ¿Por qué?

¿Tienes confianza en la banca en línea o no? ¿Por qué sí o no?

¿Qué clase de cosas acostumbras comprar en línea?

¿Crees que los precios y los servicios son mejores en línea o en el centro comercial?

Frases de todos los días

Todo idioma posee un sinfín de frases diarias: esas frases que todos usamos en las conversaciones informales, ya sea para reaccionar, para hacer transiciones entre pensamientos, para cambiar de tema o simplemente para ganar tiempo. En inglés, por ejemplo, se suelen usar frases como *"You're kidding me!"* o *"No way!"* Aprende a incorporar frases de todos los días en tus conversaciones y, tarde o temprano, hablarás con la fluidez de un hispanohablante. ¡De veras!

A ver si entiendes. Haz correspondencia entre las palabras y frases a la izquierda y sus equivalentes en inglés a la derecha.

1. **¡De veras!**
2. **Estoy harto(a).**
3. **Eso es el colmo.**
4. **¡Es lo máximo!**
5. **mejor dicho**
6. **¡Qué lata!**
7. **tarde o temprano**
8. **sin falta**
9. **un sinfín**
10. **antes que nada**

a. *That's the best! That's cool!*
b. *without fail*
c. *Really!*
d. *first of all*
e. *What a pain!*
f. *I'm fed up.*
g. *That's the last straw.*
h. *Let me rephrase.*
i. *sooner or later*
j. *an innumerable amount*

Práctica Escoge una de las frases de la lista y búscala en Internet. Apunta el tipo de información que encuentras en línea. Por ejemplo, si se trata de una canción, escribe su título, cantante o autor y el sitio donde encontraste la información. Si tienes acceso a la letra *(lyrics)* de la canción, imprímela para mostrar en clase. De la misma manera, si encuentras la frase en algo escrito, imprime la página y anota la dirección del sitio donde lo encontraste. Comparte tus resultados con la clase.

Escena 1: *Feliz cumpleaños, Internet*

En esta escena, Adela habla de lo que le gusta de Internet y de la tecnología.

1 Mira el video y llena los espacios en blanco con las palabras correctas según lo que dice Adela.

1. Adela dice que puede hacer un _____ de cosas en Internet.
2. Ella puede escribir un e-mail y adjuntar fotos y con un solo clic, enviárselos a todos sus _____ _____.
3. Adela dice que en las redes sociales es _____ comentar sobre las actividades de sus amigos.
4. Según ella, las _____ _____ le ayudan a estar al tanto de las vidas de sus amigos.
5. Ahora Adela dice que hasta los _____ le parecen antiguos.
6. A veces Adela se queda navegando en Internet hasta la _____.

Escena 2: *¿Robatiempo o salvavidas?*

En esta escena, Adela describe las opiniones de sus padres con relación a la tecnología.

2 Mira el video y llena los espacios en blanco con las palabras correctas según lo que dice Adela.

1. Aunque los papás de Adela usan la tecnología en el trabajo, en casa no quieren saber nada de los _____ _____.
2. Para Adela, sus aparatos electrónicos son su _____.
3. A sus padres no les gusta el teléfono inteligente. Dicen que para usarlo necesitas tener "_____ bien _____".
4. Tampoco les gustan los _____ _____ _____ porque dicen que es difícil leer la letra tan chiquita.
5. Cuando ven sus fotos en Facebook, sus padres dicen que para _____ de las fotos, hay que tenerlas en un álbum.

Voces de la comunidad

>> Entrevista con **Flor Olivo**, fundadora del programa "Ilumina tu gente"

Flor Olivo es una estudiante de West Jordan, Utah, que quería hacer algo para ayudar a los latinos en su comunidad. La organización "Ilumina tu gente" es el resultado de sus esfuerzos.

© Cengage Learning 2013

Comprensión

Di si las siguientes oraciones son ciertas (**C**) o falsas (**F**). Corrige las oraciones falsas.

1. Flor es estudiante de comunicación y criminología en la Universidad de Utah.
2. "Ilumina tu gente" usa la tecnología para mejorar las vidas de los latinos.
3. Flor creó el programa porque se dio cuenta de que no hay recursos para latinos.
4. El programa se dirige principalmente a los niños latinos.
5. A Flor le gusta la idea de tener un trabajo donde ayuda a las víctimas del abuso.

>> **Manuel Blum** y **Luis Von Ahn**: Ingenieros ingeniosos de la era digital

Manuel Blum

© Manuel Blum

Luis Von Ahn

Gene J. Puskar/AP Images

Los "CAPTCHAS", esas letras distorsionadas que sirven para evitar *(to avoid)* que se registren usuarios no humanos, son la invención de dos brillantes profesores de la Universidad Carnegie Mellon, Manuel Blum y su ex-alumno Luis Von Ahn. Venezolano por nacimiento, Blum es el único sudamericano que ha recibido el prestigioso Premio Turing por sus contribuciones a la teoría de complejidad computacional y la criptografía.

Nacido en Guatemala en 1979, Von Ahn es ganador del Premio MacArthur y ha sido reconocido como una de las mejores mentes científicas del mundo por *Discover Magazine*, *Popular Science Magazine* y *Technology News*. Recientemente, Von Ahn inventó los re-CAPTCHAS, una nueva versión de los CAPTCHAS que está ayudando a digitalizar libros antiguos. Esta versión usa imágenes de los libros antiguos que no son identificables por los programas de reconocimiento óptico de caracteres. Cada vez que un usuario reconoce correctamente una serie de caracteres, no sólo gana acceso a una página web, sino que contribuye al esfuerzo por digitalizar los libros antiguos.

¡Prepárate!

Gramática útil 1

Repaso y ampliación: *Ser* and *estar*

© Cengage Learning 2013

Me encantan las redes sociales porque puedo seguir las vidas de todos mis amigos y **es** bien fácil comentar sobre sus actividades... Así siempre **estoy** al tanto de las vidas de mis amigos.

> You will learn more about the progressive tenses in **Chapter 17**.

Cómo usarlo

1. As you know, **ser** and **estar** both mean *to be* in English. However, they are used in different ways.

Use **ser** . . .	Use **estar** . . .
to identify yourself and others: **Soy** la compañera de Sarita. Marcos **es** mi hermano.	to express location of people, places, and things: Los teléfonos inteligentes **están** aquí.
to describe traits and physical features: La profesora de computación **es** muy alta. También **es** muy inteligente.	to talk about emotional conditions: **Estoy** furioso porque el sistema GPS en mi coche nuevo no funciona.
to indicate professions: Ernesto y Beatriz **son** diseñadores de sitios web.	to talk about a physical condition: Ellos **están** cansados después de navegar en Internet toda la noche.
to indicate that someone is single: Miguel **es** soltero.	to say whether a person is married or divorced: Mi tío **está** casado pero su hermana **está** divorciada.
to indicate nationality and origin: El televisor de alta definición **es** japonés.	to describe actions in progress (as part of the present progressive tense): **Estás** leyendo un libro electrónico.
to express possession with **de**: La tableta **es** de Mariana.	in a number of phrases and idiomatic expressions: **estar a favor de** *to be in favor of* **estar al día** *to be current, aware of current events* **estar al tanto** *to be up to date* **estar de acuerdo** (**con**) *to agree* **estar de moda** *to be in style* **estar harto(a)** *to be sick of, fed up with* **estar por las nubes** *to be very happy*
to give the location of an event: La reunión va a **ser** en la librería.	
to give time and date: Hoy **es** martes el dieciocho de abril. **Son** las cuatro y media de la tarde.	
with impersonal expressions: **Es** necesario, importante, bueno, malo, etc.	
to say what something is made of: La computadora **es** de metal y plástico.	

2. Some adjectives can be used with both ser and estar, but they have different meanings when used with each verb.

	with **ser**	with **estar**
aburrido	*boring* Este videojuego **es aburrido**. *This videogame is boring.*	*bored* **Estoy aburrida** con la charla. *I'm bored with the chat.*
bueno	*good* Este programa **es bueno**. *This program is good.*	*tasty (food) (See also **rico** below.)* Esta ensalada **está buena**. *This salad is tasty.*
interesado	**selfish, greedy (for money)** Laura **es una persona muy interesada**. *Laura is a very selfish person.*	*interested* No **estoy interesada** en las redes sociales. *I am not interested in social networks.*
listo	*smart, clever* Tú **eres listo**. Sabes mucho sobre los aparatos electrónicos. *You're smart. You know a lot about electronic devices.*	*ready* Si quieres instalar el programa, la computadora **está lista**. *If you want to install the program, the computer is ready.*
malo	*bad* **Es malo** tuitear durante la clase. *It's bad to tweet during class.*	*ill, in bad shape* Carmen está en el hospital. Dicen que **está muy mala**. *Carmen is in the hospital. They say she's in very bad shape.*
rico	*rich* El inventor de ese programa **es rico**. *The inventor of that program is rich.*	*tasty* ¡Esta pizza **está rica**! *This pizza is tasty!*
seguro	*safe* No **es seguro** compartir tu contraseña. *It's not safe to share your password.*	*sure* ¿**Estás seguro** que sabes la contraseña? *Are you sure you know the password?*
verde	*green* Mi teléfono celular **es verde**. *My cellphone is green.*	*green, unripe* Estos plátanos **están verdes**. *These bananas are unripe.*
vivo	*lively, vivacious* Marta **es** una persona muy **viva**. *Marta is a very lively person.*	*alive* Mis bisabuelos todavía **están vivos**. *My great grandparents are still alive.*

1 **¿Por qué?** Escucha las oraciones y determina por qué se usa **ser** o **estar** en cada caso. Escoge entre las siguientes razones.

Track 17

Razones

- **ser:** características y rasgos físicos, expresiones impersonales, hora y fecha, identidad, material, nacionalidad / origen, posesión con **de**, profesión, ubicación (*location*) de un evento
- **estar:** estados emocionales, estados físicos, expresiones con **estar**, presente progresivo, ubicación de personas, lugares y cosas

2 **Los adjetivos** Mira el adjetivo que se usa en cada oración. Luego, escoge entre **ser** o **estar** para expresar el sentido (*meaning*) del adjetivo que se indica entre paréntesis.

1. Soy / Estoy muy aburrido (*bored*) hoy.
2. Este sitio web es / está muy seguro (*safe*). No hay que preocuparse por la privacidad.
3. Ricardo es / está muy listo (*smart*). Sabe mucho sobre las computadoras.
4. Mi abuelo todavía es / está vivo. Tiene 80 años.
5. ¡Esta sopa es / está buenísima (*tasty*)!
6. Mi teléfono celular es / está verde (*green*).
7. El inventor de esa red social es / está rico (*rich*).
8. Esa programadora no es / está interesada (*interested*) en los videojuegos.

3 **¿Ser o estar?** Haz oraciones completas usando las palabras indicadas con **ser** o **estar**.

1. la reunión / el miércoles a las tres de la tarde
2. mis padres / divorciados
3. después de comer en ese restaurante nosotros / enfermos
4. el profesor de diseño gráfico / peruano
5. la pantalla / de metal y plástico
6. la biblioteca musical / muy completa
7. yo / segura de que mis amigos leen mis tuiteos
8. el teléfono inteligente / en la mesa
9. mi padre / programador

4 **¿Qué pasa?** Lee las siguientes oraciones y luego haz una oración para describir qué pasa. Usa un adjetivo de la lista con **ser** o **estar.** (No olvides hacer la concordancia de género y número y no uses el mismo adjetivo más de una vez.)

Adjetivos: aburrido, atlético, contento, furioso, harto, listo, rico, seguro, serio

MODELO Mi tío se enoja porque no puede encontrar el documento. (él)
(Él) Está furioso.

1. Martina juega básquetbol y volibol. (ella)
2. Ellos tienen mucha confianza en el sistema. Creen que va a funcionar bien. (ellos)
3. No puedo más. ¡Él es tan interesado! No quiero hablar más con él. (yo)
4. Mi sobrina aprendió a leer a los tres años de edad. (ella)
5. A Marcos sólo le gusta estudiar y hacer investigaciones en Internet. No sale para divertirse. (él)
6. Tienes muchos amigos virtuales y te encanta chatear con ellos. (tú)
7. Ay, este videojuego no es muy divertido. No me interesa. (yo)
8. ¡Una compañía multinacional compró nuestro programa nuevo por un millón de dólares! (nosotros)

5 Situaciones Trabaja con un(a) compañero(a) de clase. Cierra los ojos e imagina que te encuentras en las siguientes situaciones. ¿Qué dices? Reacciona con oraciones que incluyan **ser** o **estar**.

1. Vas a una fiesta y tienes que describirte a un(a) desconocido(a) que va a reunirse contigo allí. ¿Cómo eres y cómo te sientes en este momento?
2. Estás en un lugar fabuloso que te gusta mucho. ¿Dónde estás? ¿Cómo es? ¿Cómo te sientes en este momento? ¿Estás solo(a) o acompañado(a)?
3. Estás haciendo algo que te interesa mucho. ¿Dónde estás? ¿Cómo es? ¿Qué estás haciendo?
4. Piensa en una experiencia de tu niñez. ¿Cómo eres? ¿Cómo es tu familia? ¿Cómo te sientes? ¿Qué estás haciendo?

6 Autodescripción Trabaja con un(a) compañero(a) de clase. Usen las siguientes expresiones para describirse e indicar si se aplican a ustedes o no. Luego, compartan sus oraciones con la clase entera. ¿Cuáles son las respuestas y reacciones más comunes?

Expresiones: estar a favor de, estar al día, estar de acuerdo (con), estar de moda, estar harto(a), estar por las nubes

MODELO Tú: *Estoy por las nubes cuando no tengo tarea.*
Compañero(a): *¡Yo estoy por las nubes todos los viernes!*

7 Adivina En grupos, túrnense para describir una cosa, una persona, un lugar o una actividad de la lista de vocabulario, usando oraciones con **ser** o **estar**. Mientras una persona describe, las otras tratan de adivinar qué es.

MODELO Tú: *Es un mensaje muy corto que está muy de moda por el momento.*
Compañero(a): *¡Es un tuiteo!*

Gramática útil 2

Repaso y ampliación: *Por* and *para*

© Cengage Learning 2013

¡No me explico cómo la gente vivía sin Internet! Como mis papás, **por** ejemplo. **Para** comunicarse con amigos y familia a larga distancia, tenían que escribir una carta, o llamar **por** teléfono. ¡Qué lata!

Por is frequently translated the following ways: *(in exchange) for, during, in, along, through, on behalf of, for (duration of an event), by (transportation).*

Native speakers may use **por Internet** or **en Internet,** depending on local usage. You will hear both regional variations throughtout the Spanish-speaking world.

Cómo usarlo

1. **Por** and **para** have very distinct meanings in Spanish. Their use can also vary from region to region, but in general, here are some guidelines to using them correctly.

Use **por** . . .	
to express *means or method* (**medio, método**)	Hago las investigaciones **por** Internet. Hablamos **por** teléfono todos los días. Es la primera vez que viajamos **por** avión.
to give a *cause or reason* (**causa, motivo**)	Estamos preocupados **por** el examen. Ella está muy cansada **por** estudiar tanto. Recibí un teléfono inteligente **por** mi cumpleaños.
to express *time* in general (**tiempo**)	Estudio **por** el día y chateo **por** la noche. Voy a estudiar en Chile **por** un año entero.
to describe *motion through or around* something (**movimiento o acción en un espacio determinado**)	Primero tienes que pasar **por** el centro. Vamos a viajar **por** toda Latinoamérica.
to describe an *exchange* (**intercambio**)	Pagamos cien dólares **por** el teléfono. ¡Gracias **por** ayudarnos con el wifi!
to express that something was done *on behalf of someone else* (**a beneficio de**)	Trabajé **por** Elena cuando fue de vacaciones. Mi hermana habló **por** mí en la reunión.
to describe *quantity* (**cantidad, medidas**)	El queso cuesta veinte dólares **por** kilo. Un **por** ciento grande de la población usa Internet.
to express *location* (**ubicación—cerca de, alrededor de**)	Vamos **por** allí. No hay buena recepción **por** esta zona.
to describe *inclination or election* (**elección**)	Siempre voto **por** el candidato local. Él se interesa mucho **por** los aparatos electrónicos.

Use **para** . . .	
to indicate *destination or direction* (**destino**)	Salimos **para** la tienda de videojuegos. Hay que mover el cursor **para** arriba.
to say who is the *recipient of an object or action* (**el destinatario de un objeto o acción**)	Este sitio web es **para** estudiantes. Instalamos el programa **para** ustedes.
to indicate a *deadline or specific time in the future* (**fecha límite, tiempo específico**)	Tengo que bajar el archivo **para** mañana. Organizamos un viaje **para** el fin del año.
to express *intent or purpose* (**intención o propósito**)	Este programa es bueno **para** etiquetar fotos. Nos reunimos **para** compartir videos.
to indicate an *employer* (**empleador**)	Ellos trabajan **para** un médico.
to make a *comparison* (**comparación**)	**Para** ser programador, no sabe mucho de las computadoras. Habla muy bien **para** ser estudiante.
in *certain time expressions* (**para indicar la hora**)	Son las cinco **para** las once. Faltan las veinte **para** las ocho.
to express *someone's opinion* (**opinión**)	**Para** mí, el correo basura es una lata. La privacidad en línea no es importante **para** Luis.

Para is frequently translated the following ways: *for (deadline), toward, in the direction of, for (recipient or purpose), in order to + verb, for . . . (in comparison with others or employer).*

2. **Por** and **para** are used in some fixed and idiomatic expressions. **Por** is used this way much more frequently than **para**.

por	
por ejemplo	*for example*
por eso	*so, that's why*
por favor	*please*
por fin	*finally*
por lo general	*generally*
por lo menos	*at least*
por qué	*why*
el porqué	*the reason why*
porque	*because*
por si	*in case*
por supuesto	*of course*

para	
(no) dar para	*to (not) be enough*
para nada	*not at all*
para siempre	*always*
ser tal para cual	*to be two of a kind*

8 **Razones** Escucha las oraciones y determina por qué se usa **por** o **para** en cada caso. Escoge entre las siguientes razones.

Track 18

Razones

- **por:** a beneficio de, cantidad / medidas, causa / motivo, elección, expresión con **por**, intercambio, medio / método, movimiento o acción en un espacio determinado, tiempo

- **para:** comparación, destinatario de un objeto o acción, destino, empleador, fecha límite / tiempo específico, expresión con **para**, intención / propósito, opinión, para indicar la hora

9 **¿*Por* o *para*?** Completa las siguientes oraciones con **por** o **para**.

1. _____ favor, ¿me puedes explicar cómo importar este archivo?

2. Esta noche voy a estar en el centro de computación _____ unas tres horas.

3. Los administradores de sistemas viajan a la reunión nacional _____ avión.

4. Este videojuego es _____ Susana. ¡No lo toques!

5. Ellos son tal _____ cual. Tienen los mismos intereses.

6. Mi sobrino es muy listo. Tiene una afinidad _____ los idiomas.

7. _____ mí, los juegos multijugadores son muy divertidos.

8. _____ ser estudiante, Mateo gasta mucho dinero en los videojuegos.

9. No me gusta el correo basura _____ nada.

10. Voy a enviar los mensajes _____ Lidia porque su teléfono celular no funciona.

10 **Consejos para navegar** Con un(a) compañero(a) de clase, lee los siguientes consejos para navegar en Internet con seguridad. Luego, contesten las preguntas a continuación.

Cómo mantener la privacidad y seguridad en línea

- No envíes fotografías por Internet a personas desconocidas.
- Ten cuidado con las redes sociales para asegurarte que conoces personalmente a todos tus "amigos".
- No aceptes invitaciones para reunirte con las personas que conoces en las salas de charla.
- No utilices la misma contraseña en todas tus cuentas. Es mejor tener una contraseña nueva para cada una.
- Si una persona anónima te pide datos personales, no respondas. No importa la razón por qué te los pide. ¡No lo hagas!
- No descargues programas desconocidos porque pueden trasmitir un virus. Debes preocuparte por la seguridad de tu sistema.

1. ¿Por qué no deben enviar fotos por Internet si no conocen a los recipientes? ¿Hay mejores maneras para compartir las fotos?

2. Si un desconocido les envía una invitación para ser su "amigo" en una red social, ¿la aceptan? ¿Por qué sí o por qué no?

3. ¿Cambian su contraseña con frecuencia? ¿Por qué es necesario tener contraseñas diferentes? ¿Qué deben o no deben hacer para crear una contraseña segura?

4. ¿Por qué no es buena idea compartir sus datos personales en línea? ¿Cuáles son otras cosas que deben hacer para mantener su privacidad en Internet?

5. ¿Se preocupan mucho por los virus? ¿Qué pueden hacer para evitar los problemas con los virus?

11 Preguntas personales Túrnense para hacer y contestar las siguientes preguntas.

1. ¿Te gusta hacer compras por Internet? ¿Por qué sí o no?

2. ¿Cuáles son unos sitios web que no te interesan para nada?

3. Para ti, ¿cuál es el mejor sitio web? ¿Por qué?

4. ¿Para qué usas más Internet? (para divertirte, para hacer compras, para hacer investigaciones, para conocer música nueva, para chatear, ¿...?)

5. ¿Por cuánto tiempo navegas en Internet todos los días?

6. Cuando vas a un sitio web nuevo, ¿pasas por muchas de las páginas o vas directamente a la que más te interesa?

12 Mis favoritos Trabajen en grupos de cuatro. Cada persona tiene que escribir una descripción de su sitio web favorito. La descripción debe tener por lo menos cuatro oraciones que usen **por** o **para**. Después, cada persona lee su descripción mientras que los otros tratan de adivinar qué sitio web se describe.

MODELO Tú: *Este sitio web es una red social para estudiantes. Una vez que pasas por la página de inicio, puedes ir a otras páginas donde hay...*

Gramática útil 3

Repaso y ampliación: Verbs like *gustar* and similar constructions

¡**Me fastidia** que no entiendan!

You will review the use of indirect object pronouns again in **Chapter 19.**

Except for regional variations, **gustar** is normally used in the third person singular and plural forms only.

Cómo usarlo

LO BÁSICO

An indirect object noun or pronoun indicates whom was affected by the action of the verb. Identify them by asking *To or for whom?: I bought the smart phone for* **Sandra** *(indirect object noun). I also bought this e-reader for* **her** *(indirect object pronoun).* The indirect object pronouns in Spanish are: **me, te, le, nos, os,** and **les.**

Gustar

1. Some verbs are used primarily in the third person with indirect object pronouns to express how an action affects the person indicated by the pronoun. A commonly used verb of this kind is **gustar: Me gusta navegar en Internet. También me gusta el texteo. Y me gustan los videojuegos.** The literal translation of **gustar** is *please(s).*
2. Use **gusta** with singular nouns and infinitives and **gustan** with plural nouns. The indirect object pronoun changes to indicate who likes the thing mentioned.
3. For clarification, you may also add **a** + prepositional pronoun.

No **me** gusta el correo basura (a **mí**).

(A **ti**) **Te** gusta navegar en Internet.

Le gustan los videojuegos (a **usted / él / ella**).

(A **nosotros / nosotras**) **Nos** gusta chatear.

Os gusta la charla (a **vosotros / vosotras**).

No **les** gustan los virus (a **ustedes / ellos / ellas**).

Verbs used like *gustar*

There are other verbs that are often used like **gustar.**

bastar *to be enough*	Me **bastan** los videojuegos que tengo.
caer[1] **bien / mal** *to like, dislike*	Ese estudiante me **cae** bien.
doler (ue) *to hurt*	¿No te **duelen** los dedos por tanto texteo?
encantar *to like a lot, love*	A Lorena le **encanta** tuitear.
faltar *to miss, be lacking*	Nos **faltan** tus fotos.
fascinar *to fascinate*	¡Nos **fascina** este teléfono inteligente!
importar *to matter, be important to*	Mientras están en línea, no les **importa** comer ni dormir.

[1]**Caer** is conjugated like **traer** in the present tense: **caigo, caes, cae, caemos, caéis, caen.**

Verbs used with reflexive pronouns to express conditions and states

1. There is another category of verbs that may be used like **gustar**. These verbs are often used in the third person with indirect object pronouns, just like **gustar**. But they can also be used with reflexive pronouns to express a change in state or condition. In this usage, the conjugated verb and the reflexive pronoun refer to the same person.

- The verb **aburrir(se)** *(to bore, to be bored)* is one of these verbs. When it is used with reflexive pronouns, the verb form matches the reflexive pronoun (**me aburro, te aburres**, etc.). When it is used like **gustar**, the verb is used in the third-person singular or plural, while the indirect object pronouns may vary (**me aburren los videojuegos, te aburre chatear**).

  A Teo le **aburren** las salas de charla.
  Chat rooms **bore** *Teo.*

  Something specific bores Teo: chat rooms.

  Teo se **aburre**.
  Teo **is (getting) bored.**

  Teo is just bored (not by anything specific).

- Other verbs of this kind include the following.

fastidiar *to bother, irritate* Les **fastidian** las computadoras lentas.	**fastidiarse** *to get upset* Ellos se **fastidian** cuando la computadora no funciona bien.
interesar *to interest* Me **interesan** los juegos multijugadores.	**interesarse por / en** *to take an interest in* Me **intereso por** tu futuro. Me **intereso en** tu sitio web.
molestar *to bother* Le **molesta** bajar los archivos grandes porque requieren mucha memoria.	**molestarse** *to be offended, to trouble oneself or be bothered* La abuela se **molesta** porque su nieto tuitea todo el día.
quedar *to be left* Solamente nos **queda** una computadora.	**quedarse** *to stay* Siempre nos **quedamos** en ese hotel.
relajar *to relax, to be relaxing* Te **relajan** los libros electrónicos.	**relajarse** *to relax* Todas las noches te **relajas** con un libro electrónico.

2. Finally, some verbs that use reflexive pronouns to express a change of state are usually not used like **gustar**. Most of these verbs have a different meaning when they are used with or without the reflexive pronoun. Here are some you already know: **acostumbrar(se), casar(se)** *(to marry; to get married)*, **dar(se) cuenta, divorciarse** *(to divorce; to get divorced)*, **dormirse, enamorar(se)** *(to cause someone to fall in love; to fall in love with someone)*, **pelearse** *(to fight; to fight with someone)*, **quejarse, reírse, reunir(se)** *(to gather; to meet or gather)*, and **separarse** *(to separate; to split or break up).*

You learned two of these kinds of verbs in the **Vocabulario útil** section of this chapter (**entretenerse, relajarse**).

Remember, the reflexive pronouns are the same as the indirect object pronoun except for the third person, where **se** is used instead of both **le** and **les**.

Interesarse por and **interesarse en** are used more or less interchangeably throughout the Spanish-speaking world.

When **molestarse** is used to mean *to trouble* or *be bothered*, it is usually as an expression of courtesy in response to an offer of food, drink, or assistance: **Por favor, no te molestes**. *(Please, don't trouble yourself!)*

Quejarse *(to complain)* and **reírse** *(to laugh)* are almost always used with the reflexive pronoun.

13 **Las preferencias** Escoge la opción que mejor complete cada oración.

1. A nosotras (nos encanta / nos encantan) subir fotos a nuestra página en Facebook.
2. ¿Y a ti? ¿(Te gusta / Te gustan) los sitios de redes sociales?
3. Mi compañera es muy tímida y a ella no (le cae / le caen) bien los desconocidos.
4. Mi biblioteca musical contiene más de 100 gigabytes de música. ¡(Me basta / me bastan) las canciones que tengo!
5. ¿(Les importa / Les importan) tener el sistema GPS en el auto?
6. ¡Uy! Tenemos las fotos para el sitio web, pero todavía (nos falta / nos faltan) los archivos de audio.
7. A mi sobrino (le fascina / le fascinan) mirar videos en línea.
8. Estos audífonos no funcionan bien. Ahora (me duele / me duelen) los oídos.

14 **¿Qué pasa?** Lee cada oración. Luego, completa la segunda oración según el modelo.

MODELO Susana se molesta por la conexión mala.
        La conexión mala le molesta.

1. Me aburro al leer estos textos. Estos textos _____.
2. Te interesas por la programación. Estos programas _____.
3. Ellos se relajan con los libros-e. Leer los libros-e _____.
4. Tú y yo nos entretenemos con los videojuegos. Los juegos multijugadores _____.
5. Ustedes se preocupan por el correo basura. El correo basura _____.
6. Usted se divierte con el tuiteo. Tuitear _____.

15 **Conclusiones** Lee cada descripción y completa la oración final con la forma correcta del verbo indicado.

1. La jefa tiene un nuevo teléfono inteligente. Al principio, no pudo usarlo bien, pero ya comprende todas sus funciones. Ella _____ (acostumbrar / acostumbrarse) al teléfono.
2. A esos niños no les gusta compartir la computadora. Se pelean mucho. Al final, casi siempre les tenemos que _____ (separar / separarse).
3. Los novios se conocieron por Internet y se enamoraron. Mi amiga dice que ellos _____ (casar / casarse) mañana.
4. Quiero añadir más contactos a mi archivo de contactos. Pero primero tengo que _____ (reunir / reunirse) todos los nombres y datos.
5. Al hablar con la programadora, nosotros _____ (dar cuenta / darse cuenta) que nos queda mucho por aprender.

16 **¿Y tú?** Trabaja con un(a) compañero(a) de clase y túrnense para hacer y contestar las siguientes preguntas.

1. ¿Quiénes son algunas personas que te caen bien?
2. ¿Qué haces para relajarte?
3. ¿Cuáles son algunas cosas o problemas que te preocupan?
4. ¿A qué te acostumbras este semestre?
5. ¿Te falta algún aparato electrónico? En ese caso, ¿qué es?
6. ¿Cuáles son algunos sitios web y videojuegos que más te interesan?

17 **La tecnología y yo** Completa la siguiente tabla con tus opiniones sobre la tecnología. Luego, compara tus respuestas con las de un(a) compañero(a) de clase. ¿Tienen los mismos intereses y reacciones? ¿Cómo se diferencian?

Me aburre / aburren...	
Me interesa / interesan...	
Me fascina / fascinan...	
Me molesta / molestan...	
Me falta / faltan...	
Me importa / importan...	

18 **Los avatares** Trabaja con un(a) compañero(a) de clase. Miren los siguientes avatares y para cada uno, imaginen cómo es la persona que usa ese avatar. ¿Qué le gusta / molesta / aburre / divierte / interesa / preocupa...? Escriban por lo menos dos oraciones para cada avatar, usando verbos de las páginas 201–202.

Doctor Loco

Mega Mantis

Fifinela

Te Veo

© Cengage Learning 2013

¡Explora y exprésate!

>> *Livin'* la vida digital

Dale una vuelta al mundo para ver cómo se está utilizando la tecnología y cómo está afectando la vida de la gente hispana.

ESPAÑA arte digital del Prado

Con el programa de Google Earth, puedes visitar el Museo del Prado en Madrid ¡sin comprar un boleto de avión! Puedes examinar, en tu propia pantalla en casa, catorce obras de arte maestras, inclusive pinturas de Francisco de Goya y El Greco. La ultra-alta resolución en que se fotografiaron las pinturas le ofrece al **internauta** (*web surfer*) detalles que no le son visibles al visitante del Prado. Y para el internauta, ¡la entrada al museo es gratis!

El tres de mayo de 1808 en Madrid,
Francisco de Goya

COSTA RICA los mensajes de texto y el español

Alberto Gómez Font, el coordinador general de la Fundación del Español Urgente (Fundéu), un grupo que responde a consultas sobre el uso del idioma, contesta una pregunta en una mesa redonda en Costa Rica:

*¿Perjudica (**Does it damage**) al uso correcto del idioma el lenguaje abreviado de los mensajes telefónicos?*

"Yo soy de los que opinan que no es un peligro pues ese código *(code)* sólo tiene un uso restringido *(restricted)* a determinados medios de comunicación (teléfono y computadora), y además se circunscribe a un grupo de hablantes de determinada edad.

Si los profesores de lengua española hacen bien su trabajo en las escuelas, no hay nada que temer *(to fear)* pues los niños y las niñas aprenderán a escribir correctamente y después jugarán a saltarse las normas *(they'll play at breaking the rules)*, pero conociéndolas de antemano. Eso es muy importante."

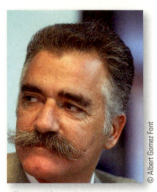

Alberto Gómez Font

AMAZONIA la telemedicina

En Tutupaly y otras comunidades de la Amazonia, la visita al médico se hace vía Internet. Un proyecto de telemedicina ha sido implementado por los médicos internistas de la Universidad Técnica de Loja (UTPL). Con una computadora, una webcam y una antena parabólica, los habitantes de estas comunidades pueden tener teleconsultas con los especialistas que necesiten. "Como son personas que no tienen más de $1 diario para subsistir, es muy difícil que tengan posibilidad de salir del sitio para hacerse atender *(to be seen)* por otro médico", comenta el coordinador del proyecto, el doctor Danny Torres. La fusión de la tecnología y la medicina ha tenido excelentes resultados, y con el apoyo del Ministerio de Salud, esperan expandir el proyecto a otras comunidades en la Amazonia ecuatoriana.

Una consulta digital

MÉXICO Internet gratis en el Zócalo

En Puebla, México, se pone en marcha un programa llamado "Conexión a Tiempo". En el zócalo, los portales y el atrio de la Catedral se instalan redes de Internet inalámbricas

(wireless) para el uso simultáneo de 500 usuarios del municipio. La alcaldesa, Blanca Alcalá Ruiz explica: "La meta *(goal)* de este programa es terminar con el analfabetismo *(illiteracy)* tecnológico y por otra parte convertir a la ciudad de Puebla, en un lugar digitalizado." Los usuarios podrán registrarse simplemente con ingresar *(to enter)* su correo electrónico, y podrán navegar por tiempo ilimitado. ¡Que vivan los poblanos digitalizados!

PERÚ un juego popular en Facebook

Crazy Combi es una versión del popular juego Crazy Taxi, hecha por la empresa peruana Inventarte. En el juego, el jugador es el conductor de una combi *(van used for public transportation)* y su meta es eludir a los otros vehículos en el camino. "Nos dimos cuenta de que generalmente a la hora del almuerzo mucha gente de la oficina dedicaba varios minutos a los distintos juegos

que circulan en Facebook. Son 'robatiempo' pero te quitan el estrés", explica Javier Albarracín, director de Inventarte. En junio de 2009, Crazy Combi fue subido a Facebook. Dentro de 5 días se alcanzaron *(reached)* a más de 120.000 usuarios. En julio de 2009, habían llegado a 1.000.000. Comenta un usuario: "Es muy adictivo y creo que es el primer juego que escucho con voces peruanas en Facebook".

ESTADOS UNIDOS los latinos conectados a la red

La encuesta es una forma de medir el sentimiento popular. A continuación, lee los resultados de un estudio hecho por El Comité Hispano del Interactive Advertising Bureau. ¿Qué piensas de las siguientes cifras?

	Latinos en EEUU*	Población general de EEUU**
navega con alta velocidad	52%	50%
usa Internet para información sobre la salud	61%	55%
usa Internet para sus necesidades financieras	54%	56%
escucha música en línea con regularidad	55%	41%
descarga archivos de música	37%	25%
usan Internet ___ horas a la semana	9.2	8.5

*16.000.000 están conectados a la red   **220.141.969 están conectados a la red

ACTIVIDADES

1 **¿Comprendiste?** Contesta las siguientes preguntas según la información que acabas de leer.

1. ¿Cuál es una ventaja *(advantage)* de hacer una visita virtual al Museo del Prado?
2. ¿Alberto Gómez Font se preocupa por el uso de lenguaje abreviado en Internet? ¿Por qué sí o por qué no?
3. ¿Qué aparatos electrónicos se necesitan para hacer una visita virtual al médico en Amazonia?
4. ¿Cuál es la meta *(goal)* del programa "Conexión a Tiempo"?
5. ¿Cuáles son algunas características de Crazy Combi?
6. ¿Cuáles son los tres usos de Internet más populares entre los latinos de EEUU?

Tú y la tecnología: ¡Exprésate!

2 **Adicción a Internet: ¿diversión o compulsión?** Según el Manual de Trastornos Mentales (DSM IV) de la Asociación Psiquiátrica Americana (APA), la adicción se define como "la pérdida de control sobre la propia conducta", en el uso de las computadoras, en este caso. Con un(a) compañero(a), contesten las siguientes preguntas y decidan si para ustedes, Internet es diversión o compulsión.

1. ¿Pasas horas enfrente de la computadora?
2. ¿Se te hace difícil despegarte de los sitios web, los mensajeros instantáneos o las salas de chat?
3. ¿Prefieres comer frente a la pantalla en vez de la mesa familiar?
4. ¿Te pones irritable cuando no puedes estar conectado?
5. ¿Se te hace difícil controlar el tiempo que pasas en línea?

¡Disfruta de Internet, pero mantente alerta! No dejes que el gusto de conectarte cruce la línea entre diversión y compulsión.

3 **Una buena idea digital = billones de dólares** Todo el mundo ya conoce la historia de los estudiantes de Stanford que se hicieron billonarios con las ideas que se convirtieron en Google y Yahoo, y la historia de los estudiantes de Harvard que inventaron Facebook. ¿Tienes tú una idea digital que te convertirá en billonario? En grupos de tres o cuatro, traten de inventar una idea digital que pueda tener valor comercial. Una buena idea, un conocimiento de programación y un afán de trabajar: si ustedes poseen los tres, quizás serán unos de los grandes autores de la historia digital.

4 **TXT** En los mensajes de texto, es común usar abreviaciones para indicar frases aceptadas en el idioma. Trata de adivinar qué quieren decir las siguientes abreviaciones en español y luego, escribe su equivalente en inglés.

1. NTC
2. K/Q
3. Pa
4. PQ
5. TMB
6. RPTT
7. VDD
8. Grax
9. CDT
10. jajaja!
11. Wiiiiiii

a. También
b. No Te Creas
c. ¿Por qué?
d. Cambiando De Tema
e. ¡Qué risa!
f. ¿Qué?
g. expresión de felicidad
h. Para
i. Repórtate
j. Gracias
k. ¿Verdad?

5 **El microblog** *Twitter* utiliza el microblog de una forma novedosa. Sólo tiene dos requisitos: (1) tienes que contestar la pregunta: ¿qué estás haciendo en este momento? y (2) los tuiteos no pueden consistir de más de 140 caracteres. Gran parte del atractivo de *Twitter* es que fomenta (*encourages*) la creatividad. En su blog sobre los medios sociales, Rosaura Ochoa comparte algunas palabras nuevas del "twixicon". Primero, escoge la definición de la segunda columna que mejor le corresponda a la palabra en la primera columna.

1. twiccionario
2. illtwitterato
3. twitcrastinar
4. narcissitwit
5. twegotista
6. twitahólico

a. dejar a un lado las tareas para estar en *Twitter*
b. usuario que no puede dejar de estar en *Twitter*
c. diccionario de tuiterismos
d. alguien que adora el sonido de sus propios tuiteos
e. alguien que no sabe usar *Twitter*
f. alguien que le da mucha importancia a su participación en *Twitter*

Ahora, recordando los requisitos, escribe un tuiteo en español que muestre tu creatividad. Trata de usar algunas de las abreviaciones de la **Actividad 4**.

🌐 **¡Conéctate!**

¿Cuál de los usos de la tecnología te interesó más? Haz una investigación en Internet sobre usos extraordinarios de la tecnología que han cambiado y están cambiando la vida de la gente. Elige el que más te interesa y escribe un informe breve. Después, preséntaselo a la clase.

A leer

ESTRATEGIA

As you read, focus on a mix of strategies to help you approach a text. Given the nature of this reading, here are two that will help you better comprehend its content.

- **Using format clues to aid comprehension:** Look at the way the reading is formatted. Without reading its content, just look at the title and the format.
  1. What kind of text is this?
  2. What can you predict about its content, based on its format?
- **Using visuals to aid comprehension:** Look at the art on page 209.
  3. What is its overall tone and feeling?
  4. Looking at the art, can you predict what the tone of the reading might be?

Para entender y hablar de la lectura

Here are some useful words for understanding and discussing the reading selection, which centers on a conversation in a private chat room.

asustar dar miedo	**mentir** no decir la verdad
colgar *to hang up*	**la mentira** información falsa
la gracia *the fun part, the point*	**ponerse triste** *to become sad*
hacer memoria *to jog one's memory*	**la rabia** furia, ira, enojo
ingresar entrar	**vale** OK, sí, está bien

1 Mira las palabras de la lista y luego contesta las siguientes preguntas.

1. ¿Qué papel *(role)* crees que van a jugar las emociones en la lectura?
2. ¿Crees que cuando una persona chatea, siempre dice la verdad? En este caso, ¿cuál es la diferencia entre las exageraciones y las mentiras?
3. Cuando una persona chatea, ¿cómo modifica su ortografía *(spelling)* y otras formas escritas, como las letras mayúsculas *(capital letters)* y las abreviaturas? Busca ejemplos mientras lees la lectura.

¡Fíjate! El voseo

Esta lectura incluye unos ejemplos del voseo. El voseo se usa mucho en Argentina, Uruguay y partes de Chile y Centroamérica. Consiste en sustituir el pronombre **vos** en vez de **tú**. El vos tiene sus propias formas verbales que pueden variar por región. Por ejemplo, en la lectura, se usa **querés** en vez de **quieres** y **podés** en vez de **puedes**.

2 Mientras lees la lectura, busca la respuesta a esta pregunta: ¿Qué revela el uso del voseo sobre la identidad de la persona que lo usa?

Lectura

"chatear", Gustavo Escanlar

En este texto del uruguayo Gustavo Escanlar, dos personas anónimas revelan sus detalles más íntimos en el ciberespacio... ¿O es que todo es pura mentira?

Author: Victoria Contreras Flores

Mac and Me, **Victoria Contreras Flores**

This computer-generated drawing was created by the Spanish artist María Contreras Flores using only a mouse on a computer, before graphic pens and other drawing tools existed.

---

chatear *(viene de* chat, *conversación).*

estoymuerto ingresa a sala privada. ash ingresa a sala privada.

ASH DICE:	¿de verdad estás muerto? qué envidia...
ESTOYMUERTO DICE:	es verdad, sí...
ASH DICE:	¿muerto de qué? ¿de amor, de rabia, de cansancio?
ESTOY MUERTO DICE:	de vida... ¿comprendes?
ASH DICE:	para nada...
ESTOYMUERTO DICE:	un día me di cuenta que no tenía nada que perder... que ya estaba jugado[1], que era libre... entendí que estaba muerto... ese día cambió mi vida, entiendes? al comprender que estaba muerto... ahora sí?

---
[1]*the die was cast, it was decided*

ASH DICE:	... es un poco rebuscado[2] pero vale, está bien...
ESTOYMUERTO DICE:	eres h o m?
ASH DICE:	importa?
ESTOYMUERTO DICE:	sí
ASH DICE:	m
ESTOYMUERTO DICE:	ok. edad?
ASH DICE:	23... tú?
ESTOYMUERTO DICE:	32...
ESTOYMUERTO DICE:	de dónde eres?
ASH DICE:	... ya comienzas con esas preguntas...
ASH DICE:	... voy a mentir...
ESTOYMUERTO DICE:	... ésa es la gracia...
ASH DICE:	... en boston... en miami... en rivera...
ASH DICE:	... elige...
ESTOYMUERTO DICE:	... ¿rivera? ¿qué es rivera?
ASH DICE:	me quieres en rivera?
ASH DICE:	una ciudad perdida del norte de uruguay... en la frontera con brasil...
ESTOYMUERTO DICE:	i like it...
ESTOYMUERTO DICE:	yo estoy en nueva york...en queens...
ESTOYMUERTO DICE:	... ¿sigues ahí?
ASH DICE:	... sí, sigo aquí...
ASH DICE:	... es que estaba haciendo memoria...
ASH DICE:	... y revisando el chat...
ASH DICE:	... y no recuerdo haberte preguntado dónde estabas...
ESTOYMUERTO DICE:	... qué agresiva eres...
ASH DICE:	lo que me atrajo de tu nick[3] era lo original... diferente a los otros... no me gustaría que nuestra charla fuera convencional... como todas...
ESTOYMUERTO DICE:	... sorry... enséñame cómo hacerlo diferente...
ASH DICE:	... mentirnos todo el tiempo, por ejemplo...
ASH DICE:	... es lo bueno de tu nick... dices que estás muerto, pero no es verdad...
ASH DICE:	... digo que estoy en rivera, pero quizá no...
ASH DICE:	... digo que soy mujer, pero nunca lo sabrás...
ASH DICE:	en qué parte de queens estás?
ESTOYMUERTO DICE:	y eso? esa pregunta no va contigo...
ASH DICE:	... es que también estoy en ny...
ESTOYMUERTO DICE:	... yo también te mentí...
ESTOYMUERTO DICE:	... vivo hace dos años en miami...
ESTOYMUERTO DICE:	no eres mujer? no tienes 23?
ASH DICE:	mujer sí... 23 no...

---

[2]demasiado complicado [3]*nickname*

ESTOYMUERTO DICE: nothing but the truth, please...

ASH DICE: 44...

ASH DICE: vas a irte? te asustan las vejetas[4]?

ASH DICE: plis, don't go away...

ASH DICE: ... si querés, podés elegirme cualquier edad...

ESTOYMUERTO DICE: 44 está bien... i like it... casada?

ESTOYMUERTO DICE: ... yo tampoco tengo 32... no estoy tan muerto ni soy tan libre como dije...

ASH DICE: casado?

ASH DICE: divorciada dos veces... tres hijos... uno de 15, una de 9, uno de 7... los tres viven conmigo... vos?

ESTOYMUERTO DICE: de verdad estás en ny?

ASH DICE: hábil[5] para cambiar de tema...

ASH DICE: no estoy en ny...

ASH DICE: de verdad estás en miami?

ESTOYMUERTO DICE: ... no...

ASH DICE: no qué?

ESTOYMUERTO DICE: ni casado ni en miami...

ASH DICE: ves que no importan los lugares?

ASH DICE: ... lo que importa es el sitio...

ASH DICE: ... este sitio...

ESTOYMUERTO DICE: ... me parece que te pusiste triste...

ASH DICE: ... cuando la máquina se cuelgue no nos veremos más...

ASH DICE: ... y se está por colgar...

ASH DICE: ... y era todo mentira...

ash salió de la charla. ¡Chau!

[4]mujeres viejas [5]inteligente, astuto, listo

Excerpt from *Se habla español, Voces Latinas en USA* pages 41–43. Reprinted by permission of Alfagura, Santanilla USA Publishing Company, Inc.

Gustavo Escanlar, Uruguay

Gustavo Escanlar nació en 1962 en Montevideo. Es periodista y autor de cinco libros y un blog que se llama "Los siete sentidos". Trabaja en los campos de literatura, prensa escrita, radio, televisión e Internet y frecuentemente comenta sobre temas culturales y sociales.

3 Contesta las siguientes preguntas sobre la lectura.

1. ¿Qué significa la pregunta "¿eres h o m?"?
2. Según estoymuerto, ¿por qué le cambió la vida al darse cuenta de que estaba muerto?
3. ¿Quién hace más preguntas?
4. ¿Quién dice que la gracia de chatear es decir mentiras?
5. ¿Quién usa el voseo y qué revela sobre su identidad?
6. ¿Quién quiere que la charla no sea convencional?
7. ¿Qué pasa cuando ash dice que también está en Nueva York?
8. Según ash, solamente un lugar es importante. ¿Cuál es?
9. ¿Quién corta la conexión?

4 Completa la siguiente tabla con información de la lectura. Si la información no está en el texto, pon "no dice". Después, revisa la información que escribiste e indica qué es mentira, según lo que dicen estoymuerto y ash.

	Lo que dice estoymuerto	Lo que dice ash
1. ¿Dónde está?		
2. ¿Es hombre o mujer?		
3. ¿Está casado(a) o divorciado(a)?		
4. ¿Cuántos años tiene?		

 5 Con un(a) compañero(a), contesten las preguntas sobre la lectura.

1. Al final de la charla, ash dice que tiene 44 años y le pide a estoymuerto que no salga de la sala. En su opinión, ¿es verdad lo que dice ella? ¿Por qué sí o no?
2. estoymuerto nota que de repente *(suddenly)* ash se pone triste. En su opinión, ¿es verdad? Si es verdad, ¿por qué?
3. Al principio, parece que los dos usuarios quieren jugar e inventar historias. Pero durante la charla el tono de la conversación cambia. En su opinión, ¿quién está jugando y quién está tomando la conversación más en serio?
4. ¿Cuál es su reacción personal a los dos personajes de la lectura? ¿Cómo son ash y estoymuerto? En su opinión, ¿dónde están? (Presten atención al uso de **ser** y **estar** cuando busquen las respuestas.)

6 La charla entre estos dos usuarios es un juego complejo de verdades y mentiras. Con un(a) compañero(a), hagan una lista de las posibles razones por las cuales ash cuelga y corta la charla tan bruscamente. Luego, comparen su lista con la clase y juntos escojan la razón que les parece más definitiva.

7 En grupos de tres, hablen sobre estos temas relacionados con la lectura.

1. ¿Cómo cambian la tecnología y el mundo virtual la manera en que nos relacionamos?

2. Muchas personas creen que las relaciones y comunicaciones en el ciberespacio son diferentes que las del "mundo real". Piensen sobre los siguientes conceptos y relaciones personales: amigo(a), familiar, colega o socio(a), pareja, amistad, amor, lealtad, fidelidad. ¿Son diferentes en el ciberespacio que en la vida normal?

© Vlad Murieta/Shutterstock

A escribir

ESTRATEGIA

As you organize your thoughts on a topic and then write about it, always focus on the mix of strategies you know. Here are two strategies that will help you choose a topic and make it specific enough for a short composition.

1. **Brainstorming ideas:** Before you begin to write, you need to generate a list of ideas and then organize them. Brainstorming is a good technique to use for this. You can do this verbally with a partner, writing down your ideas, or on your own, writing freely and without restriction. The important thing is to write down ideas as they occur, without taking the time to evaluate them. Once you have created a list, you can analyze each idea to see if it is feasible.

2. **Narrowing your topic:** After you choose your topic for a piece of writing, but before you begin the writing process, you need to narrow your topic to fit the scope of your written piece. One way to narrow a topic is to take it and ask yourself questions about it. For example, if your general topic is "science fiction movies," ask, "Current or older?" You might answer, "Older." The next question might be, "From what time period?" The answer might be, "The 1980s." You could then ask, "Made in the U.S. or in other countries?" with the answer, "Made in the U.S." Once you asked and answered the questions like this, you have narrowed your topic from "science fiction movies" to "science fiction movies made in the U.S. during the 1980s."

1 En la composición para este capítulo, vas a escribir una conversación en español que ocurre en una sala de charla, semejante a la de la lectura "chatear" en las páginas 209–211. Antes de escribir, habla con un(a) compañero(a) de clase sobre los temas que se comentan en las diferentes salas de charla. Mientras hablan, hagan una lista de temas posibles para su charla.

2 Ahora, trabajen juntos(as) para hacer su tema más específico. Túrnense para hacer y contestar preguntas sobre tres de los temas de la lista de la **Actividad 1**. Al final, escojan un tema específico que quieren tratar y den un nombre a la sala de charla.

3 Antes de trabajar juntos(as) para escribir su charla, hablen del tema que eligieron y escojan los nombres de usuario que quieren usar en el diálogo. Pueden usar sus nombres verdaderos o inventar otros como los de la lectura.

Composición

4 Escriban la charla, alternando sus comentarios como lo hacen los participantes en las salas de charla. Si tienen una computadora portátil, pueden turnarse para escribir los comentarios en la pantalla. Si escriben a mano, túrnense para compartir la misma hoja de papel. Sigan con sus comentarios hasta que hayan escrito por lo menos veinte comentarios cada uno(a).

Después de escribir

5 Juntos(as) lean su charla. ¿Está todo claro? Miren otra vez la charla de las páginas 209–211 y asegúrense de que su charla conforme a este modelo. ¿Tiene un comienzo y final claros? ¿Han identificado a los dos participantes claramente? Revisen la charla como corresponda.

6 Miren el borrador de la charla otra vez y usen la siguiente lista para revisarlo.

- ¿Tiene su charla un tema específico y por lo menos cuarenta líneas de diálogo?
- ¿Identificaron claramente a los participantes?
- ¿Hay concordancia entre los artículos, sustantivos y adjetivos?
- ¿Usaron las formas correctas de todos los verbos? (Presten atención especial a los usos de **ser** y **estar** y de los verbos como **gustar**.)
- ¿Usaron **por** y **para** correctamente?
- ¿Hay errores de puntuación o de ortografía?

© Salisbury/Shutterstock

Vocabulario

El escritorio, La pantalla *Desktop (of a computer)*

la barra de herramientas *toolbar*
el documento *document*
el favorito *bookmark*
el inicio *startup, beginning*

el menú desplegable *drop-down menu*
la página de inicio *startup page*
la página principal *home page*

Adelante *Forward button*
Anterior *Previous*
Atrás, Regresar *Back button*
Siguiente *Next*

El correo electrónico *E-mail*

el asunto *subject*
la bandeja de entrada *inbox*
la bandeja de salida *outbox*
el correo basura *junk mail, spam*
el (la) destinatario(a) *recipient*
el (la) remitente *sender*

Adjuntar (un archivo) *Attach (a file)*
Responder *Reply*
Responder a todos *Reply to all*

Acciones en línea *Online actions*

agregar *to add*
almacenar *to store, to archive*
arrastrar *to drag*
borrar *to delete, erase*
cancelar *to cancel*
comentar *to comment*
cortar y pegar *to cut and paste*
duplicar archivos *to back up or duplicate a file*
elegir (i) una opción *to choose an option*

etiquetar fotos *to label photos*
iniciar / cerrar (ie) (la) sesión *to log in; to initiate session / to log out; to close session*
guardar cambios *to save changes*
saltar *to skip*
subir / bajar *to upload / to download*
  ... fotos *. . . photos*
  ... audio y video *. . . audio and video*

El intercambio de información personal *Exchanging personal information*

el archivo de contactos *address book*
  la búsqueda de contactos *search for contacts*
  los contactos personales *personal contacts*
la charla *chat*
  la charla en tiempo real *real-time chat, live chat*
  la sala privada *private chat room*
el (la) conocido(a) *someone you know*
el (la) desconocido(a) *someone you don't know*

el nombre de usuario *user name*
la madrugada *wee hours of the morning*
la mensajería instantánea *instant messaging*
el perfil *profile*
la red social *social network*
  los sitios de redes sociales (SRS) *social networking sites*

Los aparatos electrónicos *Electronic devices*

el juego multijugador *multiplayer game*
el lector digital *e-reader*
el libro electrónico, el libro-e *e-book*
el sistema GPS *GPS (Geographical Positioning System)*

la tableta *tablet computer*
el teléfono inteligente, el "smartphone" *smart phone*
el televisor de alta definición *HDTV, high definition television*

El uso del teléfono inteligente *Using a smart phone*

la biblioteca musical *music library (on an MP3 player)*
el e-mail en cadena *chain e-mail*
la interacción *interaction*
la pantalla táctil *touch screen*

el robatiempo *a waste of time*
el salvavidas *a lifesaver*
el texteo *texting*
el tuiteo *a tweet*

enviar / mandar mensajes de texto cortos *to send brief text messages*
textear *to text*
tuitear *to tweet*

Verbos y frases útiles *Useful verbs and phrases*

acostumbrar(se) a *to be in the habit of; to get accustomed to*
cambiar de tema *to change the subject*
dar(se) cuenta de *to report; to realize, become aware of*
disfrutar *to enjoy, enjoy doing*
engañar *to deceive, mislead*
entretener(se) (like **tener**) *to entertain or amuse oneself*

fastidiar(se) *to bother, annoy; to get upset*
gozar *to enjoy*
halagar *to flatter*
insultar *to insult*
relajar(se) *to relax, be relaxing*
revisar *to read, examine; to review*
tener suerte *to be lucky*
valer (irreg. *yo* form) **la pena** *to be worthwhile*

Las compras y la banca en línea *Online shopping and banking*

el aviso *notice, alert*
el carro de la compra *shopping cart*
las condiciones de uso *terms of agreement*

el mapa del sitio *site map*
las preferencias *preferences*
la privacidad *privacy*
el servidor seguro *secure server*

el sitio web seguro *secure web site*
la transacción *transaction*

Frases de todos los días *Everyday phrases*

antes que nada *first of all*
¡De veras! *Really!*
Eso es el colmo. *That's the last straw.*

Estoy harto(a). *I'm fed up.*
¡Es lo máximo! *That's the best! That's cool!*
mejor dicho *Let me rephrase.*

¡Qué lata! *What a pain!*
sin falta *without fail*
tarde o temprano *sooner or later*
un sinfín *an innumerable amount*

Palabras y expresiones de la gramática

bastar *to be enough*
caer (irreg. *yo* form) **bien / mal** *to like, dislike*
doler (ue) *to hurt*
encantar *to like a lot*
faltar *to miss, to be lacking*
fascinar *to fascinate*
importar *to matter, to be important to*
interesar(se) *to interest; to take an interest in*
molestar(se) *to bother; to be offended, to trouble oneself or be bothered*
quedar(se) *to be left; to stay*

estar a favor de *to be in favor of*
estar al día *to be current, aware of current events*
estar al tanto *to be up to date*
estar de acuerdo (con) *to agree*
estar de moda *to be in style*
estar harto(a) *to be sick of, fed up with*
estar por las nubes *to be very happy*
(no) dar para *to (not) be enough*
para nada *not at all*
para siempre *always*
ser tal para cual *to be two of a kind*

por ejemplo *for example*
por eso *so, that's why*
por favor *please*
por fin *finally*
por lo general *generally*
por lo menos *at least*
por qué *why*
porque *because*
el porqué *the reason why*
por si *in case*
por supuesto *of course*

Repaso y preparación

>> **Repaso del Capítulo 16**

Complete these activities to check your understanding of the new grammar points in **Chapter 16** before you move on to **Chapter 17**.

The answers to the activities in this section can be found in **Appendix B**.

Ser and estar (p. 192)

1 Di si los usos de **ser** y **estar** en las siguientes oraciones son correctos (**C**) o incorrectos (**I**). Corrige las oraciones incorrectas y da la razón por el uso correcto en cada caso.

MODELO Te <u>estás</u> acostumbrando a la nueva barra de herramientas, ¿verdad?
C, action in progress (present progressive tense)

1. Tengo una nueva bolsa para la computadora. <u>Está</u> de cuero negro.
2. La reunión va a <u>estar</u> en el centro de computación.
3. Mi hermana <u>está</u> casada con un hombre que programa computadoras.
4. Todos sus amigos <u>son</u> al día con relación a las noticias tecnológicas.
5. <u>Está</u> importante que cambies tu contraseña con frecuencia.
6. El instructor de programación <u>está</u> soltero... ¡y <u>es</u> muy guapo!

Por and para (p. 196)

2 Completa las oraciones con **por** o **para**.

1. ¡Uy! Este juego es un robatiempo. ¡Ya son las veinte _____ las once!
2. A mi amiga le encanta usar esa aplicación _____ manejar su dinero en línea.
3. Ellos trabajan _____ una compañía grandísima de software.
4. _____ favor, no leas este correo electrónico porque es _____ mí.
5. ¿Sólo pagaste cien dólares _____ ese teléfono inteligente? ¡Qué suerte!
6. Estamos muy enojados _____ los problemas que tenemos con el sistema GPS.
7. Normalmente, ellos participan en juegos multijugadores _____ la noche.
8. Te interesas mucho _____ el texteo.

Verbs like **gustar** and similar constructions (p. 200)

3 Usa las palabras indicadas para crear oraciones completas.

1. a mí / fastidiar los e-mails en cadena
2. a ustedes / caer bien esa bloguera
3. a ti / bastar el teléfono inteligente
4. a nosotros / encantar ese sitio web
5. a ella / gustar usar el programa para etiquetar fotos
6. a ellos / importar relajarse después de las clases
7. a mí / doler las manos después de escribir en la computadora por muchas horas
8. a él / faltar la disciplina para aprender el programa

Preparación para el Capítulo 17

The present progressive tense (Chapter 5)

4 Escribe oraciones completas para decir qué esta haciendo cada persona en este momento.

MODELO   Enriqueta / trabajar en la computadora
Enriqueta está trabajando en la computadora.

1. tú / pedir direcciones al sistema GPS
2. ellos / mandar mensajes de textos con el teléfono inteligente
3. nosotros / jugar el juego multijugador
4. yo / comprar una tableta
5. ella / leer el libro electrónico
6. ustedes / mirar el televisor de alta definición

> Complete these activities to review some previously learned grammatical structures that will be helpful when you learn the new grammar in **Chapter 17**.

The preterite vs. the imperfect (Chapter 9)

5 Completa las oraciones con formas del pretérito o el imperfecto.

1. Él _____ (leer) las condiciones de uso del sitio web cuando de repente _____ (caerse) el sistema.
2. _____ (ser) las diez de la mañana cuando yo _____ (darse) cuenta de que la computadora no _____ (funcionar).
3. Nosotros _____ (estar) muy enojados porque mi primo _____ (borrar) el disco duro de la computadora sin querer.
4. Yo _____ (estar) sin computadora por un año entero. ¡Increíble!
5. Mis padres _____ (querer) hablar conmigo sobre su servicio de Internet, pero ellos no me _____ (encontrar) en casa ayer.

The perfect tenses (Chapter 14)

6 Usa las primeras palabras indicadas para escribir oraciones completas con formas del presente perfecto. Luego, usa las palabras entre paréntesis para cambiar las oraciones al pasado perfecto según el modelo.

MODELO   tú / poner tus contactos en el archivo de contactos (cuando empezar a usar el programa de correo electrónico)
Tú has puesto tus contactos en el archivo de contactos.
Tú ya habías puesto tus contactos en el archivo de contactos cuando empezaste a usar el programa de correo electrónico.

1. ustedes / entretenerse con el nuevo juego (cuando decidir ver un programa de televisión)
2. tú / revisar el aviso del sitio web (cuando perder la conexión)
3. nosotras / tener mucha suerte con ese programa (cuando recomendártelo)
4. ellos / guardar sus cambios (cuando cerrar el archivo)
5. yo / cambiar la información de mi perfil personal (cuando añadir la foto)

© Tetra Image/Alamy

Al final de este capítulo, sabrás más sobre:

COMUNICACIÓN ____

- tus antepasados
- tus raíces
- la vida del inmigrante
- el éxito del inmigrante
- algunos estados emocionales

GRAMÁTICA ____

- los usos del pretérito y el imperfecto
- los usos de los tiempos perfectos, **haber** y el participio pasado
- los usos de los tiempos progresivos

CULTURAS ____

- Chile, Venezuela, Colombia— una fusión de estilos musicales
- Costa Rica: la poesía afrocostarricense
- Bolivia: la moda "étnica urbana"
- Venezuela: Paz Con Todo, un grupo que trae la paz a la vida cotidiana
- Guatemala: las tradiciones norteamericanas importadas a la cultura maya
- Estados Unidos: el alma bicultural que reside en ambos lados de la frontera

©istockphoto.com/Floortje

La cultura es un conjunto de elementos que incluye lengua, religión, educación, creencias e historia de países y de pueblos. También está compuesta de la cocina, la moda, la literatura, el arte y todos los productos que son nativos a una región. En tiempos antiguos, las fronteras de las culturas eran más fijas porque viajar de un país a otro presentaba muchas dificultades. Hoy día, con Internet y la globalización de las industrias, nos estamos dando cuenta que somos todos ciudadanos de un solo mundo. La emigración a gran escala es otro factor principal que ha cambiado la cara del nuevo humano global y pluricultural. Esta fusión de culturas la puedes ver en tu clóset, en tu refrigerador, en tu computadora y en tus aparatos electrónicos. Mira la etiqueta de tu camiseta. ¿Dónde fue hecha? ¿Quizás manejas un coche japonés? ¿O luces zapatos italianos, gafas francesas, ropa de la India, relojes suizos y diseños brasileños? ¿Es tu actitud tan pluricultural como tu vestimenta? ¿Crees que la fusión de las culturas resulte en un mundo sin fronteras de verdad? ¿Qué culturas están representadas en tu vida cotidiana?

© shutterstock, 2010/Peter Zaharov

©istockphoto.com/apelletr

©istockphoto.com/AnikaSalsera

¿ERES PLURICULTURAL?

¿Conoces bien tu historia genealógica? ¿Qué sabes de tus antepasados? Empieza aquí con los nombres y países de origen que sabes sin preguntarle a nadie. Luego, habla con un pariente que te pueda ayudar a rellenar más datos. Si te interesa, inscríbete a un sitio en la red que se dedica a la genealogía.

N = Nombre   P = País de origen

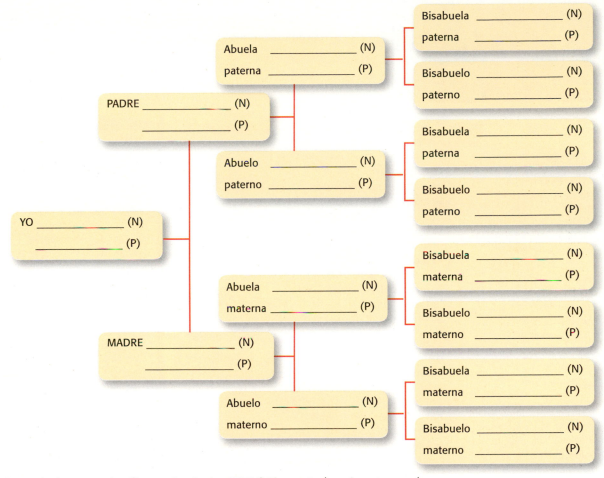

Bisabuela _____ (N)
paterna _____ (P)

Bisabuelo _____ (N)
paterno _____ (P)

Abuela _____ (N)
paterna _____ (P)

PADRE _____ (N)
_____ (P)

Abuelo _____ (N)
paterno _____ (P)

Bisabuela _____ (N)
paterna _____ (P)

Bisabuelo _____ (N)
paterno _____ (P)

YO _____ (N)
_____ (P)

Bisabuela _____ (N)
materna _____ (P)

Bisabuelo _____ (N)
materno _____ (P)

Abuela _____ (N)
materna _____ (P)

MADRE _____ (N)
_____ (P)

Abuelo _____ (N)
materno _____ (P)

Bisabuela _____ (N)
materna _____ (P)

Bisabuelo _____ (N)
materno _____ (P)

¿Hay alguien en tu familia que inmigró a EEUU? Si no, añade más antepasados hasta que llegues a alguien que sí lo hizo.

¿Cuántos países de origen están representados en tu árbol? Haz una lista de todas las nacionalidades representadas en tu árbol. ¿Has encontrado que tú mismo(a) eres una fusión de culturas? ¿o no?

¡Imagínate!

▶ >> **Vocabulario útil 1**

SILVIA: La **diversidad** es buena para todos porque aprendemos de las **costumbres** y **creencias** de nuestros **antepasados** y las de otros también, ¿no es así?

Mi papá **se crió** en Houston y mi mamá **emigró** de Guatemala siendo muy joven.

>> **Para hablar de los antepasados**
Talking about your ancestors

Sustantivos
el antepasado *ancestor*
la ascendencia *descent, ancestry*
la descendencia *descendants*
la frontera *border*
la lucha *fight, struggle*
el nacimiento *birth*
el pueblo *the people; a town, village*
la raíz *root*
la tierra *land*
la tierra natal *homeland, native land*

Verbos
desafiar *to challenge*
desplazarse *to displace; to be displaced*
echar raíces *to put down roots*
emigrar (de) *to emigrate (from)*
inmigrar (a) *to immigrate*
nacer *to be born (to)*
mudarse *to move*
trasladarse *to relocate, transfer*

Notice the difference between **emigrar** and **inmigrar**. *To emigrate* means *to leave a country*—it reflects the point of view of the country being left; *to immigrate* is *to enter a country*—it reflects the point of view of the country being entered. In essence, one does both at the same time:

Emigró de México; **inmigró a** Estados Unidos.

Although **trasladarse** and **mudarse** both mean *to move,* there is an important difference in meaning. **Trasladarse** means *to relocate or transfer from one place to another,* and **mudarse** simply means *to move from one house or apartment to another.* **Cambiarse de casa** is also a commonly used expression with the same meaning as **mudarse**.

Ascendencia and **descendencia** are easy to confuse, and many Spanish speakers do. **Ascendencia** refers to ancestors—the people who came before you. **Descendencia** refers to posterity—one's children, grandchildren, etc. The confusion probably comes from the use of **descendencia** vs. **desciendiente**; or from the translation *descent*.

To describe your own background, you could say:

Soy de **ascendencia** española. *I am of Spanish **descent**.*

Soy **desciendiente** de españoles por parte de la familia de mi padre. *I am of Spanish **descent** on my father's side.*

BUT the following means something quite different. Compare:

Tengo **descendencia** española. *I **have children or grandchildren** who have Spanish blood.*

© Cengage Learning 2013

ACTIVIDADES

1 **El pasado** Escoge la palabra o frase de la segunda columna que mejor defina la palabra o frase de la primera columna.

1. antepasados
2. ascendencia
3. descendencia
4. frontera
5. lucha
6. tierra natal
7. pueblo
8. echar raíces

a. un grupo unido por su cultura
b. nacionalidad de los antepasados
c. país de nacimiento
d. abuelos
e. establecerse en un lugar
f. hijos
g. batalla
h. demarcación entre países

2 **Silvia** Completa el ensayo que Silvia escribió para su clase de historia. Primero, basándote en lo que sabes del español, decide cuáles espacios en blanco requieren verbos (V) y cuáles requieren sustantivos (S). Luego, completa las frases con las palabras o frases correctas. Cada palabra o frase de la lista se puede usar solamente una vez.

Verbos	Sustantivos
echaron raíces	frontera
emigraron	esfuerzo
nació	ascendencia
se trasladaron	descendencia

Yo soy de (1) _____ mexicana, guatemalteca y tejana. Mis abuelos mexicanos (2) _____ a Estados Unidos hace muchos años. Se desplazaron por el bien de su (3) _____. (4) _____ de México en 1933. (5) _____ en Houston, donde (6) _____ mi papá. Desafiaron el peligro de cruzar la (7) _____ para ofrecerles a sus descendientes una vida mejor. Cuando llegaron a Texas, la vida del trabajador inmigrante era muy difícil. Lucharon por sus derechos como trabajadores, y todos los días hicieron un (8) _____ muy grande para salir adelante.

3 **Mis antepasados** Escribe tres oraciones que describan a tus antepasados. Puedes escoger tres de los principios de las frases a continuación, o puedes adaptarlas para que reflejen la realidad de tu familia o tu situación en particular. En tus tres oraciones, trata de dar todo el detalle que puedas.

1. Mis antepasados maternos son de...
2. Mis antepasados paternos son de...
3. Yo soy de ascendencia...
4. Mis abuelos emigraron de...
   Inmigraron a...
5. Mis abuelos echaron raíces en...
6. La tierra natal de mi madre es...
7. La tierra natal de mi padre es...
8. Se desplazaron de su vida en...
   porque...

To say *to fight for one's country,* you would use **luchar por la patria.**

Mi bisabuelo **luchó por la patria** en la Segunda Guerra Mundial.

Alcanzar, conseguir, and **lograr** are very close in meaning, but might vary slightly in usage. To discern the nuances of word choice in particular situations, pay attention to how native speakers use these words. Compare:

¿**Conseguiste** los boletos? *Did you get the tickets?*

¿**Alcanzaste** tu peso ideal? *Did you reach your desired weight?*

¿**Lograste** tu propósito? *Did you achieve your intention?*

>> **Para hablar de las raíces** *Talking about your roots*

Sustantivos

la costumbre *custom*
la creencia *belief*
la diversidad *diversity*
la emigración *emigration*
el esfuerzo *effort*
la etnia / el grupo étnico *ethnic group*
el éxito *success*
la herencia *inheritance*
la influencia *influence*

la inmigración *immigration*
la (in)tolerancia *(in)tolerance*
la mezcla *mix; mixing, mixture; blend*
la patria *homeland, native country*
  la madre patria *mother country*
  las fiestas patrias *Independence Day celebrations*
la raza *race*
la tradición oral *oral tradition*
la traducción *translation*

Verbos

alcanzar *to reach; to achieve*
apoyar *to support; to lean on*
conservar *to preserve (traditions)*
criar(se) *to grow up; to be raised*
influir *to influence*

lograr *to attain, achieve*
mezclar *to mix*
pertenecer *to belong to; to be a member of*
poblar *to populate; to inhabit*
traducir *to translate*

ACTIVIDADES

4 **Palabras afines** Cuando dos palabras provienen de la misma raíz, se consideran palabras afines. Escribe el verbo que corresponda al sustantivo. Sigue el modelo.

MODELO costumbre: *acostumbrar*

1. creencia: _____
2. emigración: _____
3. inmigración: _____
4. mezcla: _____

5. nacimiento: _____
6. influencia: _____
7. población: _____
8. traducción: _____

5 **Opiniones** Escoge la palabra de la segunda columna que mejor complete cada frase de la primera. Luego, di si estás de acuerdo con cada frase. Explica por qué estás o no estás de acuerdo con la frase.

1. _____ no existe sin el esfuerzo.
2. _____ no tiene lugar en una sociedad civilizada.
3. Algunas _____ son anticuadas y tienen que cambiar con los tiempos.
4. Para _____ el éxito, hay que hacer un gran esfuerzo.
5. Para el inmigrante, es importante _____ a una comunidad que lo apoya.

a. creencias
b. el éxito
c. la intolerancia
d. pertenecer
e. lograr

6 **Mi abuelo** Para conocer más sobre la experiencia del abuelo de Silvia al llegar como inmigrante a Estados Unidos en 1933, escoge el verbo apropiado y escríbelo en el pretérito.

Verbos: alcanzar, apoyar, conservar, lograr, pertencer

MODELO *Abuelo logró encontrar trabajo el primer año que llegó a EEUU.*

1. Él _____ hacerse ciudadano de su nuevo país al poco tiempo de su llegada.
2. Él _____ a un grupo que luchaba por los derechos del trabajador.
3. Abuelo siempre _____ a sus hijos en los estudios.
4. Él siempre _____ la dignidad, aun cuando enfrentaba situaciones discriminatorias.
5. Él _____ ver a sus hijos graduarse de la universidad.

7 **Herencias culturales** Con un(a) compañero(a), hablen sobre algunas tradiciones o costumbres culturales que heredaron de sus antepasados. Usen las ideas de la lista si quieren, adáptenlas o inventen temas pertinentes a su experiencia.

MODELO *Nosotros tenemos la costumbre de abrir los regalos de Navidad antes de acostarnos en Nochebuena.*

Opciones

una costumbre / una creencia de mi familia es...

un principio muy importante de mis abuelos es...

en nuestra familia, la tradición oral...

en nuestra familia, celebramos las fiestas patrias...

la influencia de la madre patria de mis abuelos maternos se nota en...

8 **La vida del inmigrante** Busca a alguien, ya sea uno de tus antepasados o un amigo o amiga de la familia, que haya vivido la vida del inmigrante en algún momento en su historia. Entrevista a esa persona para descubrir más sobre la experiencia del (de la) inmigrante en un país extranjero.

- ¿De dónde emigraste?
- ¿A qué país inmigraste?
- ¿En qué año emigraste?
- ¿Te hiciste ciudadano(a) de tu nuevo país?
- ¿Cuántos años tenías cuando llegaste a tu nuevo país?
- ¿Qué clase de dificultades enfrentaste como inmigrante?

▶ >> Vocabulario útil 2

© Cengage Learning 2013

GUSTAVO: Y un día, cuando tenía ocho años, mis padres me dieron una noticia muy inesperada: nos íbamos a trasladar a los Estados Unidos. Para ellos, era un **sueño** que tenían desde hace muchos años.

Oye, estaban felices. Tenían la **esperanza** de **mejorar** nuestras vidas en un país lleno de oportunidades.

>> Para hablar de la vida del inmigrante
Talking about the life of the immigrant

Although both **aprovechar** and **aprovecharse de** mean *to take advantage of,* they have very different meanings. When **aprovechar** is used, it simply means *to make the most of.* When **aprovecharse de** is used, it has a negative connotation. Compare:

Aprovechó la ocasión para darles las gracias a sus padres.

He took advantage of the occasion to thank his parents.

Se aprovechó de sus padres al no devolverles el dinero que le prestaron.

He took unfair advantage of his parents by not returning the money they lent him.

Sustantivos

la broma *joke*	**los principios** *principles*
la esperanza *hope*	**el respeto** *respect*
los ideales *ideals*	**el reto** *challenge*
el intercambio *exchange*	**el sueño** *dream*
la meta *goal*	**los valores** *values*
la nostalgia *nostalgia*	

Verbos

adaptarse *to adapt*
aprovechar *to take advantage of*
aprovechar(se) de *to take unfair advantage of*
bromear *to joke around*
convivir *to coexist*
cooperar *to cooperate*
establecerse *to establish yourself*
echar de menos *to miss*
extrañar *to miss*
festejar *to celebrate*
hacerle falta (algo a alguien) *to be in need of something*
integrar(se) *to integrate oneself into*
intercambiar *to exchange*
mantener contacto *to maintain contact*
mejorar *to improve; to better*

ACTIVIDADES

9 **El sustantivo correcto** Primero vas a leer la definición de uno de los sustantivos del vocabulario. Luego completa la frase con ese sustantivo y el artículo definido o indefinido necesario.

MODELO *la confianza o creencia que algo positivo va a ocurrir*
   Abayomi tiene <u>la esperanza</u> *de hacerse ciudadana de su nuevo país.*

1. *la tristeza melancólica que uno siente por algo, alguien o algún lugar lejano*
   Mi abuelo nunca perdió _____ por su madre patria.

2. *los principios o criterios aceptados de un individuo o grupo*
   En la constitución de un país se expresan _____ de una nación.

3. *deseo, esperanza o ambición de una persona que parece difícil de conseguir*
   _____ de Martin Luther King era conseguir la igualdad para todos.

4. *una actidud de admiración y alta estima hacia otro*
   _____ es necesario para la comunicación efectiva entre culturas.

5. *conjunto de las convicciones o creencias de una persona*
   _____ de mis padres se centraban en el trabajo y la educación.

10 **El edificio pluricultural** Completa el e-mail que le escribió Enrique, un inmigrante que vive en un edificio de apartamentos en Brooklyn, Nueva York, a un amigo de su tierra natal. Refiérete al **Vocabulario útil 2** de la página 228.

Para:	Ismael81@fronteras.com
De:	Enrique2116@imagínatecompadre.com
Asunto:	la vida en Nueva York

Ya sabes que vivo en un edificio de apartamentos en Brooklyn, Nueva York. En el edificio están representadas un sinfín de culturas: vietnamita, dominicana, japonesa, canadiense, africano-americana, mexicana y portuguesa para nombrar sólo unas pocas. Siempre estamos (1) _____ que nuestro edificio es Las Naciones Unidas sin los traductores.

Como te puedes imaginar, tantas culturas en un solo edificio puede resultar en situaciones difíciles pero por lo general, todos (2) _____ para pasarla bien. Nosotros (3) _____ de una manera muy civil más o menos todo el tiempo.

He notado que nosotros los adultos (4) _____ a la cultura norteamericana con más dificultad, pero las generaciones jóvenes (5) _____ sin problema. Cuando nos juntamos con los vecinos, siempre hay alguien que menciona que (6) _____ a sus parientes en su tierra natal. Aunque ahora con Internet y servicios de Skype, es más fácil (7) _____ con nuestras familias en el extranjero. Todos queremos (8) _____ nuestra situación para darles una vida mejor a nuestros hijos.

Nosotros (9) _____ la comunidad pluricultural de muchas maneras. (10) _____ recetas de comida, información sobre descuentos en las tiendas, y también sobre los sistemas de la ciudad y del gobierno. También (11) _____ las fiestas de varias culturas cuando se ofrece.

Bueno me voy. (12) ¡_____ tu sonrisa, hermano!

Notice that item 1 requires the present participle or gerund to form the present progressive with **estar**, which you learned in **Volume 1** and will be reviewing on page 242 of **Gramática útil 3** in this chapter.

>> **Para hablar del éxito del inmigrante**
Talking about the immigrant's success

Verbos

desarrollar to develop
destacarse to stand out; to be outstanding
dominar la lengua to master the language
enfrentarse a los retos to face the challenges
equivocarse to make a mistake; to be mistaken

llevar a cabo to carry out
realizar to carry out, execute
respetar to respect
soler to be in the habit of (usually)
sufrir to suffer
superar to overcome

>> **Estados emocionales** *Emotional states*

agotado(a) exhausted
angustiado(a) worried, anxious; distressed
animado(a) animated, lively; in good spirits
ansioso(a) anxious
asustado(a) scared

avergonzado(a) ashamed
confundido(a) confused
deprimido(a) depressed
emocionado(a) excited; moved, touched; thrilled
nostálgico(a) nostalgic

ACTIVIDADES

11 **¿Qué significado?** Lee la oración y, tomando nota de la palabra subrayada, decide cuál de los significados corresponde a la palabra subrayada según el contexto. Si no puedes adivinar, consulta un diccionario en línea.

MODELO *La universidad quiere <u>desarrollar</u> un programa de intercambio para estudiantes internacionales.*

      (a.) realizar   b. empezar   c. mejorar   d. superar

1. El inmigrante tiene que <u>enfrentarse</u> a los retos que se le presentan en un país desconocido.
  a. negar   b. hacer frente   c. crear   d. perder

2. Gustavo <u>solía</u> estudiar por las noches y los fines de semana.
  a. odiaba   b. dejaba de   c. no podía   d. acostumbraba

3. Al principio, Gustavo <u>se equivocó mucho</u> en su uso de los pronombres personales.
  a. cometió errores b. se integró   c. mejoró   d. se destacó

4. Gustavo <u>dominó</u> el inglés en un año.
  a. aprendió   b. detestó   c. realizó   d. desarrolló

5. Gustavo llevó a cabo su plan de <u>destacarse</u> en la clase de inglés.
  a. superar   b. integrarse   c. cooperar   d. sobresalir

6. Gustavo <u>realizó</u> sus sueños cuando aprendió a hablar inglés.
  a. intercambió   b. consiguió   c. dominó   d. respetó

12 **¿Cómo te sientes?** Escribe el estado emocional que mejor corresponda a la situación descrita.

1. Cuando no entiendo la lección me siento _____.
2. Después de correr un maratón, me siento _____.
3. Cuando voy a salir a festejar con mis amigos, me siento _____.
4. Cuando no me puedo comunicar bien, me siento _____.
5. Cuando voy a una fiesta y no conozco a nadie, me siento _____.
6. Cuando extraño a mi familia y mis amigos, me siento _____.

13 **Mi opinión** Con un(a) compañero(a), expresa tu opinión sobre los siguientes temas.

Tema 1: ¿Qué piensas de alguien que deja su país para inmigrar a otro? ¿Entiendes por qué alguien lo haría? Explica tu opinión.

Tema 2: ¿Alguna vez has estado en un sitio en el cual no sabes el idioma y estás frustrado(a) y asustado(a)? Describe esa experiencia.

Tema 3: Imagínate que estás viviendo en un país en el cual no sabes el idioma, no conoces a nadie y necesitas conseguir un trabajo. ¿Cómo enfrentas los retos?

Frases de todos los días

Aquí hay más frases de todos los días para enriquecer tu vocabulario. ¡Suerte!

Adivina Haz correspondencia entre las palabras y frases a la izquierda y sus equivalentes en inglés a la derecha.

1. **¿Qué sé yo?**   a. *I know what I'm talking about.*
2. **en fin**   b. *often*
3. **buena onda**   c. *no idea whatsoever*
4. **sé lo que digo**   d. *good vibe*
5. **cara a cara**   e. *I'm not kidding!*
6. **a menudo**   f. *little by little*
7. **ni idea**   g. *Holy moly!*
8. **¡No estoy bromeando!** h. *face to face*
9. **poco a poco**   i. *What do I know?*
10. **¡Híjole!**   j. *in summary*

Práctica Escoge una de las frases de la lista y búscala en Internet. Apunta el tipo de información que encuentras en línea. Por ejemplo, si se trata de una canción, escribe su título, cantante o autor y el sitio donde encontraste la información. Comparte tus resultados con la clase.

A ver

Escena 1: *Tex Guate Mex*

En esta escena, Silvia habla de su ascendencia multicultural.

1 Mira el video y llena los espacios en blanco con las palabras correctas según lo que dice Silvia.

1. Silvia dice que es de ascendencia _____ y _____, con algo de tejana también.
2. Cuando Silvia y su familia celebran las fiestas en casa, se congrega una _____ de _____ increíble.
3. La abuelita de Silvia dice que ellos son _____ del mundo.
4. Silvia cree que aprendemos mucho de las _____ y _____ de nuestros antepasados y las de otros también.
5. Los padres de Silvia se conocieron en la _____ de un amigo.
6. Silvia dice que su familia es un ejemplo de lo que puede pasar cuando las culturas se mezclan y se influyen con _____ y un poquito de amor.

Escena 2: *¡No estoy bromeando!*

En esta escena, Gustavo habla de sus experiencias al trasladarse a Estados Unidos de República Dominicana con su familia.

2 Mira el video y llena los espacios en blanco con las palabras correctas según lo que dice Gustavo.

1. Sus padres estaban muy _____, pero Gustavo estaba muy _____.
2. El primer día de escuela, Gustavo estaba _____ y _____ porque no entendía lo que decía la maestra.
3. Gustavo decidió enfrentarse a los _____ cara a cara.
4. Los padres de Gustavo dijeron que si trabajaba duro, no había nada que él no pudiera _____.
5. Gustavo dice que tenía una _____ muy chévere.

Voces de la comunidad

>> Entrevista con Caguama, un conjunto musical

Caguama es un grupo musical de Portland, Oregon, formado por cuatro músicos latinos. Su música es una síntesis de rock, ranchera, cumbia y otras formas musicales.

Comprensión

Di si las siguientes oraciones son ciertas (**C**) o falsas (**F**). Corrige las oraciones falsas.

1. Raul empezó el grupo en Santa Fe, New Mexico, hace unos cinco o seis años.
2. Raul toca la guitarra, escribe canciones y canta. Esteban toca el acordeón y el bajo *(bass)*.
3. A Raul le gusta mezclar muchos tipos de música.
4. Los padres de Raul y Esteban son de México y sus madres son de Oregon.
5. Recientemente Caguama ha empezado a tocar en una variedad de sitios.

> **Norteño** is a form of music that evolved from traditional **ranchera** styles. **Cumbia** has its origins in Colombia but is also very popular in Mexico.

> **La Raza** is a term often used to refer to people of Mexican heritage.

© Cengage Learning 2013

>> Carmen Zapata, Estela Scarlata y Margarita Galbán: Tres grandes protagonistas del teatro bilingüe

Carmen Zapata
© Associated Press

Los Ángeles alberga *(houses)* una de las instituciones teatrales más originales del país. La Fundación Bilingüe de las Artes *(Bilingual Foundation of the Arts—BFA)* se especializa en producir obras de teatro del mundo hispano en español e inglés. Sus objetivos principales son promover el teatro hispano y servir de puente entre la sociedad norteamericana y las comunidades de habla hispana en Estados Unidos.

Fundada en 1973, BFA es la creación de tres talentosas latinas: la actriz y productora méxicoamericana Carmen Zapata; la actriz, dramaturga y directora cubana Margarita Galbán y la diseñadora de escenarios argentina, Estela Scarlata. Las tres son recipientes de numerosos premios nacionales e internacionales, entre ellos el Premio Isabel la Católica y el Premio Rey de España. Además, Zapata tiene la distinción de contar con su propia estrella en el Paseo de la Fama en Hollywood y un premio Emmy. Esta incansable promotora de las artes observa: "Los latinos tienen en su personalidad una gran necesidad de arte y cuando vienen a Estados Unidos se encuentran con que carecen *(lack)* de esa parte de su vida, tanto en su idioma como en inglés".

Estela Scarlata
Margarita Galbán
© WireImage/Getty Images

¡Prepárate!

>> ## Gramática útil 1

Repaso y ampliación: Preterite vs. imperfect

Cómo usarlo

Un día, cuando **tenía** ocho años, mis padres me **dieron** una noticia muy inesperada: **nos íbamos** a trasladar a los Estados Unidos.

Choosing between the preterite and the imperfect

1. Spanish uses both the preterite and the imperfect to describe past actions. They each have different uses and meanings, and in many cases it's easy to decide which one to use. In others, either one can be correct, depending on what you are trying to say. Remember that there is always a difference in meaning when you use the preterite and when you use the imperfect.

2. In general, the preterite focuses on completed actions. It can refer to a single completed action or a series of actions that were completed during a specific period of time. The imperfect is used to focus on or describe past actions where the amount of time was unspecified, ongoing, or unimportant.

You can review the formation of the preterite and the imperfect in the verb charts in **Appendix C**.

Native speakers use the preterite or the imperfect to focus on different aspects of an action: its beginning, middle, end, or ongoing or habitual nature. This choice is based on what part of the action they are choosing to emphasize. Contrast the following and how the emphasis on each action changes, depending on whether the preterite or imperfect is used.

Llegamos cuando el bebé **nacía**.

Llegamos cuando el bebé **nació**.

Llegábamos cuando el bebé **nacía**.

Llegábamos cuando el bebé **nació**.

Preterite	Imperfect
1. Relates a *completed past action* or a *series of completed past actions.* La familia **superó** los retos y **sobrevivió.**	1. Describes *habitual* or *routine past actions.* Cada año mis abuelos **festejaban** todos los días festivos.
2. Focuses on the *beginning, the end, or the completed duration* of a past event or series of events. Al principio, no **pudieron** trabajar.	2. Focuses on the *duration of the event as it was happening,* rather than its beginning or end. **Sentíamos** mucha nostalgia.
3. Relates a *completed past condition that is viewed as completely over and done with* (and usually associates a time period with that condition). Mi abuelo **estuvo** muy deprimido por un año entero.	3. Describes *past conditions*, such as *time, weather, emotional states, age,* and *location*, that were ongoing at the time of description (with no focus on the beginning or end of the condition). **Estaban** un poco ansiosos al llegar al nuevo país.
4. Relates an *action that interrupted* an ongoing action (which uses the imperfect). Cuando yo **tenía** tres años, **nos trasladamos** a Texas.	4. Describes *ongoing background events in the past that were interrupted* by another action (which uses the preterite). **Nos integrábamos** en el pueblo cuando de repente **tuvimos** que trasladarnos.
	5. Refers to *immediate future from the perspective of a past-tense context*. Ese día, **iba** a visitar a mi familia.
	6. Expresses *politeness.* **Quería** hablar con usted sobre su experiencia como inmigrante.

3. Here are some expressions frequently used with the preterite or the imperfect.

Preterite	Imperfect
de repente *(suddenly)*	generalmente / por lo general
por fin *(finally)*	normalmente
el mes / año pasado	todos los días / meses / años
la semana pasada	todas las semanas
ayer	frecuentemente
una vez / dos veces / muchas veces, etc.	típicamente
primero, segundo, después, luego	siempre

Verbs with different meanings in the preterite and the imperfect

1. Some verbs have different meanings in the preterite and the imperfect. The meaning in the imperfect is similar to the verb's meaning when it is used in the present tense. It is in the preterite usage that its meaning changes.

Verb	Preterite	Imperfect
conocer	*to meet someone*	*to know, be familiar with a person or place*
saber	*to find out (a piece of information)*	*to know information or how to do something*
(no) poder	*to succeed (poder); to fail (to do) (no poder)*	*to be able to; to not be able to*
(no) querer	*to try (querer); to refuse (no querer)*	*to want to; to not want to*

2. Note that in the cases of **poder** and **querer**, the use of the preterite usually refers to a specific action and its outcome: **Pude investigar mi ascendencia, pero no pude encontrar los nombres de mis bisabuelos. Quise encontrarlos, pero no quise viajar a la biblioteca genealógica en Salt Lake City.**

3. Most of these verbs can also retain their original meaning in the preterite when referring to a specific time period in the past: **Lo conocí bien por dos años cuando trabajamos juntos. Mi novio me quiso pero ahora no me quiere.** This is because they focus on the moment the action occurred (knowing, meeting, being able to do something, etc.) or its duration (loving, etc.).

1 **¿Cuál es la razón?** Escucha las oraciones y escribe la forma del verbo indicado que oigas. (¡**OJO!** A veces hay dos verbos —sólo escribe el verbo que está en la forma que se menciona en la lista.) Después determina por qué se usa el pretérito o el imperfecto en cada caso y escribe el número de la oración en la columna correcta de la tabla. Sigue el modelo.

Track 19

MODELO **VES:** pretérito: _____

OYES: Yo nací en un pueblo cerca de la frontera entre Texas y México.

ESCRIBES: *nací*

MARCAS: el número de la oración al lado de *completed past action* en la tabla

Pretérito	Imperfecto
____ completed past action or past condition	____ habitual or routine past action
____ beginning, end, or completed duration of action or condition	____ ongoing past action or condition
____ interrupting action	____ ongoing background action

1. pretérito: _____
2. pretérito: _____
3. pretérito: _____
4. pretérito: _____

5. imperfecto: _____
6. imperfecto: _____
7. imperfecto: _____
8. imperfecto: _____

2 **Historia de familia** Completa cada oración con la forma correcta del verbo en el pretérito o el imperfecto, según el caso.

Mi familia **(1)** _____ (trasladarse) frecuentemente cuando yo **(2)** _____ (ser) niña. Durante cinco años, mis hermanos y yo **(3)** _____ (asistir) a escuelas en Indiana, Missouri, Texas y Pennsylvania. Mi padre **(4)** _____ (trabajar) como ingeniero civil y **(5)** _____ (pasar) por cinco empleos diferentes en cinco años. Mi madre **(6)** _____ (aprender) a mudarse sin mucho esfuerzo y nosotros, los niños, siempre **(7)** _____ (integrarse) fácilmente en los lugares nuevos. Una vez, cuando yo **(8)** _____ (tener) ocho años, la compañía de mudanzas **(9)** _____ (perder) muchos de nuestros muebles cuando nosotros **(10)** _____ (trasladarse) a Pittsburgh. **(11)** _____ (ser) la primera, y casi la única, vez que yo **(12)** _____ (ver) a mi madre perder la paciencia. Normalmente ella **(13)** _____ (ser) una persona muy tranquila, ¡pero **(14)** _____ (estar) furiosa por dos días enteros!

3 **Preguntas personales** Con un(a) compañero(a), túrnense para hacer y contestar las siguientes preguntas sobre la niñez y la familia.

1. ¿Dónde naciste? ¿Cuánto tiempo vivió tu familia allí?
2. ¿Dónde te criaste? ¿Cómo era el lugar? ¿Qué te gustaba hacer allí?
3. ¿Se mudaba frecuentemente tu familia? ¿Se trasladó alguna vez? ¿Adónde?
4. ¿Cómo eras de niño(a)? ¿A qué grupo social pertenecías en tu escuela? ¿Pertenecías a un club, un equipo deportivo u otra organización? ¿Qué hacías durante una semana típica?
5. Describe un episodio cómico, trágico o interesante de tu niñez o adolescencia. ¿Qué pasó? ¿Cómo te sentías? ¿Cómo reaccionaron tus amigos y familiares?

4 **La nueva película** Trabaja con tres compañeros de clase. Imaginen que van a desarrollar una nueva película de dibujos animados con cuatro personajes principales. Ustedes tienen que inventar las historias personales de estos personajes. Cada persona debe escoger un personaje diferente y crearle una historia personal: ¿Cuál es su ascendencia? ¿Cómo era él o ella de niño(a)? ¿Dónde asistió a la escuela? ¿Qué estudió? No olviden de prestar atención al uso del pretérito y el imperfecto. Después, comparen sus historias y coméntenlas. Al final, juntos hagan una descripción final de uno de los personajes para compartir con la clase entera.

5 **¿Qué pasó?** Trabaja con un(a) compañero(a) de clase para comentar los siguientes estados emocionales. ¿Cuál fue la última vez que te sentiste así? ¿Qué pasó para causar esa reacción? Túrnense para compartir sus reacciones personales. Presten atención al uso del pretérito y el imperfecto.

1. agotado(a)
2. ansioso(a)
3. asustado(a)
4. avergonzado(a)
5. confundido(a)
6. deprimido(a)
7. emocionado(a)
8. nostálgico(a)

6 **Los famosos** Escoge una persona famosa a la que admiras y haz una investigación sobre su pasado. Después, escribe una breve biografía de esa persona. Incluye información sobre su lugar y fecha de nacimiento, su familia, su niñez y cómo era antes de hacerse famosa. No olvides de usar el pretérito e imperfecto correctamente al momento de escribir.

MODELO *Zoe Valdés es una escritora cubana de poesía, cuentos y novelas. Nació el 2 de mayo de 1959 en La Habana. Asistió al Pedagógico Superior Enrique José Varona. Era una estudiante inteligente y...*

Repaso y ampliación: The perfect tenses, uses of *haber*, and the past participle

He conseguido algo que parecía imposible: alcancé mi meta de aprender el inglés.

You can review forms of **haber** in **Appendix C**.

Cómo usarlo

The present and past perfect

1. Two other ways you have already learned to talk about the past are the present perfect and the past perfect. As you know, the present and past perfect are formed with conjugated forms of **haber** and the past participle. The forms of **haber** change to match the subject while the past participle is invariable and does not change.

2. The present perfect is used to discuss actions that are in the recent past or still have a bearing on the present: **Mi familia ha superado muchos obstáculos**.

3. The past perfect is used to describe actions that had already happened at the time of speaking. It is useful for indicating sequences in time: **Cuando ella tenía cinco años, su familia ya se había trasladado ocho veces**.

Other uses of *haber*

1. **Haber** also has invariable forms that can be used to mean *there is/are* and *there was/were*. The third-person singular form is always used in this context and it does not change, regardless of the number of items, people, places or events referred to.

   En el suroeste de EEUU **hay** una herencia hispana muy fuerte. **Hay** muchos hispanohablantes allí.

   Hubo una guerra entre México y EEUU durante los años 1846–1848. **Hubo** muchos conflictos en la frontera de los dos países durante esa época.

   Antes **había** muchas personas que cruzaban la frontera fácilmente. No **había** mucha seguridad ni control de inmigración.

In general, the use of **hubo** vs. **había** follows the same guidelines for the uses of the preterite and the imperfect that you just learned on pages 234–235.

Haber de is often used in literature. Its use varies in the Spanish-speaking world, and in many regions it may sound old-fashioned.

2. There are several idiomatic expressions with **haber**.

   - **Haber de** can be used to express obligation or an indirect command. **Has de explicármelo.** *(You have to / should explain it to me.)* **Ella no había de hacerlo.** *(She didn't have to / shouldn't have done it.)* In this usage, **haber** modifies the subject of the sentence.

   - **Hay que** and **había que** are invariable expressions that also express obligation or indirect command, but in a less specific, more generalized way. **Hay que enfrentarse a los retos.** *(One must / should face challenges.)* **Había que luchar para avanzar.** *(It was necessary to take risks to get ahead.)* Only the third-person singular forms are used in this context.

© Cengage Learning 2013

3. It's important to remember which uses of **haber** involve different conjugations (present perfect, past perfect, and **haber de**) and which use only the invariable third-person forms (**hay / hubo / había** and **hay que / había que**).

Uses of the past participle

1. As you may recall, the past participle can be used on its own as an adjective with either **ser** or **estar**. When it is used this way, the past participle changes to match the gender and number of the noun it modifies, just like any other adjective.

Normalmente ella es una persona muy alegre, pero hoy está un poco **deprimida.**

You can review the past participles of regular and irregular verbs in **Appendix C**.

2. The past participle can also be used with **ser** or **estar** to express the *passive voice*. The use of the passive voice emphasizes the action over the person or agent of the action: **Todos los días festivos fueron festejados**. *(All the holidays were celebrated.)* Notice that in the passive voice the past participle is acting as an adjective and changes to match the noun it modifies.

- When the passive voice is formed with **ser**, the emphasis is on the action itself. Including the agent of that action is optional; when it is included it follows the preposition **por: El proyecto fue realizado (por los residentes del pueblo)**.

- When the passive voice is formed with **estar**, the emphasis is on a condition or state and the noun that states the reason or responsibility for the state follows **por**.

You will review another passive structure (with **se**) in **Chapter 19**.

La tierra **estaba destruida** (**por** las inundaciones).

7 **¿Cuándo?** Lee cada oración y escribe el número 1 o 2 al lado de cada verbo para indicar el orden en que ocurrieron las dos acciones mencionadas.

1. Ahora he dominado el español, pero tuve que estudiar mucho para lograrlo.

_____ dominar   _____ estudiar

2. Ya habíamos traducido los libros cuando llegó un paquete con muchos más.

_____ traducir   _____ llegar

3. Aunque pensaba que era imposible, ya he alcanzado muchos de mis sueños.

_____ pensar   _____ alcanzar

4. Según lo que he oído, muchas personas famosas iban a ese club.

_____ oír   _____ ir

5. Una vez que se habían establecido en el pueblo, abrieron una tienda pequeña.

_____ establecerse   _____ abrir

8 **Descripciones** Crea oraciones en el pasado con el participio pasado para describir a las personas y cosas indicadas. Sigue el modelo.

MODELO *mi prima / estar casado con un hombre mexicano*
             Mi prima estaba casada con un hombre mexicano.

1. yo / estar agotado
2. mis amigos / estar confundido
3. mi bisabuela / estar divorciado
4. aquella discusión / ser entretenido
5. las costumbres / ser divertido
6. los niños / estar muy animados
7. mi madre / estar deprimido
8. usted / estar asustado

9 **¿Qué has hecho?** Trabaja con un(a) compañero(a) de clase. Túrnense para contestar las siguientes preguntas con oraciones completas.

MODELO ¿En qué clubes u organizaciones has participado recientemente?
             He participado en el club de drama y el club de cine.

1. ¿Te has mudado durante el año pasado? ¿Adónde?
2. ¿Has desafiado a alguien alguna vez? ¿A quién?
3. ¿Has llevado a cabo un plan importante este semestre? ¿Cuál?
4. ¿A quién o quiénes has influido durante tu vida? ¿Cómo? ¿Qué personas han tenido mucho impacto en tu vida?
5. ¿Has luchado por una causa alguna vez? ¿Cuál?
6. ¿Has contribuido a una causa benéfica recientemente?
7. ¿Cuál es la meta más importante que has logrado?
8. ¿Cuál es el obstáculo más grande que has superado?
9. ¿Cuál es una ocasión que has festejado recientemente?

10 **Antes...** Trabaja con un(a) compañero(a) de clase. Por turnos, nombren una cosa que **ya habían hecho** cuando ocurrió la acción o el evento indicado o lo que **todavía no habían hecho** en ese momento. Usa **todavía no** para indicar las cosas que no has hecho y **ya** para indicar las que sí has hecho.

MODELO Cuando cumplí cinco años...
Cuando cumplí cinco años, ya había aprendido a leer. /
Cuando cumplí cinco años, todavía no había aprendido a leer.

1. Cuando empecé la escuela secundaria...
2. Cuando cumplí diez años...
3. Cuando cumplí trece años...
4. Cuando cumplí dieciséis años...
5. Cuando llegué a la universidad...
6. Cuando empecé a estudiar el español...

11 **Unos consejos** Trabaja con un(a) compañero(a) de clase. Preparen una lista de 5 a 10 consejos para un(a) estudiante de primer año sobre cómo lograr sus metas, superar los obstáculos y mantener el equilibrio emocional durante su primer año de estudios. Usen **hay que** en cada consejo.

MODELO *Hay que aprender a convivir con otros.*

12 **Lenguaje burocrático** Como saben, la voz pasiva no pone énfasis en el agente de la acción. Por eso es una estructura muy popular entre los políticos, los burócratas y todos los que no quieren señalar quién ha hecho qué. En un grupo de tres a cuatro estudiantes, inventen varias situaciones negativas y después descríbanlas con oraciones en la voz pasiva. Sean creativos y traten de inventar las oraciones más evasivas que puedan.

MODELOS Un hombre protesta contra el gobierno.
Opiniones contrarias fueron expresadas.
No hubo electricidad en casa por una semana entera.
Mucha energía fue conservada.

13 **Historia de un pueblo** Inventa un pueblo imaginario y haz una descripción del lugar y lo que ha pasado allí. Usa **hay**, **había**, el pretérito, el imperfecto, el presente perfecto y el pasado perfecto para describirlo y crear una secuencia de los eventos más importantes que han ocurrido allí durante los últimos 50 años. Puedes usar estas ideas o inventar otras para elaborar tu narración.

- los fundadores del pueblo
- las familias principales del pueblo
- las costumbres y creencias
- los obstáculos superados
- la inmigración al pueblo
- los eventos más significativos
- los retos enfrentados
- las metas alcanzadas

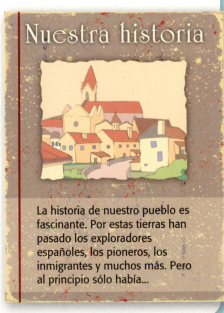

Nuestra historia

La historia de nuestro pueblo es fascinante. Por estas tierras han pasado los exploradores españoles, los pioneros, los inmigrantes y muchos más. Pero al principio sólo había...

Gramática útil 3

Estructuras nuevas: Past progressive, uses of the present participle, and the infinitive

¡No **estoy bromeando**! Sé lo que digo.

© Cengage Learning 2013

Cómo usarlo

LO BÁSICO

The present and past progressive are both formed with **estar** and the present participle (also referred to as the gerund): **está comiendo / estaba comiendo**. The English structure is very similar: *is eating / was eating*. The present participle is an invariable verb form in that it doesn't change to agree with the subject.

> You can form the past progressive with other past-tense forms of **estar** as well. In each case, you are focusing on a different aspect of time: **estuve leyendo** *(I was reading for a specific period of time)*, **estaba leyendo** *(I was reading for an unspecified period of time)*, **he estado leyendo** *(I have been reading and still am)*, **había estado leyendo** *(I had been reading during a previous period of time)*.

Progressive forms

1. You have already learned to use the present progressive to say what is happening right now. The past progressive is used similarly, but to indicate what was happening at a specific moment in the past: **La situación estaba mejorando**. *(The situation was getting better.)*

2. Remember that the progressive forms in Spanish should be used only to focus on an action in progress at the moment of speaking and never for future actions. They are not used as frequently as the present progressive *(I am talking to him tomorrow, etc.)* in English. In many cases Spanish speakers will use the present indicative instead of the present progressive: **¿Qué haces?** *(What are you doing?)* **Hablo con Linda.** *(I'm talking to Linda.)*

3. In both the present and past progressive, only the forms of **estar** change to agree with the subject.

	Estar in present progressive	Estar in past progressive
yo	**estoy** bromeando	**estaba** bromeando
tú	**estás** bromeando	**estabas** bromeando
Ud. / él / ella	**está** bromeando	**estaba** bromeando
nosotros(as)	**estamos** bromeando	**estábamos** bromeando
vosotros(as)	**estáis** bromeando	**estabais** bromeando
Uds. / ellos / ellas	**están** bromeando	**estaban** bromeando

4. Form the present participle of regular verbs by removing the **-ar, -er,** or **-ir** and adding these endings.

> Other **-ir** stem-changing verbs include **despedirse, divertirse, reírse, repetir, servir,** and **morir**.

-ar verb: **bailar**	-er verb: **comer**	-ir verb: **dormir**
remove **-ar** ending and add **-ando: bailando**	remove **-er** ending and add **-iendo: comiendo**	remove **-ir** ending and add **-iendo: dormiendo**

- Some verbs add **y** to the present participle: **leyendo, oyendo**.
- All **-ir** stem-changing verbs show a stem change in the present participle as well. For example: **pedir → pidiendo, dormir → durmiendo**.

5. Pronouns (direct, indirect, and reflexive) may be used before the form of **estar** or can attach to the end of the present participle. (When they attach to the present participle, add an accent to maintain the correct pronunciation.)

La estaba apoyando. / Estaba apoyándola. Se están adaptando. / Están adaptándose.

Uses of the present participle and the infinitive

1. The present participle or gerund is often used in English in situations where Spanish uses an infinitive. Here are some ways each is used in Spanish.

2. Use the present participle:
   - with **estar** as part of the present or past progressive:

     Estaban desarrollando el plan. Because the past progressive is referring to a specific past moment, it is often followed by **cuando**:

     Estaban desarrollando el plan cuando nosotros llegamos.

   - with other verbs in progressive structures to express different meanings:

     – **andar** *(to go around)*: **Ando diciendo que éste es el plan perfecto.**

     – **llevar** *(with time)*: **Llevo dos años desarrollando el plan.**

   - on its own:

     Desarrollando el plan regional, entendí mejor los problemas locales.

3. Use the infinitive:
   - where the gerund is used as a noun in English to express an idea or thing:

     Ver es creer. *(Seeing is believing.)* **Respetar a los otros es la clave para convivir.** *(Respecting others is the key to coexisting.)*

   - with **al** to express the idea "*upon -ing*":

     Al lograr su meta, Elena estaba contentísima. *(Upon achieving her goal, Elena was very happy.)*

   - as a command form in written Spanish:

     No fumar. *(No smoking.)* **Favor de dejar las mochilas aquí.** *(Please leave your backpacks here.)*

   - in certain expressions:

     – **ir** + **a** + infinitive: **Vamos a tomar medidas para mejorar la situación.**

     – **dejar de** + infinitive *(to stop doing something)*: **Dejó de luchar por la patria a la edad de 50 años.**

     – **acabar de** + infinitive *(to have just finished doing something)*: **Acabamos de traducir el artículo al español.**

ACTIVIDADES

14 ¿Qué es? Escucha las oraciones y decide si la forma que oyes es el presente progresivo, el pasado progresivo, el infinitivo o una combinación de dos formas. (En este caso, marca las dos.) Marca una X en la columna correcta de la tabla para cada oración.

Track 20

	present progressive	past progressive	infinitive
1.			
2.			
3.			
4.			
5.			
6.			
7.			
8.			

15 Estaban... Cambia las oraciones del presente progresivo al pasado progresivo.

1. Estamos bromeando con nuestros primos.
2. Estás aprovechando los cursos del centro comunitario.
3. Los estudiantes están enfrentándose a los retos del año escolar.
4. Mis padres están intercambiando e-mails con sus familiares en Guatemala.
5. Mis sobrinos están trabajando en Inglaterra.
6. Estamos echando raíces en esta comunidad.

16 Los lemas *(slogans)* Trabaja con un(a) compañero(a) de clase para crear diferentes lemas usando las palabras indicadas con otros infinitivos. Sigan el modelo.

MODELO trabajar

Trabajar es sobrevivir.

1. cooperar
2. luchar
3. nacer
4. saber
5. ver
6. mejorar
7. dormir
8. nacer

17 ¿Qué estaban haciendo? Trabaja con un(a) compañero(a) y miren el dibujo en la página 245 de una celebración en el centro comunitario. Usen el verbo indicado para decir qué estaba haciendo cada una de las personas indicadas en ese momento.

1. hablar de los antepasados
2. romper la piñata
3. comer empanadas
4. dormir
5. mirar el álbum de fotos
6. cantar canciones tradicionales

Los tíos · **La tía Elena** · **La abuela** · **El perro** · **Mi novia** · **Los niños**

© Cengage Learning 2013

18 **Los letreros** Trabaja con dos o tres compañeros(as) en grupo para crear letreros para la clase de español. Usen los infinitivos y traten de crear los letreros más creativos y cómicos que puedan. Si quieren, pueden decorarlos con dibujos. Luego, compartan sus letreros con la clase entera y juntos escojan los cinco más populares para poner en las paredes del aula.

MODELOS *¡No hacer llamadas telefónicas en la clase de español!*
¡Pensar antes de hablar!
Conservar energía, ¡dejar de chismear!

19 **Mi plan personal** Trabaja con un(a) compañero(a) de clase para hacer y contestar preguntas sobre lo que **acabas** de hacer, lo que **vas** a hacer y lo que quieres **dejar** de hacer. Hagan una lista de sus respuestas para compartir con la clase. Juntos, revisen las respuestas para ver cuáles son las más populares.

MODELO **Tú:** *¿Qué acabas de hacer?*
Compañero(a): *Acabo de tomar un examen de química orgánica.*
Y tú, ¿qué acabas de hacer?
Tú: *Acabo de...*

20 **¿Recuerdas?** En un grupo de tres o cuatro estudiantes, digan dónde estaban y qué estaban haciendo la última vez que ocurrió cada una de las cosas indicadas.

1. Hubo una tormenta muy fuerte.
2. Te llamó tu madre o padre.
3. Se cortó la luz.
4. Oíste tu canción favorita.
5. Conociste a tu mejor amigo(a).
6. Te caíste o te hiciste daño.

¡Explora y exprésate!

El fruto de la fusión

La historia está llena de ejemplos de la mezcla de culturas. Y siguen mezclándose hoy día, con resultados innovadores e inspiradores. Paséate por el mundo y verás el fruto de distintas combinaciones.

© Cengage Learning 2013

CHILE, COLOMBIA, VENEZUELA
Fusiones musicales

Ya que Internet facilita tanto la diseminación de la músical digital, es muy fácil conocer, escuchar y disfrutar de canciones de un sinfín de artistas de todo el mundo. Puedes pasar una hora en línea y descubrir una variedad increíble de grupos y géneros. Un resultado es que están desapareciendo las definiciones más generales de la música, como "alternativa," "latina," "rock," etc. En su lugar están surgiendo nombres híbridos que describen las influencias y estilos que los artistas combinan en su música. Aquí tienes tres ejemplos de grupos sudamericanos que reflejan esta tendencia.

- Jazzimodo es un grupo de Santiago, Chile que toca lo que ellos llaman "Latin pop jazz". El grupo está compuesto (*composed*) de Lautaro Quevedo (teclado), Hans Ávila (batería) y Paz Court (vocalista). Sus composiciones combinan jazz riffs suaves con solos de piano y batería y golpes (*beats*) de música ambiental. Los vocales de Paz Court contribuyen al sentimiento nostálgico de su música, un poco parecida a la del grupo estadounidense Pink Martini.

- Los Amigos Invisibles de Venezuela son un grupo muy popular que mezcla una variedad de géneros: funk, disco, acid jazz, música alternativa, soul y diferentes formas musicales latinas. El grupo se formó en Caracas hace unos veinte años y ha pasado por una trayectoria musical muy variada, pero siempre con un énfasis en la música bailable. En 2009 el grupo ganó un Premio Latin Grammy por su disco *Commercial* en la categoría Mejor Disco Música Latina Alternativa.

- ChocQuibTown es un grupo de dos hombres (Tostao y Slow) y una mujer (Goyo) de la costa pacífica de Colombia, la región del país donde la influencia africana todavía se mantiene muy viva. El grupo toca música hip-hop/rap/afro-colombiana y su nombre viene del departamento regional Chocó, y Quibdó, su ciudad capital. Su primer disco, *Oro*, ha tenido un éxito mundial inmediato. En 2010 el disco fue nominado para un Premio Grammy en la categoría Mejor Disco Rock Latino, Alternativo o Urbano y la canción "De Dónde Vengo Yo," del mismo disco, ganó el Premio Latin Grammy para la Mejor Canción Alternativa.

Getty Images

Los Amigos Invisibles

COSTA RICA — la poesía afrocostarricense

© Cengage Learning 2013

Garrett Britton

© Garrett Britton

El libro *Desde el principio fue la mezcla* reúne las fotografías de Garrett Britton, la poesía de Shirley Campbell y la prosa poética de Rodolfo Meoño para pintar un retrato de Costa Rica y su gente como una fértil mezcla de historias, pueblos y culturas.

La poeta Campbell afirma "Todos nosotros somos producto de esa mezcla, sólo que en nuestro caso se evidencia más la influencia africana". El fotógrafo Britton, para explorar la mezcla de culturas en la fisonomía de los costarricenses, sacó fotos de caras, narices, ojos, manos, cabellos y varios rasgos

© Shirley Campbell

Shirley Campbell

(characteristics) de africanos, chinos y blancos. "Uno se encuentra a gente blanca con labios gruesos *(thick)*, a negros con ojos achinados, a chinos que son morenos... Todos somos una mezcla", concluye el fotógrafo. Las fotos van acompañadas por la narración del filósofo Meoño en la cual describe la fusión multicultural de la Costa Rica mestiza. El libro sirve como testimonio artístico a la belleza y la riqueza cultural que puede resultar cuando ocurre un intercambio respetuoso entre las culturas.

BOLIVIA — la moda "étnica urbana"

© Cengage Learning 2013

Ingrid Hölters es una modista boliviana que ha decidido captar en su moda moderna el espíritu indígena de la región Chiquitanía en el oriente de su país. Ha bautizado *(She has named)* su moda "étnica urbana" y ha presentado sus colecciones en Argentina, Chile, Uruguay y más recientemente en Miami.

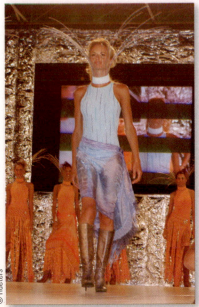

© Rueters

En su colección "La tierra de mis amores" la diseñadora combina tejidos y diseños indígenas con las pinturas andinas del artista aimara Mamani Mamani. Estudió diseño de modas en Brasil, pero fue un viaje a la Chiquitanía, la tierra de sus abuelos, el que la inspiró a combinar materiales étnicos con creaciones modernas. Ella tiene como objetivo "dar a conocer este pedacito de Bolivia y el trabajo manual que vamos realizando como equipos de mujeres fuera de nuestras fronteras".

Cuanda viaja a la zona de Santa Cruz, se reúne con mujeres artesanas para aprender las técnicas del bordado *(embroidery)*, el pintado y el tallado de madera *(wood carvings)* que usa en sus accesorios. "Tenemos un gran tesoro. No somos pobres, sino que nos falta unirnos para seguir adelante y mostrar nuestros talentos y las cosas bellas que tenemos como tierra", afirma la modista.

Hagan paso, Herrera, de La Renta y Versace, que ahí viene Hölters.

VENEZUELA Paz Con Todo, un grupo que trae la paz a la vida cotidiana *(daily life)*

A veces una idea sembrada *(planted)* en un país puede echar raíces y florecer *(flourish)* en otro, como ocurrió con el grupo Paz Con Todo en Caracas. El grupo, que no se considera ni político, ni religioso, ni 'hippie' y además ni siquiera se considera 'grupo', empezó con solamente tres personas, Sandra Weisinger, Ana María Blanco y Bélgica Álvarez. Ya no saben cuántos son.

"Este proyecto lo comenzó un cineasta británico llamado Jeremy Gilley, que se dio cuenta de que todo lo que plasmaba *(expressed)* en sus películas era violencia. Se puso a investigar y no encontró un día mundial de la paz. Comenzó a hacer lobby en la ONU (Organización de las Naciones Unidas) y se reunió con un montón de personalidades, hasta que logró que en 2001 se decretara el 21 de septiembre como el Día Internacional de la Paz", explica Weisinger.

En su página web, las promotoras describen su objetivo simplemente: "Inspirar a los caraqueños para lograr un día de Paz: un día de música, de arte, de pensamientos, acciones y conversaciones positivas". Dice Blanco: "La idea es que nazca de cada caraqueño y, luego, de cada venezolano. No se trata de un gran concierto, son pequeños compromisos que puedan contagiar positivamente".

La lista de acciones cotidianas que han publicado los miles de participantes incluyen: sonreír a todos en la calle, ceder el paso *(to yield)* a los peatones y a los conductores que necesiten cambiarse de canal, dar un abrazo cuando suene una alarma, regalarle un almuerzo a una persona necesitada, sembrar un árbol y cenar en familia.

Paz Con Todo ha logrado motivar a comunidades de Petare, El Junquito, Guatire y Propatria. ¿Quién lo hubiera creído? Una idea que tuvo una persona en un país puede brincar fronteras y cambiar las vidas de muchas personas en otro lejano.

Anda. Abraza a tu compañero cuando suene el timbre *(bell)*, y aumenta la paz mundial con un solo gesto.

GUATEMALA las tradiciones norteamericanas importadas a la cultura maya

La mezcla de culturas es una vía de doble sentido *(two-way street)*, como lo pueden afirmar los guatemaltecos que vuelven a su país después de haber vivido varios años en Estados Unidos. "Tengo cuatro meses de haber llegado a mi pueblo y a veces mezclo las palabras en inglés, porque trabajé en un lugar donde tuve que aprender el idioma", explica Casimiro Chan, originario de Zunil que vivió en Nueva Jersey por siete años. "Okay" es una expresión norteamericana que se ha hecho común en las comunidades de Guatemala en lugar de "está bien".

Además de los modismos, el vestuario *(wardrobe)*, las tradiciones, las fiestas y hasta la alimentación se pueden ver afectadas en las familias y comunidades de los emigrantes que regresan a su tierra natal. Ahora hay personas que utilizan el traje típico maya con tenis blancos o con camisetas que exhiben símbolos de Estados Unidos.

En algunas comunidades guatemaltecas, se celebra el Día de Acción de Gracias, una tradición sumamente *(extremely)* norteamericana que empezó como una celebración religiosa para dar las gracias por la cosecha

(harvest). También se está popularizando el uso del Conejo de Pascua y de los huevos decorados a la hora de celebrar la Pascua Florida.

"Yo le conté a mi familia cómo era allá, y ahora estoy heredando esa cultura norteamericana a mis nietos que felices celebran", dice Carlos Gramajo de Salcajá, emigrante que trabajó en Chicago, Illinois por diecinueve años.

¿Qué tradición de otra cultura practica tu familia?

ESTADOS UNIDOS el alma bicultural que reside en ambos lados de la frontera

Las fronteras son demarcaciones políticas que a veces no tienen sentido en las vidas de las personas nativas de allí y que día tras día abarcan las culturas de los países vecinos que esas mismas fronteras pretenden separar. El poema de la poeta bilingüe Raquel Valle-Sentíes ilumina de una manera muy franca esos sentimientos del alma bicultural. He aquí algunos pasajes representativos:

Raquel Valle-Sentíes

Soy Como Soy y Qué

Soy flor injertada *(grafted)* que no pegó
    (didn't catch).
    Soy mexicana sin serlo.
    Soy americana sin sentirlo...

Desgraciadamente
no me siento ni de aquí ni de allá.
Ni suficientemente mexicana,
ni suficientemente americana.

Tendré que decir,
    "Soy de la frontera,
    de Laredo,

de un mundo extraño,
ni mexicano ni americano

...

donde en el cumpleaños lo mismo
    cantamos
el Happy Birthday que Las Mañanitas,
donde festejamos en grande
el nacimiento de Jorge Washington
¿quién sabe por qué?

...

donde en muchos lugares
la bandera *(flag)* verde, blanco y colorada
vuela orgullosamente *(proudly)* al lado de
    la red, white and blue".

Soy como el Río Grande,
una vez parte de México,
desplazada.
...

Soy la mestiza, la pocha*, la Tex-Mex,
la Mexican-American, la *hyphenated*,
la que sufre por no tener identidad propia
y lucha por encontrarla
...

Soy la contradicción andando.
En fin como Laredo,
soy como soy y qué.

**—Raquel Valle-Sentíes
(Laredo, Texas)**

Poem "Soy Como Soy y Que" from *Cuerpo y protesis*. Reprinted by permission of Raquel Valle-Sentíes.

**Pocho(a)* is a word that is used in the Mexican-American community to describe a Mexican-American who is Americanized. It can also mean someone who is bilingual, but is not proficient in either language. It has a wide range of meanings depending on who says it and in what tone. It often carries a derogatory connotation, although that has been changing in recent years as many have begun to use it to define themselves.

ACTIVIDADES

1 **¿Comprendiste?** Contesta las siguientes preguntas según la información que acabas de leer.

1. ¿Cuál de los tres grupos no incorpora elementos de jazz en sus canciones?
2. Según el libro *Desde el principio fue la mezcla*, la historia de Costa Rica está representada en la mezcla de ¿cuáles culturas?
3. ¿Qué técnicas indígenas usa la modista boliviana Hölters en sus colecciones de moda?
4. ¿Cuál es el objetivo de Paz Con Todo?
5. ¿Cuáles son dos fiestas importadas de Estados Unidos a las comunidades de Guatemala?
6. ¿De qué países son las banderas a las que se refiere la poeta?
7. Según la poeta, ¿el cumpleaños de qué presidente estadounidense se celebra en Laredo?

Tú y el pluriculturalismo: ¡Exprésate!

2 **La cultura popular** Los programas de realidad de Inglaterra *(Britain's Got Talent)* o las telenovelas de Colombia *(Betty La Fea)* o las películas de Bollywood *(Slumdog Millionaire)* pueden volverse 'viral' y engendrar programas y películas en otros países. Con un(a) compañero(a), hagan una investigación en Internet o en revistas o periódicos que tratan de la cultura popular para encontrar tres ejemplos de los programas a continuación que fueron inventados en un país e importados a otro.

una comedia romántica
un drama
una telecomedia
un teledrama
una teleserie
una película de acción
una película de ciencia ficción

3 **La mezcla de culturas en los campos profesionales** Sólo hay que ver una lista de deportistas profesionales para saber que las culturas se están mezclando en los deportes. En los restaurantes, la fusión de tipos y sabores de comidas se está viendo en todas las ciudades grandes conocidas por su gastronomía. Las compañías multinacionales emplean a profesionales de varias nacionalidades en una misma oficina. Las películas lucen actores de múltiples países en las mismas escenas. En casi todos los campos profesionales, estamos viendo una mezcla de culturas que seguramente cambiará la cara de esa profesión. Con un(a) compañero(a), escojan uno de los campos a continuación. Escriban seis preguntas que tengan sobre el fruto de la fusión de culturas en esa profesión. Luego, contesten sus propias preguntas y presenten sus ideas a la clase.

MODELO los negocios multinacionales

¿Qué pasa cuando culturas que no tienen el mismo punto de vista hacia el trabajo se encuentran lado a lado en negocios multinacionales?

1. los negocios multinacionales
2. la música
3. los deportes
4. el arte
5. el baile
6. la gastronomía
7. la televisión
8. el cine

4 **Mi opinión** Basándote en la investigación que hiciste con tu compañero(a) en la **Actividad 3**, escribe un ensayo en el cual das tu opinión sobre la mezcla de culturas en la profesión que examinaron. Di si crees que la mezcla va a cambiar la profesión de una manera positiva o negativa y respalda tu opinión con razones concretas.

¡Conéctate!

La fusión cultural Haz una investigación en Internet sobre situaciones en las cuales la mezcla de culturas produce algo interesante. O quizás tengas un ejemplo de tu propia vida. Elige lo que más te interese y escribe un informe breve. Después, preséntaselo a la clase.

A leer

ESTRATEGIA

Here are two strategies to help you better understand the reading.

1. **Establishing a chronology:** Pay attention to the verb tenses, especially the past perfect tense, to determine which actions occurred before others.
2. **Skimming for the main idea:** Try to stay focused on finding the main idea of each paragraph. Look up only words you need for general comprehension.

Para entender y hablar de la lectura

Here are some useful words for understanding and discussing the reading selection, which describes the feelings of Malinalli, a young Mexica (Aztec) woman who served as translator for Cortés during the events leading up to the Conquest of Mexico.

la culpa *blame*	**los hechos** *the events, actions*
el dios *god*	**imponer** *to impose*
los enviados *envoys*	**la mente** *mind*
la esclava *slave*	**ofender** *to offend*
evitar *to avoid*	**el riesgo** *risk*
fiel *faithful*	**el temor** *fear*
el golpe de estado *coup, conquest*	

1 Basándote en las palabras de la lista, piensa en el papel que pueden jugar el poder *(power)* y la religión en el texto que vas a leer.

¡Fíjate! La historia de la Malinche, la "Madre de los Mestizos"

Gerónimo de Aguilar was a Spanish Franciscan friar who had been shipwrecked off the coast of Mexico and later joined Cortés's expedition. He spoke Mayan with Malinalli, whose Spanish was rudimentary. Later, as Malinalli learned more Spanish, she was able to communicate independently.

La Malinche (también llamada Doña Marina y Malinalli) es una figura icónica y controvertida. En su novela *Malinche*, Laura Esquivel vuelve a contar su historia con una mezcla de datos históricos y detalles imaginarios. Según lo entendido, Malinalli era la hija de padres nobles. Fue vendida como esclava y luego presentada a Hernán Cortés en 1519. Porque hablaba maya y náhuatl (la lengua azteca), y también aprendía español, ella llegó a ser la traductora (o "lengua") entre Cortés y los aztecas, con la ayuda de Gerónimo de Aguilar. Había mucha confusión porque por un rato Malinalli y muchos de los aztecas creían que Cortés era la reencarnación de Quetzalcóatl, uno de sus dioses. Después de la Conquista, Malinalli y Cortés tuvieron un hijo, y por eso ella tiene el nombre de "Madre de los Mestizos". La Malinche es una figura detestada por un lado y respetada por el otro. Sus críticos denuncian su colaboración con Cortés, pero los que la apoyan dicen que al final ella triunfó—con el nacimiento del primer mestizo, ella aseguró que las creencias y tradiciones del pueblo indígena vivirían para siempre.

2 Mientras lees el texto, observa cómo Malinalli se encuentra entre dos culturas y sus creencias. Luego considera cuáles pueden ser las consecuencias de este dilema.

>> ## Lectura

Malinche (extracto), Laura Esquivel

En este extracto, la esclava Malinalli se esfuerza para respetar a sus dioses indígenas mientras sirve a sus nuevos señores españoles.

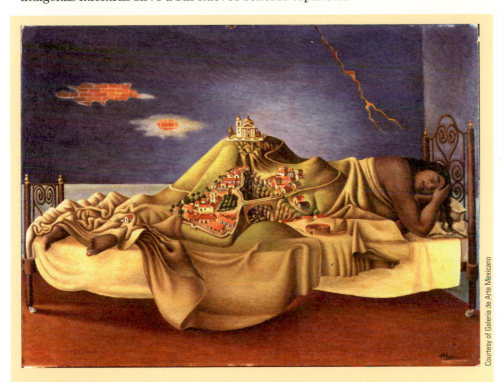

Courtesy of Galeria de Arte Mexicano

This painting by the Mexican artist Antonio Ruiz is titled "El sueño de Malinche." It depicts her moral dilemma as well as the consequences that her actions would have on Tenochtitlán, the Aztec capital.

[...] Cortés la había nombrado «La Lengua», la que traducía lo que él decía al idioma náhuatl y lo que los enviados de Moctezuma hablaban del náhuatl al español. Si bien era cierto que Malinalli había aprendido el español a una velocidad extraordinaria, de ninguna manera podía decirse que lo dominara por completo. Con frecuencia tenía que recurrir a[1] Aguilar para que le ayudara a traducir correctamente y lograr que lo que ella decía cobrara sentido[2] tanto en las mentes de los españoles como en la de los mexicas.

Moctezuma was the last Aztec emperor.

---

[1]*to turn to* [2]*would make sense*

Ser «La Lengua» era una enorme responsabilidad. No quería errar, no quería equivocarse y no veía cómo no hacerlo, pues era muy difícil traducir de una lengua a otra conceptos muy complicados. Ella sentía que cada vez que pronunciaba una palabra uno viajaba en la memoria cientos de generaciones atrás. [...]

... Ella, la esclava que en silencio recibía órdenes, ella, que no podía ni mirar directo a los ojos de los hombres, ahora tenía voz, y los hombres, mirándola a los ojos esperaban atentos lo que su boca pronunciara. Ella, quien varias veces habían regalado[3], ella, de la que tantas veces se habían deshecho[4], ahora era necesitada, valorada, igual o más que una cuenta de cacao[5].

Desgraciadamente, esa posición de privilegio era muy inestable. En un segundo podía cambiar. Incluso su vida corría peligro. Sólo el triunfo de los españoles le garantizaba su libertad, por lo que no había tenido empacho en afirmar[6] varias veces con palabras veladas[7] que en verdad los españoles eran enviados del señor Quetzalcóatl y no sólo eso, sino que Cortés mismo era la encarnación del venerado dios.

Ahora ella podía decidir qué se decía y qué se callaba[8]. Qué se afirmaba y qué se negaba. Qué se daba a conocer y qué se mantenía en secreto y en ese momento ése era su principal problema. No sólo se trataba de decir o no decir o de sustituir un nombre por otro, sino que al hacerlo se corría el riesgo de cambiar el significado de las cosas. Al traducir, Malinalli podía cambiar los significados e imponer su propia visión de los hechos y al hacerlo, entraba en franca competencia con los dioses, lo cuál la aterrorizaba. Como consecuencia a su atrevimiento, los dioses podían molestarse con ella y castigarla[9] y eso definitivamente le daba miedo. Podía evitar este sentimiento traduciendo lo más apegada[10] posible al significado de las palabras, pero si los mexicas en determinado momento llegaban a dudar—tal como ella—que los españoles eran enviados de Quetzalcóatl, ella sería aniquilada[11] con éstos en un abrir y cerrar de los ojos.

Así que se encontraba en una situación de lo más delicada: trataba de servir a los dioses y ser fiel al significado que ellos le habían dado al mundo o seguía sus propios instintos, los más terrenales y primarios[12], y se aseguraba[13] que cada palabra y cada acto adquiriera[14] el significado que a ella le convenía. Lo segundo obviamente era un golpe de Estado a los dioses y el temor a su reacción le llenaba de miedos y culpas, pero no veía otra alternativa por ningún lado.

---

[3]*had been given as a gift* [4]*had been gotten rid of* [5]*approximately 24,000 cacao beans (a measure used as money in the New World)* [6]**no...** *she had not been ashamed to affirm* [7]*veiled, hidden* [8]*no se decía* [9]**molestarse**.... *to take offense with her and punish her* [10]*tightly, closely* [11]*annihilated, wiped out* [12]**terrenales**... *earthly and primitive* [13]*she assured herself* [14]*would acquire*

Laura Esquivel excerpt from novel *Malinche,* Atria Books, a division of Simon and Schuster, Inc. p. 60, 64–65. Reprinted by permission.

Laura Esquivel, México

Laura Esquivel nació en la Ciudad de México en 1950. Su primera novela, *Como agua para chocolate,* fue un éxito comercial y crítico, y la adaptó para el cine, resultando en la película popular del mismo nombre. Ha escrito otras novelas, entre ellas *Malinche* y *Tan veloz como el deseo,* junto a varios libros de cocina y ensayos.

Después de leer

3   Pon los eventos en orden cronológico según la lectura.

_4_   Malinalli tenía miedo que iba a ofender a sus dioses si no traducía bien las palabras de los españoles y los mexicas.

_1_   Cortés la nombró La Lengua.

_2_   Malinalli fue regalada varias veces.

_3_   Malinalli podía decidir qué decir y no decir.

4   Contesta las siguientes preguntas sobre la lectura. Busca la respuesta a cada una en el parráfo que se indica con el número.

1. ¿Dominaba Malinalli el español? ¿Cómo sabes? [1]

2. ¿Cuál era el dilema práctico que tenía Malinalli al momento de traducir las palabras de los españoles y los mexicas? [2]

3. ¿Cuál era el dilema más filosófico que tenía Malinalli con relación a la traducción? [5]

4. Aunque estaba angustiada por su situación, Malinalli también estaba orgullosa _(proud)_ de haber sido nombrada La Lengua. ¿Por qué? [3]

5. Por un lado, parece que Malinalli tenía que escoger entre dos culturas. Por el otro, se puede decir que seguía fiel a los dioses mexicas, aunque estaba ayudando a los españoles. ¿Por qué? [4]

6. A final del día, Malinalli era una mujer joven y asustada. El texto hace referencia a "sus propios instintos, los más terrenales y primarios". ¿Qué significa esta frase y cómo se aplica a la situación de la joven esclava? [6]

5   Con dos o tres compañeros(as) de clase, comenten los siguientes temas que se tratan en el texto. Busquen oraciones del texto para apoyar sus comentarios.

1. **La religión:** En la novela, antes de ser presentada a Cortés, Gerónimo de Aguilar bautizó _(baptized)_ a Malinalli y empezó a enseñarle la lengua española. Después, Malinalli traducía las palabras de los españoles y los mexicas y trataba de no traicionar a sus dioses y creencias originales. ¿Qué papel juega la religión en el texto y qué problemas le presentó a Malinalli?

2. **El poder:** Antes era una esclava humilde. Después Malinalli tenía el poder de la palabra. ¿Por qué tenía ella reacciones contradictorias con relación a ese poder?

6   En grupos de tres, hagan una investigación sobre la Conquista de México. Una persona debe investigar el papel que jugó Malinalli, otra el papel que jugó Moctezuma y la tercera persona el papel que jugó Cortés. Después, combinen la información que encontraron para escribir un resumen breve (3 a 5 párrafos) de la Conquista de México, enfocado en estos tres personajes.

A escribir

ESTRATEGIA

As you organize your thoughts on a topic and then write about it, always focus on the mix of strategies you know. Here are two strategies that will help you create a strong topic sentence and then add supporting detail in the sentences that follow it.

1. **Creating a topic sentence:** When you write a paragraph, a good topic sentence does two things. First, it refers back clearly to the overall theme of your composition and focuses on an aspect of that topic. Second, it clearly states the main idea that you will develop in that paragraph.
2. **Adding supporting detail:** Once you have a good topic sentence, you have the main idea of your paragraph. But the topic sentence alone is not enough. You need to include supporting detail—additional information or examples that give your paragraph life, help make it more interesting, and reinforce the idea expressed by the topic sentence.

1 En la composición para este capítulo, vas a escribir una anécdota de tres párrafos sobre alguien en tu familia o un episodio de tu historia familiar. Haz una lista de por lo menos tres ideas para tu anécdota. Después, analiza la lista y escoge para tu composición la idea que más te guste.

2 Ahora, trata de dividir la anécdota en las siguientes tres etapas *(stages)*. Si necesitas más de tres etapas, debes escribir más de tres párrafos o escoger otra idea más sencilla *(simple)* de tu lista. Usa la tabla para organizar tus ideas y detalles sobre cada etapa.

Al principio:
Después:
Al final:

3   Usa la información de la **Actividad 2** para escribir una oración temática para cada párrafo. También debes añadir dos o tres detalles que se relacionen a esa oración. Sigue el modelo.

MODELO   Tema para mi anécdota: *Cómo cambió su nombre mi bisabuelo*

Párrafo 1:   **Oración temática:** *Mi bisabuelo vino a Estados Unidos cuando tenía solamente catorce años.*

Otros detalles: *Vino solo, sin su familia; no conocía a nadie en Estados Unidos, etc.*

Párrafo 2:   **Oración temática:** *Como era joven, no sabía qué hacer ni decir cuando pasó por el control de inmigración.*

Otros detalles: *No hablaba bien el inglés, estaba muy orgulloso de llegar a Estados Unidos, pero también estaba un poco nervioso, etc.*

Párrafo 3:   **Oración temática:** *Cuando los agentes de control de inmigración le preguntaron cómo se llamaba, les dijo que su nombre era Benjamin Franklin Gutiérrez, en vez de Benito Fernando Gutiérrez, que era su nombre verdadero.*

Otros detalles: *Quería un nuevo nombre para empezar su nueva vida, quería demostrar su patriotismo al nuevo país, estaba muy emocionado, etc.*

>> Composición

4   Refiere a la información de la **Actividad 3** para escribir el borrador de tu anécdota. Debes usar las oraciones temáticas para empezar cada párrafo y después añadir los detalles para hacer la descripción más interesante.

>> Después de escribir

5   Mira tu borrador otra vez. Usa la siguiente lista para revisarlo.

- ¿Tienen todos los párrafos una oración temática que resuma la idea principal del párrafo?
- ¿Hay detalles interesantes que apoyen cada oración temática?
- ¿Hay concordancia entre los artículos, sustantivos y adjetivos?
- ¿Usaste las formas correctas de todos los verbos? (Presta atención especial a los usos del pretérito e imperfecto, los tiempos perfectos y los tiempos progresivos.)
- ¿Hay errores de puntuación o de ortografía?

Vocabulario

Para hablar de los antepasados *Talking about your ancestors*

Sustantivos

el antepasado *ancestor*

la ascendencia *descent, ancestry*

la descendencia *descendants*

la frontera *border*

la lucha *fight, struggle*

el nacimiento *birth*

el pueblo *the people; a town, village*

la raíz *root*

la tierra *land*

la tierra natal *homeland, native land*

Verbos

desafiar *to challenge*

desplazarse *to displace; to be displaced*

echar raíces *to put down roots*

emigrar (de) *to emigrate (from)*

inmigrar (a) *to immigrate*

nacer *to be born (to)*

mudarse *to move*

trasladarse *to relocate, transfer*

Para hablar de las raíces *Talking about your roots*

Sustantivos

la costumbre *custom*

la creencia *belief*

la diversidad *diversity*

la emigración *emigration*

el esfuerzo *effort*

la etnia / el grupo étnico *ethnic group*

el éxito *success*

la herencia *inheritance*

la influencia *influence*

la inmigración *immigration*

la (in)tolerancia *(in)tolerance*

la mezcla *mix; mixing, mixture; blend*

la patria *homeland, native country*

    la madre patria *mother country*

    las fiestas patrias *Independence Day celebrations*

la raza *race*

la tradición oral *oral tradition*

la traducción *translation*

Verbos

alcanzar *to reach; to achieve*

apoyar *to support; to lean on*

conservar *to preserve (traditions)*

criar(se) *to grow up; to be raised*

influir (y) *to influence*

lograr *to attain, achieve*

mezclar *to mix*

pertenecer (zc) *to belong to; to be a member of*

poblar *to populate; to inhabit*

traducir (zc) *to translate*

Para hablar de la vida del inmigrante *Talking about the life of the immigrant*

Sustantivos

la broma *joke*

la esperanza *hope*

los ideales *ideals*

el intercambio *exchange*

la meta *goal*

la nostalgia *nostalgia*

los principios *principles*

el respeto *respect*

el reto *challenge*

el sueño *dream*

los valores *values*

Verbos

adaptarse *to adapt*

aprovechar *to take advantage of*

aprovechar(se) de *to take unfair advantage of*

bromear *to joke around*

convivir *to coexist*

cooperar *to cooperate*

establecerse (zc) *to establish yourself*

echar de menos *to miss*

extrañar *to miss*

festejar *to celebrate*

hacerle falta (algo a alguien) *to be in need of something*

integrar(se) *to integrate oneself into*

intercambiar *to exchange*

mantener (*like* **tener**) **contacto** *to maintain contact*

mejorar *to improve; to better*

Para hablar del éxito del inmigrante *Talking about the immigrant's sucess*

Verbos

desarrollar *to develop*
destacarse *to stand out; to be outstanding*
dominar la lengua *to master the language*
enfrentarse a los retos *to face the challenges*
equivocarse *to make a mistake; to be mistaken*
llevar a cabo *to carry out*
realizar *to carry out, execute*
respetar *to respect*
soler (ue) *to be in the habit of (usually)*
sufrir *to suffer*
superar *to overcome*

Estados emocionales *Emotional states*

agotado(a) *exhausted*
angustiado(a) *worried, anxious; distressed*
animado(a) *animated, lively; in good spirits*
ansioso(a) *anxious*
asustado(a) *scared*
avergonzado(a) *ashamed*
confundido(a) *confused*
deprimido(a) *depressed*
emocionado(a) *excited; moved, touched; thrilled*
nostálgico(a) *nostalgic*

Frases de todos los días *Everyday phrases*

a menudo *often*
buena onda *good vibe*
cara a cara *face to face*
en fin *in summary*
¡Híjole! *Holy moly!*
ni idea *no idea whatsoever*
¡No estoy bromeando! *I'm not kidding!*
poco a poco *little by little*
¿Qué sé yo? *What do I know?*
Sé lo que digo *I know what I'm talking about.*

Repaso y preparación

Complete these activities to check your understanding of the new grammar points in **Chapter 17** before you move on to **Chapter 18**.

The answers to the activities in this section can be found in **Appendix B**.

Preterite vs. imperfect (p. 234)

1 Cambia las oraciones del presente al pasado. Usa formas del pretérito o del imperfecto, según el caso.

1. ¿Cómo realizas tus metas?
2. Adriana está nerviosa porque todavía no habla inglés bien.
3. Su hermana menor sólo tiene catorce años pero ya sabe mucho sobre la historia de la familia.
4. Llamo a mis amigos porque quiero salir con ellos.
5. Hace una semana que la familia vive en la nueva casa.
6. Me levanto, como el desayuno y salgo para la escuela, pero no me siento bien.

The perfect tenses, uses of **haber**, and the past participle (p. 238)

2 Completa las oraciones con **hay, hubo, había,** con una forma del presente perfecto o pasado perfecto del verbo indicado, o con el participio pasado del verbo indicado.

1. _____ que convivir con las otras personas en tu comunidad.
2. Ahora la familia _____ (adaptarse) bien a los retos de su nueva vida.
3. Antes de inmigrar a EEUU, su madre ya _____ (criar) a tres hijos.
4. _____ muchos problemas con la inmigración durante esa década.
5. Esa cooperativa fue _____ (establecer) por unos inmigrantes cubanos.
6. Mis abuelos eran unas personas muy _____ (animar).
7. Cuando mis antepasados llegaron a este país _____ muchas oportunidades de empleo.
8. Este monumento es _____ (mantener) por la sociedad histórica.

Past progressive, the present participle, and the infinitive (p. 242)

3 Completa la narración con el infinitivo o con formas del presente progresivo o el pasado progresivo.

Bueno, ¡1. _____ (ver) es 2. _____ (creer)! Hace cinco años, cuando nosotros 3. _____ (hacer) planes para este centro de la comunidad, parecía un sueño imposible. Pero hoy nosotros 4. _____ (abrir) las puertas por primera vez, después de todos esos años de trabajo duro. Y vamos a 5. _____ (aprovechar) esta oportunidad para 6. _____ (dar) las gracias a todos los que han cooperado en este proyecto.

Acabamos de 7. _____ (completar) el proyecto. Hace cinco años, cuando la comunidad 8. _____ (buscar) un sitio para el centro, no sabíamos qué pasaría. Pero hoy nosotros 9. _____ (festejar) la terminación de un gran esfuerzo comunal. Y ahora... ¡A _____ (celebrar)!

Preparación para el Capítulo 18

Usted and ustedes command forms (Chapter 6)

4 Completa las siguientes reglas con mandatos de **usted** y **ustedes**.

Complete these activities to review some previously learned grammatical structures that will be helpful when you learn the new grammar in **Chapter 18**.

Usted

1. _____ (Mantener) limpios los espacios comunales.

2. No _____ (servirse) el café gratis en exceso.

3. _____ ¡(Cooperar) con los demás!

Ustedes

4. _____ (Respetar) los derechos de los otros.

5. _____ (Apoyar) los valores del centro.

6. Si hay un problema, _____ (avisarnos). ¡No _____ (sufrir) en silencio!

Tú command forms (Chapter 7)

5 Completa los comentarios del consejero de empleo con mandatos de **tú**.

1. _____ (Aprovechar) cualquier oportunidad que recibas. No 2. _____ (dudar) en mantener el contacto con personas de influencia en la profesión que te interesa, pero 3. _____ (respetar) su tiempo y no les 4. _____ (pedir) demasiados favores. 5. _____ (Desarrollar) una red de contactos, pero no 6. _____ (aprovecharse) de ellos. 7. _____ (Apoyar) a los demás y los demás te apoyarán a ti. 8. _____ (Enfrentarse) a los retos y no 9. _____ (perder) la esperanza. En fin, ¡10. _____ (salir) y 11. _____ (hacer) tus sueños realidad!

Indicative vs. subjunctive (Chapter 13)

6 Completa las oraciones con formas del indicativo o del subjuntivo.

1. Sabemos que _____ (ser) importante convivir con los demás.
2. No es necesario que los nuevos inmigrantes _____ (echar) raíces en su nueva comunidad inmediatamente.
3. Mis abuelos quieren que yo _____ (respetar) sus valores y creencias.
4. Ella duda que sus padres _____ (extrañar) su tierra natal.
5. Voy a mudarme con tal de que _____ (encontrar) una casa buena.
6. Conoces a muchos inmigrantes que se _____ (haber) adaptado muy bien a su nuevo país.
7. Es cierto que _____ (ir) a emocionarnos al ver a nuestra familia otra vez.

capítulo 18

El futuro del planeta

Al final de este capítulo, sabrás más sobre:

COMUNICACIÓN ____

- los problemas ambientales
- cómo valorar la naturaleza
- la naturaleza en peligro
- la responsabilidad hacia el planeta
- la conciencia
- las acciones verdes

GRAMÁTICA ____

- usos del indicativo y el subjuntivo
- maneras diferentes de pedir, sugerir y mandar
- las cláusulas y los pronombres relativos

CULTURAS ____

- Panamá y Estados Unidos: las especies amenazadas
- El Salvador: la cocina solar
- Cuba: la agricultura urbana
- Colombia: la ciclovía
- Paraguay: la reforestación
- México: un museo subacuático

© Daniela Cartenuto/Shutterstock

© Associated Press

En los últimos años ha surgido la

idea que el cambio climático está ocasionando el deterioro de los recursos naturales de nuestro planeta. Las opiniones sobre el tema abarcan los extremos, desde los que prevén desastres de proporciones catastróficas a los que dudan la veracidad de estas proclamaciones. En reacción a la idea que la actividad humana es una de las principales amenazas al medio ambiente, ha nacido la conciencia "verde". El movimiento verde quiere crear conciencia de la responsabilidad de cada persona por el medio ambiente. Con este propósito, la iniciativa promueve acciones verdes como ahorrar energía y agua, reciclar y reducir "la huella de carbono". Según los proponentes de este concepto, con sólo caminar o andar en bicicleta, aprovechar el transporte colectivo, usar autos híbridos, comer comida orgánica y comprar productos locales y ecológicos, se puede mejorar la salud, ahorrar dinero y proteger nuestro hábitat con un mínimo de esfuerzo.

¿Crees que el individuo puede contribuir a la preservación del medio ambiente?

¿Qué cambios podrías hacer tú en tu vida cotidiana para proteger el medio ambiente?

En mi opinión... Ordena los siguientes temas según su nivel de importancia para la sociedad y explica por qué consideras que los primeros tres sean tan importantes. ¿Qué rango le diste al calentamiento global? Explica tus decisiones.

El calentamiento global ____	La educación ____	El terrorismo ____
El desempleo ____	La inmigración ____	Las armas nucleares ____
La deuda nacional ____	La guerra ____	La pobreza ____

©istockphoto.com/urbancow

MI HUELLA DE CARBONO

La huella de carbono es una forma de medir las emisiones causadas por las acciones de un individuo, organización, evento o producto. El cálculo se basa en la tonelada del dióxido de carbono (CO_2) emitido por cada acción. El motivo tras este cálculo es crear conciencia sobre el impacto ambiental de nuestras acciones, para luego implementar estrategias para reducirlo.

¿Conoces tu huella de carbono? En Internet hay muchos sitios donde puedes calcular tu huella de carbono y también donde puedes encontrar ideas sobre cómo reducir tu número. Haz esta prueba para ver cuánto sabes de la huella de carbono.

¿Sabes cuánto dióxido de carbono…

1. … se emite al quemar un galón de gasolina?
   a. 2.5 lbs   c. 19.6 lbs
   b. 10.3 lbs   d. 22.8 lbs

2. … se ahorra en un año si cambias tu carro viejo por un auto híbrido?
   a. 5000 lbs   c. 7000 lbs
   b. 6000 lbs   d. 8000 lbs

3. … se ahorra si vas en bicicleta al trabajo o a la universidad una vez por semana en vez de usar tu carro?
   a. 1000 lbs   c. 1800 lbs
   b. 1400 lbs   d. 2200 lbs

4. … se ahorra si hay cuatro personas en el coche en vez de una? (basándote en un viaje de ida y vuelta de 32 millas)
   a. 4000 lbs   c. 6000 lbs
   b. 5500 lbs   d. 7500 lbs

5. … se emite en un mes de electricidad en un hogar estadounidense?
   a. 600 lbs   c. 1000 lbs
   b. 800 lbs   d. 1200 lbs

6. … se ahorra si desenchufas el cargador de tu celular por un año?
   a. 11 lbs   c. 23 lbs
   b. 15 lbs   d. 50 lbs

7. … se emite durante un viaje aéreo corto (menos de 500 millas)?
   a. 386 lbs   c. 264 lbs
   b. 792 lbs   d. 528 lbs

8. … se ahorra si vas en tren en ese mismo viaje en vez de volar?
   a. 25 lbs   c. 126 lbs
   b. 54 lbs   d. 210 lbs

9. … se ahorra si comes una dieta vegetariana por un año?
   a. 1940 lbs   c. 2500 lbs
   b. 1250 lbs   d. 1600 lbs

10. … se ahorra si cuelgas tu ropa en vez de usar la secadora por un año?
   a. 2005 lbs   c. 1635 lbs
   b. 1810 lbs   d. 1456 lbs

👥 ¿Cómo te fue? ¿Sabías ya mucho del tema o tendrías que educarte un poquito más? Con un(a) compañero(a), busquen un sitio en Internet donde puedan calcular su huella de carbono. Compartan sus resultados con la clase.

Answers: 1. c 2. a 3. b 4. b 5. d 6. d 7. a 8. c 9. b 10. d

¡Imagínate!

© Cengage Learning 2013

ANDRÉS: Me llamo Andrés Aguirre y hay un tema muy controvertido que me interesa mucho: el **cambio climático.**

Según los científicos que nos **advierten** que la atmósfera **se calienta**, los **gases de efecto invernadero** son la causa.

Notice that **atmósfera** can be used only in reference to the planet's atmosphere. If you want to use *atmosphere* to mean "ambience," you would use **ambiente**.

There was a holiday atmosphere in the office.

Había un **ambiente festivo** en la oficina.

>> **Los problemas ambientales** *Environmental problems*

Sustantivos

la amenaza *threat*
el calentamiento global *global warming*
el cambio climático *climate change*
la capa de ozono *ozone layer*
los combustibles fósiles *fossil fuels*
las emisiones *emissions*
  ... de gases de efecto invernadero *greenhouse gas emissions*
  ... de dióxido de carbono *carbon dioxide emissions*

la fuente renovable *renewable energy source*
el medio ambiente *environment*
el nivel (de emisiones) *level (of emissions)*
la reducción (de gases) *reduction (of gases)*

You may want to review the preterite and subjunctive forms of verbs ending in **-zar** (**amenazar, [re]utilizar**) and **-cir** (**reducir**). Also note that **reducir** is conjugated in the first-person present indicative like **conocer**, with a **z** added: **reduzco**. Its subjunctive forms also carry the **z: reduzca,** etc.

Verbos

advertir (ie, i) *to warn*
amenazar *to threaten*
calentarse (ie) *to get hot, heat up*
consumir *to consume*
contaminar *to contaminate; to pollute*
dañar *to harm*

deforestar *to deforest*
desaparecer *to disappear*
desperdiciar *to waste*
destruir (y) *to destroy*
reducir *to reduce*
(re)utilizar *to (re)utilize*

Like **parecer**, the first-person form of **desaparecer** adds a **z: parezco, desaparezco.** Its subjunctive forms carry the **z** as well: **desaparezca, desaparezcas,** etc.

Adjetivos

dañino(a) *harmful*
escaso(a) *scarce*

protegido(a) *protected*
tóxico(a) *toxic*

1 **Algunos dicen** Escoge la frase que mejor complete cada oración, según los científicos que creen que sí está ocurriendo el cambio climático.

1. Según algunos científicos, el _____ está en peligro a causa de la actividad humana.

2. Los gases de efecto invernadero se consideran una _____ a la atmósfera.

3. El sol y el viento son _____ de energía.

4. El carbón, el petróleo y el gas son _____.

5. Los _____ se acumulan en la atmósfera.

6. Es posible que las fábricas y los autos contribuyan al agotamiento de la _____.

a. gases de efecto invernadero

b. capa de ozono

c. amenaza

d. combustibles fósiles

e. medio ambiente

f. fuentes renovables

2 **Andrés** Completa la entrada del blog que Andrés escribió para su sitio web **NosotrosSomosElFuturo.org**. Escoge de los siguientes verbos: **advierten, consumamos, contaminar, dañen, desperdiciamos, reduce, reduzcan, reutilizar, se está calentando, utiliza.**

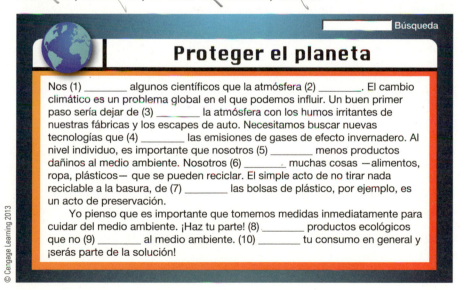

Búsqueda

Proteger el planeta

Nos (1) _____ algunos científicos que la atmósfera (2) _____. El cambio climático es un problema global en el que podemos influir. Un buen primer paso sería dejar de (3) _____ la atmósfera con los humos irritantes de nuestras fábricas y los escapes de auto. Necesitamos buscar nuevas tecnologías que (4) _____ las emisiones de gases de efecto invernadero. Al nivel individuo, es importante que nosotros (5) _____ menos productos dañinos al medio ambiente. Nosotros (6) _____ muchas cosas —alimentos, ropa, plásticos— que se pueden reciclar. El simple acto de no tirar nada reciclable a la basura, de (7) _____ las bolsas de plástico, por ejemplo, es un acto de preservación.

　　Yo pienso que es importante que tomemos medidas inmediatamente para cuidar del medio ambiente. ¡Haz tu parte! (8) _____ productos ecológicos que no (9) _____ al medio ambiente. (10) _____ tu consumo en general y ¡serás parte de la solución!

© Cengage Learning 2013

3 **¿Eres amigo de la ecología?** Con un(a) compañero(a), hablen sobre el medio ambiente y sus actitudes hacia el cambio climático. Si no estás seguro(a) de tu posición, haz algunas investigaciones. Lo que importa es que te expreses sinceramente.

- ¿Crees que el cambio climático es un problema serio o no? ¿Por qué?

- ¿Crees que la capa de ozono está en peligro o no? ¿Por qué?

- ¿Crees que los humanos podemos afectar el cambio climático? Explica.

Agua is a feminine noun that uses a masculine article with its singular form to make the pronunciation easier and clearer: **el agua** instead of **la agua**. However, any adjective used with it requires the feminine form: **el agua fría**. In its plural form, the feminine article is used: **las aguas frescas**.

La Madre Tierra is *Mother Earth* and **el planeta Tierra** is *planet Earth*.

The **g** in **proteger** changes to a **j** in its subjunctive forms: **proteja, protejas,** etc.

Notice that **sobre-** is used as a prefix in **sobrepoblación** to mean "over." Other words using the prefix **sobre-** in this manner are **la sobrexplotación** *(overexploitation)* and **la sobrepesca** *(overfishing)*.

>> Valorar la naturaleza   *To value nature*

Sustantivos

el agua *water*
  ... salada / de mar *saltwater*
  ... dulce *fresh water (not saltwater)*
  ... potable *drinkable water*
el arrecife (de coral) *(coral) reef*
la biodiversidad *biodiversity*
el bosque / la selva tropical *rain forest*
el ecosistema (forestal, acuático) *(forest, aquatic) ecosystem*

la flora y fauna *plant and animal wildlife*
el glaciar *glacier*
el hábitat *habitat*
el hielo *ice*
los recursos naturales *natural resources*
la reserva natural *natural preserve*
la vida silvestre *wildlife*

Verbos

conservar *to conserve*
disfrutar *to enjoy*

proteger *to protect*
salvar *to save*

>> La naturaleza en peligro   *Nature in danger*

Sustantivos

la deforestación *deforestation*
las especies amenazadas / en peligro de extinción *endangered species*
la pérdida *loss*

el pesticida *pesticide*
la sobrepoblación *overpopulation*
la tala *tree felling*

ACTIVIDADES

4 **La naturaleza** Completa las oraciones con el sustantivo correcto del vocabulario.

1. La deforestación de las _____ es un problema ecológico y también económico.
2. Los _____ se encuentran en los océanos y forman el hogar de muchos organismos marinos.
3. La _____ se refiere al número y variedad de animales y plantas en una zona.
4. El agua dulce es un _____ muy valioso que es esencial a la vida humana.
5. Un _____ es una comunidad biológica que existe en el agua.
6. Los gobiernos establecen _____ para proteger la flora y fauna de regiones de importancia ecológica.

5 **La Madre Tierra** Con un(a) compañero(a), hablen sobre la naturaleza y su actitud hacia su preservación. Usen las ideas de la lista si quieren, adáptenlas o inventen temas pertinentes a su experiencia. Lo que importa es que se expresen abiertamente.

MODELO Tú: *Es muy importante conservar la flora y fauna de las selvas tropicales del mundo, ¿no crees?*

Compañero(a): *Sí, pero creo que es la responsabilidad de cada país buscar maneras de conservar sus recursos naturales.*

Opciones

- la importancia de proteger la vida silvestre de Norteamérica
- cómo disfrutar de la naturaleza sin destruirla
- cómo proteger la Madre Tierra del cambio climático
- la necesidad de conservar el agua dulce
- la protección de las selvas tropicales

6 **Empleos verdes** ¿Qué ideas surgieron de su conversación en la **Actividad 5**? Con el (la) mismo(a) compañero(a), traten de crear cuatro empleos "verdes" que ayudarían a implementar las ideas que tuvieron en la **Actividad 5**.

7 **Valorar lo nuestro** Con un(a) compañero(a), escojan una o dos amenazas a la naturaleza. Hagan una investigación sobre el tema que escogieron. Intercambien sus opiniones sobre las amenazas. Traten de explicar los diferentes puntos de vista de la situación.

MODELO Tú: *A mí me interesa mucho el tema de la deforestación. Yo creo que tenemos que hacer algo para limitar la tala que se permite en las selvas tropicales.*

Compañero(a): *Sí, pero mucha gente depende de la economía de la industria maderera.*

8 **Las especies amenazadas** Con un(a) compañero(a), hagan una investigación sobre "La Lista Roja" de la Unión Mundial para la Naturaleza (IUCN). Escojan una especie amenazada. Decidan si creen que la especie verdaderamente está en peligro de extinción y si es importante o no hacer algo para salvarla. Juntos escriban un breve informe sobre sus conclusiones.

"Green jobs" can refer to traditional jobs carried out in industries related to the environment, or may refer to new kinds of jobs that come out of these industries. **Sectores verdes: energía** (eólica, solar), **agricultura** (sostenible, orgánica), **diseño y construcción** (sostenible, eficiente), **manufactura** (control de contaminación, eficiencia), **transporte** (público, no motorizado, eficiente), **materiales** (reciclaje, colección / reducción de basura), **productos** (ecológicos, distancias de envío), **tierras** (reforestación, uso sostenible). **Empleos específicos:** ingeniero(a) medioambiental, sembrador(a) *(planter)* de árboles, activista u organizador(a), auditor(a) de energía, biólogo(a), director(a) de programas medioambientales

Before you do **Activity 7**, you might want to look up different industries in an English-Spanish dictionary or online. Here are some: **la industria maderera, la industria agrícola, la industria del turismo, la industria pesquera, la industria siderúrgica** *(iron and steel industry)*, **la industria petrolera, la industria ganadera** *(cattle-raising industry).*

>> Vocabulario útil 2

© Cengage Learning 2013

ANDRÉS: Como decía antes, cómo nos **comportamos** diariamente **definitivamente** puede afectar al planeta.

Voy a sugerir algunas cositas sencillas que todos podemos hacer sin que nos afecte la **calidad de vida**.

> **Carbón** refers to coal or charcoal; **carbono** refers to the chemical element in carbon dioxide.

>> La responsabilidad hacia el planeta *Responsibility for the planet*

Sustantivos

la calidad de vida *quality of life*
la conciencia *conscience*
la conservación *conservation*
el consumo *consumption*
la (des)ventaja *(dis)advantage*

la huella de carbono *carbon footprint*
las sanciones económicas
  economic sanctions

Verbos

afectar *to affect*
ahorrar *to save*
animar *to encourage; to inspire*
beneficiar *to benefit*
compensar *to make up for,*
  compensate
comportar *to behave*
imponer (like **poner**) *to impose*

involucrarse (en) *to get involved (in)*
plantar *to plant*
preservar *to preserve*
promover (ue) *to promote*
resolver (ue) *to resolve*
surgir *to arise; to develop, emerge*

| ACTIVIDADES |

9 Ideas verdes Completa las ideas de un estudiante ecologista con las palabras correctas del vocabulario. Luego, di si estás de acuerdo con cada idea o no.

> Notice the difference in meaning: **El (la) ecologista** is an ecologically minded layperson; **el (la) ecólogo(a)** is a scientist who studies and practices ecology.

1. Es importante _____ en el movimiento verde.
2. Hay que _____ el cuidado ambiental a través de la publicidad.
3. Para _____ por la deforestación, tenemos que plantar más árboles.
4. Es posible controlar la sobrepesca si se _____ sanciones económicas.
5. También tenemos que _____ a la gente a que participe en el reciclaje.
6. El _____ del petróleo es una de las causas principales de la contaminación.

10 **Desde mi punto de vista** Escoge diez palabras del **Vocabulario útil**
1 y **2** y escribe cinco oraciones. Describe algo que tenga que ver con tus
opiniones sobre el medio ambiente y el movimiento verde.

11 **Debate** Con un(a) compañero(a), escojan un tema para un debate sobre
el medio ambiente. Hagan una investigación en Internet y escriban cuatro
razones que respalden su punto de vista. Presenten su opinión y traten de
convencerse el uno al otro de su punto de vista.

MODELO Tú: *Yo creo que los científicos están tratando de asustarnos y
que el problema ambiental no es tan urgente como lo pintan.*
Compañero(a): *No estoy de acuerdo. Yo creo que los estudios han
verificado que el problema ambiental es muy serio y que es
imprescindible tomar medidas para preservar los recursos
naturales y las especies amenazadas.*

>> **En casa** *At home*

el auto híbrido / eléctrico *hybrid /
electric car*
la base de enchufes *power strip*
el basurero, la papelera *trash can*
la bombilla *light bulb*
la calefacción central / eléctrica
central / electric heating
la factura *invoice; bill*
el grifo *faucet*
el envase *packaging*
la etiqueta ecológica *eco-friendly
label*

el inodoro *toilet*
el modo "stand-by" *stand-by mode*
la organización benéfica
charitable organization
el panel solar *solar panel*
la plomería *plumbing*
el recipiente *container*

In some countries you
might hear **el recibo de
la luz (del agua, del gas)**
for *electricity, water, gas
bill* instead of **factura**.

>> **El reciclaje** *Recycling*

el aluminio *aluminum*
el cartón *cardboard*
el cartucho de la impresora
printer cartridge
el compostaje *compost*
la lata *tin or aluminum can*

el papel reciclado *recycled paper*
el plástico *plastic*
los residuos orgánicos *organic waste
products*

>> **Acciones verdes** *Green actions*

botar, echar, tirar *to throw away*
colgar (ue) *to hang*
consumir *to consume*
desconectar *to disconnect*
descongelar *to unfreeze*
desenchufar *to unplug*
evitar *to avoid*

firmar *to sign*
gotear *to leak*
malgastar *to waste; to squander*
reciclar *to recycle*

Adjetivos
biodegradable *biodegradable*
desechable *disposable*
flojo(a) *lazy*

reciclable *renewable, recyclable*
reutilizable *reusable*
sostenible *sustainable*

ACTIVIDADES

12 **Alternativas** Según Andrés, hay que buscar alternativas ecológicas en nuestras vidas diarias. Él hizo un anuncio en video para poner en su sitio web. ¿Qué dijo en su anuncio? Completa sus sugerencias con los sustantivos correctos del vocabulario.

1. Si el _____ de un producto es de plástico, no lo tires a la basura. Recíclalo.

2. Si el producto no tiene _____, no lo compres.

3. Si el _____ está vacío, no lo botes, llévalo a la tienda donde te ofrezcan descuento por los usados.

4. Si gotea el _____, llama al plomero para que lo componga.

5. Si la computadora está en _____, apágala.

6. Si vas a lavar verduras o fruta, lávalas en un _____.

7. Si no te queda la camiseta, dónala a una _____.

8. Si vas a cambiar la _____, compra una de bajo consumo.

9. En el invierno, baja la _____ cuando salgas de casa.

10. Usa una _____ para tu televisor, tu reproductor DVD y tu equipo de música.

13 **Consejos** Escribe ocho consejos ecológicos usando el par de palabras sugerido para cada oración.

MODELO ahorrar, factura de luz
Puedes ahorrar dinero en tu factura de luz si desenchufas todos los aparatos electrónicos cuando salgas de casa.

1. evitar, desechable
2. malgastar, agua
3. tirar, reutilizable
4. reciclar, cartón

5. gotear, grifo
6. consumir, etiqueta ecológica
7. imprimir por las dos caras, papel
8. desconectar, la base de enchufes

To say that you wanted to do *two-sided printing,* you would use **imprimir por las dos caras**.

Por favor **imprime** ese documento **por las dos caras**.

14 **Productos verdes** Con un grupo de compañeros, traten de inventar un producto verde que sea muy útil y que también contribuya al movimiento para proteger el medio ambiente. Nombren el producto, dibújenlo, denle un lema publicitario y escriban cuatro usos del producto y por qué se puede considerar verde. Un ejemplo que ya existe es **la mochila solar**. Puedes hacer senderismo mientras que la mochila usa los rayos del sol para acumular energía que más tarde puedes usar para cargar tus aparatos electrónicos. ¡Increíble!

15 **Más empleos verdes** En la **Actividad 6**, tuvieron que identificar cuatro empleos "verdes". Ahora van a inventar empleos verdes relacionados con ciertas categorías. Con un(a) compañero(a), escriban las siguientes categorías en unas tarjetas: el transporte, el reciclaje, el consumo de agua, el uso de papel, el compostaje, el uso de energía eléctrica, el uso de fuentes renovables y la protección de la naturaleza. Si hay otras categorías que quieran incluir, también escríbanlas en una tarjeta. Luego pongan las tarjetas en un sitio entre los dos. Cada uno escoge una tarjeta y describe un empleo verde relacionado con esa categoría. Continúen hasta que acaben con todas las tarjetas.

MODELO Tarjeta escogida: *El transporte*
   Tú: *Se van a necesitar mecánicos que se especialicen en reparar autos híbridos y eléctricos.*
   Compañero(a): *También se van a necesitar estaciones donde se puedan cargar las baterías de los coches eléctricos.*

Many terms associated with the ecological movement do not have current usage yet in Spanish. *To car pool* is one of those. You might be understood if you said **transporte comunal entre compañeros / colegas** but there is not really an accepted term yet. In a lot of Latin American countries, the concept of the **colectivo** is already in place, but it is considered more a means of public transportation than one of the sharing of private transportation.

Frases de todos los días

Adivina Haz correspondencia entre las palabras y frases a la izquierda y sus equivalentes en inglés a la derecha.

1. **¡Olvídate!**
2. **definitivamente**
3. **por cierto**
4. **¡Te lo juro!**
5. **es imprescindible**
6. **a lo largo de**
7. **me cuesta mucho**
8. **por si las dudas**
9. **a tu alcance**
10. **como lo pintan**

a. *definitively, absolutely*
b. *just in case*
c. *over the span of*
d. *Forget about it!*
e. *within your reach*
f. *it's essential*
g. *as it's portrayed*
h. *it pains me*
i. *I swear!*
j. *for sure*

Práctica Escoge una de las frases de la lista y búscala en Internet. Apunta el tipo de información que encuentres en línea. Por ejemplo, si se trata de un blog, escribe el título, el autor y el sitio donde lo encontraste. Comparte tus resultados con la clase.

© Cengage Learning 2013

Escena 1: *Eco-Geek*
En esta escena, Andrés habla del cambio climático.

1 Mira el video y llena los espacios en blanco con las palabras correctas según lo que dice Andrés.

1. Según Andrés, algunos científicos creen que la atmósfera _____ _____ _____ a causa de la actividad humana.

2. Otros científicos dicen que el cambio es causado por altibajos de la _____ a lo largo de la historia del planeta.

3. Él dice que algunos científicos creen que los _____ de _____ _____ son la causa de que la atmósfera se caliente.

4. Los expertos dicen que tenemos que buscar nuevas _____ para utilizar la energía de una forma más eficiente.

5. Andrés dice que en América Latina, la gente valora mucho a la _____ _____.

6. Algunas investigaciones concluyen que la _____ se está perdiendo.

© Cengage Learning 2013

Escena 2: *¡Seamos el cambio!*
En esta escena, Andrés describe algunas cosas que podemos hacer para afectar el planeta de una manera positiva.

2 Mira el video y llena los espacios en blanco con las palabras correctas según lo que dice Andrés.

1. Andrés sugiere algunas cositas sencillas que podemos hacer sin que nos afecte la _____ de _____.

2. Según Andrés, ahorrar energía es _____ _____.

3. Andrés dice que por muchos años no hemos sido muy conscientes sobre la _____ que producimos.

4. Él pregunta si reciclamos nuestros _____ _____.

5. Andrés recomienda que busquemos productos que tengan una etiqueta _____.

>> Entrevista con **Arián Razzaghi** y **Andrea Rivera:** Proyecto Refrescar a Bolivia

Arián Razzaghi y Andrea Rivera forman parte de un grupo de estudiantes de la Universidad de Harvard que trabaja para proveer agua limpia a los habitantes de Molle Molle, un pequeño pueblo en Bolivia.

Comprensión

Di si las siguientes oraciones son ciertas (**C**) o falsas (**F**). Corrige las oraciones falsas.

1. Andrea se involucró en el proyecto porque Arián le mandó un e-mail y una aplicación.
2. El objetivo del proyecto Refrescar a Bolivia es limpiar el agua del pozo *(well)* sucio que es la única fuente *(source)* de agua en Molle Molle, Bolivia.
3. Arián y Andrea creen que pueden alcanzar este objetivo durante este verano.
4. El proyecto recibió todos sus fondos de las donaciones de ex alumnos de Harvard.
5. A las personas que quieran hacer algo similar, Andrea les aconseja que se organicen bien.
6. Andrea se siente súper emocionada pero Arián está más nervioso que emocionado.

>> La fama sostenible **de Cameron Díaz**

En Hollywood, son muchos los que hablan sobre el medio ambiente pero pocos los que hacen algo al respecto. Cameron Díaz es una excepción. Esta gran estrella de Hollywood, es también una lumbrera del activismo medioambiental. La actriz cubano-americana usa su fama para promover la conservación y educar al público respecto a los problemas que enfrenta el planeta.

La actriz atribuye su interés en el medio ambiente a su abuela:

"Mi abuela criaba su propio ganado en su traspatio, sus propias hortalizas en su traspatio", recuerda. "La observaba reutilizar el papel de estaño y las bolsas de plástico. Hacía jabón a partir del goteo de la grasa de la carne que cocinaba. Nada se desperdiciaba. Todo se reutilizaba y reciclaba. Vivía una verdadera existencia sostenible. Todo lo que tomaba de la tierra lo devolvía. Todo lo que devolvía, lo volvía a tomar. Era un ciclo continuo. Y yo fui testigo de eso, lo cual ejerció una gran influencia en mí. Ello influyó en mi madre, y ella me lo transmitió".

¡Prepárate!

>> Gramática útil 1

Repaso y ampliación: The indicative and subjunctive moods

Tenemos que buscar nuevas tecnologías que **utilicen** la energía en una forma más eficiente y que **produzcan** energía 'limpia'...

You can review indicative (present, preterite, imperfect) and subjunctive (present, present perfect, imperfect) verb forms in **Appendix C**.

Cómo usarlo

Just as with the preterite and the imperfect, in some cases, the choice between the indicative and the subjunctive depends on what you want to communicate. In other cases, the rules are more specific.

LO BÁSICO

As you have learned, *moods* are verb forms that are used to distinguish between events that are considered real (the indicative mood) and those that are considered outside the realm of reality (the subjunctive, imperative, and conditional moods).

1. Often the use of the subjunctive is triggered by a **que** clause that shows a *change of subject:* **Mis padres insisten en <u>que yo les ayude con el reciclaje.</u>** While the indicative is also used in **que** clauses (to express certainty, for example), express emotion, doubt, or uncertainty; to describe unknown or nonexistent situations; and to follow impersonal expressions. When there is no change of subject, there is no **que** clause, and the infinitive is used instead.

   Mis amigos quieren **ir** a ver los glaciares de la Patagonia.

   Mis amigos quieren <u>que yo **vaya** a ver los glaciares también.</u>

2. Use the indicative:
   - after expressions of certainty (in a **que** clause):

     Ella está segura de <u>que</u> los expertos **tienen** la solución.

   - to describe known or definite situations (in a **que** clause):

     Sabíamos <u>que</u> **era** importante proteger la biodiversidad del planeta.

3. Use the subjunctive:
   - after expressions of doubt and uncertainty (in a **que** clause):

     Dudo <u>que **podamos**</u> reducir el nivel de emisiones de autos durante esta década.

     No es verdad <u>que</u> los glaciares **se hayan descongelado** por completo.

   - to refer to unknown or nonexistent situations (in a **que** clause):

     Busco un experto <u>que **tenga**</u> información sobre la agricultura sostenible.

     No había nadie aquí <u>que **reciclara**</u> los cartuchos de la impresora.

   - after expressions of emotion (in a **que** clause):

     Es una lástima <u>que no **haya**</u> más interés en el compostaje.

     Me alegré de <u>que tú **reutilizaras**</u> las bolsas de plástico.

- after impersonal expressions, **ojalá,** and verbs that express opinions, wishes, desires, and influence (in a **que** clause):

Es necesario <u>que</u> no **malgastemos** los recursos naturales.

Ojalá (<u>que</u>) la gente **consuma** menos y **deje** de botar tantas cosas.

Los ciudadanos querían <u>que</u> el gobierno **impusiera** sanciones económicas sobre las compañías de pesticidas.

4. Note that sometimes a sentence will have more than one **que** clause. In those cases, you need to evaluate the content of that additional clause to determine whether its verb requires the subjunctive or the indicative.

<u>Dudo</u> <u>que</u> **podamos** <u>reducir el nivel de emisiones de los autos</u> (first clause uses subjunctive with an expression of doubt) <u>que</u> **están** <u>en las calles</u> (second clause uses indicative to express a factual situation).

<u>Estoy segura de que no</u> **había** <u>nadie</u> (first clause uses indicative with an expression of certainty) <u>que</u> **supiera** <u>construir una casa solar</u> (second clauses uses subjunctive with a nonexistent situation—**nadie**).

5. When choosing between the indicative and the subjunctive, it's important to pay attention to conjunctions. These conjunctions require the subjunctive.

a menos que *(unless)*	**en caso de que** *(in case)*
antes (de) que *(before)*	**para que** *(so that)*
con tal (de) que *(provided that)*	**sin que** *(without)*

6. These conjunctions may take the indicative or the subjunctive, depending on how they are used.

Conjunction	Indicative use	Subjunctive use
aunque *though*	■ indicates a situation is true: **Aunque <u>tienen</u> auto, van a caminar.** (The speaker knows for a fact they have a car.)	■ indicates the speaker doesn't know if the situation is true, or doesn't think it matters: **Aunque <u>tengan</u> auto, van a caminar.** (The speaker doesn't know and doesn't think it matters.)
cuando *when* **después (de)** *after* **en cuanto** *as soon as* **hasta que** *until* **tan pronto como** *as soon as*	■ indicates that the action described is habitual: **Siempre usamos el auto cuando <u>llueve</u>.** ■ the action has already occurred (past tense) **Tan pronto como <u>llegaron</u>, hicimos el reciclaje.**	■ indicates that the action is yet to occur and is therefore uncertain: **Sólo vamos a usar el auto cuando <u>llueva</u>. Tan pronto como <u>lleguen</u>, vamos a hacer el reciclaje.**

ACTIVIDADES

1 **¿Por qué?** Haz una correspondencia entre la oración a la izquierda y la razón a la derecha que dice por qué se usa el indicativo o el subjuntivo en la oración.

1. Es necesario que reduzcamos nuestra huella de carbono.
2. Siempre monto en bicicleta cuando no está lloviendo.
3. No podemos efectuar una solución a menos que cambiemos los hábitos.
4. Estoy segura de que podemos consumir menos y reciclar más.
5. Aunque existen problemas ambientales, los vamos a solucionar.
6. No creo que la situación pueda mejorar pronto.

a. indicativo con **cuando** para describir una acción habitual
b. subjuntivo para expresar duda
c. indicativo con **aunque** para describir una situación verdadera
d. subjuntivo con una expresión impersonal en una cláusula con **que**
e. subjuntivo con una conjunción que requiere su uso
f. indicativo con expresión de certeza *(certainty)* en una cláusula con **que**

2 **Diario de una ecologista** Completa el diario virtual de Diana, una estudiante muy involucrada en la defensa del medio ambiente, con las formas correctas del subjuntivo o indicativo.

22 de abril	Día de la Tierra

Por la mañana fui con mis amigos a una celebración del planeta, porque es bueno que todos 1. _____ (mostrar) nuestro amor por el medio ambiente. Dudaba que 2. _____ (venir) muchas personas, pero estaba equivocada. ¡Había casi dos mil personas! Nos alegrábamos que tanta gente 3. _____ (querer) y 4. _____ (poder) participar. Ahora me estoy preparando para un debate sobre la conservación de los bosques. Es importante que el estado 5. _____ (reducir) la tala de árboles dentro de una zona determinada. Aunque ahora 6. _____ (existir) límites, no son muy estrictos. Mis colegas y yo queremos que el gobierno 7. _____ (cambiar) los límites. Ojalá que nosotros 8. _____ (hacer) una impresión buena durante el debate. Estoy cierta de que 9. _____ (ser) posible resolver la situación de una manera satisfactoria para todos.

Redacte entrada   Borre entrada   Ajustes de intimidad

© Cengage Learning 2013

3 **¿Lo crees?** Con un(a) compañero(a) de clase, completa los siguientes comentarios sobre el medio ambiente con la forma correcta del verbo en el indicativo o en el subjuntivo. Luego, comenten cada oración para determinar si ustedes creen que la información que se presenta es cierta o falsa, usando **Creo que…** y **No creo que…** (Después su profesor(a) les dirá cuáles son ciertas.)

1. Es increíble que casi un 50% del país de Ecuador _____ (estar) bajo protección ambiental.
2. Para 2050, los expertos creen que un 33% de la población del planeta no _____ (ir) a tener acceso a agua limpia.
3. Es una lástima que Estados Unidos _____ (producir) más contaminación de gases de efecto invernadero que Sudamérica, África, el Oriente Medio y Japón, en total.
4. Los científicos dicen que el nivel de los gases de efecto invernadero en la atmósfera _____ (ser) el más alto que ha sido durante los últimos 650.000 años.
5. Mis padres quieren que yo _____ (manejar) a una velocidad de 55 mph, porque así aumento la eficiencia de combustible del auto por un 23%, en comparación con una velocidad de 70 mph.
6. Es triste que, durante los últimos 30 años, el número de pingüinos Adélie en la Antártida _____ (haber) disminuido por más de un 65%.

Las Islas Galápagos forman parte de las tierras protegidas de Ecuador.

4 **La "Casa Verde"** En grupos de tres o cuatro personas, trabajen juntos para diseñar una casa superecológica. ¿Cómo y de qué se la construye? ¿Qué beneficios ecológicos ofrece? ¿Cuáles son algunas de las características que hace que la casa sea verde? Cada persona debe hacer sus recomendaciones sobre la casa usando frases de la siguiente lista. Hagan un bosquejo *(sketch)* de la casa y prepárense para describirla a la clase entera.

Frases útiles: (No) Creo que…, Es importante (que)…, Es necesario (que)…, Recomiendo que…, Ojalá que…, Sé que…, Conozco a…, para que…, con tal de que…, sin que…

5 **Debate** En grupos de seis estudiantes, divídanse en dos equipos para elaborar un debate sobre los parque zoológicos *(zoos)* y la protección de las especies en peligro de extinción. Un grupo de tres estudiantes va a defender la existencia de los parques zoológicos. El otro grupo va a criticarlos y a explicar por qué no deben existir. No se olviden de prestar atención al uso del indicativo y subjuntivo mientras comenten el tema.

>> Gramática útil 2

Repaso y ampliación: Requests, suggestions, and indirect commands

Seamos el cambio que queremos ver en el mundo.

You can review command forms in **Appendix C**.

Cómo usarlo

1. Command forms are in the imperative mood. They can sound quite abrupt in most contexts and should be softened with a courtesy expression, unless you are speaking with close personal friends or family, listing rules, giving directions, or instructing someone on how to do something.

2. Requests and suggestions are softened forms of a command. When you request or suggest, you are *asking* someone to do something, not *demanding* requests, suggestions, and indirect commands. Using moods other than the imperative mood is a way to avoid the impact of a direct command and turn it into a request. Compare the following:

imperative:	¡**Venga** con nosotros!	***Come*** *with us!*
subjunctive:	Quiero **que venga** con nosotros.	*I want you **to come** with us.*
indicative:	¿**Por qué no viene** con nosotros?	***Why don't you come*** *with us?*
conditional:	¿**Podría venir** con nosotros?	***Would you be able to come*** *with us?*

3. Here are ways to use the different moods to issue commands and make requests. They progress in level of courtesy from most casual and direct to most polite and formal.

Imperative mood

- Informal commands are used among friends and family: **Espera, ¡te lo voy a contar!**

- Formal commands are used with acquaintances and are frequently softened with a courtesy expression such as **por favor: Por favor, dígame qué necesito hacer.**

- **Nosotros** command forms include the speaker in the command. Because they are inclusive, they are more like a suggestion: **¡Comamos! Hablemos de la situación. Nosotros** commands are often used in an encouraging way to motivate a group of people to do something.

Use the **nosotros** form of the present subjunctive to create **nosotros** commands: **¡Trabajemos! ¡Salgamos!** (The only irregular **nosotros** command is **¡Vamos!**)

Subjunctive mood

- When the subjunctive is used with verbs of will, desire, and volition, it is expressing a request or suggestion: **Queremos que ellos ahorren electricidad. Los profesores requieren que reciclemos el papel en la sala de clase.** When this structure is used in direct address, it can be considered a softened command or request: **Quiero que tú me enseñes cómo haces el compostaje.**

- A shortened form of this structure can also be used: **¡Que nos acompañen!** **¡Que me lo expliques!** In some contexts this structure can sound too abrupt or rude (**¡Que lo haga Jorge!**), so be aware of this aspect when using this structure.

Indicative mood

- A common way to make a request or suggestion is to use **¿Por qué no... ?** with the present indicative: **¿Por qué no vienes con nosotros? ¿Por qué no prepara el café?**

- Another variation on the question format is to use a simple question with the present tense (often including **poder**): **¿Puedes ayudarme con el reciclaje? ¿Me explica el efecto invernadero? ¿Puede decirme cómo se llama el glaciar?** Add **por favor** for further politeness: **Por favor, ¿me dice dónde está el centro de reciclaje?**

- Another use of the question format involves the verbs **importar** and **molestar**, used like **gustar: ¿Le / Te importa / molesta si desenchufamos la computadora?**

- The use of **deber** and **tener que** are other ways to make a softer suggestion: **Debes involucrarte con los grupos locales. Tienes que investigarlos.**

> Remember that **haber** can be used this way as well, as you learned in **Chapter 17: Hay que consumir menos.**

Conditional mood

- Use conditional forms of **poder** to create polite questions: **¿Podría usted recomendarme una bombilla más eficiente? ¿Podríamos dejar los residuos orgánicos aquí? Tal vez sería mejor comprar estas frutas sin envase.**

- You can also use the conditional form **importaría** in a question such as those you learned above: **¿Te importaría apagar las luces? ¿Le importaría compartir un taxi?** The use of the conditional forms makes the request more courteous and formal than when the indicative forms are used.

> You will learn more about the conditional mood in **Chapter 20.**

The infinitive

- As you have learned, the infinitive can also be used to give a command, usually in writing: **Favor de dejar las bolsas de plástico en el recipiente. No tirar artículos de papel aquí.**

- The infinitive can also be used with **a** to give a command: **¡A trabajar! ¡A comer!** It is similar in tone to one of the usages of the **nosotros** command, in that it can be seen as a call to action to rally a person or group of people: *Time to work! Time to eat!*

Track 21

6 **Mandatos, sugerencias y pedidos** Escucha los comentarios e indica en la tabla si la oración que oyes usa una forma del imperativo, del indicativo, del subjuntivo o del condicional. Puede haber dos formas en una sola oración. En ese caso, marca las dos.

You will review and practice the conditional in depth in **Chapter 20.** As you learned in **Chapter 15,** the conditional endings attach to the infinitive (or an irregular stem) and are as follows: **-ía, -ías, -ía, -íamos, -íais, -ían.** You can review them in **Appendix C.**

imperativo	indicativo	subjuntivo	condicional
1.			
2.			
3.			
4.			
5.			
6.			
7.			
8.			

7 **Normal, cortés y muy cortés** Completa las oraciones con la forma indicada del verbo para hacer mandatos, sugerencias y pedidos.

1. **nosotros** command / **malgastar**: ¡No _____ los recursos naturales!
2. infinitive / **reciclar**: ¡A _____!
3. indicative / **reparar**: ¿Por qué no _____ usted el grifo?
4. subjunctive / **ayudar**: Es importante que nosotros _____ a los demás.
5. indicative / **poder**: ¿_____ ustedes usar esta base de enchufes?
6. indicative / **haber**: No _____ que preocuparse por el reciclaje. Lo haremos nosotros.
7. subjunctive / **utilizar**: Recomendamos que los huéspedes _____ las toallas más de una vez.

8 **Arreglos en casa** Completa la siguiente conversación entre Sergio, Lorena y la señora Gómez, su diseñadora de interiores, con las formas correctas del imperativo, indicativo o subjuntivo, según el caso.

SERGIO: Bueno, señora Gómez... ¿Me (1) _____ (poder) decir cómo vamos a ahorrar dinero con los paneles solares?

SEÑORA GÓMEZ: Claro. Sugiero que ustedes (2) _____ (instalar) uno en el lado izquierdo de la casa, porque allí hay mucho sol. Después, sólo (3) _____ (haber) que conectarlo. Luego, (4) _____ (esperar) la próxima factura de electricidad para ver cuánto ahorran. ¡Se van a sorprender!

LORENA: ¡Fantástico! (5) _____ (oír), Sergio, ¿te (6) _____ (importar) si hablamos de los grifos y el inodoro para el baño ahora?

SERGIO: No, por favor. ¿Por qué no le (7) _____ (mostrar) la información que tienes a la señora Gómez?

LORENA: Bueno... Aquí tiene. ¿(8) _____ (poder) darme unos consejos sobre cuáles son los más eficientes?

SEÑORA GÓMEZ: Cómo no. ¿Por qué no (9) _____ (ir) juntos a verlos en el salón de ventas? Quiero que ustedes (10) _____ (estar) satisfechos con su elección.

SERGIO: Buena idea. Entonces, a (11) _____ (ver). ¿(12) _____ (poder) acompañarnos ahora mismo?

SEÑORA GÓMEZ: Desde luego. Entonces, ¡(13) _____ (salir)!

9 **Letreros** Trabaja en grupo con dos compañeros(as) de clase. Juntos creen un letrero para cada sitio indicado abajo, dando una sugerencia o un mandato sobre qué se debe hacer o no hacer allí para proteger el medio ambiente. Usen una variedad de formas verbales (imperativo, indicativo o subjuntivo) en los letreros y sean creativos.

MODELOS la calle

¿Por qué no caminas hoy en vez de manejar?

¡Reduzcamos la velocidad para ahorrar gasolina!

¡La Madre Tierra pide que usted vaya en bicicleta!

1. el centro de computación
2. el baño
3. la cocina
4. el jardín
5. el garaje
6. la sala de clase

10 **Una conferencia** Trabajen en un grupo de cuatro estudiantes para representar una conversación entre dos estudiantes, un(a) profesor(a) de ciencias y un(a) representante del gobierno local. Juntos escojan algún tema relacionado con el medio ambiente al nivel local, nacional o global, y planeen una conferencia para concientizar a la gente. Durante la conversación, hablen de las diferentes cosas que tienen que hacer para organizar la conferencia y hagan sugerencias sobre quién debe hacerlas. Presten atención al uso de **tú** (entre los estudiantes) y **usted**, y traten de usar una variedad de formas verbales para sugerir, recomendar y pedir.

MODELO S1: *Es importante que involucremos al Club de Ecología de la escuela primaria.*
S2: *Buena idea. David, ¿puedes ponerte en contacto con la administradora?*
S3: *Cómo no. También hay que hablar con...*

Estructura nueva: Relative pronouns

Apoya a compañías **cuyos** productos hayan sido manufacturados de una manera ecológica.

Cómo usarlo

LO BÁSICO

Relative pronouns tie or "relate" a subordinate clause to the rest of the sentence. A subordinate clause is a phrase a verb a noun, but cannot stand alone; unlike a main or independent clause, it is not a complete sentence.

1. Relative pronouns are frequently used to combine short sentences into one to avoid choppiness and repetition. The end result is a sentence with one main clause and one subordinate clause, joined by a relative pronoun.

Conozco a una mujer. Ella es ingeniera medioambiental. →

Conozco a una mujer *(main clause)* **que es ingeniera medioambiental** *(subordinate and relative clause).*

2. There are two kinds of relative clauses—restrictive and non-restrictive. Restrictive clauses identify who or what is being described and are an integral part of the description. Non-restrictive clauses give extra information about something that has already been clearly identified; for example, information that could be set off in parentheses.

> Non-restrictive clauses are set off by commas. Restrictive clauses do not require them.

Restrictive: **El joven que está leyendo el libro sobre los animales es mi hijo.**

Non-restrictive: **El joven, quien adora a los animales, admira mucho a Jane Goodall.**

Que, quien(es), el / la / los / los que, el / la / los / las cual(es)

To decide which of these relative pronouns to use, determine (1.) whether the clause is restrictive or non-restrictive, (2.) whether the clause's subject is human or non-human, and (3.) if a preposition is used with the clause's subject.

> As you know, **que, cual,** and **quien** can also be used as interrogative pronouns, in which case they take an accent.
>
> ¿**Qué** es la ingeniería medioambiental?
> ¿**Cuál** de los cursos es el mejor? ¿**Quién** lo enseña?

	Restrictive clauses *with* a preposition and *non-restrictive* clauses *with* or *without* a preposition	*Restrictive* clauses *without* a preposition
human	el / la / los / las que el / la / los / las cual(es) quien(es)	que quien(es)
non-human	el / la / los / las que el / la / los / las cual(es)	que

- **Que** is probably the most commonly used relative pronoun. Its English equivalent is *that* (with things) or *who* (with people).

    Tenemos un amigo **que** monta en bicicleta todos los días.

    Voy a la conferencia **que** mi profesora organizó.

- **El / la / los / las que** and **el / la / los / las cual(es)** are used to indicate a specific person, place, or thing. They mean *the person(s) who* or *the one(s) which*. The articles change to modify the noun referred to (in both gender and number), while **cual** changes in number only. This set of relative pronouns also can be used with or without prepositions. They are used in both restrictive and non-restrictive clauses and with both human and non-human subjects.

    Esa ecóloga, **la que** / **la cual** estudia los gases de efecto invernadero, es boliviana.

    Patagonia es una región en **la que** / en **la cual** hay muchos glaciares.

    Éstos son los libros en **los que** / en **los cuales** vimos los datos.

    Ese restaurante, **al que** / **al cual** voy frecuentemente, sirve comida orgánica.

- **Quien** and **quienes** refer only to people, never to places or things. But **que** and **quien(es)** may be used interchangeably for people, depending on personal preference. **Quien** and **quienes** can be used with or without a preposition and in both restrictive and non-restrictive clauses.

    Ella es la científica **quien** organizó el estudio.

    Esa profesora, **quien** es la líder del grupo, es una ecologista muy respetada.

    Esos hermanos a **quienes** tú conoces son ecológicos famosos.

> Note that when **a** or **de** is followed by **el que** or **el cual**, they combine to form **al que / al cual** and **del que / del cual**.

Lo que / lo cual

Lo que and **lo cual** are used similarly to the set of relative pronouns above, but they are neuter or generic and do not change to modify a noun. They are used to express general facts, ideas, or concepts. They are normally used in non-restrictive clauses without prepositions.

Leí que la sobrepesca es un problema mundial, **lo que** / **lo cual** me sorprendió mucho.

Mis amigos nunca reciclan, **lo que** / **lo cual** causa problemas con su familia.

Cuyo, cuya, cuyos, cuyas

Cuyo is an adjective, but it is normally grouped with relative pronouns because it is used similarly. It means *whose*, and, like other adjectives, it changes to reflect the number and gender of the noun it modifies. It can be used with both people and things.

La persona **cuya** mochila está en la mesa debe venir por ella.

La compañía **cuyos** productos son "verdes" usa envases de papel reciclado.

ACTIVIDADES

11 **Identificar** Primero, escucha las seis oraciones y en una hoja de papel, escribe los pronombres relativos que oigas. Después, vuelve a escuchar las oraciones y escribe cada oración que oigas. Luego, identifica la cláusula independiente *(main clause)* y la cláusula relativa de cada oración.

Track 22

12 **Los glaciares de Patagonia** Escoge el pronombre relativo que mejor complete cada oración.

Los Campos de Hielo de Patagonia, **1.** (quienes / los cuales) se encuentran en Chile y Argentina, son las masas más grandes de hielo en el Hemisferio Sur, fuera de la Antártida. Los científicos **2.** (cuyos / quienes) los estudian dicen que su tasa de descongelación aumentó un 100 por ciento desde 1998 a 2003, **3.** (lo que / el que) es un señal grave del impacto del calentamiento global en la región. La pérdida de agua potable es uno de los problemas más importantes asociados con la descongelación de los glaciares, **4.** (los cuales / cuyos) proveen casi el 75 por ciento de las aguas dulces del mundo. Un estudio de 2008 señala que el glaciar Echaurren, **5.** (que / lo que) provee un 70 por ciento del agua potable para la ciudad de Santiago, puede desaparecer por completo dentro de 50 años, **6.** (los que / lo que) causaría problemas catastróficos para la ciudad capital. Además, Chile todavía no tiene políticas públicas **7.** (que / de que) traten los problemas asociados con la descongelación de los glaciares, **8.** (la que / lo cual) puede tener consecuencias graves para el futuro.

Santiago recibe un 70 por ciento de su agua potable del glaciar Echaurren.

13 **Las especies en peligro de extinción** Trabaja con un(a) compañero(a) de clase. Miren el modelo para observar cómo se combinan las dos oraciones en una, usando un pronombre relativo de la lista. Cambien el género y número de los pronombres relativos según el sujeto de las oraciones y quiten las palabras que no sean necesarias.

Pronombres relativos posibles: el / la cual, los / las cuales, cuyo(a), cuyos(as), el / la que, los / las que, lo cual, lo que, que, quien(es)

MODELO   Tres de las siete especies de tortugas marinas del mundo están en peligro de extinción. Esto es un problema grave.
*Tres de las siete especies de tortugas marinas del mundo están en peligro de extinción, **lo que** es un problema grave.*

1. Sólo existen unos 4.000 tigres silvestres en el mundo. Se encuentran en los bosques de la región entre India, China, Rusia e Indonesia.

2. La caza de ballenas *(whale hunting)* es ilegal, pero todavía ocurre. Resulta en la muerte de más de 1.000 ballenas al año.

3. La *World Wildlife Federation* tiene un nuevo plan para la conservación de ballenas. El plan asegurará que habrá más control sobre sus poblaciones.

4. Los elefantes contribuyen a la creación de hábitats para otras especies, según los científicos. Los científicos han estudiado sus hábitos.

5. Para proteger los elefantes, es importante conservar su hábitat natural. Su hábitat está desapareciendo con la deforestación de los bosques.

6. Los cambios de temperatura y de clima afectan mucho a los pingüinos. Su hábitat está en peligro a causa del calentamiento global.

14 **Una vida sostenible** Con un(a) compañero(a) de clase, usen las frases indicadas con un pronombre relativo de la lista de la **Actividad 13** para crear oraciones sobre el medio ambiente. Traten de usar por lo menos seis pronombres relativos diferentes.

MODELO   tener un auto híbrido / uso de gasolina es muy eficiente
Tengo un auto híbrido cuyo uso de gasolina es muy eficiente.

1. usar recipientes reciclados / también ser biodegradable

2. consultar con un experto / saber hacer el compostaje

3. siempre comprar productos / envases ser de material reciclado

4. no comer mucha carne / reducir mi huella de carbono

5. instalar paneles solares / ahorrar mucha electricidad

6. reparar los grifos / gotear y malgastar el agua

15 **Una oración larguísima** Trabajen en grupos de cuatro estudiantes. Juntos escojan uno de los siguientes temas y traten de elaborar la oración más larga que puedan, usando los pronombres relativos. Sean creativos y escriban su oración final para compartir con la clase entera.

MODELO   S1: *Conozco a un ecologista...*
S2: *... **que** se llama Marcos...*
S3: *... **quien** es de Georgia...*
S4: *... **el cual** es un estado del sur de EEUU...*

Temas: los defensores del medio ambiente / las especies en peligro de extinción / la vida sostenible / los expertos científicos / el cambio climático / ¿...?

¡Explora y exprésate!

>> ## ¿Quién dijo que iba a ser fácil?

Muchos todavía no creen que el cambio climático es un verdadero fenómeno, pero por lo general, la población mundial ha aceptado que es imprescindible proteger el medio ambiente. Por su amor y respeto por la naturaleza, el mundo hispano tiene mucho que ofrecerle al resto del mundo en cuanto a la posibilidad de vivir de una manera natural y completa sin tener que dañar a la Madre Tierra. Leamos sobre algunos ejemplos.

© Cynthia Kidwell/Shutterstock

© Cengage Learning 2013

PANAMÁ Y ESTADOS UNIDOS
las especies amenazadas

La rana dorada es un símbolo de la fauna panameña que está en peligro de extinción. Es una especie endémica de Panamá, que por su belleza y colores atractivos, se ha transformado en un ícono cultural a través de los años. Los indígenas la reverenciaban y hacían objetos de oro con su figura porque creían que traía suerte y felicidad. Hoy día, la figura de la ranita se ve en la artesanía, en los anuncios publicitarios y hasta en los billetes de lotería.

Según el biólogo panameño Edgardo Griffith, "Antes eran tan abundantes que las ranitas doradas se encontraban hasta en los jardines de las residencias en El Valle. Ahora prácticamente no existen en el campo".

¿Qué les pasó? Las amenazas humanas han sido varias: la pérdida de su hábitat a causa de la deforestación y la extracción minera; la contaminación del agua por los agroquímicos como los pesticidas; y la sobrecolección. Y como si eso no fuera suficiente, la pobre ranita ahora enfrenta una amenaza natural, el quítrido, un hongo (fungus) patógeno que interfiere con su habilidad para respirar, causándole la muerte.

En el año 2000, los biólogos panameños Roberto Ibáñez, Griffith y otros empezaron el proyecto "Rana Dorada" con fines de salvar a la preciosa criatura de la extinción. Enviaron un grupo de hembras y machos a zoológicos en Detroit, Cleveland y Baltimore. El experimento de reproducción tuvo éxito y se decidió dirigir los esfuerzos de conservación en Panamá. El zoológico El Níspero se construyó en 2005 y es conocido como el "Arca de Noé". Hoy en día tiene alrededor de 500 anfibios de entre 45 y 50 especies. Entre ellos se cuentan unas 35 ranitas doradas.

Allí no termina la historia. El centro ha sufrido la muerte de unas ocho ranitas, y no se sabe si será posible retornar las ranitas a su hábitat porque el hongo asesino sigue presente. "Quizás la rana dorada de la única forma que permanezca en el planeta va a ser en cautiverio (captivity)", expresó Griffith.

La historia de la ranita dorada: bella, amada, reverenciada y ahora amenazada; que nos sirva de advertencia (warning).

EL SALVADOR   la cocina solar

¿Qué es una olla solar? Es una olla (*pot, cooker*) que usa los rayos del sol para generar la temperatura necesaria para cocinar los alimentos. Hay varios diseños de la olla, con reflectores, cajas o paneles, y pueden llegar a temperaturas de 100 grados centígrados hasta 200, más que suficiente para la cocción (*cooking*) de alimentos. Las ollas son fáciles de transportar, funcionan como estufas y hornos, y son duraderas.

En El Salvador, más de 100 familias en varias comunidades han tomado parte en la iniciativa "Fomento de la energía solar en la preparación de alimentos" financiada por SHE (*Solar Household Energy*) e implementada por el Centro de Protección para Desastres (CEPRODE). Para poder recibir una de las ollas, las mujeres que participan tienen que trabajar en un vivero (*nursery*) de plantas que se dedica a reforestar la zona con árboles de conacaste, cedro y caobo entre otras especies.

El uso de las ollas resulta en muchos beneficios, no sólo para las familias, sino también para la comunidad y el medio ambiente. "Económicamente (las ollas solares) también son una alternativa atractiva para las familias que dependen de combustibles caros para cocinar", dijo Castillo, la directora ejecutiva de CEPRODE.

Ahora hay programas para el uso de ollas solares en Perú, México, Guatemala y en Burkina Faso, Camerún, Malí, Senegal, Kenia y Tanzania.

Idea sencilla. Cambio global.

CUBA   la agricultura urbana

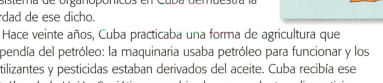

Dicen que la necesidad es la madre de la invención. El sistema de organopónicos en Cuba demuestra la verdad de ese dicho.

Hace veinte años, Cuba practicaba una forma de agricultura que dependía del petróleo: la maquinaria usaba petróleo para funcionar y los fertilizantes y pesticidas estaban derivados del aceite. Cuba recibía ese petróleo de la Unión Soviética a cambio de sus productos alimenticios. Cuando cayó el gobierno de ese imperio, para evitar una crisis alimentaria, Cuba se vio obligada a buscar otra forma de agricultura —independiente del petróleo—, y de ahí surgieron los organopónicos.

Los organopónicos son un sistema de huertos (*vegetable gardens*) orgánicos que producen habichuelas, tomates, bananas, lechuga, pimientos, calabaza, espinacas, rábano (*radish*) y berenjena (*eggplant*), entre muchas otras frutas, vegetales y condimentos. Se usan sólo métodos orgánicos, lo cual asegura que los alimentos sean frescos, sabrosos y saludables. Los organopónicos funcionan de varias maneras: algunos emplean a trabajadores gubernamentales y otros son cooperativas que son manejadas por los propios hortelanos (*gardeners*).

En toda Cuba hay unos 7.000 organopónicos. En La Habana hay unos doscientos y proveen más del 90% de como en aparcamientos vacíos, edificios deshabitados y hasta en los espacios entre carreteras. Esto resultó en el embellecimiento de las áreas urbanas.

Cuando Cuba enfrentó la necesidad, inventó un sistema agroecológico que se podía sostener dentro de las capacidades de la comunidad. Los organopónicos crean trabajos, producen frutas y vegetales sin químicos dañinos, y alimentan a la comunidad con comida fresca, orgánica y muy barata. ¿Qué más hay?

COLOMBIA la ciclovía

¿Puede ser la bicicleta la solución mágica en ciudades paralizadas por embotellamientos (*traffic jams*)? Los bici-pioneros de Santa Fé de Bogotá creen que sí. Todos los domingos y días festivos la capital colombiana se convierte en 120 kilómetros de ciclovías. Ausente de tráfico, las avenidas principales y calles son compartidas por ciclistas, patinadores, atletas y caminantes. Se calcula que un tercio de los habitantes de la ciudad salen a aprovechar las ciclorrutas. "La ciclovía es parte de la identidad de Bogotá y su uso es masivo", dijo Lycy Barrida, la directora del programa que fue creado en 1976.

Aunque las ciclovías están disponibles solamente en domingos y días festivos, la capital goza de ciclorrutas permanentes que conectan parques y carreteras desde los cuatro puntos cardinales.

La cifra de venta en Colombia de automóviles nuevos al año (140 mil) comparada a la de bicicletas (1,2 millones) revela la pasión por la bici del colombiano. "La bicicleta es un medio de transporte más sano. Estimula los sistemas circulatorio y respiratorio y es ambientalmente limpio y más democrático", explica el profesor de educación física Gerardo Lozano.

Claro que el vehículo mágico de la juventud tiene su lado negativo. El uso de la bicicleta puede ser demasiado peligroso si el ciclista tiene que compartir la carretera con el tránsito (*motor traffic*). Y hay que programar más tiempo para llegar al destino deseado. ¿Quién dijo que iba a ser fácil? A veces el progreso requiere el sacrificio.

¡Más ciclorrutas! ¡Menos carreteras!

PARAGUAY la reforestación

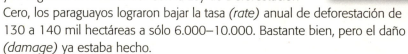

Durante muchos años, El Bosque Atlántico del Alto Paraná sufrió una indiscriminada deforestación que le dio a Paraguay el título de mayor deforestador de las Américas y el segundo en el mundo. Con la Ley de Deforestación Cero, los paraguayos lograron bajar la tasa (*rate*) anual de deforestación de 130 a 140 mil hectáreas a sólo 6.000–10.000. Bastante bien, pero el daño (*damage*) ya estaba hecho.

Dándose cuenta que la reforestación era esencial para la sobrevivencia de las especies vegetales y animales, el director de Radio Ñanduti, Humberto Rubín, empezó una iniciativa ambiental con el objetivo de involucrar a la gente en la reforestación de la Región Oriental. La meta es plantar 14 millones de árboles en un área del tamaño de la ciudad de Asunción. Un proyecto llamado "A todo pulmón—Paraguay respira" cuenta con el apoyo de muchas organizaciones y toda la ciudadanía de Paraguay. Desean embellecer (*beautify*) los espacios públicos y mejorar la calidad de vida en general.

Nunca en la historia de Paraguay ha estado todo el país involucrado en este tipo de proyecto ambiental. Es un esfuerzo colectivo que crea un sentido de optimismo y patriotismo y que cuenta con la juventud.

"Esta campaña no para, y vamos a ir por 50 millones (de árboles)", reclama el señor Rubín.

Armado con esa actitud, no hay nada que no se pueda hacer.

MÉXICO   un museo subacuático

© Cengage Learning 2013

¿Un museo subacuático? ¿Para qué? ¡Para proteger los arrecifes de coral!

Los arrecifes coralinos del mundo están expuestos a varias amenazas asociadas con el cambio climático. El calentamiento del planeta podría causar fenómenos meteorológicos extremos como huracanes más frecuentes y más intensos. También se ha previsto una mayor acidificación del océano, lo cual resultaría en un blanqueamiento (*bleaching*) que les provocaría la muerte debido a la pérdida de las algas de las que se nutren (*take nourishment*). Según algunos expertos, si no se reducen las emisiones de dióxido de carbono, los arrecifes podrían desaparecer a lo largo de este siglo. Además existe el problema de la sobrepesca y de los turistas que dañan los arrecifes al tocarlos, pararse sobre ellos y arrancarles pedazos (*to pull out pieces*) de coral para llevar a casa como recuerdo.

© HO/Reuters/Corbis

El Museo Escultórico Subacuático intenta sumergir 400 esculturas de cemento con forma humana en el Parque Nacional Costa Occidental de Isla Mujeres, Punta Cancún y Punta Nizuc. Las esculturas contienen un pH neutro que avanza el crecimiento de algas y la incrustación de invertebrados marinos. En cuanto las esculturas sean colonizadas por peces de colores atractivos, el museo atraerá a miles de turistas y de esta manera reducirá la presión sobre los hábitats naturales.

"Con el museo submarino garantizaremos una descarga de turistas y, por lo tanto, daremos un descanso a los arrecifes naturales. Es como si fuera un proceso de restauración", explica Jaime González Cano, director del Parque Nacional.

¿Quieres hacer algo poco común para tu *spring break*? ¿Por qué no visitas un museo subacuático en el Yucatán?

1 **¿Comprendiste?** Contesta las siguientes preguntas según la información que acabas de leer.

1. ¿Quiénes se benefician de la cocina con una olla solar?
2. ¿Cuáles fueron las amenazas humanas a la ranita dorada? ¿y la amenaza natural?
3. ¿Qué cifra revela la pasión por la bici del colombiano?
4. ¿Cómo surgió el organopónico en La Habana?
5. ¿Cuál es el objetivo del programa A Todo Pulmón?
6. ¿Cuáles son las amenazas humanas a los arrecifes de coral? ¿y las amenazas asociadas con el cambio climático?

Tú y el medio ambiente: ¡Exprésate!

2 **La cultura popular** Con un(a) compañero(a), hagan una investigación en Internet o en revistas o periódicos que tratan del medio ambiente y el movimiento verde. Anoten seis iniciativas que ustedes creen son prometedoras. Escriban el nombre de las campañas y su objetivo principal. El proyecto puede estar ubicado en cualquier país del mundo, pero hay que escribir la iniciativa y el objetivo en español.

MODELO *"A Todo Pulmón—Paraguay respira"*
Objetivo: involucrar a todo el país en la reforestación de la Región Oriental, plantando 14.000.000 de árboles

3 **Las películas** Una película boliviana titulada *ECOman* trata de un hombre muy defensor del medio ambiente que trabaja en una fábrica que produce elementos tóxicos. Lo echan de la empresa porque protesta mucho sobre una campaña de la compañía que se basa en la mentira que sus productos no dañan el medio ambiente. Una empleada de la empresa le echa tóxicos en el cuerpo y lo deja inconsciente. La "Madre Naturaleza" le da superpoderes al pobre hombre para que pueda proteger la naturaleza, y de ahí en adelante, él es ECOman.

Con un(a) compañero(a), escriban un sinopsis de una película que trate del medio ambiente. Puede ser de una forma seria o cómica. ¡Dejen volar la imaginación!

¡Conéctate!

El medio ambiente en tu comunidad Imagínate que vas a lanzar una iniciativa ambiental en tu comunidad y tienes que hacer una presentación a los líderes de la comunidad para que te apoyen con fondos y voluntarios. La presentación debe incluir lo siguiente:

1. Nombre imaginativo y aclaratorio
2. Problema ambiental que estás tratando
2. Objetivo principal de la campaña
3. Metas concretas
4. Período de tiempo para lograr las metas
5. Actividades que propones para involucrar a la ciudadanía
6. Qué es lo que necesitas de tu público
7. ¿...?

Ahora, hazle la presentación a la clase. Al final, haz una votación de manos levantadas para ver si convenciste a tu público a que te apoyara en tu iniciativa para proteger el planeta.

© Hilary Morgan/Almay

A leer

ESTRATEGIA

Here are two strategies that will help you better understand the reading.

1. **Identifying cognates:** Cognates are words that are the same or similar (with different pronunciation) in Spanish and English. Here's one example from the reading: **té** / *tea*. See what others you can find.
2. **Working with unknown grammatical structures:** Sometimes you will see a grammatical structure that you don't recognize, or one that is used in a context you don't understand. When this happens, try to focus more on the meaning of the verb without getting bogged down by its tense. Usually that is enough to help you get the gist of the phrase or sentence.

Para entender y hablar de la lectura

Here are some useful words for understanding and discussing the reading selection, which describes the author's unwillingness to throw away seemingly useless items.

la bolsita de té *teabag*

censurar *to censure, condemn*

la cocción *cooking, brewing*

guardar *to save, hold on to*

herido *hurt, injured*

la infusión *tea, usually herbal*

inútil *useless*

secar *to dry*

tentado *tempted*

vigilar *to watch, to guard*

1 Basándote en la lista de palabras, ¿cuál es el objeto "inútil" al que se refiere el autor (y que no quiere tirar a la basura)?

¡Fíjate! El simbolismo del té

la yerba mate

© iStockphotos

Después del agua, el té es tal vez la bebida más importante del mundo. Se lo consume en casi cada país y cultura y muchas veces su uso tiene un aspecto ceremonial o simbólico. Desde las ceremonias de té elegantes y complicadas de Japón hasta el hábito inglés de comer algo con el té por la tarde, el acto de tomar té tiene un significado especial. En el Cono Sur, tomar la yerba mate es casi una manía y hay muchas opiniones diferentes sobre cómo se la debe preparar. Muchas infusiones, como las de manzanilla *(chamomile)* y menta, tienen propiedades medicinales. En varias culturas, se usan las hojas de té para predecir el futuro. Y el té también tiene un simbolismo político en EEUU, donde ocurrieron el Boston Tea Party y, más recientemente, las protestas "Tea Party" contra el alza de impuestos.

2 En el ensayo que vas a leer, las bolsitas de té tienen un significado simbólico. ¿Qué pueden simbolizar?

Lectura

"Bolsitas de té", Juan José Millás

En este ensayo el periodista Juan José Millás examina su actitud hacia las cosas "inútiles" y su manía de guardarlas en vez de tirarlas.

Siempre que tiro a la basura una bolsa de té, me da un poco de mala conciencia. Se trata de un reflejo de niño pobre, porque yo llevo dentro un niño pobre que me censura todo el rato. Por mi gusto, guardaría las bolsitas de té, o las pondría a secar para extraerles todo el jugo en sucesivas cocciones, pero no puedo hacerlo porque mi familia me vigila para demostrar que estoy loco e inhabilitarme ante el juez de guardia[1].

Esta es otra de las manías que tengo, la de que me vigilan para inhabilitarme. Se trata, a todas luces[2], de una estupidez, porque no sé qué beneficio podrían obtener de ello. De todos modos, como los paranoicos se las arreglan siempre para llevar razón, no descarto[3] la posibilidad de acabar dándoles un motivo.

Otra de las tentaciones que tengo frente a las bolsitas de té usadas, es la de abrirlas por si hubiera dentro de ellas un diamante. Hasta ahora no he encontrado ninguno, pero no me desanimo.

Me cuesta mucho tirar las cosas sin abrir, porque ya digo que llevo dentro un niño pobre que cree que todo se arreglará finalmente con un golpe de suerte[4].

El otro día vinieron a cambiarme el cartucho de la impresora y cuando vi que el técnico tiraba el viejo a la papelera estuve a punto de pegarle[5]. Yo no sé si ustedes han visto alguna vez el cartucho de una impresora, pero es un aparato estupendo, lleno de recovecos y cámaras secretas[6].

Si llegamos a pescar de pequeños[7] un objeto como ese, nos habríamos pasado la infancia jugando con él. Ahora lo tiran sin abrirlo, como las bolsas de las infusiones. Naturalmente, cuando el técnico se fue, lo recuperé de la papelera y lo tengo guardado junto a otros objetos igualmente inútiles, pero repletos de significado, que van invadiendo los armarios de mi casa.

Yo creo que si todos lleváramos dentro un niño pobre, un niño negro, un niño herido, un niño con sida[8], tiraríamos menos cosas a la basura y, a lo mejor, por ahí empezaban a cambiar un poco las cosas. Ahora sólo llevamos un niño de derechas[9].

---

[1]**inhabilitarme...:** *have me declared incompetent before a judge* [2]**a...:** evidentemente [3]*I don't rule out* [4]**golpe...:** *stroke of good luck* [5]**estuve..:** *I was about to hit him* [6]**recovecos...:** *nooks and crannies and secret chambers* [7]**pescar...:** *to find as a child* [8]*AIDS* [9]*entitled*

Juan José Millás, España

Este escritor y periodista es autor de unos treinta libros, novelas y colecciones de cuentos y ensayos. Nació en 1946 en Valencia y ha trabajado para el periódico *El País* y también para otros medios de comunicación españoles. Es ganador de varios premios, entre ellos el Premio Nadal y el Premio Sésamo de Novela.

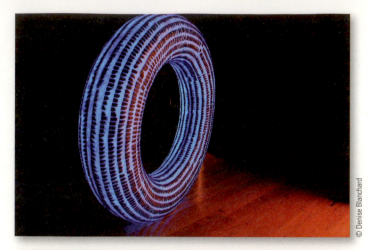

© Denise Blanchard

© Denise Blanchard

These sculptures are from an exhibition of art made entirely from used teabags. They were created by Chilean artists Denise Blanchard and Valeria Burgoa, and the exhibition, called "Exposición T," was shown for the first time in Santiago, Chile in 2008.

>> Después de leer

3 Contesta las siguientes preguntas sobre la lectura.

1. ¿Cómo se siente el autor al tirar una bolsita de té a la basura? ¿Por qué se siente así?
2. El autor llama "manía" a su indecisión sobre las bolsitas de té. ¿Cómo imagina él que reacciona su familia ante ésta y sus otras manías? ¿Habla en serio o está bromeando?
3. ¿Por qué se siente tentado a abrir las bolsitas de té? ¿Qué figura imaginaria le inspira a sentirse así?
4. ¿Cuál es otro objeto que le fascina al autor? ¿Por qué?
5. En la opinión del autor, ¿aprecia la gente estos objetos? ¿Por qué?
6. ¿Cuál es el significado de la referencia que hace el autor al niño pobre (y al niño negro, herido, con sida, etc.)? En la opinión del autor, ¿por qué son importantes estos niños?
7. ¿Cómo cambia el tono del ensayo entre el principio y el final? ¿Es cómico? ¿serio? ¿Estás de acuerdo con su conclusión?

4 Con un(a) compañero(a) de clase, comenten la lectura.

1. ¿Están de acuerdo con la opinión del autor, de que es necesario guardar y no tirar las cosas usadas?

2. Comenten su actitud sobre los objetos usados y compárenla con el lema verde de "Reducir, Reutilizar, Reparar, Reciclar". ¿Cuándo tratan de reutilizar o reparar las cosas? ¿Cuándo creen que es necesario comprar de nuevo?

3. Hagan una lista de por lo menos cinco cosas y digan qué hacen cuando están rotas, no funcionan, están pasadas de moda, etc. Luego, comparen su lista con la de otra pareja.

© Marc Verdian/Shutterstock

5 El autor dice que algunos de sus hábitos y costumbres les parecen un poco extraños *(strange)* a sus familiares. Con un(a) compañero(a) de clase, hablen de sus propios hábitos y "manías" personales. ¿Tienen unas costumbres extrañas? ¿Guardan o coleccionan cosas que otras personas tirarían? Traten de pensar de por lo menos tres idiosincrasias personales cada uno(a) y coméntenlas juntos(as).

Ideas posibles: guardar o coleccionar cosas diferentes, (no) comer alimentos específicos, tener que hacer ciertas actividades a una hora fija, sólo comprar ropa de ciertos colores, ¿...?

6 En este ensayo, el autor juega con la idea de tener un niño "interior" que le comenta y, a veces, critica sus acciones. Imagina que tú también tienes un(a) niño(a) interior que te comenta tus acciones diarias. ¿Cómo es? ¿Serio(a)? ¿cómico(a)? ¿pobre? ¿egóista? ¿A él o ella le gusta lo que haces todos los días? ¿Por qué sí o por qué no? Escribe por lo menos cinco de sus comentarios.

MODELO *Mi niño interior es muy perezoso. Dice: ¿Por qué siempre tienes que estudiar? ¿Por qué no te diviertes más?*

A escribir

ESTRATEGIA

As you organize your thoughts on a topic and then write about it, always focus on the mix of strategies you know. Here are two strategies that will help you jumpstart the writing process and edit your work into a solid first draft.

1. **Freewriting:** Freewriting is a useful writing technique. Once you have organized your ideas as part of the prewriting phase, freewriting is one way to create your rough draft. The idea of freewriting is to write quickly, without stopping to worry about spelling, punctuation, grammar, word choice, or other kinds of potential problems. Instead, you just let the words flow as freely and quickly as you can. After the freewriting phase, you then come back and edit your work as many times as needed.

2. **Editing your freewriting:** Once you have completed the freewriting stage, it's important to edit your work to delete extraneous details, make it more interesting, and make sure it all makes sense. When you edit your freewriting ask yourself: Is this information necessary? Would it be better placed somewhere else? Is there information missing? Can I tighten this up by omitting words and/or sentences?

1 Vas a escribir un editorial para un periódico. Éstos son los artículos de opinión que escriben los lectores del periódico y que el diario publica en una sección especial. Consulta la sección de opinión de tu periódico local o tu periódico digital favorito para ver ejemplos de los editoriales. Normalmente consisten en tres partes.

1. Una introducción que describe el problema o la situación.
2. Varias recomendaciones del (de la) escritor(a) que presentan soluciones para el problema o evalúan maneras de mejorar la situación actual.
3. Una conclusión que pide acción o un cambio de opinión por parte del (de la) lector(a) o del público en general.

2 Trabaja con un(a) compañero(a) de clase para generar algunas ideas para sus editoriales. Traten de pensar en temas relacionados al medio ambiente que se puedan aplicar a la vida diaria en su comunidad.

Ideas: preservar los parques, comprar autos híbridos o de biodiésel, promover la energía solar, organizar centros o programas de reciclaje, crear jardines comunitarios, plantar árboles, limpiar y recoger la basura en los espacios públicos, prohibir el uso de las bolsas de plástico en las tiendas, ¿...?

>> Composición

3 Ahora, escoge una de las ideas de la **Actividad 2** para comentar en tu editorial. ¿Qué sabes de este tema? Escribe sin detenerte por quince o veinte minutos. Debes escribir rápidamente y libremente, sin preocuparte por los errores, la organización, la ortografía ni la gramática.

>> Después de escribir

4 Para revisar tu borrador, vuelve a la estrategia y contesta las preguntas en la segunda parte. También debes responder a las siguientes preguntas más específicas.

- ¿Cómo puedes mejorar la organización de tu editorial? ¿Tiene tres partes distintas?
- ¿Presentas el problema o la situación claramente e incluyes detalles relevantes?
- ¿Haces recomendaciones para mejorar la situación o solucionar el problema que describes?
- ¿Pides una acción o un cambio de opinión por parte del (de la) lector(a) o del público en general?
- ¿Usas formas del subjuntivo con verbos de volición, emoción y duda y también con las expresiones impersonales para hacer recomendaciones y pedir acciones? ¿Presentas tus sugerencias, recomendaciones y mandatos de una manera cortés?

5 Reescribe tu editorial y después intercámbialo con un(a) compañero(a) de clase. Túrnense para leer el editorial de la otra persona y hacer recomendaciones para mejorar la versión final. Después, reescribe tu editorial para incorporar algunas de las sugerencias de tu compañero(a).

6 Mira tu borrador por última vez. Usa la siguiente lista para revisarlo.

- ¿Presentas unas razones buenas para convencer a los lectores a examinar el problema y considerar tus recomendaciones?
- ¿Hay concordancia entre los artículos, sustantivos y adjetivos?
- ¿Usaste las formas correctas de todos los verbos? (Presta atención especial a los usos del indicativo, del subjuntivo y de los mandatos.)
- ¿Usaste pronombres y cláusulas relativos para crear oraciones más largas y complejas?
- ¿Hay errores de puntuación o de ortografía?

Vocabulario

Los problemas ambientales   *Environmental problems*

Sustantivos

la amenaza *threat*
el calentamiento global *global warming*
el cambio climático *climate change*
la capa de ozono *ozone layer*
los combustibles fósiles *fossil fuels*
las emisiones *emissions*
  ... de gases de efecto invernadero *greenhouse gas emissions*
  ... de dióxido de carbono *carbon dioxide emissions*

la fuente renovable *renewable energy source*
el medio ambiente *environment*
el nivel (de emisiones) *level (of emissions)*
la reducción (de gases) *reduction (of gases)*

Verbos

advertir (ie, i) *to warn*
amenazar *to threaten*
calentarse (ie) *to get hot, heat up*
consumir *to consume*
contaminar *to contaminate; to pollute*
dañar *to harm*

deforestar *to deforest*
desaparecer (-zco) *to disappear*
desperdiciar *to waste*
destruir (y) *to destroy*
reducir (-zco) *to reduce*
(re)utilizar *to (re)utilize*

Adjetivos

dañino(a) *harmful*
escaso(a) *scarce*

protegido(a) *protected*
tóxico(a) *toxic*

Valorar la naturaleza   *To value nature*

Sustantivos

el agua *water*
  ... salada / de mar *saltwater*
  ... dulce *fresh water (not saltwater)*
  ... potable *drinkable water*
el arrecife (de coral) *(coral) reef*
la biodiversidad *biodiversity*
el bosque / la selva tropical *rain forest*
el ecosistema (forestal, acuático) *(forest, aquatic) ecosystem*

la flora y fauna *plant and animal wildlife*
el glaciar *glacier*
el hábitat *habitat*
el hielo *ice*
los recursos naturales *natural resources*
la reserva natural *natural preserve*
la vida silvestre *wildlife*

Verbos

conservar *to conserve*
disfrutar *to enjoy*

proteger *to protect*
salvar *to save*

La naturaleza en peligro   *Nature in danger*

Sustantivos

la deforestación *deforestation*
las especies amenazadas / en peligro de extinción *endangered species*
la pérdida *loss*

el pesticida *pesticide*
la sobrepoblación *overpopulation*
la tala *tree felling*

La responsabilidad hacia el planeta *Responsibility for the planet*

Sustantivos

la calidad de vida *quality of life*
la conciencia *conscience*
la conservación *conservation*
el consumo *consumption*

la (des)ventaja *(dis)advantage*
la huella de carbono *carbon footprint*
las sanciones económicas *economic sanctions*

Verbos

afectar *to affect*
ahorrar *to save*
animar *to encourage; to inspire*
beneficiar *to benefit*
compensar *to make up for, compensate*
comportar *to behave*
imponer (like **poner**) *to impose*

involucrarse (en) *to get involved (in)*
plantar *to plant*
preservar *to preserve*
promover (ue) *to promote*
resolver (ue) *to resolve*
surgir *to arise; to develop, emerge*

En casa *At home*

el auto híbrido / eléctrico *hybrid / electric car*
la base de enchufes *power strip*
el basurero, la papelera *trash can*
la bombilla *light bulb*
la calefacción central / eléctrica *central / electric heating*
la factura *invoice; bill*
el grifo *faucet*

el envase *packaging*
la etiqueta ecológica *eco-friendly label*
el inodoro *toilet*
el modo "stand-by" *stand-by mode*
la organización benéfica *charitable organization*
el panel solar *solar panel*
la plomería *plumbing*
el recipiente *container*

El reciclaje *Recycling*

el aluminio *aluminum*
el cartón *cardboard*
el cartucho de la impresora *printer cartridge*
el compostaje *compost*

la lata *tin or aluminum can*
el papel reciclado *recycled paper*
el plástico *plastic*
los residuos orgánicos *organic waste products*

Acciones verdes *Green actions*

botar, echar, tirar *to throw away*
colgar (ue) *to hang*
consumir *to consume*
desconectar *to disconnect*
descongelar *to unfreeze*
desenchufar *to unplug*

evitar *to avoid*
firmar *to sign*
gotear *to leak*
malgastar *to waste; to squander*
reciclar *to recycle*

Adjetivos

biodegradable *biodegradable*
desechable *disposable*
flojo(a) *lazy*

reciclable *renewable, recyclable*
reutilizable *reusable*
sostenible *sustainable*

Frases de todos los días *Everyday phrases*

a lo largo de *over the span of*
a tu alcance *within your reach*
como lo pintan *as it's portrayed*
definitivamente *definitively, absolutely*
es imprescindible *it's essential*

me cuesta mucho *it pains me*
¡Olvídate! *Forget about it!*
por si las dudas *just in case*
por cierto *for sure*
¡Te lo juro! *I swear!*

Repaso y preparación

Complete these activities to check your understanding of the new grammar points in **Chapter 18** before you move on to **Chapter 19**.

The answers to the activities in this section can be found in **Appendix B**.

The indicative and subjunctive moods (p. 276)

1 Completa las oraciones con formas del indicativo o del subjuntivo.

1. Ellos están seguros de que su nuevo auto híbrido les _____ (ir) a ahorrar mucho dinero.

2. Ojalá que el nivel de emisiones no _____ (continuar) a subir.

3. Algunos científicos creen que el calentamiento global _____ (amenazar) nuestra calidad de vida.

4. Quiero hacer un viaje para ver Patagonia antes de que el clima _____ (cambiar) y los glaciares _____ (descongelarse) más.

5. Es necesario que nosotros _____ (organizar) un sistema de reciclaje que _____ (incluir) contenedores para todo el compostaje que _____ (producir).

Requests, suggestions, and indirect commands (p. 280)

2 Completa los siguientes pedidos y sugerencias con mandatos o con formas del subjuntivo o del indicativo, según el caso.

1. Oye, ¿por qué no me _____ (ayudar—tú) a reparar este grifo?

2. Vamos... ¡_____ (Plantar—nosotros) estos árboles en el jardín!

3. A ti te gusta ahorrar dinero, ¿no? Quiero que _____ (probar—tú) estas bombillas nuevas. Son muy eficientes y de bajo consumo.

4. _____ (Venir—usted) con nosotros a la reserva natural. Vamos a hacer una caminata.

5. ¿_____ (Poder—usted) firmar esta petición?

6. Tú _____ (deber) informarte más sobre las emisiones de gases de efecto invernadero.

Relative pronouns (p. 284)

3 Combina las frases y oraciones para crear una sola oración, usando los pronombres relativos indicados. Añade o quita palabras como sea necesario.

MODELO el arrecife de coral es muy grande / está en peligro de extinción (que)
El arrecife de coral que está en peligro de extinción es muy grande.

1. ellos siempre desconectan la computadora y el televisor antes de acostarse / les ahorra mucho dinero (lo cual)

2. esta tienda vende productos ecológicos / voy frecuentemente (a la cual)

3. la selva tropical está en la Amazonia / produce una variedad increíble de plantas y vida silvestre (la que)

Preparación para el Capítulo 19

Uses of se (Chapter 9)

4 Para practicar los usos de **se**, llena los espacios en blanco, según el caso.

- Crea oraciones completas.

  1. Ellos _____ (involucrarse) en muchos proyectos ecológicos.

  2. Algunos científicos creen que el planeta está _____ (calentarse).

- Completa las oraciones con pronombres de objeto directo e indirecto.

  3. Tengo un libro sobre los pesticidas. _____ voy a dar a usted después de que yo lo lea.

  4. Tengo unos productos ecológicos que me gustan mucho. _____ voy a mandar a mi hermano para que los pruebe.

- Llena los espacios en blanco con **se** y una forma del verbo.

  5. _____ (poner) residuos orgánicos aquí.

  6. _____ (ahorrar) mucho dinero con este inodoro eficiente.

  7. _____ (comer) bien en ese restaurante que sirve comida orgánica.

  8. _____ (firmar) las peticiones contra la deforestación aquí.

Present perfect subjunctive (Chapter 14)

5 Completa las oraciones con formas del presente perfecto de subjuntivo.

1. Ellos dudan que nosotros _____ (participar) en ese proyecto.

2. No es cierto que las fuentes renovables de energía _____ (acabarse).

3. El centro de comunidad busca personas que ya _____ (establecer) un programa de reciclaje en otros barrios.

4. Ojalá que usted _____ (disfrutar) su visita a los ecosistemas de Perú.

5. No me gusta que los basureros lleguen muy temprano, antes de que yo _____ (poner) el reciclaje en la calle para ellos.

6. No creo que tú _____ (ver) mi nuevo auto híbrido. ¡Es fantástico!

Imperfect subjunctive (Chapter 15)

6 Escribe oraciones completas con formas del imperfecto de subjuntivo.

1. el gobierno local nos pidió que / conservar agua durante el verano

2. era necesario que todos los ciudadanos / firmar la petición a favor del reciclaje en los restaurantes

3. el centro de reciclaje necesitaba un voluntario que / poder organizar un sitio para recoger los residuos orgánicos para el compostaje

4. ellos dudaban que su familia / consumir más energía que otras

5. ojalá que los científicos / saber más sobre los efectos del pesticida

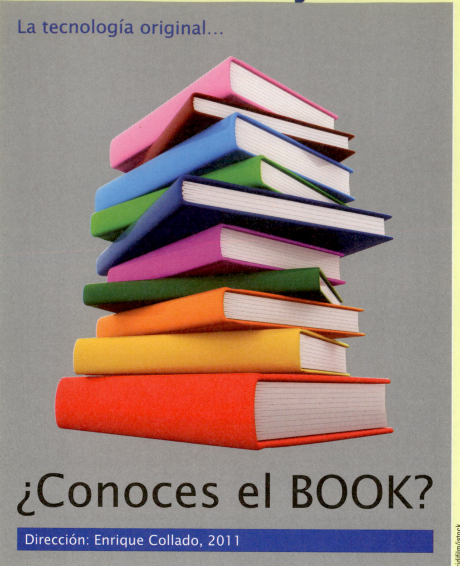

La tecnología original…

¿Conoces el BOOK?

Dirección: Enrique Collado, 2011

tiridifilm/istock

▶ >> ¿Conoces el BOOK?

¿Conoces el BOOK? es un anuncio español para un producto que ha existido por siglos, desde la invención de la prensa de Gutenberg. Sin embargo, el narrador del anuncio insiste que este producto revolucionario cambiará tu manera de entender el mundo hoy, en el presente. A ese fin, él enumera todas las ventajas de este simple artículo barato y fácil de manejar *(easy to use)*. En tu opinión, ¿cuál es el producto revolucionario que va a cambiar *tu* vida?

¿Conoces el BOOK? / Enrique Collado / PopularLibros.com

>> Vocabulario del cortometraje

Sustantivos

el atril *lectern*
la carpeta *folder*
el cerebro *brain*
el dispositivo bio-óptico *bio-optical device*
el dispositivo de cosido *stitched mechanism*
los estándares internacionales *international standards*
los fabricantes *manufacturers*
la herramienta *tool*
el lapicero *ballpoint pen; mechanical pencil*
el marcapáginas *bookmark*
la mayoría *a majority*

la ola *wave*
la ruptura tecnológica *technological break*
la sacudida de dedo *a flick of the finger*
la toma de corriente *electrical socket*
la recuperación *recovery*

Verbos y frases verbales

carecer de *to lack something*
colgarse: se cuelga *to get hung up; to freeze (as in a computer)*
estar compuesto *to be composed (of)*

recargarse *recharge*
reiniciar: ser reiniciado *to reboot*

Adjetivos

asequible *accessible*
disponible *available*
duradero(a) *long-lasting*
respetuoso(a) *respectful*

Adverbios

únicamente *only, solely*

Frases útiles

a la inversa *and viceversa*
a la vez *at the same time*
ambas caras *both sides*
mediante *through, by means of*

---

1 **Vocabulario nuevo** Completa las oraciones de *¿Conoces el BOOK?*. Usa el contexto y la definición para adivinar lo mejor que puedas. Después, vuelve a las oraciones para asegurar que las completaste bien.

1. Al _____ de batería eléctrica, no necesita recargarse.
   a. colgarse   b. carecer   c. ser reiniciado

2. Cada página es escaneada ópticamente: registrando la información directamente a tu _____.
   a. cerebro   b. ambas caras   c. fabricantes

3. Una simple _____ nos lleva a la siguiente página.
   a. recuperación   b. toma de corriente   c. sacudida de dedo

4. Gracias a la tecnología del papel _____, los fabricantes pueden usar ambas caras, duplicando la información y reduciendo costes.
   a. respetuoso   b. asequible   c. opaco

5. Los marcapáginas se ajustan a _____, de manera que el mismo marcapáginas puede ser usado en BOOKS de diferentes fabricantes.
   a. búsquedas   b. estándares internacionales   c. ambas caras

6. También es posible hacer notas personales junto a las entradas de texto de BOOK mediante una sencilla _____ de programación: el lapicero.
   a. herramienta   b. ola   c. carpeta

7. El dispositivo manos libres también conocido como _____ permite la correcta colocación de BOOK sin usar las manos.
   a. toma de corriente   b. carpeta   c. atril

8. BOOK es un producto _____ con el medio ambiente, ya que está compuesto únicamente de materiales cien por cien reciclables.
   a. respetuoso   b. disponible   c. asequible

Compound words are common in Spanish. A compound word is a word made up of two other words, like **marcapáginas**, which comes from the verb **marcar** and the noun **páginas**. Another compound word that uses **marca** is **marcapasos**, which means *pacemaker*. Examples of compound words that you already know are **cumpleaños** and **rompecorazones**. Can you figure out what **rompecabezas** and **aguafiestas** mean?

2 Palabras de la tecnología En *¿Conoces el BOOK?* hay muchas palabras de la tecnología que son cognados. Escribe la palabra equivalente en inglés. Si puedes, busca un diccionario en línea que pronuncia las palabras en voz alta para que te acostumbres a su pronunciación.

1. los cables
2. los circuitos eléctricos
3. la batería
4. la conexión
5. los bits de información
6. el (la) usuario(a)

7. la programación
8. escaneado(a)
9. ópticamente
10. el índice
11. la localización
12. la sesión

3 Ver Ve *¿Conoces el BOOK?* por lo menos dos veces. La primera vez, no trates de entender todas las líneas. Sólo déjate llevar por las imágenes y el cuento visual. La segunda vez, esfuérzate para entender la narración.

¿Conoces el BOOK? / Enrique Collado / PopularLibros.com

Go to the **SAM Video Manual, Chapter 18,** and review the first strategy, using visuals and watching body language to aid comprehension.

4 ¿Qué pasó? Di si cada oración es cierta (**C**) o falsa (**F**).

1. El narrador es el autor de un libro.
2. Él quiere que nosotros, los espectadores, compremos un lector digital.
3. Él piensa que el BOOK es revolucionario.
4. Dice que una de las ventajas del BOOK es que no requiere una toma de corriente para usarlo.
5. Otra ventaja del BOOK que menciona es que nunca se cuelga y por eso nunca necesita ser reiniciado.
6. Los marcapáginas no se ajustan a estándares internacionales.
7. La tecnología del papel opaco permite que la información se imprima en sólo una cara.
8. Duplicando la información en ambas caras del papel reduce costes.
9. El atril permite que el lector lea cómodamente sin usar las manos.
10. Como BOOK no es reciclable, no es respetuoso con el medio ambiente.

5 Comprensión Contesta las siguientes preguntas.

1. ¿Qué producto es el enfoque de este anuncio?
2. ¿Qué cuatro cosas no se necesitan para el uso del BOOK?
3. ¿Cuáles son tres cosas que nunca pasan con el BOOK?
4. ¿Cómo es construido el BOOK?
5. ¿Cómo llega la información del BOOK al lector?
6. ¿Cuál es una ventaja con relación al coste?
7. ¿Qué función del BOOK se puede usar para localizar cualquier información seleccionada inmediatamente?
8. ¿Para qué son los marcapáginas?
9. ¿Cuál herramienta se puede utilizar para hacer notas personales?
10. Cuando dice que el BOOK es un producto revolucionario que va a transformar tu manera de entender el mundo, ¿habla en serio el narrador?

6 **La ironía** Antes de ver el cortometraje, piensa en la ironía. ¿Qué es la ironía y qué la causa? Di si estás de acuerdo o no con las siguientes oraciones.

1. Para producir el sentido de ironía, el narrador usa palabras de la tecnología para exagerar la importancia de las características del BOOK.
2. El tono serio del narrador indica que lo que está diciendo trata de temas serios.
3. La ironía se produce porque hay un subtexto burlón *(mocking)* detrás del significado literal del narrador.
4. El narrador está burlándose de la gente que usa productos electrónicos para leer cuando hay un producto simple que es mucho más eficaz para la lectura.
5. Es irónico que tanta gente prefiera usar un producto que requiere batería, cables, conexión y una toma de corriente en vez de uno que produce los mismos resultados sin necesidad de todas esas cosas.
6. El cortometraje verdaderamente quiere dar la impresión que el BOOK es un producto revolucionario.

7 **Reseña** En grupos de tres, van a escribir una reseña de la película. En su reseña, incluyan lo siguiente:

¿*Conoces el BOOK?* / Enrique Collado / PopularLibros.com

- tres cosas que (no) les gustaron
- tres cosas que los hizo reír
- tres cosas que no entendieron

- su reacción a la película: ¿Les gustó? ¿No les gustó?

NOTA CULTURAL

La tecnología en España

España siempre ha tenido una reputación impresionante por su innovación tecnológica en la energía eólica, la industra aeroespacial, los ferrocariles de alta velocidad, la desalinización y las telecomunicaciones. En 2009, el gobierno de España hizo el acceso a *broadband Internet* un derecho universal para todos los españoles. En 2010, un consorcio de 10 casas editoriales, que incluye Planeta, Santillana y otras, formó Libranda, un distribuidor de libros digitales. El servicio ofrecerá 2.000 libros, el catálogo más grande de libros electrónicos en español en todo el mundo.

© Cengage Learning 2013

¿Crees que el cortometraje *¿Conoces el BOOK?* es una reacción contra la tecnología que va dominando la vida de los españoles? ¿O crees que es una reacción universal que se siente en todos los países con tecnologías avanzadas?

La sociedad en transición

© AFP/Getty Images

Al final de este capítulo, sabrás más sobre:

COMUNICACIÓN

- los funcionarios
- conceptos políticos y económicos
- cuestiones sociales
- la responsabilidad cívica
- cualidades de un(a) líder o voluntario(a)
- acciones comunitarias
- el voluntariado en línea

GRAMÁTICA

- usos del pronombre **se**
- el pasado perfecto de subjuntivo
- resumen de los tiempos del subjuntivo

CULTURAS

- Ecuador: el voluntariado y la constitución
- Puerto Rico: los jóvenes y la filantropía
- Guatemala: voluntarios en línea
- España: Club de Madrid
- Colombia: Acuerdo Generacional Colombia 2030
- México: el Premio del Milenio Mundial

La misión del gobierno es

mantener el orden público y ofrecerle la seguridad básica a las personas que viven en el Estado. La actividad política surge del ejercicio del poder del Estado. El ciudadano tiene ciertos derechos según las leyes y la constitución de ese Estado. Al mismo tiempo, le tocan ciertas responsabilidades clásicas: pagar impuestos, actuar como jurado, votar, hacer el servicio militar si el Estado lo exige, obedecer las leyes y respetar los derechos de los demás. Hoy día, el concepto de la responsabilidad cívica del ciudadano se extiende a cubrir mucho más territorio que los deberes clásicos. Ahora incluye los deberes sociales como el voluntariado y la filantropía.

¿Cuál es tu responsabilidad hacia el bien de la comunidad? ¿Cómo ves tu parte en el proceso político que maneja las actividades gubernamentales de tu comunidad, tu ciudad, tu estado, tu país? ¿Crees que el gobierno existe para el beneficio de la sociedad? ¿Qué cambios quisieras ver en el proceso político de tu país?

"Gobierno" viene de la palabra griega "kubernao" que quiere decir "pilotar un barco" o "capitán de un barco". Según los filósofos, el humano es un animal racional y por eso prefiere someterse al gobierno de un Estado que vivir en la anarquía. Los primeros ejemplos de un sistema político para gobernar son de la civilización Sumeria en 5200 a.C. y la del Antiguo Egipto en 3000 a.C.

EL (LA) POLÍTICO(A) IDEAL

El político es un funcionario público que gobierna o participa en los asuntos de gobierno. Con un(a) compañero(a), contesten las siguientes preguntas y conversen sobre sus intereses y sus habilidades para la política.

1. **¿Qué cualidades deben tener los políticos?**

compasivo(a)	excelentes capacidades	motivado(a)
cualidades de líder	de comunicación	proactivo(a)
de altos principios	honesto(a)	responsable
de confianza	informado(a)	trabajador(a)
emprendedor(a)	inteligente	¿...?
ético(a)		

2. **¿Qué temas políticos te interesan?**

educación	guerra	política exterior
inmigración	crimen	equidad de género
salud	medio ambiente	seguridad nacional
vivienda	comercio justo	¿...?
economía	derechos humanos	

3. **¿Tienes las cualidades necesarias para ser político(a)? ¿Qué cualidades personales te servirían bien como político(a)? ¿Cuáles te perjudicarían? Explica tu respuesta.**

EL (LA) VOLUNTARIO(A) IDEAL

Al voluntario le interesa ayudar a los demás. Con un(a) compañero(a), contesten las siguientes preguntas y conversen sobre sus intereses y sus habilidades para el voluntariado.

1. **¿Qué cualidades deben tener los voluntarios?**

compasivo(a)	excelentes capacidades	motivado(a)
cualidades de líder	de comunicación	proactivo(a)
de altos principios	honesto(a)	responsable
de confianza	informado(a)	trabajador(a)
emprendedor(a)	inteligente	¿...?
ético(a)		

2. **¿Qué habilidades puedes ofrecerle a una organización voluntaria?**

3. **¿Qué tareas corresponden a tus habilidades e intereses? (Por ejemplo: servir de intérprete, organizar campañas, preparar comidas)**

4. **¿Tienes las cualidades necesarias para ser voluntario(a)? ¿Qué cualidades personales te servirían bien como voluntario(a)? Explica tu respuesta.**

¡Imagínate!

▶ >> ## Vocabulario útil 1

© Cengage Learning 2013

ANGÉLICA: El gobierno enfrenta importantes **cuestiones sociales** como el **desempleo** y la **equidad de género**. Y también enfrenta grandes **cuestiones políticas**, como la paz mundial y la **libertad**.

>> ### Los funcionarios *Government officials*

el (la) adversario(a) *opponent, adversary*
el alcalde, la alcaldesa *mayor, female mayor*
las autoridades *authorities*
el (la) congresista *member of Congress*
el (la) delegado *delegate*
el electorado *electorate; the body of voters*

el (la) funcionario(a) del Estado / gobierno *government official*
el (la) gobernador(a) *governor*
el (la) ministro *minister; Secretary*
el (la) legislador(a) *legislator*
el (la) representante *representative (US)*
el (la) senador(a) *senator*

Notice that **delegado** is used for both a male and female delegate: **el delegado, la delegado**.

>> ### Conceptos políticos y económicos *Political and economic concepts*

el comercio justo *fair trade*
el consumismo *consumerism*
la crisis económica / fiscal *economic crisis*
la democracia *democracy*
el derecho *right*
la deuda nacional *national debt*
la fuerza de trabajo / laboral *work force*
la justicia *justice*

la ley *law*
la libertad *freedom*
  ... de prensa *freedom of the press*
la política *politics; policy*
  ... exterior *foreign policy*
  ... interna *domestic policy*
el privilegio *privilege*
el producto interno bruto (PIB) *gross domestic product (GDP)*
el proyecto de ley *bill*

There are many nuances in the usage of the terms **estado** and **gobierno**. In most Spanish-speaking countries, **Estado** = *government* and **gobierno** = *administration*. Through reading current newspaper and online articles, try to comprehend the differences when you are in a Spanish-speaking country.

Verbos

administrar *to run, manage*
autorrealizarse *to self-realize; to come into your own*
confiar *to trust*
coordinar *to coordinate*
crecer (zc) *to grow*
culpar *to blame*

desempeñar *to carry out, perform; to play (a role)*
emprender *to undertake*
financiar *to finance*
fracasar *to fail*
gobernar *to govern*

ACTIVIDADES

1 **Política y economía** Escoge la palabra o frase que mejor complete cada oración.

1. En EEUU, los ＿＿＿ se inician en el Congreso.
2. La ＿＿＿ ha dejado a muchos sin empleo.
3. Con la economía en crisis, baja el ＿＿＿.
4. La ley es una de las avenidas que puede tomar el ciudadano para buscar la ＿＿＿.
5. La suma del valor de los bienes y servicios producidos en un país durante un año se conoce como el ＿＿＿.
6. Uno de los ＿＿＿ del ciudadano es el de votar en las elecciones presidenciales.

a. crisis económica
b. justicia
c. proyectos de ley
d. producto interno bruto (PIB)
e. derechos
f. consumismo

2 **Angélica** Mira el video de este capítulo para familiarizarte con las opiniones de Angélica sobre el gobierno. Usa las palabras y frases sugeridas a continuación para escribir una oración que refleje sus opiniones. Luego, di si estás de acuerdo con ella o no. Si no estás de acuerdo con su opinión, vuelve a escribir la oración para que refleje tu opinión.

1. el gobierno / emprender
2. la tasa de desempleo / crecer
3. ser ciudadano / privilegio
4. trabajar por un candidato / autorrealizarse
5. nuestra responsabilidad / fracasar
6. el gobierno / administrar

> **Crecer** is conjugated like **conocer**, with an added **z** in some of its forms: **crezco, que crezca.**

3 **Las responsabilidades** Escribe una oración que describa una de las responsabilidades de los funcionarios a continuación.

MODELO alcalde
> *El alcalde de un pueblo tiene que dirigir el municipio y coordinar sus negocios diarios.*

1. el (la) Ministro de Asuntos Exteriores
2. el (la) gobernador(a) de un estado
3. el vice-presidente (la vice-presidenta)
4. el (la) juez(a)
5. el presidente (la presidenta)
6. el (la) senador(a)

> Here are two of the titles of the Secretaries of the U.S. government. Look others up online.
>
> **Ministro de Economía y Hacienda** *Secretary of the Treasury*
>
> **Ministro de Asuntos Exteriores** *Secretary of State*

4 **Quiero ser...** Ahora escoge uno de los puestos en la **Actividad 3**, y con un(a) compañero(a) di por qué te gustaría o no te gustaría ser escogido o elegido para ese puesto. Comenten sobre las opiniones de sus compañeros.

MODELO Tú: *A mí no me gustaría ser Ministro de Asuntos Exteriores porque sería muy difícil entender la política de todos los países del mundo.*
> Compañero(A): *¿De veras? A mí me parece muy interesante viajar por el mundo y conocer muchas formas de gobernar.*

Other important social issues that you've already learned are **la inmigración** and **la educación**.

In Spain, unemployment is referred to as **el paro** rather than **el desempleo**.

el analfabetismo *illiteracy*	**la justicia social** *social justice*
los derechos civiles *civil rights*	**la pobreza** *poverty*
los derechos humanos *human rights*	**la recesión** *recession*
la discapacidad *disability*	**la tasa de desempleo** *unemployment rate*
el (des)empleo *(un)employment*	
la equidad de género *gender equality*	**la tasa delictiva** *crime rate*
los impuestos *taxes*	**la vivienda** *housing*
la inflación *inflation*	

ACTIVIDADES

5 **Definiciones** Escribe una definición para cada cuestión social y da un ejemplo concreto de la cuestión en una oración. Puedes usar los diccionarios en línea o cualquier referencia que te sea útil.

MODELO la recesión

> *Definición: La recesión ocurre cuando hay una reducción de actividades económicas y comerciales en un país.*
> *Ejemplo: La crisis bancaria causó una recesión económica.*

1. la tasa de desempleo
2. la tasa delictiva
3. los impuestos
4. la equidad de género
5. la inflación
6. el analfabetismo
7. la justicia social
8. los derechos humanos

6 **La voz juvenil** Imagínate que quieres organizar un grupo juvenil para tener un impacto sobre una cuestión social o política que te interesa mucho. Primero escoge la causa que quieres promover. Luego haz una lista de seis cosas que puedes hacer para involucrar a los jóvenes de tu comunidad en tu causa.

MODELO Causa: *combatir la pobreza*
Acciones:
> 1. *Organizar un grupo de jóvenes que vaya de casa en casa a juntar ropa y muebles para donar a un refugio para personas sin hogar.*
> 2. ...

7 **Las Naciones Unidas** Formen grupos de cuatro a seis. Cada grupo debe escoger un país hispanohablante al que le gustaría representar. Primero van a hacer una gráfica como la de abajo que ilumine las cuestiones sociales y políticas del país que escogieron. Hagan investigaciones en Internet para saber cuáles son las cuatro cuestiones más importantes de su país. Una vez que tengan una gráfica completa, van a tener una discusión sobre cada uno de los temas. Cada grupo debe escoger a un(a) líder que modere la conversación, un(a) secretario(a) que tome notas y un(a) reportero(a) que informe al resto de la clase sobre la discusión.

PAÍS: Ecuador

Cuestiones sociales y políticas

1. el analfabetismo
_____

2. _____
_____

3. _____
_____

4. _____
_____

© Steve Broer/Shutterstock

ANGÉLICA: Estoy organizando un grupo... No sé todavía lo que lo quiero nombrar... un grupo que fomente el **espíritu de la participación** y la **responsabilidad cívica**.

>> **La responsabilidad cívica** *Civic responsibility*

el activismo juvenil *youth activism*
el (la) activista *activist*
el deber cívico *civic duty*
las oportunidades de voluntariado *volunteering opportunities*
el (la) portavoz *spokesperson*

el servicio comunitario *community service*
el servicio juvenil *youth service*
la solidaridad cívica *civic solidarity*
el (la) visionario(a) *visionary*
el (la) voluntario(a) en línea *online volunteer*

>> **Cualidades de un líder o voluntario** *Qualities of a leader or volunteer*

capaz, competente, capacitado(a) *competent*
compasivo(a) *compassionate*
cualificado(a) *qualified*
(digno) de confianza *trustworthy, reliable*
empático(a) *empathetic*
habilidad de tomar decisiones por sí mismo(a) *self-directed*

saber trabajar sin supervisión directa *self-directed*
tener... *to have . . .*
  ... (el) espíritu de participación *. . . a spirit of participation*
  ... (la) iniciativa propia *. . . initiative*

Verbos
brindar *to offer, provide*
colaborar *to collaborate*
comprometerse *to commit oneself; to promise to do something*
contribuir *to contribute*
cooperar *to cooperate*
declararse a favor de (en contra de) *to take a stand in favor of (against)*

denunciar *to denounce*
encargarse de *to be in charge of*
impedir (i) *to impede*
impulsar *to promote*
poseer *to possess*
postularse *to apply for something*
proveer *to provide*

Comprometerse can also mean *to get engaged.*
Brindar can also mean *to make a toast.*

Contribuir, poseer, and **proveer** all add a **y** in their third-person preterite forms: **contribuyó / contribuyeron, poseyó / poseyeron, proveyó / proveyeron. Contribuir** also uses the **y** in its present-tense forms (except for **nosotros**).

© Cengage Learning 2013

8 **Los idealistas** Usa las palabras y frases sugeridas a continuación para escribir una oración que tenga sentido. Añade todos los detalles que quieras.

MODELO visionario / poseer

Un visionario posee la habilidad de inspirar a los miembros de una organización. Contribuye ideas nuevas y creativas que tienen la posibilidad de transformar a la organización y ampliar sus fronteras.

1. voluntario / encargarse de
2. activista / denunciar
3. portavoz / declararse a favor de
4. voluntaria en línea / comprometerse
5. activista / (no) cooperar
6. millonaria / contribuir

9 **Las cualidades importantes** Escribe una oración que describa las cualidades que tú crees importantes para los voluntarios que hacen las siguientes actividades en su tiempo libre.

MODELO enseñarle a leer a un niño

Un voluntario que le enseña a leer a un niño tiene que ser paciente y compasivo.

1. lleva comida a las casas de los ancianos
2. va de casa en casa para registrar votantes
3. contesta la línea de asistencia inmediata para personas en crisis
4. trae regalos y pasa tiempo en el hospital con personas que no tienen familia
5. da consejos médicos en la clínica del barrio
6. maneja un centro de reciclaje en la comunidad

10 **Yo, voluntario(a)** Decides que quieres usar tu tiempo libre trabajando como voluntario para un grupo que te interesa mucho. Escribe un párrafo que describa tus habilidades y que también refleje tu entusiasmo y espíritu de participación. Antes de empezar, contesta las siguientes preguntas:

- ¿qué clase de organización te interesa?
- ¿por qué son tus habilidades perfectas para esa organización?
- ¿por cuánto tiempo te puedes comprometer por semana?
- ¿qué experiencia tienes al respecto?
- ¿de qué te gustaría encargarte?
- ¿...?

>> **Acciones comunitarias** *Community actions*

diseminar información
to disseminate information
escoger un lema *to choose a slogan*
escribir un editorial *to write an editorial*
firmar / hacer circular la petición *to sign / circulate a petition*
mandar un e-mail a tu representante *to send an e-mail to your representative*
marcar la diferencia *to make a difference*
organizar en línea *to organize online*
participar en programas de aprendizaje-servicio *to participate in service-learning programs*

recaudar fondos *to collect funds*
registrarse para votar
to register to vote
repartir panfletos / folletos
to distribute, hand out pamphlets / brochures
trabajar... *to work . . .*
... como voluntario *. . . as a volunteer*
... como un(a) asistente legislativo(a) *. . . as a legislative aide*
... con grupos de la iglesia *. . . with church groups*
usar los medios sociales para organizar el voto *to use social networking to organize the vote*

>> **Organizaciones** *Organizations*

la alianza del barrio
neighborhood alliance
la organización... *organization*
... comunitaria *community organization*
... no gubernamental *non-governmental agency (NGO)*
... sin fines de lucro *non-profit organization*

>> **El voluntariado en línea** *Online volunteering*

la declaración de misión
mission statement
la disponibilidad *availability*
el entrenamiento *training*

las expectativas *expectations*
la fecha límite *deadline*
un proyecto a corto (largo) plazo
short-term (long-term) project

ACTIVIDADES

11 **¿Qué harías?** Escribe tres acciones comunitarias que tomarías si trabajaras para las causas en la lista. Ponle todo el detalle que puedas.

MODELO el bienestar de las mujeres
Acciones: escribir un editorial sobre la diferencia en el pago a los hombres y las mujeres; diseminar información sobre la equidad de género; repartir folletos sobre los problemas que enfrentan las madres sin pareja

1. disminuir el analfabetismo
2. la paz mundial
3. ayudar a las personas sin hogar
4. registrar votantes

12 El activismo juvenil Imagínate que tú y tu compañero(a) son líderes de un grupo juvenil en tu comunidad. Conversen sobre los objetivos del grupo, las acciones que creen que deben tomar y cómo van a organizar los voluntarios que se han presentado.

MODELO Tú: *Para organizar el voto juvenil, tenemos que usar los medios sociales que más utilizan los jóvenes. Hay que buscar voluntarios que sepan usar Twitter y Facebook.*

13 La alianza del barrio Formen grupos de cuatro a seis. Van a formar una alianza del barrio. Primero hagan una lista de los objetivos de la alianza y luego cada uno debe hablar sobre la contribución que quiere hacer. Colaboren y coordinen sus acciones para poder llevar la alianza a la comunidad o a cualquier sitio que les parezca apropiado. Hablen abiertamente sobre sus expectativas y los problemas que podrán surgir. ¡Den rienda suelta a sus talentos!

Frases de todos los días

Adivina Haz correspondencia entre las palabras y frases a la izquierda y sus equivalentes en inglés a la derecha.

1. **golpe de suerte**   a. *regrettably*
2. **a mi parecer**   b. *when all is said and done*
3. **lamentablemente**   c. *regarding that matter*
4. **súbitamente**   d. *thank goodness*
5. **al respecto**   e. *stroke of luck*
6. **siempre y cuando**   f. *to give free rein*
7. **correr la voz**   g. *abruptly*
8. **dar rienda suelta**   h. *when and if*
9. **al fin y al cabo**   i. *to spread the word*
10. **menos mal**   j. *in my opinion*

Práctica Escoge dos de las frases de la lista que más te gusten y búscalas en Internet. Para cada frase, escribe cinco ejemplos de su uso. Comparte tus notas con la clase.

Escena 1: *La voz de los jóvenes*

En esta escena, Angélica habla de sus opiniones sobre la política y la participación de los jóvenes.

1 Mira el video y llena los espacios en blanco con las palabras correctas según lo que dice Angélica.

1. Angélica lee un comentario que dice, "＿＿＿＿＿＿ es un acto simbólico".
2. Otro comentario dice, "Los políticos no nos conocen a los jóvenes, ni les ＿＿＿＿＿＿".
3. Angélica define el gobierno como las autoridades que ＿＿＿＿＿＿, ＿＿＿＿＿＿ y ＿＿＿＿＿＿ las instituciones del Estado.
4. Angélica cree que es importante informarnos porque el voto inteligente es nuestra responsabilidad y ＿＿＿＿＿＿.
5. Según Angélica, es muy fácil ＿＿＿＿＿＿ a nuestros antepasados por estos problemas heredados, pero esto en sí no los rectifica.

Escena 2: *Un país de ideas*

En esta escena, Angélica practica una presentación para reclutar a voluntarios para un nuevo grupo que quiere formar.

2 Mira el video y llena los espacios en blanco con las palabras correctas según lo que dice Angélica.

1. Angélica dice que todo el mundo le pregunta, "¿Por qué debo ＿＿＿＿＿＿ como ＿＿＿＿＿＿?"
2. Según ella, hay muchas organizaciones ＿＿＿＿＿＿ ＿＿＿＿＿＿ ＿＿＿＿＿＿ ＿＿＿＿＿＿ que aceptan voluntarios, pero tienes que comprometerte al entrenamiento.
3. Ella dice que algunas organizaciones necesitan voluntarios que ＿＿＿＿＿＿ ＿＿＿＿＿＿ o repartan panfletos o folletos.
4. Angélica dice que debes ser realista en cuanto a tu ＿＿＿＿＿＿.
5. Según Angélica, hay muchas oportunidades para el voluntario ＿＿＿＿＿＿, ＿＿＿＿＿＿ y ＿＿＿＿＿＿.

Voces de la comunidad

>> **Entrevista con José de Jesús Franco: joven activista, político del futuro**

José de Jesús Franco cultiva un sueño desde muy joven: trabajar en el campo de la política en el estado de California. Desde hace años, él se prepara para este sueño con la misma intensidad y dedicación de un atleta profesional.

Comprensión

Di si las siguientes oraciones son ciertas (**C**) o falsas (**F**). Corrige las oraciones falsas.

1. José tiene la meta de ser el gobernador del estado de California.
2. Él y sus hermanas son los primeros en la familia de graduarse de una universidad.
3. José tuvo la oportunidad de trabajar con Al Green, un congresista de Houston.
4. Su trabajo para el Departamento de Correcciones le motiva a ayudar a los latinos.
5. A José le gusta jugar fútbol, pero no tiene mucho tiempo para hacerlo.

>> Los políticos hermanos

Lincoln y Mario Díaz-Balart

Un dato interesante sobre el 111º Congreso de los Estados Unidos (en sesión 2009-2011) es que en sus primeras semanas contó con tres pares de hermanos latinos: Lincoln y Mario Díaz-Balart de la Florida, Linda y Loretta Sánchez de California y John y Ken Salazar de Colorado. Cada uno de estos pares tiene su propia historia interesante.

Los Díaz-Balart provienen de una eminente familia política de Cuba. Su tía paterna, Mirta Díaz-Balart y Gutiérrez, estuvo casada con Fidel Castro con quien tuvo un hijo, Fidelito. En 1994, Lincoln Díaz-Balart fue el primer latino en Estados Unidos nombrado al poderoso Comité de Reglamento *(The House Rules Committee)*.

Linda y Loretta Sánchez tienen la distinción de ser las primeras y únicas hermanas en servir juntas en el Congreso de EEUU. Además, Linda es una de sólo ocho mujeres que han dado a luz siendo congresista. Por su parte, Ken Salazar es uno de sólo dos latinos en el gabinete del Presidente Barack Obama. Al aceptar el cargo de Ministro del Interior, Salazar dejó su puesto en el Senado de Estados Unidos y por eso el 111º Congreso ahora cuenta con sólo dos pares de hermanos latinos.

John y Ken Salazar

Linda y Loretta Sánchez

¡Prepárate!

Gramática útil 1

Repaso y ampliación: The uses of *se*

¡Que **se** oiga la voz de los jóvenes!

> Remember that whenever you attach the pronoun, you will need to add an accent if the new form is more than two syllables.

Cómo usarlo

You have seen the pronoun **se** used in a number of ways. Here's a review and one new use.

Se used with reflexive verbs (and verbs used like reflexives)

Se is a reflexive pronoun that corresponds to the third persons singular and plural: **usted, él, ella, ustedes, ellos,** and **ellas.** Review these rules for the placement of reflexive pronouns:

- **Se** comes before conjugated verbs and negative commands: **Mis amigos se han postulado para el puesto.**
- **Se** attaches to affirmative commands: **Siéntense, por favor.**
- **Se** may precede or attach to infinitives and progressive forms: **Van a acostarse temprano hoy.** ↔ **Se van a acostar temprano hoy. / Están divirtiéndose en la reunión.** ↔ **Se están divirtiendo en la reunión.**

Se as a reciprocal pronoun

Reciprocal pronouns are used similarly to reflexive pronouns, but they indicate what people are doing for or to each other. Reciprocal actions always use the third-person plural form of the verb with the pronoun **se.** They usually translate into English using the words *each other*. To reinforce the reciprocal meaning, you can add **el (la) uno(a) al (a la) otro(a)** *(each other)*: **Se hablan el uno al otro todos los días.**

Se ven todas las semanas.	*They see each other every week.*
Van a hablarse esta noche.	*They are going to talk to each other tonight.*

Se as a double object pronoun

As you have learned, the double object pronoun **se** replaces **le** and **les** when an indirect object pronoun is used with a direct object pronoun. It follows the same placement rules as the reflexive pronouns.

Se to express impersonal information

Se can also be used to express actions where there is no specific subject or agent of the action. In this case, **se** is always used with the third-person form of the verb.

- If a noun immediately follows the **se** + verb construction, the verb agrees with the noun. Note how the agent is always unspecified. These constructions are normally translated into English using the passive voice.

  Se firma la petición aquí.   *The petition is / can be signed here.*
  Se necesitan voluntarios.   *Volunteers are needed.*

- If no noun immediately follows **se** + verb, the third-person singular form of the verb is used. In this usage, the agent is generic: *one works, one eats*. Note that *one* or *you* is typically used in the English translations of these kinds of sentences.

  Se trabaja mucho aquí.   *One works a lot here.*
  Se come bien en ese restaurante.   *You eat well in that restaurant.*

> This use is similar to the passive voice, which you learned in **Chapter 17.** Both structures avoid emphasis on the person or thing that is the agent or cause of the action and focus more on the action itself. (In the passive voice, this information is sometimes added, but it does not have to be.) Contrast **Los informes fueron escritos** with **Los informes fueron escritos por los nuevos empleados.**

Se for unplanned occurrences

A final use of **se**, which you have not yet learned, expresses unplanned occurrences. Here the person is seen as someone that the action was "done" to. Sometimes the English passive voice is used to translate this structure.

¡Se me olvidó salir a votar!   *I forgot to go out and vote!*
A mi amigo **se le perdió la cartera.**   *My friend's wallet was lost.*

Se nos rompieron las gafas.   *Our eyeglasses were broken.*
¿No se te ocurrió llamarme?   *Didn't you think to call me?*

- In this construction, **se** is used with only the third-person forms (singular and plural) of the verb, and the verb agrees not with the person, but with the object or action being described. (Always use the singular third-person form with infinitives.)

- Indirect object pronouns (**me, te, le, nos, os, les**) are used to say who is receiving the action of the verb. To clarify, add **a** + person, as in the second example above.

- Verbs frequently used this way are **olvidar** *(to forget)*, **perder** *(ie) (to lose)*, **romper** *(to break)*, **caer** *(to fall)*, **acabar** *(to run out of)*, and **ocurrir** *(to think of, have an idea)*.

> This use of **se** is very similar to the way **gustar** and verbs like **gustar** are used. To review their use, see pages 200–201.

> Normally **ocurrir** means *to happen,* but in this usage, it is translated to mean *to have an idea, to occur to someone.*

🔊
Track 23

1 **¿Cómo se usa?** Escucha las diez oraciones y decide cuál de los cinco usos de **se** corresponde a cada una. Pon el número de la oración en la tabla al lado del uso indicado.

pronombre reflexivo	
pronombre recíproco	
pronombre de doble objeto	
se impersonal	
se para acciones inesperadas *(unplanned)*	

2 **Información para los voluntarios** Completa las siguientes oraciones con el **se** impersonal y el verbo indicado. Si hay un objeto, recuerda que el verbo debe concordar *(agree)* con él.

1. No _____ (hacer) llamadas telefónicas después de las ocho de la noche.
2. No _____ (llamar) a nadie en las listas de "no llamar".
3. _____ (usar) estas computadoras para mandar los e-mails.
4. No _____ (escribir) nada comprometedor en un e-mail.
5. _____ (pedir) que los voluntarios hablen con cortesía cuando hacen circular una petición.
6. No _____ (presionar) a nadie a que dé dinero.
7. No _____ (usar) las donaciones para nada personal.
8. _____ (tratar) a todo el mundo con respeto.

3 **Las sorpresas** Completa las oraciones con **se** y un complemento indirecto (**me, te, le, nos, les**) según el modelo.

MODELO *Se me perdió la información sobre el proyecto de ley. (a mí)*

1. No _____ _____ ocurrió hacerle esa pregunta al congresista. (a ti)
2. _____ _____ acabaron los folletos sobre las elecciones. (a nosotros)
3. _____ _____ rompió la computadora. (a ustedes)
4. _____ _____ perdió el DVD del candidato. (a ella)
5. _____ _____ olvidaron las llaves de la oficina de voluntarios. (a mí)
6. _____ _____ cayó la torta para la recepción. (a él)

4 **¿Qué pasó?** Lee cada oración con un(a) compañero(a) de clase. Luego, reescríbanla, usando un pronombre de doble objeto. Sigan el modelo.

MODELO El senador le prometió su voto al congresista.
El senador se lo prometió.

1. El activista les trajo la petición a los legisladores.
2. Los voluntarios le mandaron un e-mail a la gobernadora.
3. El gobierno federal les proveyó los fondos necesarios a los congresistas.
4. La Constitución les garantiza la libertad de prensa a los periodistas.
5. El presidente les da consejos a los legisladores.
6. El funcionario le brindó sus felicitaciones a la nueva senadora.

5 Deberes cívicos Con un(a) compañero(a) de clase, hablen de lo que las personas indicadas deben hacer y no hacer. Usen palabras y frases de las dos columnas con el **se** recíproco y hagan una lista de por lo menos cuatro oraciones. Sigan el modelo.

MODELO *Los adversarios deben respetarse.*
Los adversarios no deben denunciarse.

A	B
los adversarios	(no) respetar
las autoridades	(no) consultar
los legisladores	(no) denunciar
los voluntarios	(no) hablar
los portavoces	(no) colaborar
los ciudadanos	(no) entender

6 Anuncio clasificado Con un(a) compañero(a) de clase, escriban un anuncio solicitando voluntarios para un proyecto nuevo. Describan el proyecto y las cualidades necesarias para los voluntarios. También hablen de los beneficios y oportunidades que se les ofrecen a los voluntarios. Usen verbos de la lista con el **se** impersonal.

Verbos posibles: buscar, necesitar, requerir, desempeñar, trabajar, colaborar, brindar, ofrecer, recibir, poder, proveer

7 Los portavoces A veces los portavoces tienen que exagerar las cualidades de sus clientes para darles el aspecto más atractivo posible. Trabaja con un(a) compañero(a) de clase. Miren la pintura de Fernando Botero de una familia presidencial. Después, trabajen juntos para escribir una descripción del presidente y de su familia, dándoles la mejor cara posible. Usen **se** y los verbos de la lista (u otros que prefieran) para escribir por lo menos seis oraciones.

La familia presidencial, Fernando Botero

Fernando Botero is a Colombian painter who is famous for his inflated portraits of people and objects. Some critics have interpreted his billowy forms as a satirical way of poking fun at officials and politicians with inflated egos.

© Botero, courtesy of the Marlborough Gallery, NY

Verbos posibles: vestirse, consultar, colaborar, querer, juntarse, ponerse de acuerdo, involucrarse, comprometerse, declararse a favor de..., ¿...?

>> Gramática útil 2

Estructura nueva: The past perfect subjunctive

Hubiera sido un resultado diferente sin el voto juvenil.

Cómo usarlo

1. The past perfect subjunctive (also known as the pluperfect subjunctive) is used in the same contexts as the present perfect subjunctive, which you learned in **Chapter 14**. The only difference is that it is used in a past-tense context. It often conveys a contrary-to-fact idea—something that could have occurred in the past but didn't.

   - Present perfect subjunctive
     Dudo que **hayas terminado** el proyecto.
     *I doubt that you **have finished** the project.*

   - Past perfect subjunctive
     Dudaba que **hubieras terminado** el proyecto sin mi ayuda.
     *I doubted that you **would have finished** the project without my help.*

2. The past perfect tenses are used to describe events that had already happened or could have happened at the time they are referenced. The context tells you if it requires the indicative or the subjunctive.

   - Past perfect indicative
     Me dijeron que todavía no **habían votado**.
     *They told me that they **had** not **voted** yet.*

   - Past perfect subjunctive
     ¡Qué pena que todavía no **hubieran votado**!
     *What a shame that they **had** not **voted** yet!*

3. The past perfect subjunctive can sometimes convey the meaning *should have done*:

   De recibir tu llamada, **hubiéramos esperado** antes de iniciar el proyecto.
   *If we had received your call, we **would have waited** before beginning the project.*

4. The past perfect subjunctive is formed with imperfect subjunctive forms of **haber** plus the past participle. (You can review the past participles of regular and irregular verbs in **Appendix C**.)

yo	**hubiera votado**
tú	**hubieras votado**
Ud. / él / ella	**hubiera votado**
nosotros(as)	**hubiéramos votado**
vosotros(as)	**hubierais votado**
Uds. / ellos / ellas	**hubieran votado**

There is an alternate set of imperfect subjunctive forms ending in **-se** that can also be used for **haber**: **hubiese, hubieses, hubiese, hubiésemos, hubieseis, hubiesen**. These forms are most commonly used in Spain but are recognized throughout the Spanish-speaking world.

5. Use the past perfect subjunctive in these situations:

- Use it in the same grammatical contexts as the present subjunctive or present perfect subjunctive, but in a past-tense situation that is equivalent to the English *had done*. In these cases, the verb in the main clause is usually in the preterite, the present perfect, or the imperfect. (In some cases, the clause does not have a verb, such as with **Qué pena** on page 326 and other similar expressions.)

Hemos buscado a alguien que **hubiera trabajado** como voluntario antes de ser político.	*We have looked for someone who **had worked** as a volunteer before being a politician.*
Dudábamos que ellos **se hubieran registrado** para votar sin nuestra ayuda.	*We doubted that they **would have registered** to vote without our help.*
Fue una lástima que ustedes no **hubieran podido** venir a la reunión.	*It was a shame that you **weren't able** to come to the meeting.*
Ellos estaban contentos que el alcalde **se hubiera casado** sin que la prensa lo molestara.	*They were happy that the mayor **had gotten married** without the press bothering him.*

- You can also use the past perfect subjunctive to express a wish, opinion, or desire that a previous action would have turned out differently. (This is always the case when you use **ojalá.**) These types of statements are often translated into English using *would* or *should*.

Hubiéramos luchado por la iniciativa.	*We **should / would have fought** for the initiative.*
Ojalá que tú **hubieras coordinado** el proyecto.	*I wish you **would have coordinated** the project.*
Me sorprendió que el proyecto de ley **no hubiera reducido** la tasa de desempleo.	*I was surprised that the bill **would not have reduced** the unemployment rate.*

A third use of the past perfect subjunctive is in **si** clauses, which you will study in **Chapter 20**.

Sin su voto y los votos de los otros jóvenes, su candidato nunca **hubiera ganado** las elecciones.

ACTIVIDADES

8 **¿Indicativo o subjuntivo?** Escoge la forma correcta del verbo para completar cada oración.

1. Qué pena que no nos (habían puesto / hubieran puesto) a cargo del programa.

2. Ya sabía que la agencia (había colaborado / hubiera colaborado) con los grupos de la iglesia.

3. Dudaba que los senadores (habían obtenido / hubieran obtenido) los votos en caso de que fuera necesario.

4. Mi familia sabía que yo (había participado / hubiera participado) en la campaña contra el analfabetismo.

5. Era increíble que los legisladores (habían decidido / hubieran decidido) aumentar los impuestos.

6. Me alegraba saber que tú (habías contribuido / hubieras contribuido) fondos a la alianza del barrio.

9 **La política** Completa las siguientes oraciones con la forma correcta del pasado perfecto de subjuntivo.

1. A los congresistas no les gustó que el presidente _____ (criticar) el proyecto de ley.

2. El electorado dudaba que la tasa delictiva _____ (bajar).

3. Era una lástima que la tasa de desempleo _____ (aumentar) tanto durante el año pasado.

4. El partido político buscó un candidato que _____ (participar) en el gobierno laboral.

5. Las autoridades negaron que la crisis económica _____ (afectar) a la fuerza del trabajo.

6. Los congresistas contaban con que nosotros nos _____ (registrar) para votar.

10 **¿Qué pasó?** Reescribe las oraciones, cambiándolas al pasado. Sigue el modelo.

MODELO No es bueno que el analfabetismo no haya disminuido.
No era bueno que el analfabetismo no hubiera disminuido.

1. No me gusta que la recesión haya continuado por dos años.

2. Es una lástima que el gobierno no haya podido reducir la tasa de desempleo.

3. A mis padres les gusta que yo haya participado en programas de aprendizaje-servicio.

4. La organización busca empleados que hayan usado los medios sociales para promover su mensaje.

5. No es bueno que la prensa no haya denunciado a los políticos corruptos.

6. Qué pena que los jóvenes no se hayan involucrado más en la política.

7. Ojalá que hayas firmado la petición.

8. No creo que ellos hayan escrito el editorial.

 11 **Mis experiencias** Con un(a) compañero(a) de clase, hablen de sus experiencias con la política y sus sentimientos sobre esas experiencias. Túrnense para hablar, usando frases de las dos columnas y el pasado perfecto de subjuntivo. Traten de añadir información personal cuando sea posible. Sigan el modelo.

MODELO No era bueno que / (no) aprender a usar los medios sociales
Qué pena que ya no hubiera aprendido a usar los medios sociales para promover mis ideas.

A	B
No era bueno que	(no) aprender a usar los medios sociales
Era una lástima que	(no) registrarse para votar
Me sorprendió que	(no) votar en otras elecciones
Qué pena que	(no) tener experiencia en recaudar fondos
Ojalá que	(no) escribir un blog sobre la política local
Mis amigos dudaban que	(no) poder organizar en línea
Mi familia no creía que	(no) escribir muchos editoriales en el pasado
No me gustaba que	¿...?

12 **Ojalá que...** Trabajen en grupos de tres estudiantes. Juntos miren los panfletos para las dos candidatas a continuación. Escojan una de las candidatas e imaginen que ella ha perdido la elección. Usen la información de los dos panfletos para completar los siguientes comentarios sobre qué hubieran hecho para hacer que ella ganara la elección. Sigan el modelo y usen el presente perfecto de subjuntivo.

MODELO Le hubiéramos aconsejado que se vistiera...
Le hubiéramos aconsejado que se vistiera de una manera más (menos) formal.

1. Para obtener más votos le hubiéramos aconsejado...

2. Para ganar el apoyo de los jóvenes hubiera podido...

3. Para ganar el apoyo de las mujeres hubiera podido...

4. Para ganar el apoyo de los hombres y mujeres de negocios hubiera podido...

5. Le hubiérmos aconsejado que escogiera un lema...

6. Hubiéramos escogido una plataforma que incluyera...

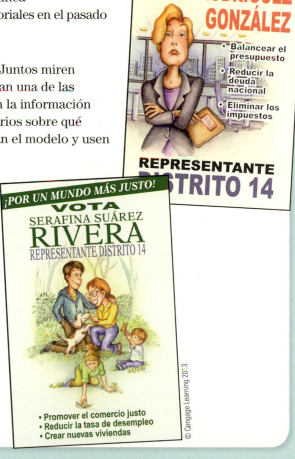

VOTA POR UNA ECONOMÍA MEJOR
ELENA RODRÍGUEZ GONZÁLEZ
• Balancear el presupuesto
• Reducir la deuda nacional
• Eliminar los impuestos
REPRESENTANTE DISTRITO 14

¡POR UN MUNDO MÁS JUSTO!
VOTA
SERAFINA SUÁREZ RIVERA
REPRESENTANTE DISTRITO 14
• Promover el comercio justo
• Reducir la tasa de desempleo
• Crear nuevas viviendas

© Cengage Learning 2013

Gramática útil 3

Repaso y ampliación: Summary of subjunctive tenses

Algunas organizaciones necesitan voluntarios que **recauden** fondos o **repartan** folletos o panfletos.

Cómo usarlo

1. Here is a chart that shows tenses in the subjunctive mood and how they fit together in time.

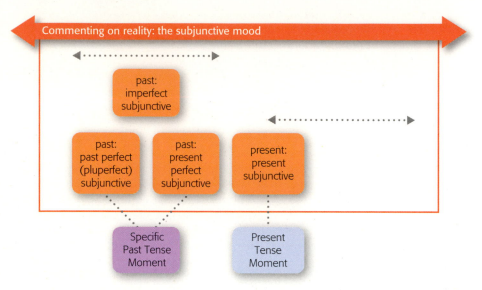

2. Remember how the different subjunctive forms express different senses of time.

- The *present subjunctive* takes place in the present, but it has a sense of future time or potentiality about it, since it often describes as-yet-unrealized events, or events that sit outside of reality and a strict sense of time. It is typically used in situations where the verbs in the main clause of the sentence are in the present, present perfect, or future tense.

Present:	**Me alegro** de que el legislador **brinde** ideas nuevas.
Present perfect:	**Hemos insistido** en que los candidatos **digan** la verdad.
Future:	**Estaré** contenta cuando la recesión **termine**.

The following combinations of the indicative and subjunctive forms that are used together in main clause and dependent clauses are the most typically used ones, but other combinations are possible. For now, just focus on how the different tenses and moods are used together.

You will review the future tense in **Chapter 20.** You can also review future-tense forms in **Appendix C.**

- The *present perfect subjunctive* describes a recent past action or condition that has just happened, or one that has a bearing on the present or future time. It is the past-tense form that is closest to the present moment. It is typically used with main-clause verbs in the present or future.

Present: **Dudo** que las autoridades **hayan solucionado** el problema.

Future: Para la próxima reunión, **será** importante que el presidente ya **haya analizado** la situación.

- The *imperfect subjunctive* describes past actions where the subjunctive is used within a past-tense or hypothetical context. It is typically used with main-clause verbs that are in the preterite or the imperfect.

Preterite: El gobernador **pidió** que los ciudadanos **se quedaran** en casa.

Imperfect: **Queríamos** que los líderes **lucharan** contra la desigualdad.

- The *past perfect subjunctive* describes actions that had already happened at the time of reference. It also describes hypothetical past-tense situations. It is typically used with main-clause verbs in the preterite and the imperfect.

Preterite: **Fue** triste que los residentes del pueblo no **hubieran tenido** acceso a agua limpia por más de una semana después del terremoto.

Imperfect: La comunidad no **creía** que el plan para el desarrollo **hubiera mejorado** la situación económica.

3. Keep in mind that sometimes the decision to use one form over another is based on what meaning you are trying to emphasize. Compare the following examples and examine the different aspects of time and meaning that each one conveys. Notice how the verbs with the perfect tenses (second and fourth) have a more specific anchor in time. The first and third sentences are much vaguer when it comes to time.

Dudo que ese partido político **gane** las elecciones sin el apoyo de la prensa. — vaguer

Dudo que ese partido político **haya ganado** las elecciones sin el apoyo de — specific la prensa.

Dudaba que ese partido político **ganara** las elecciones sin el apoyo de la — vaguer prensa.

Dudaba que ese partido político **hubiera ganado** las elecciones sin el apoyo — specific de la prensa.

13 ¿Cuál es la forma? Primero, lee las oraciones y nota la forma del verbo que se usa en la cláusula principal. Luego, vas a oír dos formas del subjuntivo. Escoge la que mejor complete la oración.

1. Fue una pena que los legisladores no _____ por el proyecto de ley.
2. No es justo que los políticos siempre _____ a los periodistas.
3. Buscaron voluntarios que _____ experiencia con la recaudación de fondos.
4. No conocía a nadie que _____ a favor de esa ley.
5. Quiero conocer a un activista que _____ el comercio justo.
6. Es una lástima que el consumismo _____ tanto durante las últimas décadas.
7. Los políticos dudaban que los votantes _____ la explicación.
8. Era necesario que el gobierno _____ una campaña contra el analfabetismo.

14 El gobierno y los deberes cívicos Escoge la forma correcta del subjuntivo para completar cada oración.

1. El gobierno está dividido en tres partes a modo que ningún individuo o grupo (pueda / haya podido) ejercer demasiada influencia.
2. En el futuro, será importante que los representantes (hubieran participado / hayan participado) en una variedad de programas comunitarios antes de presentarse como candidatos.
3. Los dos senadores consultaron con el electorado antes de que (tuvieran / tengan) que votar.
4. Me alegraba que los voluntarios (hayan recaudado / hubieran recaudado) los fondos necesarios.
5. No es cierto que ese delegado (tenga / haya tenido) un espíritu de participación.
6. Los legisladores se declararon a favor del proyecto de ley, con tal de que el presidente no lo (denuncie / denunciara).
7. ¡Ojalá que (haya podido / hubiera podido) ir a repartir panfletos contigo ayer!
8. No creo que ella ya (haya hecho / hubiera hecho) el servicio comunitario.

15 Trabajar de voluntario Trabaja con un(a) compañero(a) de clase para crear oraciones completas usando las frases indicadas. Usen una forma de los cuatro tipos del subjuntivo que estudiaron, según el contexto, y sigan el modelo.

MODELO Que pena que tú / todavía no firmar la petición
¡Qué pena que todavía no hayas firmado la petición!

1. No quiero recaudar fondos a menos que / poder trabajar con un(a) amigo(a)
2. La activista quería que los voluntarios / repartir panfletos en la plaza central

Since the subject pronouns are not necessary in Spanish, the model includes only the correct verb and not the subject pronoun.

3. Fue una lástima que el coordinador / no hablar con los voluntarios antes de que asistieran a la reunión

4. Los voluntarios dudan que las computadoras / tener un virus en el pasado

5. Era importante que el portavoz / tener una personalidad emprendedora

6. Mis amigos buscan voluntarios que / ya aprender a organizar en línea

7. Tenemos programas de aprendizaje-servicio para que los voluntarios / poder participar en el servicio comunitario

8. Fue una pena que el periodista / no hablar con el candidato antes de escribir el artículo

16 **El discurso motivador** Con un(a) compañero(a) de clase, usen las siguientes frases para escribir un discurso motivador para un grupo de voluntarios nuevos que van a participar en un programa de aprendizaje-servicio en un centro juvenil para la acción política. Primero hablen de cómo era el programa en el pasado y después comenten cómo es ahora.

En el pasado

Era un problema que la declaración de misión no mencionar...

Era necesario que los voluntarios trabajar...

La directora no creía que los voluntarios poder...

El centro nunca tenía fondos suficientes a menos que...

No había oportunidades para que los voluntarios...

Ahora

Es fantástico que los voluntarios tener...

La directora se alegra de que los voluntarios poder...

No hay ningún voluntario que tener que...

Es importante que los voluntarios saber que...

Hay muchas oportunidades para que los voluntarios...

17 **La tecnología** Trabajen en grupos de tres o cuatro estudiantes para hablar de la tecnología y el gobierno. ¿Cómo influye la tecnología en actividades como las siguientes: registrarse y votar, informarse, organizarse, diseminar información, recaudar fondos, etc.?

MODELO *Antes era necesario que el electorado les escribiera una carta a sus congresistas y senadores. Es fantástico que ahora puedan mandar un e-mail y recibir una respuesta rápida.*

Frases útiles: es / era necesario / importante / bueno / fantástico / mejor / terrible, es / era buena / mala idea que..., dudo que..., no creo que..., para que, a menos que, con tal de que, ojalá, no me gusta / gustaba que...

¡Explora y exprésate!

>> ## Ayudar al prójimo

¿Qué tienen en común la política y el voluntariado? El bien de la comunidad. Aunque se expresan de distintas maneras, ayudar al prójimo es la base de las dos ideologías. Lee cómo se expresan la política y el voluntariado en los países hispanohablantes y en qué esferas se encuentran.

Note that **prójimo** with a **j** is a noun that means *your fellow man / human,* whereas **próximo** with an **x** is an adjective that means *next to, close by, neighboring.* Compare:

Él quiso ser doctor porque le importa ayudar al **prójimo**.

Quiere ir a Haití el **próximo** año para trabajar como voluntario.

Vive en una calle **próxima**.

ECUADOR el voluntariado y la constitución

© Cengage Learning 2013

La nueva constitución ecuatoriana (2008) reconoce oficialmente el voluntariado social y de desarrollo en el capítulo "Participación en Democracia". **La Mesa de Voluntariado de Ecuador (MVE)** ha desempeñado un papel muy importante en esta inclusión.

La MVE integra a 24 organizaciones de voluntariado a nivel nacional e internacional, y representa a 350 organizaciones de todo el país. Creado en 2004, el grupo existe para coordinar las iniciativas voluntarias de las organizaciones y para optimizar los recursos en beneficio de todas las comunidades ecuatorianas.

En Ecuador, la costumbre andina de la "minga" es una tradición antigua que consiste en la ayuda voluntaria entre los vecinos. En quechua, la minga se refiere a una

© Alan Bill Gozansky/Alamy

comunidad que colabora para trabajar por el bien del pueblo. Hoy en día, el voluntariado pasa de ese modelo clásico a uno nuevo, según Gabriela de la Cruz, coordinadora de operaciones de la Fundación Cecilia Rivadeneira, una de las organizaciones de la MVE: "El hecho de que muchas organizaciones se hayan unido para constituir la Mesa de Voluntariado ha ayudado a cambiar esa visión tradicional y a que la sociedad empiece a ver el voluntariado como un recurso para el desarrollo económico del país".

El estudio "El Voluntariado en Ecuador y su inserción en las políticas públicas" indica que la contribución del voluntariado a la economía del país es apreciable: en Ecuador

© Roberto Orru/Alamy

hay 500.000 voluntarios que representan un 2 o 3 por ciento del PIB del país.

De la minga a la Constitución, el voluntariado en Ecuador mantiene su posición de importancia en la economía, la política y el bienestar de los ecuatorianos.

PUERTO RICO
los jóvenes y la filantropía

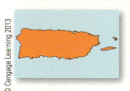

Cuando un grupo de jóvenes líderes puertorriqueños se unen para dedicarse al voluntariado, los resultados pueden ser ¡fuera de este mundo!

El grupo Planeta 57 se formó para promover una visión de "amor, paz, conciencia y unión" en Puerto Rico y el mundo entero. Su objetivo es el de colaborar con las diferentes organizaciones y agencias sociales de Puerto Rico para ayudarles marcar la diferencia en sus comunidades. Se puede decir que los jóvenes líderes de Planeta 57 son estrellas de verdad en el universo del voluntariado.

Recientemente, los miembros de Planeta 57 han colaborado con SER de Puerto Rico, una organización que provee servicios a las personas con discapacidades y autismo. Los voluntarios organizaron un desfile de moda, acompañado de la música de Capoeira, DJ LA, DJ King Arthur y Batucada Sabaoe, para beneficiar a SER. También hicieron labor comunitaria para mejorar las instalaciones físicas de la organización.

¿Crees que esfuerzos como éste pueden transformar la realidad? Estos jóvenes puertorriqueños están investigando la posibilidad de que la respuesta sea que sí.

GUATEMALA voluntarios en línea

¿Qué tiene que ver el voluntariado en línea con los campesinos guatemaltecos? ¡Mayores ventas!

Los pequeños agricultores de la **Asociación de Desarrollo Integral Comunitaria (ADICTA)** ahora pueden competir con los grandes productores, gracias al apoyo de unos voluntarios del servicio **Voluntariado en Línea del programa VNU (Voluntarios de las Naciones Unidas).**

ADICTA está situada en Tejutla, Guatemala, un pueblito de 4.000 habitantes. El grupo se dedica al proceso y comercialización de las frutas y verduras que cultivan sus 250 miembros. "La junta directiva decidió que el primer paso para abrirse a nuevos mercados era redefinir la imagen de sus productos", comenta Francesco Bailo, voluntario italiano para la Organización de las Naciones Unidas para la Agricultura y la Alimentación.

Una diseñadora gráfica noruega en Londres diseñó un nuevo logotipo listo para imprimir. Tres voluntarios construyeron la página Web en inglés y español donde ADICTA promueve sus productos. Y otras dos voluntarias diseñaron un folleto con ilustraciones que enfatiza la importancia de la dieta saludable y orgánica basada en productos locales.

Víctor Ramírez, coordinador de ADICTA explica: "Ahora estamos orgullosos de llevar nuestros productos a las ferias. Tenemos todo lo que tienen los grandes productores; hemos dejado de ser unos productores informales más".

Armados con una computadora, talento y generosidad, estos voluntarios han cambiado las vidas de unos pequeños agricultores en zonas rurales donde el 97,7% de la población vive en pobreza. En este intercambio cibernético internacional, todos ganan.

ESPAÑA Club de Madrid

¿Quiénes son los miembros del Club de Madrid? Son 70 ex Jefes de Estado y de Gobierno de países como Brasil, Canadá, Chile, Colombia, Corea, España, Estados Unidos, India, México, Perú, Portugal, Reino Unido y la Unión Soviética, entre treinta o cuarenta otros. Esta organización independiente, creada por la **Fundación para las Relaciones Internacionales y el Diálogo Exterior (FRIDE)** y la **Gorbachev Foundation of North America (GFNA)** en 2002, quiere aprovecharse de la experiencia práctica de sus miembros para fortalecer y apoyar los valores democráticos en el mundo.

¿Y cómo mejor realizar esta misión que con un programa para líderes políticos jóvenes?

Para promover el liderazgo ético y responsable, el Club de Madrid ha propuesto un programa en el cual los líderes jóvenes son guiados por los miembros del Club al diseñar e implementar proyectos políticos que responden a necesidades específicas del desarrollo democrático de sus propios países. Según la descripción en el sitio web del Club de Madrid, "Una de las principales metas del programa será unir y poner en contacto a líderes en cada región, creando un foro para el desarrollo de una visión común para el futuro".

Los jóvenes tendrán la oportunidad de compartir sus ideas en una plataforma internacional, de aprender a participar en debates políticos y de reconocer su propia importancia en el futuro de la democracia. Los ex Jefes de Estado y de Gobierno servirán como mentores para los jóvenes participantes, no sólo inspirando y motivándolos, sino también transmitiendo valiosas lecciones de sus propias experiencias en el mundo real de la política.

De los veteranos viene la experiencia y de los jóvenes el entusiasmo. Una combinación productiva para el bien de todos, ¿no es así?

COLOMBIA

Acuerdo Generacional Colombia 2030

© Cengage Learning 2013

Veintiún líderes jóvenes, todos nacidos después de 1970, han firmado el Acuerdo Generacional Colombia 2030 con la intención de transformar la política colombiana. Los políticos expresan diversos puntos de vista del país y ejemplifican una gran diversidad de personalidades. Lo que los une es el deseo de darle una nueva cara a la política colombiana que recientemente se ha visto plagada de escándalos.

© Jose Gomez/Reuters

La idea original para el grupo es de Rodrigo Pombo Cajiao, un abogado que vio la necesidad de agrupar a los nuevos líderes de la nación. Preocupado por los serios escándalos que infiltraban la estructura gubernamental y el descontento del pueblo colombiano, Pombo quiso apoyar a los políticos que considera éticos y que quieren trabajar dentro de una sociedad civil.

María Angélica Tovar, una de las jóvenes políticas quien firmó el acuerdo, explica: "La idea es que muchos jóvenes se puedan adherir a este acuerdo, viendo en la política un servicio que se tiene que hacer con amor y pasión".

Varias actividades y conferencias se han planeado a lo largo del país con el fin de atraer más jóvenes al Acuerdo. Y un texto "Colombia-2030" ha sido publicado en el cual los veintiún jóvenes responden a la pregunta: "¿Cómo será la política en el año 2030?"

¿Te imaginas ser parte de un grupo tal como el Acuerdo Generacional? ¿Cuál es tu visión para el año 2030?

© Ricardo Torres Ariza.

MÉXICO   El Premio del Milenio Mundial

El Proyecto del Milenio es una organización no gubernamental asociada a la **Organización de las Naciones Unidas** (ONU) que promueve la conciencia política.

© Cengage Learning 2013

Su propósito es "impulsar acciones positivas para reconocer a los 15 Retos Globales del Milenio como oportunidades para el cambio, tanto en el ámbito nacional como mundial". Con este fin, iniciaron el Premio del Milenio Mundial, un concurso para generar ideas concretas que traten con los 15 retos identificados.

Los concursantes jóvenes tienen que escoger uno de los 15 retos y contestar la pregunta: "¿Cuál es tu visión del mundo en el que quieres vivir entre hoy y el 2030?" Algunos ejemplos de los retos son:

- Reto 4: Democracia (Surgimiento de la democracia) ¿Cómo puede emerger una democracia genuina de regímenes autoritarios?
- Reto 6: Globalización de la información tecnológica (Información tecnológica) ¿Cómo puede trabajar para todos la convergencia mundial de las tecnologías de la información y la comunicación?
- Reto 15: Ética global (Necesidades y toma de decisiones mundiales) ¿Cómo lograr que las decisiones mundiales tomen en cuenta las necesidades de las diferentes partes del mundo?

El concursante escribe un proyecto que propone soluciones realistas al reto que escogió. De esta manera, los jóvenes pueden elaborar su visión del futuro a través de sus investigaciones, sus conclusiones y sus ideas originales para acciones inmediatas.

Como implora la página web del Premio del Milenio Mundial: "¡Vuélvete un futurista!"

© Premio del Milenio Mundial

ACTIVIDADES

1 **¿Comprendiste?** Contesta las siguientes preguntas según la información que acabas de leer.

1. ¿Cómo se sabe que el voluntariado en Ecuador contribuye a la economía del país?
2. ¿Con quién colabora Planeta 57 y por qué?
3. ¿Por qué se formó el grupo Acuerdo Generacional Colombia 2030?
4. ¿Qué tiene que hacer el concursante para el Premio del Milenio Mundial?
5. ¿Cómo ayudaron los voluntarios en línea a los pequeños agricultores de Tejutla, Guatemala?
6. ¿Cuál es la meta principal del Club de Madrid y cómo propone realizarla?

Tú, la política y el voluntariado: ¡Exprésate!

2 **La política en tu comunidad** ¿Cuáles son los temas políticos de mayor interés en tu comunidad? Escribe por lo menos cuatro en una lista. Luego, escribe una sugerencia para involucrar a los jóvenes de la comunidad en la resolución de esos temas. Si fueras el alcalde o la alcaldesa de tu pueblo, ¿qué harías para atraer a los jóvenes a las reuniones políticas de la ciudad? ¿Cómo cultivarías el interés de la población juvenil en la política?

3 **El voluntariado en línea** Con un(a) compañero(a), identifiquen un problema o necesidad en su comunidad que se beneficiaría con la ayuda de un programa de voluntariado en línea. Luego, diseñen un programa para voluntarios que quieran trabajar en esa área de desarrollo. Sean muy específicos: denle un título a su grupo; un lema; escriban una declaración de misión que enumere las metas principales; y hagan una lista de tareas para los voluntarios.

¡Conéctate!

Los jóvenes y la política Con un(a) compañero(a), hagan una investigación en Internet sobre programas que se enfocan en cultivar líderes políticos jóvenes. Hagan una lista de seis preguntas que tienen sobre los programas. Después de hacer las investigaciones, contesten las preguntas o refínenlas para reflejar lo que aprendieron. En su opinión ¿qué programas tienen la mayor posibilidad de éxito? ¿Por qué? ¿Creen que en realidad están atrayendo a la juventud a la política? ¿Por qué sí o no? ¿Qué les sugerirían a los programas para que tuvieran más impacto en los jóvenes?

A leer

ESTRATEGIA

Here are two strategies that will help you better understand the reading.

1. **Reading and understanding poetry:** Poetry expresses ideas and emotions through rhyme and word sounds, imagery, and symbolism. When you read a poem, try to read it out loud to hear how the sounds of the words contribute to its overall mood. Pay attention to how the lines are grouped together because these groupings and line breaks contribute to the overall meaning of the poem. The poem you are about to read does not rhyme, but it makes use of the repetition of words and sounds in order to create an internal unity.

2. **Using a bilingual dictionary:** When you read in a foreign language, focus on getting the main idea and not looking up every word you don't know. That said, sometimes there are words that you need to know to get the meaning of a sentence or idea. When you look up those words in a bilingual dictionary, make sure you are looking at all the possible definitions and synonyms in order to choose the correct one. It's helpful to read the model sentences to see the precise meaning of the word or term you are looking up. To make sure the definition or synonym you have chosen is the correct one, go back and look it up in English to see how it is translated back into Spanish.

Para entender y hablar de la lectura

Here are some useful words for understanding and discussing the reading selection, which describes the author's feelings about patriotic duty and her political involvement.

advertir *to warn*
andarse por las ramas *to beat around the bush*
arriesgado *risky*
el asombro *astonishment*
descartar *to rule out*
enmudecer *to fall or stay silent*
la hazaña *deed (usually heroic)*
meterse *to get into*

el riesgo *risk*
el socio *member, partner*
taparse los ojos *to cover one's eyes*
temblar *to tremble*
el testigo *witness*
trascender *to go beyond, transcend*
valerse por sí misma *to be independent, self-sufficient*

1 Basándote en las palabras de la lista, piensa en el papel que pueden jugar el riesgo y el miedo en el texto que vas a leer.

¡Fíjate! La acción política

En la historia del mundo hispanohablante se destacan muchos individuos que se atrevieron a expresar sus creencias políticas y tomaron acción para hacerlas una realidad, como la autora del texto que vas a leer. Por ejemplo, en Estados Unidos, César Chávez y Dolores Huerta organizaron a los obreros de la industria agrícola de California y los inspiraron a fundar el *National Farm Workers Association* en 1962 para proteger sus derechos y asegurarles un nivel de vida decente. En Argentina, las Madres de Plaza de Mayo han protestado la desaparición de sus hijos por el gobierno argentino por unos treinta años, andando por la plaza con pañuelos blancos en la cabeza que simbolizan los pañales *(diapers)* de sus hijos desaparecidos. Sus esfuerzos crearon una conciencia mundial de las violaciones de los derechos humanos por parte del gobierno militar. Hoy en día en Cuba, Las Damas de Blanco protestan la encarcelación injusta de sus familiares por el gobierno de Fidel Castro, que en 2003 inició una ola *(wave)* de arrestos en contra de la disidencia pacífica en Cuba. Ellas recibieron el Premio a Derechos Humanos en 2006 del grupo *Human Rights First* en reconocimiento de sus esfuerzos para mantener la libertad de expresión y pensamiento.

2 ¿Cuáles son unas características personales de las personas que se describen arriba? ¿Crees que tú compartes algunas de sus características?

>> Lectura

"Uno no escoge" (poema) y *El país bajo mi piel* (extracto), Gioconda Belli

Gioconda Belli vivió una vida de riesgo cuando colaboró con los Sandinistas durante los 70.

Uno no escoge (*from* El ojo de la mujer)

Uno no escoge el país donde nace;
pero ama el país donde ha nacido.

Uno no escoge el tiempo para venir al mundo;
pero debe dejar huella[1] de su tiempo.

Nadie puede evadir su responsabilidad.

Nadie puede taparse los ojos, los oídos,
enmudecer y cortarse las manos.

Todos tenemos un deber de amor que cumplir,
una historia que nacer
una meta que alcanzar.

No escogimos el momento para venir al mundo:
Ahora podemos hacer el mundo
en que nacerá y crecerá
la semilla[2] que trajimos con nosotros.

---

[1]**dejar...** *to leave a footprint, trace* [2]*seed*

The Sandinistas are members of the **Frente Sandinista de Liberación Nacional**, a controversial left-wing revolutionary group that overthrew the Somoza dictatorship in Nicaragua in 1979 and remained in power until 1990. When discussing the Sandinistas, remember that all politics is personal on some level, and it is important to be respectful of others' opinions.

Belli, Gioconda, "Una no escoge". *El ojo de la mujer*. Visor Libros, copyright 2000. p. 90. Reprinted with permission of Gioconda Belli.

El país bajo mi piel

1. En la introducción a su libro de memorias *El país bajo mi piel*, Gioconda Belli se describe a sí misma y también se analiza para explorar sus sentimientos mixtos–quería ser una mujer tradicional a la misma vez que tenía deseos de vivir libremente como los hombres.

© Rick Hall/Blanton Museum of Art, University of Texas at Austin, Gift of Barbara Duncan 1994

Dos cosas que yo no decidí decidieron mi vida: el país donde nací y el sexo con que vine al mundo. [...]

No fui rebelde desde niña. Al contrario. Nada hizo presagiar[1] a mis padres que la criatura modosa[2], dulce y bien portada de mis fotos infantiles se convertiría en la mujer revoltosa que les quitó el sueño. Fui rebelde tardía. Durante la adolescencia me dediqué a leer. Leía con voracidad y pasmosa[3] velocidad. Julio Verne y mi abuelo Pancho —que me proveía de libros— fueron los responsables de que desarrollara una imaginación sin trabas[4] y llegara a creer que las realidades imaginarias podían hacerse realidad. Los sueños revolucionarios encontraron en mí tierra fértil. Lo mismo sucedió con otros sueños propios de mi género[5]. Sólo que mis príncipes azules fueron guerrilleros y mis hazañas heroicas las hice al mismo tiempo que cambiaba pañales y hervía mamaderas[6].

He sido dos mujeres y he vivido dos vidas. Una de mis mujeres quería hacerlo todo según los anales[7] clásicos de la feminidad: casarse, tener hijos, ser complaciente, dócil y nutricia. La otra quería los privilegios masculinos: independencia, valerse por sí misma, tener vida pública, movilidad, amantes. Aprender a balancearlas y a unificar sus fuerzas para que no me desgarraran sus luchas y mordiscos y jaladas de pelos[8] me ha tomado gran parte de la vida. Creo que al fin he logrado que ambas coexistan bajo la misma piel[9]. Sin renunciar a ser mujer, creo que he logrado también ser hombre.

[...] Fui parte, artífice y testigo de la realización de grandes hazañas. Viví el embarazo y el parto[10] de una criatura alumbrada[11] por la carne y la sangre de todo un pueblo. Vi multitudes celebrar el fin de cuarenta y cinco años de dictadura. Experimenté las energías enormes que se desatan[12] cuando uno se atreve a trascender el miedo, el instinto de supervivencia, por una meta que trasciende lo individual. Lloré mucho, pero reí mucho también. Supe de las alegrías de abandonar el yo y abrazar[13] el nosotros. En estos días en que es tan fácil de caer en el cinismo, descreer de todo, descartar los sueños antes de que tengan la oportunidad de crecer alas[14], escribo estas memorias en defensa de esa felicidad por la que la vida y hasta la muerte valen la pena.

---

[1]*foretell* [2]*demure, modest* [3]*astonishing* [4]**sin...** *without limits* [5]*gender* [6]**cambiaba...** *changed diapers and boiled baby bottles* [7]*annals, accounts* [8]**no...** *their fights, bites, and hairpulling didn't tear me apart* [9]*skin* [10]**embarazo...** *pregnancy and birth* [11]*born out of* [12]*run wild* [13]*embrace* [14]*wings*

2. La autora habla con Camilo Ortega, hermano de Daniel Ortega, quien le pide que ayude al Frente Sandinista. Durante esa época (1970–1971), ella está trabajando en la oficina de un poeta famoso.

Cuando me pidió que dejara de andarme por las ramas y le contestara sí o no, le confesé que el miedo me frenaba[1].

—A todos nos da miedo. Es normal.

—Pero yo tengo una hija.

No me pedía que me fuera clandestina. Podía hacer cosas pequeñas. Nada muy arriesgado, pero poner mi granito de arena[2].

—Precisamente porque tenés una hija —me dijo—. Por ella deberías hacerlo, para que no le toque a ella hacer lo que vos no hiciste.

—Bueno pues —le dije, imaginando mentalmente una ducha de agua fría a la que había que meterse sin titubear[3].

—No se lo digas a nadie —me advirtió—. Ni una palabra. Ni siquiera al Poeta. Esto debe quedar entre vos y yo. Es un asunto de compartimentación, de minimizar los riesgos.

_____

[1]*stopped me* [2]**granito...** *grain of sand* [3]*hesitating*

> Note that Ortega uses the **vos** form when addressing the author. This form is used primarily in Argentina, Uruguay, Paraguay, and Central America (and also in parts of Chile, Bolivia, and Peru) instead of **tú**. In many places it has its own set of conjugations—note here the use of **tenés** instead of **tienes**.

3. Esta escena ocurre cinco años después de la conversación previa. Durante esos años, la autora ha colaborado con el Frente Sandinista, llevando mensajes y haciendo otros mandados pequeños.

Nada me preparó para la tarde cuando de regreso del almuerzo tranquilo con mis hijas, me encontré a dos de los tres socios de la agencia esperándome en mi despacho[1]. Qué sorpresa, les dije, entrando como tromba[2], acomodándome en la silla. Cómo era que no dormían la siesta. Qué los traía por allí. Uno de ellos, el más expansivo, sonrió levemente como para restarle seriedad al asunto[3] y dijo que desafortunadamente tenían algo serio que tratar.

—Te lo voy a decir sin mucha vuelta[4] —me dijo—. Nos llamó Samuel Genie. —Era el jefe de la Oficina de Seguridad Somocista, la Gestapo criolla—. Nos dijo que vos sos del Frente Sandinista. Que no te deberíamos tener aquí. Claramente, nos «sugirió» que te despidiéramos.

Tuve una experiencia de desdoblamiento[5]. Una Gioconda fría, racional, tomó el control mientras la otra, acurrucada[6] dentro de mí, temblaba en un rincón. Seguramente me había denunciado el hombre de filiación somocista que con frecuencia visitaba a la administradora de la agencia. Sería él sin duda. Habría notado algo.

—¿Yo? —dijo la de cuerpo presente, con la cara de asombro más genuina del mundo—. ¿Que yo soy del Frente Sandinista? ¿Tania, la guerrillera? —Imagínense, me reí—. ¿Están locos ustedes? [...]

_____

[1]*oficina* [2]*whirlwind* [3]**restarle...** *to play down the seriousness of the situation* [4]**sin...** *without beating around the bush* [5]*being split in two* [6]*curled up*

> As the author indicates, the **Seguridad Somocista** was a kind of military police and security force that focused on looking for and capturing revolutionaries and other dissidents.

> When the author mentions "Tania, la guerrillera," she is referring to Patty Hearst, the American heiress who was kidnapped in 1974 by the Symbionese Liberation Army and turned into the revolutionary "Tania."

>> Después de leer

3 Contesta las siguientes preguntas sobre el poema.

1. Según la autora, ¿qué papel juega el destino en nuestras vidas?
2. En su opinión, ¿qué papel juega la responsabilidad personal?
3. ¿Cuál es el simbolismo de la semilla que se menciona en la última línea del poema?

4 Contesta las siguientes preguntas sobre *El país bajo mi piel*.

Texto 1

1. ¿Cuáles son las dos cosas que el destino decidió por la autora, según ella?
2. ¿Cómo era la autora de niña? ¿Cómo cambió ella a través de su vida?
3. ¿Cuál ha sido el conflicto central de la vida de la autora, "sus dos vidas"?
4. Cuando ella reflexiona sobre la revolución, ¿cuáles son sus emociones predominantes? ¿tristeza? ¿miedo? ¿alegría? ¿orgullo?
5. ¿Qué significa su declaración, "Supe las alegrías de abandonar el yo y abrazar el nosotros"?

Texto 2

6. Cuando Camilo Ortega le pide a la autora que se una a los Sandinistas, ¿cuáles son dos objeciones que le da ella?
7. Al referirse la autora a "mi granito de arena", ¿qué significa?
8. Según Ortega, el hecho de que ella tenga una hija es una razón buena para participar. ¿Por qué?
9. ¿Por qué no debe mencionar su participación a nadie?

Texto 3

10. ¿Tiene miedo la autora al encontrarse con los dos socios en su oficina? ¿Cómo se sabe? ¿Qué hace para poder controlar sus emociones?
11. ¿De qué la acusan los hombres? En su opinión, ¿es una acusación seria o sólo una manera de informarle de lo que han oído?
12. Según la autora, ¿quién es la persona que probablemente la ha denunciado?
13. ¿Cómo responde ella a la acusación?

5 En grupos de tres o cuatro estudiantes, den sus reacciones personales a las siguientes preguntas.

1. Imagínense en la situación de la autora: viven en un país donde no están de acuerdo con las acciones y los ideales del gobierno. ¿Qué hacen? ¿Luchan para cambiar la situación o esperan a que la situación cambie?

2. ¿Tenemos la responsabilidad de tomar acción cuando vemos una situación que es inmoral o ilegal? Si nos arriesgamos al tomar esa acción, ¿todavía debemos actuar? ¿Por qué sí o no? Por ejemplo, si una persona ve a alguien maltratar a un niño, ¿tiene la obligación de decirle algo al abusador?

3. ¿Cuáles son más importantes, los ideales puros o los compromisos prácticos? En su opinión, ¿siempre representa un abandono de los ideales el acto de llegar a un compromiso? ¿Por qué sí o no?

6 En grupos de tres o cuatro estudiantes, comenten las siguientes cuestiones que se tratan en el poema y en los extractos.

1. **La responsabilidad hacia la familia vs. la responsabilidad cívica:** La autora tiene que decidir entre su responsabilidad hacia sus familiares (no involucrarse para no crear riesgos para ellos) y la responsabilidad cívica. Al final, ¿qué decide hacer? ¿Están de acuerdo con su decisión? ¿Por qué sí o no?

2. **El yo vs. el nosotros:** En su opinión, ¿cuál es el más importante, el yo o el nosotros? ¿Debe ser una combinación de los dos? Unas personas creen que si cada persona se cuida a sí mismo, no hay necesidad de cuidar del grupo entero. ¿Están de acuerdo? ¿Por qué sí o no?

3. **El destino vs. la voluntad personal:** En su opinión, ¿cuál es la fuerza predominante en la vida, el destino o la voluntad personal *(free will)*? ¿Cuál de los dos influye más el curso de la vida? Si una persona no tiene acceso a los recursos necesarios, como la libertad, el dinero y la salud, ¿es posible ejercer la voluntad personal? ¿Por qué sí o no?

7 En parejas, hagan una investigación de una persona hispanohablante que se esforzó y se arriesgó para confrontar una situación política a la que se oponía. Pueden escoger de la siguiente lista o elegir a otra que conozcan. Busquen datos biográficos e información sobre las acciones que esa persona emprendió. Luego, escriban una composición de tres o cuatro párrafos dando información sobre su vida y sobre lo que hizo para enfrentarse a una situación difícil.

- Estados Unidos: César Chávez / Dolores Huerta
- Argentina: Las Madres de Plaza de Mayo / Alfredo Pérez Esquivel
- Cuba: Las Damas de Blanco
- El Salvador: Arzobispo Óscar Romero
- Chile: Víctor Jara
- ¿...?

A escribir

ESTRATEGIA

As you organize your thoughts on a topic and then write about it, always focus on the mix of strategies you know. Here are two strategies that will help you write strong paragraphs and then link them into a complete composition.

1. **Writing a paragraph:** As you learned in **Chapter 17**, a paragraph's topic sentence tells the reader its main idea. That sentence is followed by examples and details that support and expand on it. Think of a paragraph as a separate composition that contains a main idea followed by supporting facts and examples. When you move on to a new idea, you create a new paragraph.
2. **Adding transitions between paragraphs:** Sometimes the shift from one paragraph to another may sound choppy without words and phrases that make a thematic link **(enlace)** between the content of the two paragraphs. In that case, you need to either 1. write a transition sentence for the new paragraph that is then followed by the topic sentence, or 2. add a transitional phrase to the beginning of your topic sentence.

1 Vas a escribir un discurso persuasivo que se relacione con la política o las noticias del día. Para empezar, trabaja con un(a) compañero(a). Miren otra vez el segundo segmento del video para este capítulo, en el que Angélica practica el guión para su video para reclutar voluntarios. Mientras ven el video, analicen el discurso de Angélica para ver cuáles de las siguientes características de los discursos persuasivos están presentes en el suyo.

Algunas características de los discursos persuasivos efectivos	Sí	No
1. Incluyen comentarios de otras personas, típicamente expertos sobre el tema.		
2. Presentan estadísticas y datos que respaldan *(support)* su punto de vista.		
3. Les hacen preguntas a los oyentes.		
4. Su información está organizada en pasos o partes muy bien definidos (primero, segundo, etc.).		
5. Se dirigen a los oyentes de una manera informal y personal.		
6. Presentan razones que apoyan su argumento.		
7. Les ofrecen recomendaciones o sugerencias a los oyentes.		

2 Con tu compañero(a), hagan una lista de ideas para un discurso persuasivo sobre la política o los eventos actuales. Incluyan por lo menos seis ideas. Pueden tratar de su comunidad local o regional o estar relacionadas con temas a nivel *(level)* nacional o internacional.

3 Después de hacer su lista de ideas, trabaja con tu compañero(a) para elegir una para desarrollar en sus discursos. Deben escoger un tema con dos lados muy obvios, porque una persona va a escribir a favor del tema y la otra va a escribir en su contra. Pónganse de acuerdo sobre qué lado va a tratar cada uno(a) de ustedes.

>> Composición

4 Trabaja independientemente para escribir el texto de tu discurso. Refiérete a la lista de características de un discurso persuasivo en la **Actividad 1**. Empieza tu discurso de una manera interesante y conclúyelo de una manera convincente. Escribe por lo menos tres párrafos, cada uno con una oración temática y detalles que apoyen esa oración.

5 Vuelve a tu borrador y mira las transiciones entre los párrafos. ¿Es obvia la conexión entre ellos? Si no lo es, añade frases u oraciones que aclaren los enlaces temáticos.

>> Después de escribir

6 Mira tu borrador otra vez. Usa la siguiente lista para revisarlo.

- ¿Incorpora algunas de las características de un discurso persuasivo efectivo?
- ¿Hay enlaces temáticos entre los párrafos?
- ¿Hay concordancia entre los artículos, sustantivos y adjetivos?
- ¿Usaste las formas correctas de todos los verbos? (Presta atención especial a los usos del subjuntivo–presente, imperfecto, presente perfecto, pasado perfecto.)
- ¿Hay errores de puntuación o de ortografía?

7 Ahora, trabaja con tu compañero(a) y presenten sus discursos a la clase entera. ¿Quién da el discurso más persuasivo?

Vocabulario

Los funcionarios   *Government officials*

el (la) adversario(a) *opponent, adversary*
el alcalde, la alcaldesa *mayor, female mayor*
las autoridades *authorities*
el (la) congresista *member of Congress*
el (la) delegado *delegate*
el electorado *electorate; the body of voters*

el (la) funcionario(a) del Estado / gobierno *government official*
el (la) gobernador(a) *governor*
el (la) ministro *minister; Secretary*
el (la) legislador(a) *legislator*
el (la) representante *representative (US)*
el (la) senador(a) *senator*

Conceptos políticos y económicos   *Political and economic concepts*

el comercio justo *fair trade*
el consumismo *consumerism*
la crisis económica / fiscal *economic crisis*
la democracia *democracy*
el derecho *right*
la deuda nacional *national debt*
la fuerza de trabajo / laboral *work force*
la justicia *justice*
la ley *law*

la libertad *freedom*
   ... de prensa *freedom of the press*
la política *politics; policy*
   ... exterior *foreign policy*
   ... interna *domestic policy*
el privilegio *privilege*
el producto interno bruto (PIB) *gross domestic product (GDP)*
el proyecto de ley *bill*

Verbos

administrar *to run, manage*
autorrealizarse *to self-realize; to come into your own*
confiar *to trust*
coordinar *to coordinate*
crecer (zc) *to grow*
culpar *to blame*

desempeñar *to carry out, perform; to play (a role)*
emprender *to undertake*
financiar *to finance*
fracasar *to fail*
gobernar *to govern*

Cuestiones sociales   *Social issues*

el analfabetismo *illiteracy*
los derechos civiles *civil rights*
los derechos humanos *human rights*
la discapacidad *disability*
el (des)empleo *(un)employment*
la equidad de género *gender equality*
los impuestos *taxes*

la inflación *inflation*
la justicia social *social justice*
la pobreza *poverty*
la recesión *recession*
la tasa de desempleo *unemployment rate*
la tasa delictiva *crime rate*
la vivienda *housing*

La responsabilidad cívica   *Civic responsibility*

el activismo juvenil *youth activism*
el (la) activista *activist*
el deber cívico *civic duty*
las oportunidades de voluntariado *volunteering opportunities*
el (la) portavoz *spokesperson*

el servicio comunitario *community service*
el servicio juvenil *youth service*
la solidaridad cívica *civic solidarity*
el (la) visionario(a) *visionary*
el (la) voluntario(a) en línea *online volunteer*

Cualidades de un líder o voluntario *Qualities of a leader or volunteer*

capaz, competente, capacitado(a) *competent*

compasivo(a) *compassionate*

cualificado(a) *qualified*

(digno) de confianza *trustworthy, reliable*

empático(a) *empathetic*

habilidad de tomar decisiones por sí mismo(a) *self-directed*

saber trabajar sin supervisión directa *self-directed*

tener... *to have . . .*

   ... (el) espíritu de participación *. . . a spirit of participation*

   ... (la) iniciativa propia *. . . initiative*

Verbos

brindar *to offer, provide*

colaborar *to collaborate*

comprometerse *to commit oneself; to promise to do something*

contribuir *to contribute*

cooperar *to cooperate*

declararse a favor de (en contra de) *to take a stand in favor of (against)*

denunciar *to denounce*

encargarse de *to be in charge of*

impedir (i) *to impede*

impulsar *to promote*

poseer *to possess*

postularse *to apply for something*

proveer *to provide*

Acciones comunitarias *Community actions*

diseminar información *to disseminate information*

escoger un lema *to choose a slogan*

escribir un editorial *to write an editorial*

firmar / hacer circular la petición *to sign / circulate a petition*

mandar un e-mail a tu representante *to send an e-mail to your representative*

marcar la diferencia *to make a difference*

organizar en línea *to organize online*

participar en programas de aprendizaje-servicio *to participate in service-learning programs*

recaudar fondos *to collect funds*

registrarse para votar *to register to vote*

repartir panfletos / folletos *to distribute, hand out pamphlets / brochures*

trabajar... *to work . . .*

   ... como voluntario *. . . as a volunteer*

   ... como un(a) asistente legislativo(a) *. . . as a legislative aide*

   ... con grupos de la iglesia *. . . with church groups*

usar los medios sociales para organizar el voto *to use social networking to organize the vote*

Organizaciones *Organizations*

la alianza del barrio *neighborhood alliance*

la organización... *organization*

   ... comunitaria *community organization*

... no gubernamental *non-governmental agency (NGO)*

... sin fines de lucro *non-profit organization*

El voluntariado en línea *Online volunteering*

la declaración de misión *mission statement*

la disponibilidad *availability*

el entrenamiento *training*

las expectativas *expectations*

la fecha límite *deadline*

un proyecto a corto (largo) plazo *short-term (long-term) project*

Frases de todos los días

el golpe de suerte *stroke of luck*

a mi parecer *in my opinion*

lamentablemente *regrettably*

súbitamente *abruptly*

al respecto *regarding that matter*

siempre y cuando *when and if*

correr la voz *to spread the word*

dar rienda suelta *give free rein*

al fin y al cabo *when all is said and done*

menos mal *thank goodness*

Repaso y preparación

Complete these activities to check your understanding of the new grammar points in **Chapter 19** before you move on to **Chapter 20**.

The answers to the activities in this section can be found in **Appendix B**.

The uses of se (p. 322)

1 Haz oraciones completas o llena los espacios, según las indicaciones.

- Crea oraciones completas con **se**, usando las palabras indicadas.
  1. olvidar (tú) mandar un e-mail a tu representante
  2. no ocurrir (ellos) registrarse para votar
  3. perder (yo) las peticiones que ellos firmaron
  4. acabar (nosotros) los folletos sobre la campaña electoral
- Llena los espacios en blanco con **se** y una forma del verbo.
  5. _____ (trabajar) mucho en esa organización comunitaria.
  6. _____ (repartir) panfletos todos los sábados en la plaza central.
- Completa las oraciones con los pronombres directos e indirectos completos.
  7. Aquí tiene los fondos. Favor de dár _____ a los directores.
  8. Tenemos las cartas que escribimos al periódico. Si es posible, queremos que _____ _____ envíes a los editores.

The past perfect subjunctive (p. 326)

2 Completa las oraciones con formas del pasado perfecto de subjuntivo.

1. ¡Ojalá que nosotros _____ (informarse) más sobre los candidatos antes de votar!
2. Mis amigos dudaban que yo _____ (trabajar) como voluntario sin sus recomendaciones.
3. Les sorprendió que los candidatos _____ (cancelar) el debate sin notificar al público.
4. De recibir tu e-mail, ella _____ (llamar) a la oficina para encargarse del proyecto.
5. Fue una lástima que tú no _____ (poder) hacer servicio comunitario.

Summary of subjunctive tenses (p. 330)

3 Escoge las formas correctas del subjuntivo (presente, presente perfecto, imperfecto o pasado perfecto) para completar la narración.

El verano pasado, yo trabajé en la oficina de una organización sin fines de lucro que promueve la registración para votar en varias comunidades de la ciudad. Cuánto me alegro que 1. (tenga / tuviera) esta oportunidad en el pasado y ojalá que este año 2. (pueda / hubiera podido) encontrar una oportunidad tan buena. Dudo que yo 3. (participe / hubiera participado) en un programa tan importante antes de trabajar allí y fue fantástico que mis amigos me 4. (hayan informado / hubieran informado) sobre esa oportunidad. Pero ahora es importante que yo 5. (siga / haya seguido) buscando oportunidades para el verano que viene.

Preparación para el Capítulo 20

The future tense (Chapter 13)

4 Completa las oraciones con formas del futuro.

1. Tú _____ (colaborar) con una organización en Chile.
2. Ellos _____ (encargarse) de un proyecto para crear jardines comunales en un barrio pobre de la ciudad.
3. Nosotras _____ (usar) los medios sociales para promover los programas de la alianza del barrio.
4. Yo _____ (administrar) la oficina local de una senadora del estado.
5. Usted _____ (postularse) para la posición de delegado.
6. Ellas _____ (contribuir) dinero a un programa de activismo juvenil.

Complete these activities to review some previously learned grammatical structures that will be helpful when you learn the new grammar in **Chapter 20**.

Be sure to reread **Chapter 19: Gramática útil 3** before moving on to the **Chapter 20** grammar sections.

The conditional (Chapter 15)

5 Escribe oraciones completas para decir qué haría cada persona en la situación indicada. Sigue el modelo.

MODELO Tú ganas la lotería. (donar mucho dinero a tu candidato favorito)
Donarías mucho dinero a tu candidato favorito.

1. Ellos tienen mucho tiempo libre. (buscar oportunidades de voluntariado)
2. Yo quiero coordinar una campaña electoral. (colaborar con mi partido político preferido)
3. Nosotros queremos protestar el consumismo. (denunciar la construcción de nuevos centros comerciales)
4. Tú estás en contra de los impuestos nuevos. (participar en una manifestación en la capital)
5. Él se preocupa mucho por el analfabetismo. (trabajar como voluntario en una escuela primaria)

Si clauses (Chapter 15)

6 Completa las cláusulas con **si** con las formas correctas de los verbos.

1. Si tengo el tiempo, _____ (participar) en el proyecto.
2. Si tuvieras el tiempo, _____ (recaudar) fondos para la organización.
3. Si tuvieran el dinero, lo _____ (contribuir) a la alianza del barrio.
4. Si ella tiene el tiempo, _____ (construir) casas en barrios pobres.
5. Si ellos _____ (poder) hacer el proyecto, marcarían la diferencia.
6. Si yo _____ (poder) firmar la petición, lo haré.
7. Si tú _____ (poder) hablar con el candidato, le dirás tus ideas.
8. Si nosotros _____ (poder) registrarnos a tiempo, votaríamos en las próximas elecciones.

© Keith Levitt/Alamy

Al final de este capítulo, sabrás más sobre:

COMUNICACIÓN

- las perspectivas globales
- el estudiar en el extranjero
- los asuntos prácticos
- el vivir en el extranjero
- cómo describir a la gente

GRAMÁTICA

- el futuro perfecto y el condicional perfecto
- las cláusulas con **si**
- la secuencia de los tiempos verbales del subjuntivo

CULTURAS

- Argentina: *¡adivina!*
- Guinea Ecuatorial: *¡adivina!*
- Honduras: *¡adivina!*
- Nicaragua: *¡adivina!*
- República Dominicana: *¡adivina!*
- Uruguay: *¡adivina!*

"Viajero que vas por cielo y por mar"

La mejor educación puede nacer del viaje: de experimentar otras formas de vivir, de ser, de pensar, de comer, de vestir, de bailar, formas distintas a las nuestras. ¿Cuál de las citas te inspira a viajar? ¿Por qué?

© istockphoto.com/luminis

"Un viaje de mil millas empieza con un solo paso" —LAO TZU

"Al prepararte para viajar, saca toda tu ropa y todo tu dinero. Luego lleva la mitad de la ropa y el doble del dinero" —SUSAN HELLER

"Viajar es mortal al prejuicio, la intolerancia y la mente cerrada— todos enemigos de la verdadera comprensión" —MARK TWAIN

"Quizás viajar no pueda prevenir la intolerancia, pero al demostrar que todo el mundo llora, ríe, come, se preocupa y muere, se puede presentar la idea que si hacemos un esfuerzo por entendernos, quizás es posible que hasta nos convirtamos en amigos" —MAYA ANGELOU

"El mundo es un libro y aquéllos que no viajan leen sólo una página" —SAN AGUSTÍN

"El verdadero viaje de descubrimiento consiste no en buscar nuevos paisajes sino en ver con nuevos ojos" —MARCEL PROUST

"Aquéllos que no saben nada de lenguas extranjeras tampoco saben nada de la suya" —JOHANN WOLFGANG VON GOETHE

"La experiencia, el viaje, en sí mismos, son la educación" —EURÍPIDES

"Veo mi camino, pero no sé adónde me lleva. El no saber adónde voy es lo que me inspira viajarlo" —ROSALÍA DE CASTRO

"Caminante no hay camino, se hace camino al andar" —ANTONIO MACHADO

Impresiones Sin hacer ninguna investigación, escribe por lo menos tres cosas que se te ocurren inmediatamente al pensar en cada país. No importa que sean estereotipos; lo que importa es que trates de captar las primeras asociaciones que tienes con cada país.

Compara tu lista con la de un(a) compañero(a). Conversen sobre las ideas que tienen en común y sobre las que difieren. Comenten sobre las asociaciones de cada uno y opinen si se pueden considerar estereotipos o no. Ahora escojan un país al que les gustaría viajar. Examinen sus asociaciones con ese país.

Como dijo Aldous Huxley: "Viajar es descubrir que todo el mundo se equivoca en su opinión de otros países".

¿Qué opiniones crees que tienes sobre el país que escogiste que quizás no sean reflejos verdaderos del país?

Uruguay

Nicaragua

Argentina

Honduras

Guinea Ecuatorial

República Dominicana

© Cengage Learning 2013

¡Imagínate!

⊙ >> **Vocabulario útil 1**

© Cengage Learning 2013

RODRIGO: Todavía no sé exactamente lo que quiero hacer, pero lo que sí sé es que hoy día el **mercado laboral** es muy competitivo. Y para tener un futuro **prometedor** en la era de la **aldea global**, hay que saber más que un idioma, ¿no es así?

>> **Las perspectivas globales** *Global perspectives*

la aldea global *global village*
el entorno profesional / social *professional / social environment*

la experiencia laboral *job experience*
el mercado laboral *job market*

Verbos

ampliar *to expand; to increase; to broaden*
animar(se) *to encourage; to cheer up; to get motivated*
apreciar *to appreciate*
captar *to capture; to grasp*
experimentar *to experience; to feel; to undergo*

independizarse de *to gain independence from*
madurar como persona *to mature as a person*
percibir *to perceive*
sumergirse *to immerse oneself*

In the **yo** form of **sumergirse**, the **g** changes to a **j: me sumerjo.**

Sustantivos

el área de confort *comfort zone*
el choque cultural *culture shock*
el crecimiento *growth*
la etapa de tu vida *stage of your life*
la fuerza de voluntad *willpower*

la gama de barreras *range of obstacles*
la mente abierta *open mind*
la sabiduría *wisdom*
el temor *fear*

Adjetivos

agradable *pleasant; enjoyable; nice*
ajeno(a) *alien, foreign*
alucinante *amazing, mind-boggling*
amplio(a) *broad; wide; spacious; expansive*
etnocéntrico(a) *ethnocentric*
graticante *gratifying, rewarding*

impresionante *impressive; striking*
inmerso(a) *immersed*
novedoso(a) *novel, original; innovative*
numeroso *numerous, many*
pleno(a) *full; center of; middle*
previsto(a) *foreseen; predicted*
prometedor(a) *promising*

Notice the use of **pleno** in the following phrases.

a pleno sol *in the full sun*

en pleno verano *in the middle of summer*

en pleno Madrid *in the center of Madrid*

1 **Rodrigo** Antes de hacer la actividad, ve el primer episodio del video otra vez. ¿Cómo completaría Rodrigo las siguientes oraciones? Escoge la mejor de las opciones.

1. Para tener un futuro profesional _____, hay que pasar tiempo en el extranjero.

   a. novedoso   b. agradable   c. prometedor

2. Hoy día, en el mercado laboral, se valora tener una visión _____ del mundo.

   a. amplia   b. etnocéntrica   c. ajena

3. En esta etapa de tu vida, es importante fomentar tu _____ académico y profesional.

   a. área de confort   b. crecimiento   c. temor

4. Para aprender bien una lengua, hay que _____.

   a. tener experiencia laboral b. ampliar tus horizontes intelectuales
   c. vivir inmerso en ella

5. Las razones para vivir y estudiar en el extranjero son _____.

   a. numerosas   b. novedosas   c. previstas

2 **En esta etapa de mi vida** Escribe tus pensamientos sobre los conceptos a continuación. Trata de escribir algo relevante a tu vida en este momento.

MODELO área de confort
    Creo que para madurar como persona e independizarme de mis
        padres, tengo que salir de mi área de confort y experimentar
        nuevas situaciones en una cultura ajena.

1. gama de barreras   3. mercado laboral   5. etapa de mi vida
2. fuerza de voluntad   4. aldea global   6. mente abierta

3 **¿Qué crees?** Escribe seis preguntas para hacerle a un(a) compañero(a) sobre la vida en el extranjero. Usa los verbos a continuación.

MODELO ampliar
    ¿Crees que vivir en el extranjero ampliaría tu visión del mundo?

1. animar(se)   3. experimentar   5. madurar como persona
2. apreciar   4. independizarse de   6. percibir

4 **Conversaciones** Ahora hazle las preguntas de la **Actividad 3** a un(a) compañero(a), y que él o ella te haga sus preguntas a ti. Traten de tener una conversación auténtica sobre sus actitudes hacia la vida en el extranjero.

MODELO Tú: *¿Crees que vivir en el extranjero ampliaría tu visión del mundo?*
    Compañero(a): *Sí, creo que sí. Vivir inmerso en otra cultura y*
        experimentar su modo de percibir el mundo sería gratificante
        porque abriría mis ojos a otras maneras de ser y de vivir.

>> Para estudiar en el extranjero *To study abroad*

el aprendizaje *apprenticeship; internship; training period*
la beca *scholarship*
el criterio *criterion*
el (la) mentor(a) *mentor*

el respaldo *support; backing*
el (la) tutor(a) *tutor*
el viaje educativo *educational travel / trip*

>> Asuntos prácticos *Practical matters*

el albergue juvenil *youth hostel*
el alojamiento *housing*
con (dos meses de) antelación *(two months) in advance*
el pasaporte vigente *valid passport*
el proceso de la visa *visa process*

el sistema de pago *payment method*
el trámite *procedure*
los trámites aduaneros *customs procedures*
la vacuna *vaccine*
la visa estudiantil *student visa*

ACTIVIDADES

5 El viaje educativo ¿Qué clase de viaje educativo te interesaría? Hay muchas agencias que se especializan en viajes educativos por todo el mundo. ¿Cuáles serían tus criterios para escoger un viaje educativo? Escribe una oración que describa tu criterio sobre las áreas a continuación. Luego, pon los criterios en orden de importancia y escribe un párrafo que explique tus prioridades. Comparte tu párrafo con la clase.

1. duración del programa
2. localidad (ciudad, pueblo, etc.)
3. horas de clase
4. tipo de alojamiento
5. mentor o tutor
6. precio
7. escuela de idiomas o universidad

6 Cosas prácticas Escribe seis cosas prácticas que tendrías que hacer con antelación para prepararte para un aprendizaje en el extranjero. Escribe oraciones completas usando las palabras a continuación.

1. alojamiento
2. visa
3. sistema de pago
4. vacuna
5. pasaporte
6. ¿...?

7 **¿En qué país?** Completa el gráfico a continuación. ¿En qué país te gustaría estudiar o vivir? Piénsalo bien. Primero da tres razones por las cuales escogiste ese país. Luego escribe los beneficios personales, profesionales y culturales que crees que te ofrecería el estudio en ese país. Al final, escribe algunos asuntos prácticos que tienes que tomar en cuenta antes de prepararte para viajar al país que escogiste. Guarda esta información para usar otra vez en la sección **A escribir** en las páginas 390–391.

PAÍS _____

Razones
1. _____
2. _____
3. _____

Beneficios personales
1. _____
2. _____
3. _____

Beneficios profesionales
1. _____
2. _____
3. _____

Beneficios culturales
1. _____
2. _____
3. _____

Asuntos prácticos
1. _____
2. _____
3. _____

8 **Diálogos** Ahora, con un(a) compañero(a), conversen sobre la información en los gráficos de la **Actividad 7**. Háganse preguntas y hablen sobre todas las categorías. Luego, decidan a qué país viajarían juntos. Al final, hagan un gráfico que explique las razones y los beneficios que los convenció escoger ese país.

RODRIGO: En poco tiempo me hice amigo de muchos de mis compañeros. Siempre me invitaban a sitios donde **se congregaban** después de clase para **ir de juerga o chismear.**

>> **Para vivir en el extranjero** *Living abroad*

Verbos

Lucir has an irregular **yo** form: **luzco**. The other forms are regular. In the **yo** form of **exigir**, as in **sumergirse**, the **g** changes to a **j: exijo**. **Caber** has a number of irregularities: its **yo** form (and thus its present subjunctive forms) is irregular: **quepo**. Its preterite forms (and thus its imperfect subjunctive forms) are also irregular: **cupe, cupiste, cupo**, etc. / **cupiera, cupieras, cupiera**, etc.

aclarar *to clear up, clarify*
acoger *to take in; to welcome*
acudir *to come, arrive; to go to a place frequently*
caber *to fit*
chismear *to gossip*
congregarse *to congregate*
conllevar *to entail; to involve*
convocar *to call, convene; to organize*
dar la vuelta *to take a spin; to go for a walk, a drive, or a ride*
descuidarse *to be careless*
desvelarse *to stay awake; to be unable to sleep*

disculparse *to apologize*
encomendar (ie) *to entrust*
exigir *to demand*
ir de juerga *to go partying*
latir *to beat; to pulsate*
lucir *to look good, look special*
madrugar *to get up early; to stay up late (into the wee hours)*
tener entendido que... *to have the impression that . . .; to have understood that . . .*
vagar sin rumbo *to wander, roam aimlessly*

Sustantivos

el acontecimiento *event*
el hallazgo *finding, discovery*
la hazaña *great or heroic deed; exploit*
el hecho *fact*
el inconveniente *problem; drawback, disadvantage*
la lengua materna *mother tongue*
el malentendido *misunderstanding*

el ocio *leisure time*
el regocijo *joy*
el ritmo de vida *rhythm of life*
el robo de identidad *identity theft*
el rótulo *sign*
la temporada alta (baja) *high (low) season*
la vida nocturna *night life*

© Cengage Learning 2013

9 **Viajero** Completa la oración con la palabra o frase de la lista.

1. Se puede disfrutar del _____ con actividades sociales, recreativas y culturales.

2. Aclaramos el _____ con disculpas y abrazos.

3. A él le gusta _____ y a ella le gusta hacer planes con antelación.

4. Por las tardes _____ por el centro y luego cenábamos en un restaurante barato.

5. Ver la Estatua de la Libertad por primera vez me llenó de _____.

6. Como el sistema del metro en Santiago es muy eficaz no hay ningún _____ para llegar al centro.

7. Al estar en un país ajeno, es importante no _____ y estar siempre alerta.

a. malentendido
b. dábamos la vuelta
c. inconveniente
d. ocio
e. descuidarse
f. regocijo
g. vagar sin rumbo

10 **Asociación libre de palabras** Escribe cinco palabras o frases que asocias con cada término subrayado. Después describe una experiencia personal que te venga a la mente con relación a uno de los términos.

1. <u>Madrugar</u> para mí es _____.

2. En momentos de <u>ocio</u>, _____.

3. Uno de los <u>hallazgos</u> más importantes de mi niñez fue _____.

4. Cuando <u>voy de juerga</u> con mis amigos, _____.

11 **Un malentendido** ¿Cuál fue un malentendido que tuviste con una persona de otra cultura? Escribe un párrafo describiendo lo que ocurrió. Usa las preguntas a continuación como guía. Si nunca has tenido un malentendido, inventa uno y descríbelo usando tu imaginación. También podría ser un malentendido con una persona de otra generación o un(a) amigo(a).

- ¿Cuál fue el malentendido?
- ¿Cómo ocurrió?
- ¿Fue un problema de lengua?
- ¿Cómo aclararon el malentendido?
- ¿Se disculparon?
- ¿Qué aprendiste de la experiencia?

12 **¡Discúlpame!** Con un(a) compañero(a), improvisen los malentendidos que describieron en la **Actividad 11**. Practiquen un ratito y luego presenten su improvisación a la clase.

MODELO Tú: *¿Por qué llegaste tan tarde?*
Compañero(A): *Quedamos que a las tres, ¿no?*
Tú: *¡Pero son las tres y veinte! Ya estaba a punto de irme.*
Compañero(A): *Discúlpame. Aquí en México las tres quiere decir más o menos las tres, ¡no las tres en punto!*

Other common words for **rótulo** are: **letrero, señal, anuncio, cartel, pancarta.**

The word **inconveniente** has several meanings as a noun. Compare:

No hay **ningún inconveniente** si quieres dejar tu coche en mi casa.

There is no problem if you want to leave your car at my house.

Su plan tiene pocos **inconvenientes**.

His plan has very few drawbacks.

To express *inconvenient* as an adjective the way it is used in English, use **inoportuno** or **incómodo.**

La película *Una verdad* **incómoda** trata del tema del cambio climático.

The movie An **Inconvenient** Truth *is about climate change.*

Es un momento **inoportuno** para hablar de eso.

It's an inconvenient moment to talk about that.

Remember the contrast in meaning with some of these adjectives when used with **ser** vs. **estar**. With **estar** they usually describe a temporary or conditional state. With **ser**, they refer to more permanent or essential traits and characteristics.

Marina **es** una persona muy **disciplinada**, pero a veces **está** completamente **agobiada** porque tiene tantas cosas que hacer. Hoy **está** un poco **despistada**, pero normalmente no lo **es**.

abierto(a) *very open to experiences; open-minded*
acomedido(a) *obliging, helpful*
agobiado(a) *overwhelmed*
amistoso(a) *friendly*
amoroso(a) *loving, affectionate*
audaz *brave, courageous; daring, bold*
aventurero(a) *adventurous*
caprichoso(a) *capricious, fussy; always changing his (her) mind*
cerrado(a) *very closed to experiences; close-minded*
culto(a) *educated; cultured*
cursi *snobby; tasteless*
despistado(a) *scatterbrained, absent-minded*

disciplinado(a) *disciplined*
exigente *demanding*
grosero(a) *rude; crude; vulgar*
(in)seguro(a) de sí mismo(a) *(un)sure of him or herself*
llamativo(a) *striking*
maleducado(a) *bad-mannered; discourteous; rude*
presumido(a) *conceited, full of oneself; arrogant*
prudente *prudent, sensible*
rebelde *rebel*
respetuoso(a) *respectful*
sensato(a) *prudent, sensible*
soberbio(a) *proud, arrogant, haughty*
temeroso(a) *fearful, timid*
terco(a) *stubborn*
vanidoso(a) *vain*

ACTIVIDADES

13 ¿Cómo es? Escoge uno de los adjetivos del vocabulario para completar las descripciones de las siguientes personas.

1. Ricardo es muy _____. Primero dice que quiere ir al cine, y cuando llegamos, cambia de opinión y decide que prefiere ir a patinar.

2. Sofía es muy _____. Cuando hay tareas que hacer, ella siempre ofrece su ayuda.

3. Sergio es un poco _____. No le gusta que le diga nadie cómo comportarse.

4. Rufina es _____. No hay modo de que cambie de opinión una vez que se le mete algo en la cabeza.

5. Eva es _____. Le gusta ir a ciudades y lugares desconocidos para conocer otras culturas de primera mano.

6. Isabel es muy _____. Nunca trae lo que necesita para la clase.

7. Rogelio es muy _____. Lee, estudia y viaja mucho. Sabe mucho de la vida internacional y tiene una visión del mundo muy educada.

8. Ramiro es muy _____. Siempre duda cuando tiene que tomar decisiones importantes.

9. Adán es muy _____. Pasa horas alistándose frente al espejo.

14 **Descripciones** Descríbele a tu compañero(a) a alguna persona famosa o un personaje histórico o literario. Puedes ayudarle con más información si la tienes. Tu compañero(a) tiene que adivinar quién es.

MODELO Tú: *Es el personaje principal de una caricatura televisada. Vive con su mamá, su papá y sus dos hermanitas. Es muy maleducado y grosero.*

Compañero(A): *Bart Simpson.*

15 **Comunicaciones** Escríbele un e-mail o un post a un(a) amigo(a) sobre tu estancia en una ciudad ajena. Describe con mucho detalle tu experiencia. Si no has viajado a ninguna ciudad extranjera, escoge una y haz una investigación en Internet antes de escribir el e-mail o el post.

Frases de todos los días

Adivina Haz correspondencia entre las palabras y frases a la izquierda y sus equivalentes en inglés a la derecha.

1. **un montón**
2. **quedarse con los brazos cruzados**
3. **te apuesto**
4. **para chuparse los dedos**
5. **estar mal visto(a)**
6. **meter la pata**
7. **tener buena (mala) pinta**
8. **por casualidad**
9. **fuera de lo común**
10. **de primera mano**

a. *mouthwatering*
b. *to stick your foot in your mouth*
c. *to have a good (bad) look*
d. *a ton; a lot; loads of*
e. *by sheer chance or coincidence*
f. *out of the ordinary*
g. *to be frowned upon*
h. *to twiddle your thumbs*
i. *firsthand*
j. *I bet you*

Práctica Escoge una de las frases de la lista y búscala en Internet. Apunta o imprime algunas oraciones que la incluyan. Compara el uso de la frase en varios blogs o comentarios. ¿Qué aprendiste sobre su uso? ¿Hay varias maneras de usar la frase? ¿Hay algunas diferencias sutiles *(subtle)*? Estudia la frase en contexto hasta que entiendas cómo usarla en una oración o en una conversación. Comparte tus observaciones con la clase.

Escena 1: *¡Quiero conocer el mundo!*

En esta escena, Rodrigo describe por qué quiere estudiar en el extranjero.

1 Mira el video y llena los espacios en blanco con las palabras correctas según lo que dice Rodrigo.

1. Según Rodrigo, conocer el mundo no sólo se trata de viajar, conocer y vagar sin rumbo, pero también del _____ académico y profesional.

2. Rodrigo sabe que hoy día el _____ _____ es muy competitivo.

3. Él también dice que los beneficios personales de este tipo de experiencia serían _____.

4. Según Rodrigo, si vive en otro país, tendrá que independizarse de sus padres, _____ _____ _____ y ganar más confianza en sí mismo.

5. Rodrigo quiere que sus padres olviden la _____ de _____ que se le vayan a presentar y dejen que él estudie en otro país.

Escena 2: *¡Conocí el mundo!*

En esta escena, Rodrigo describe sus experiencias durante su año de estudios en Estados Unidos.

2 Mira el video y llena los espacios en blanco con las palabras correctas según lo que dice Rodrigo.

1. Rodrigo quería conocer la cultura estadounidense de _____ _____ y perfeccionar su inglés.

2. Rodrigo dice que todos los miembros de la familia Nelson lo _____ con brazos abiertos.

3. Al principio, Rodrigo tuvo algunos _____ con ellos, pero los aclararon fácilmente.

4. Sus compañeros siempre invitaban a Rodrigo a sitios donde se congregaban para _____ de _____ o chismear.

5. Según Rodrigo, pensando todo el día en inglés fue algo _____ de _____ _____.

>> Entrevista con **Gil Matos,** ejecutivo multinacional

Courtesy of Gil Matos

Para Gil Matos, el bilingüismo es un pasaporte a un mundo de oportunidades profesionales. Como director de reclutamiento *(recruiting)* de *Hult International Business School*, Gil se encuentra en tránsito una gran parte del tiempo. Cuando no está viajando, produce y presenta programas para Boston Latino TV sobre deportes y asuntos de interés para la comunidad latina de Boston.

Comprensión

Di si las siguientes oraciones son ciertas **(C)** o falsas **(F)**. Corrige las oraciones falsas.

1. El padre de Gil vino a EEUU de Cuba en un bote a la edad de 13 años.
2. Gil aprendió el español de su familia, pero nunca lo estudió en la escuela.
3. Gil hace reclutamiento para Hult y su territorio es toda América Latina.
4. Gil no usa el español en su trabajo para el programa Boston Latino TV.
5. Gil les aconseja a los estudiantes de español que lo practiquen mucho.

>> **Beatriz Terrazas** y el arte del periodismo de viaje

© Beatriz Terrazas

"**A**doro el arte del cuento, el acto de captar retazos *(snippets)* de la vida en palabras e imágenes".

La escritora y fotógrafa Beatriz Terrazas es una distinguida periodista de viajes. Sus relatos se destacan por sus vívidas imágenes en texto y fotografía y por su toque personal. Por ejemplo, en un artículo sobre el Río Grande, la autora escribe:

"Echo de menos el Río Grande. Lo veo en mi mente y siento el olor de menudo condimentado con orégano. Lo veo y oigo la pisada de pezuñas de caballos frente a la casa de mi abuelo en Juárez, siento el ritmo de un corrido que me pone los pies en movimiento."

Uno de los artículos más íntimos de Terrazas es *The Childhood She Couldn't Remember*. En él, la escritora relata una dolorosa experiencia infantil y reflexiona sobre la importancia de la frontera en su vida:

"Soy hija de la frontera. Mis padres se conocieron en Las Cruces, Nuevo México, a finales de los años 50. Se casaron, tuvieron tres hijos y se establecieron en El Paso, donde mi madre y mi hermana residen todavía. Mi hermano y yo vivimos en North Texas, pero ninguno de los dos podemos alejarnos mucho de este lugar intermedio, esta frontera donde culturas, lenguas e historias se entrelazan inseparablemente y a donde regreso a cerrar un capítulo de mi vida."

¡Prepárate!

Gramática útil 1

Estructuras nuevas: The future perfect and conditional perfect

Sin esta experiencia en el extranjero, yo **habría sido** una persona muy diferente.

You can review future tense forms in **Appendix C.**

Note that in the translation of the speculative use of the future perfect, you are wondering about an event that may just have occurred: *I don't see Nati. She must have just gone somewhere. I wonder where.*

Cómo usarlo

Future perfect

1. As you recall, the future tense is used to talk about actions that will happen in the future, or to speculate about events in a present-tense situation.

Cuando vayas al extranjero, **apreciarás** las culturas de otros países.

*When you travel abroad, **you will appreciate** the cultures of other countries.*

Nuestra tutora todavía no ha llegado. ¿Donde **estará**?

*Our tutor still hasn't arrived. Where **can she be?***

2. You have learned two perfect tenses already: the present perfect and the past perfect. Perfect tenses are always formed with **haber** and a past participle. The future perfect tense is no different. It is formed with future-tense forms of **haber** and the past participle, and it is used to say what people *will have done* by a certain time in the future. It can be used to make predictions about the future or to speculate about what people might have done.

- Prediction

  Al cumplir treinta años, ya **habré viajado** a Latinoamérica.

  *When I turn thirty, **I will** already **have traveled** to Latin America.*

- Speculation

  No veo a Nati. ¿Adónde **habrá ido**?

  *I don't see Nati. Where **will she have gone?** (I wonder where she has gone?)*

3. Here are the future perfect forms in Spanish.

yo **habré viajado / leído / escrito**	nosotros(as) **habremos viajado / leído / escrito**
tú **habrás viajado / leído / escrito**	vosotros(as) **habréis viajado / leído / escrito**
Ud., él, ella **habrá viajado / leído / escrito**	Uds., ellos, ellas **habrán viajado / leído / escrito**

4. As with other perfect forms, remember that all pronouns (reflexive, direct object, indirect object, and double object) go before the form of **haber,** as does the word **no** in negative sentences.

No podré hacer las reservaciones hasta la próxima semana porque probablemente **no habré encontrado** un hotel bueno hasta entonces.

I won't be able to make the reservations until next week because I probably won't have found a good hotel until then.

366 Capítulo 20

Conditional perfect

1. As you recall, the conditional is used to talk about hypothetical actions that would occur under certain circumstances. It can also be used to talk about future events and to speculate about ongoing events *from a past-tense perspective*.

You can review conditional forms in **Appendix C**.

- Hypothetical actions
  Sin la vacuna, **me enfermaría.**   *Without the vaccine, I* **would get sick**.
- Future events from past-tense perspective
  Cuando tenía diez años, nunca   *When I was ten years old, I never*
  pensé que **viajaría** *a Argentina.*   *thought I* **would travel** *to Argentina.*
- Speculation about the future from past-tense perspective
  Yo no sabía dónde estaba el   *I didn't know where my brother's*
  pasaporte de mi hermano.   *passport was. I thought maybe*
  Pensaba que tal vez lo **tendría**   *he* **had** *it in his backpack.*
  en su mochila.

Remember that you learned another use of the conditional—to make courteous requests—on pages 280–281 of **Chapter 18**.

2. The conditional perfect is formed with conditional forms of **haber** and the past participle, and it is used to speculate about what people *would have done* (from a past-tense perspective). Compare the following two sentences, the first from a present-tense perspective, the second from a past-tense perspective. The first statement is more open—the condition still applies and the action might happen, under certain circumstances. The second statement is more specific—it is referring to a hypothetical situation that took place in the past, but may not still be a possibility in the future. (We don't know for sure.)

Present:

Con un millón de dólares,   *With a million dollars,*
yo **compraría** un apartamento   *I* **would buy** *an apartment*
en Madrid.   *in Madrid.*

Past:

Con un millón de dólares,   *With a million dollars,*
yo **habría comprado**   *I* **would have bought**
un apartamento en Madrid.   *an apartment in Madrid.*

3. Here are the conditional perfect forms in Spanish.

yo **habría viajado / leído / escrito**	nosotros(as) **habríamos viajado / leído / escrito**
tú **habrías viajado / leído / escrito**	vosotros(as) **habríais viajado / leído / escrito**
Ud., él, ella **habría viajado / leído / escrito**	Uds., ellos, ellas **habrían viajado / leído / escrito**

4. The conditional perfect follows the same rules as the future perfect for the placement of pronouns and the word **no** (in negative sentences).

ACTIVIDADES

1 **¿Cuál es?** Escoge una forma del futuro perfecto o del condicional perfecto para completar cada oración.

1. Con más tiempo, (habrás buscado / habrías buscado) alojamiento más barato. Pero ya es demasiado tarde.
2. Dentro de veinte años, creo que (habré viajado / habría viajado) por Europa.
3. ¿Qué (habré hecho / habría hecho) con los pasaportes? No los encuentro.
4. (Habrán recibido / Habrían recibido) una beca, pero nunca completaron la solicitud.
5. No vieron al guía y me preguntaron adónde (habrá ido / habría ido).
6. ¡Qué viaje! ¡Dentro de quince días, (habrás visitado / habrías visitado) diez países diferentes!
7. Me imagino que ya (habrán salido / habrían salido). No contestan el teléfono.
8. Fue un malentendido. Ya verás, se (habrá disculpado / habría disculpado) dentro de unos días.

2 **¿Qué forma?** Lee las siguientes oraciones. Decide si se debe usar el futuro perfecto o el condicional perfecto para reemplazar las palabras inglesas e indica qué forma de **haber** es la correcta.

1. ¡No _____ *(they would have)* ido de juerga sin nosotras!
2. Sin sus amigos, _____ *(she would have)* sido una persona muy solitaria.
3. ¡Imagínate! Para mañana _____ *(we will have)* completado todas las preparaciones.
4. _____ *(I would have)* sacado un pasaporte nuevo, pero no tuve tiempo.
5. Ya _____ *(you will have)* hablado con el tutor antes de que yo llegue.
6. ¿Qué _____ *(will they have)* hecho con la solicitud de beca? No la veo.
7. _____ *(We would have)* buscado unas habitaciones en el albergue juvenil, pero estaba completo.
8. Fueron para vacunarse pero la enfermera no estaba. ¿Adónde _____ *(would she have)* ido?

3 **¿Qué habrá / habría pasado?** Completa las oraciones de los dos grupos con el futuro perfecto o el condicional perfecto, según la indicación. Sigue los modelos.

MODELOS futuro perfecto: tú no lo (hacer) hasta el verano
Tú no lo habrás hecho hasta el verano.
condicional perfecto: tú no lo (hacer) sin la ayuda de tu familia
Tú no lo habrías hecho sin la ayuda de tu familia.

Futuro perfecto

1. ustedes ya (volver) de su viaje a Perú
2. yo (confirmar) las reservaciones dentro de unos minutos

3. para mañana tú y yo (hablar) con el agente de viaje

4. el tutor (salir) por un unos minutos

Condicional perfecto

5. tú nunca (exigir) alojamiento tan caro

6. ellos no (chismear) sobre la vida de su mentor

7. tanto equipaje no (caber) en el auto

8. yo no (ir) de juerga sin mis amigos

4 **Metas personales** Trabaja con un(a) compañero(a). Túrnense para hacer preguntas sobre sus metas personales para el futuro. ¿Qué habrán hecho al completar cada década de su vida? Después de preguntar y contestar, hagan una lista de las metas que tienen en común para compartirlas con la clase entera.

MODELO los veinte
Estudiante 1: *¿Qué habrás hecho al salir de los veinte?*
Estudiante 2: *Creo que ya habré conseguido un trabajo bueno.*

1. los veinte

2. los treinta

3. los cuarenta

4. los cincuenta

5. los sesenta

6. los setenta

5 **Los que no ganaron** Trabajen en un grupo de tres o cuatro personas. Miren las fotos de varias personas que no ganaron la lotería e imaginen qué habrían hecho de haber ganado. Escriban dos oraciones para cada persona y sean lo más creativos que puedan. Después digan qué habrían hecho ustedes.

Picture Contact BV/Alamy

MODELO Horacio es una persona muy audaz y aventurera.
Horacio habría comprado una moto muy grande. Y...

© Mikeleday/Shutterstock

© Brian Eichhorn/Shutterstock

1. Mauricio es muy disciplinado.

4. La señora Valdés es muy amorosa.

© Majesticci/Shutterstock

© iofoto/Shutterstock

2. Elvira tiene un estilo personal muy llamativo.

5. El señor Robles está completamente agobiado.

© Picture Images/Alamy

© Nicholay Stanev/Shutterstock

3. Roque y Bruno son muy maleducados.

6. Marta y Mario son muy vanidosos.

Gramática útil 2

Repaso y ampliación: *Si* clauses

Si **tuviera** la oportunidad de estudiar en el extranjero, mi respuesta siempre **sería** definitivamente ¡sí!

Cómo usarlo

1. You reviewed the future and conditional tenses earlier this chapter. Both these forms, along with others, can be used with **si** to say what you would or will do under certain conditions.

2. **Si** clauses are dependent clauses. When a **si** clause is used with a main clause, the **si** clause expresses a habitual, unresolved, or counterfactual (impossible) situation. The main clause expresses the routine, likely, unlikely, or impossible outcome of that situation. Here are four kinds of **si** clauses, each with its own level of certainty.

Habitual situation: Si **tengo** el dinero...	**Routine outcome:** ... siempre **voy** al cine los sábados. *(It happens routinely.)*
Unresolved situation: Si **tengo** el dinero... Si me **dan** la beca... Si la **ves**...	**Likely outcome:** ... **iré** a Chile. *(It's likely to happen.)* ... **voy a estudiar** en Lima. *(It's likely to happen.)* ... **dale** mis recuerdos. *(It's likely to happen.)*
Unresolved situation: Si **tuviera** el dinero...	**Unlikely outcome:** ... **iría a estudiar** en Lima. *(It probably won't happen.)*
Counterfactual situation: Si **hubiera ahorrado** mi dinero... Si **hubiera tenido** el dinero...	**Impossible outcome:** ... ahora **sería** un millonario. *(I'm not.)* ... **habría estudiado / hubiera estudiado** en el extranjero en mayo. *(I didn't have it so I couldn't go.)*

In the chart, "counterfactual" refers to a situation that could not and/or did not occur. Notice that the second kind of unresolved situation also has a counterfactual aspect to it, in that the speaker is saying it doesn't look possible right now, but the situation might change in the future.

3. The order of the two clauses does not matter.
   Si vas a Machu Picchu, te divertirás. / Te divertirás **si vas a Machu Picchu.**

4. There are specific combinations of verb forms used in the **si** clause and in the main clause. Each combination conveys infomation about how likely the possible outcome is. These are the most common combinations.

   ■ **Habitual situation / Routine outcome**
   Here the **si** clause does not express much doubt. It is describing a habitual situation with a routine outcome.

Si clause	Main clause
Habitual situation: present indicative	**Routine outcome:** **ir** + **a** + infinitive future present indicative

Si **vas** a mi casa... (siempre) **vas a comer** bien / **comerás** bien / **comes** bien.

- ■ **Unresolved situation / Likely outcome**
  Here the speaker is fairly certain the event described in the **si** clause will occur. For this reason the verb in the main clause expresses certainty about the future.

Si clause	Main clause
Unresolved situation: present indicative	**Likely outcome:** **ir** + **a** + infinitive future command form

Si te quedas en ese hotel...   **vas a estar / estarás** muy cerca de las ruinas.
Si hablas con el gerente...   **pídele** un descuento.

- ■ **Unresolved situation / Unlikely outcome**
  Here the speaker thinks it unlikely that the situation in the **si** clause will take place, so the imperfect subjunctive in the **si** clause expresses that uncertainty. The **si** clause can also describe counterfactual situations: **Si te quedaras en mi casa...** *(but you never do)*.

Si clause	Main clause
Unresolved situation: imperfect subjunctive	**Unlikely outcome:** conditional

Si **te quedaras** en ese hotel, **estarías** muy cerca de las ruinas.

*If you **were to stay** in that hotel, you **would be** very close to the ruins. (But you probably won't stay there.)*

- ■ **Impossible situation / Impossible outcome**
  Because this refers to an impossible event, the speaker already knows it could not have happened (and, of course, it didn't). If the main clause refers to an impossible current situation, use the conditional. If it refers to an impossible situation in a past-tense context, use the past perfect subjunctive or the conditional perfect.

Native speakers often alternate between the conditional perfect and the past perfect subjunctive in the main clause, often because of regional usage. Either one is correct.

Si clause	Main clause
Counterfactual situation: past perfect subjunctive	**Impossible outcome:** conditional past perfect subjunctive conditional perfect

You can review the forms of the past perfect subjunctive on pages 326–327 of **Chapter 19.**

Si yo **hubiera viajado** más, **sabría** más sobre otras culturas.
Si yo **hubiera estado** contigo, nos **hubiéramos divertido** / nos **habríamos divertido.**

*If I **had traveled** more, I **would know** more about other cultures.*
*If I **had been** with you, we **would have had fun.***

6 **¿Qué pasa si...?** Escoge la forma que mejor complete la cláusula independiente, según la información contenida en la cláusula con **si**.

1. Si salgo de mi área de confort, (tendré / tuviera) una experiencia inolvidable.

2. Si tuvieras la mente abierta, (aprecias / apreciarías) más las culturas ajenas.

3. Si todos experimentáramos una cultura diferente, (entenderíamos / hubiéramos entendido) mejor la nuestra.

4. Si ustedes se animaran, (verían / ven) que hay muchas oportunidades para encontrar un aprendizaje en un país extranjero.

5. Si ellos hubieran convocado un grupo de estudio, (invitarían / habrían invitado) a todos los estudiantes del tercer año.

6. Si te sumerges en una cultura diferente, (aprenderás / habrías aprendido) mucho.

Track 25

7 **Los resultados** Escucha las seis oraciones con cláusulas con **si**. Para cada una, decide si el resultado que se describe es rutinario, probable, improbable o imposible e indícalo en la tabla.

	resultado rutinario	resultado probable	resultado improbable	resultado imposible
1.				
2.				
3.				
4.				
5.				
6.				

8 **Estudiar en el extranjero** Completa las oraciones con una forma correcta del verbo. (En algunos casos, hay más de una forma correcta.) Después, con un(a) compañero(a), túrnense para repetir o cambiar cada oración según su propia opinión.

1. Yo no viviría con una familia si no _____ (apreciar) su compañía.

2. Si voy de juerga todas las noches, no _____ (sacar) buenas notas.

3. Si tuviera un malentendido con un(a) compañero(a), _____ (disculparse) inmediatamente.

4. Si sintiera nostalgia por mis amigos y familiares, _____ (gastar) el dinero para llamarlos.

5. Si me independizo de los otros estudiantes norteamericanos, _____ (poder) hablar el español todos los días.

6. Si salgo del área de confort personal, _____ (tener) una experiencia mejor.

9 **Reacciones personales** ¿Qué harás o harías? Trabaja con un(a) compañero(a) para completar las frases indicadas. Túrnense para dar su reacción a cada situación relacionada con un viaje al extranjero.

MODELOS Si me dan $100 para un viaje...
Si me dan $100 para un viaje, compraré una maleta nueva.
Si me dieran $100 para el viaje...
Si me dieran $100 para un viaje, compraría una maleta nueva.

1. Si los pasajeros son agradables...
2. Si el guía fuera interesante...
3. Si yo experimentara el choque cultural...
4. Si la gente habla muy rápido...
5. Si mis amigos no me llamaran...
6. Si necesito más dinero...
7. Si mi profesora fuera despistada...
8. Si perdiera mi pasaporte...

10 **Escena de un viaje desastroso** Trabaja con un(a) compañero(a). Miren el dibujo y coméntenlo, diciendo qué habrían hecho si les hubieran ocurrido las situaciones indicadas. Sigan el modelo.

MODELO La señora Gómez
Si yo fuera la señora Gómez, habría / hubiera hecho una reservación con dos meses de antelación.

© Cengage Learning 2013

Gramática útil 3

Repaso y ampliación: Sequence of tenses in the subjunctive

Y **está** previsto: el que **haya tenido** experiencias en otras culturas tendrá más éxito, punto final no más.

Cómo usarlo

1. You have reviewed and learned a number of tenses throughout this program. The phrase *sequence of tenses* refers to formulas that help you figure out which tenses are normally used together when you use the subjunctive in sentences where one clause is in the indicative (the main clause) and the other is in the subjunctive (the dependent clause). For example, look at the sequence of tenses in the following sentences.

Les **voy a pedir** que **den** una vuelta conmigo.	***I'm going to ask*** *that they **go** for a walk with me.*
Les **pido** que **den** una vuelta conmigo.	***I am asking*** *that they **go** for a walk with me.*
Les **pedí** que **dieran** una vuelta conmigo.	***I asked*** *that they **go** for a walk with me.*
Con más tiempo, les **pediría** que **dieran** una vuelta conmigo.	*With more time, **I would ask** that they **go** for a walk with me.*

2. Here are some formulas to help you use the indicative and the subjunctive forms together in various present, past, and future contexts. (These are not all the possible combinations, just some typical ones.) Note their different meanings.

- **Future time**
  – future indicative (main clause) + present subjunctive (dependent clause)
    Pediré que salgan.   *I **will ask** that they **leave**.*

  – future perfect (main clause) + present subjunctive (dependent clause)
    Habré pedido que **salgan.**   *I **will have asked** that they **leave**.*

- **Present time**
  – present indicative (main clause) + present subjunctive (dependent clause):
    Dudo que **vayan** a salir.   *I **doubt** that they **are going to leave**.*

  – present indicative (main clause) + present perfect subjunctive (dependent clause):
    Dudo que **hayan salido.**   *I **doubt** that they **have left**.*

- **Past time**
  - present perfect indicative (main clause) + imperfect subjunctive (dependent clause):

He dudado que **salieras.**	*I **have doubted** that you **were leaving.***

  - preterite indicative (main clause) + imperfect subjunctive (dependent clause):

Pedí que **salieras.**	*I **asked** that you **leave.***

  - preterite indicative (main clause) + past perfect subjunctive (dependent clause):

Fue una pena que ya **hubieras salido.**	*It **was** too bad that you **had** already **left.***

  - imperfect indicative (main clause) + imperfect subjunctive (dependent clause):

Dudaba que **salieras.**	*I **doubted** that you **were leaving.***

  - imperfect indicative (main clause) + past perfect subjunctive (main clause):

Dudaba que **hubieras salido.**	*I **doubted** that you **had left.***

  - past perfect indicative (main clause) + imperfect subjunctive (main clause):

Ya **había pedido** que **salieras.**	*I **had already asked** that you **leave.***

- **Conditional / Hypothetical situations**
  - conditional + imperfect subjunctive

Pediría que **salieras.**	*I **would ask** that you **leave.***

  - conditional perfect + imperfect subjunctive

Habría pedido que **salieras.**	*I **would have asked** that you **leave.***

  - past perfect subjunctive + imperfect subjunctive

Hubiera pedido que **salieras.**	*I **would have asked** that you **leave.***

¿Él le dijo eso a ella? ¿Quién lo **hubiera creído**?

You can also use the present subjunctive with a past-tense verb if the action it expresses relates to a present-tense or future context, and not a past-tense one:

Mis amigos **me recomendaron que vaya** a Amazonia. (The recommendation is in the past, but the action of going has not yet taken place.)

On pages 370–371 you learned how to express hypothetical situations in **si** clauses. You can also express them in sentences without the **si** clause by using these formulas.

11 ¿Cuándo? Escucha las oraciones. Para cada una, escribe el verbo conjugado de la primera cláusula y el verbo conjugado de la segunda cláusula en la tabla. Después, escucha la oración otra vez e indica si el contexto de la oración es presente, pasado o condicional. Escucha cada oración dos veces. Sigue el modelo.

Track 26

MODELO *Mis padres quieren que yo vaya a estudiar en el extranjero.*

	verbo 1	verbo 2	contexto
Modelo	*quieren*	*vaya*	*presente*
1.			
2.			
3.			
4.			
5.			
6.			
7.			
8.			

12 Problemas y soluciones Escribe la forma del verbo en el subjuntivo que mejor complete cada oración.

1. ¿Qué haría si perdiera el pasaporte? Tendría que pedir que los empleados de la embajada me _____ (avisar) si alguien lo devuelve.

2. El médico no pudo darme la vacuna hoy. Me sugirió que _____ (volver) mañana.

3. No quiero tener problemas en la aduana. Es mejor que yo _____ (echar) esta manzana a la basura antes de entrar.

4. Si hubiera tenido las fechas antes, habría insistido en que mis amigos _____ (hacer) una reservación con unas semanas de antelación.

5. Quiero buscar un empleo en Chile por unos meses. Dudo que _____ (tener) que sacar una visa, pero no estoy segura.

6. Quería llevar dos maletas muy grandes. ¡Qué pena que ellas no _____ (caber) en el auto!

7. En el caso de enfermarme en el extranjero, no sé qué haría. A lo mejor, buscaría un médico que _____ (hablar) inglés.

8. No gané la beca para estudiar en el extranjero. Pero mis profesores me aconsejan que la _____ (solicitar) otra vez.

13 Sugerencias para viajar Trabaja con un(a) compañero(a) de clase. Miren un mapa del mundo en Internet o en clase. Túrnense para buscar un país y hacer sugerencias sobre lo que la otra persona debe hacer allí. Sigan el modelo y usen formas del presente del subjuntivo con actividades de la lista (e información que ya sabes sobre los países). Cada persona debe mencionar por lo menos cinco países.

MODELO Cuando vayas a..., es necesario que...
  Estudiante 1: *Cuando vayas a Marruecos, es necesario que visites Rabat.*
  Estudiante 2: *Cuando vayas a Costa Rica, es necesario que vayas a las playas de Guanacaste.*

Actividades: caminar por la selva, comer ¿...?, comprar ¿...?, escuchar música ¿...?, hablar ¿...?, ir a las playas (de ¿...?), pasear en barco por el río / lago ¿...?, practicar alpinismo, ver mucha flora y fauna / ruinas / ¿...?, visitar ¿...?

14 Los compañeros del programa Con un(a) compañero(a) de clase, túrnense para completar las siguientes oraciones sobre unos compañeros de un programa de estudios en el extranjero. Pueden elegir ideas de la lista u otras que prefieran. Sigan el modelo.

MODELO Miguel es muy presumido. Muchas veces, tuve que pedirle que...
  ...fuera más considerado con los demás.

Ideas: ayudarle(s) a..., buscar aventuras, decirle dónde están sus cosas, estudiar más, llevarse bien con todos, no poder relajarse, obedecer las reglas, participar en las actividades del programa, practicar deportes extremos, quejarse tanto, salir a divertirse, tener más consideración para los demás

1. Belkis es muy acomedida. Era fantástico que ella...

4. Laura es un poco rebelde. Los profesores siempre le pedían que...

2. Armando es muy despistado. Era necesario que nosotros...

5. Enrique es bastante exigente. Era una pena que él...

3. Susana es muy audaz. Ella siempre quería que todos...

6. Ronaldo es un poco inseguro de sí mismo. Teníamos que animarlo para que él...

15 Ahora y antes Trabaja con un(a) compañero(a) de clase. Túrnense para mencionar cinco cosas que dudabas en el pasado y otras que dudas ahora. Sigan el modelo y usen formas del subjuntivo.

MODELO *Antes dudaba que yo pudiera sacar buenas notas en la universidad.*
  ¡Ahora dudo que pueda terminar toda la tarea!

Viajar es la mejor manera de borrar por completo los estereotipos de la conciencia. Sin conocer de primera mano una cultura o un país, es fácil tener alguna idea falsa, incompleta o fabricada de lo que representa esa cultura o país. Por ejemplo, ¿qué se te ocurre al pensar en Argentina o España? Argentina, un país enorme con ricas tradiciones, ofrece mucho más que las parrilladas y el tango. Y ¡qué va! España luce mucho más que las tapas y el flamenco.

Vas a leer unos párrafos sobre seis países latinoamericanos. A ver si puedes adivinar qué párrafos corresponden con qué país. ¡A que no sabías!

Los países

Los párrafos

TEXTO A

Este es el único país latinoamericano que en un momento breve de su historia tuvo un presidente estadounidense. William Walker, de Nashville, Tennessee se proclamó presidente de este país entre 1856 y 1857 a través de unas elecciones amañadas *(rigged)*. El presidente de los Estados Unidos en esos tiempos, Franklin Pierce, reconoció a Walker como el gobernador legítimo de este país en 1856. Pronto perdió el apoyo de los intereses norteamericanos y fue repatriado a Nueva York. Poco después volvió a la región centroamericana donde fue capturado por la Armada Británica. Fue entregado a las autoridades hondureñas, quienes lo fusilaron a la edad de 36 años.

TEXTO B

En este país se encuentra una piedra preciosa que hasta hace poco no se había encontrado en ningún otro sitio en todo el mundo: el ámbar azul. El ámbar es una resina fosilizada, residuo de árboles prehistóricos. El origen de su color sigue siendo un misterio, pero lo que sí queda claro es que el ámbar azul es una piedra hermosa, exótica y extremadamente rara. Se cuenta que los nativos del país le regalaron a Cristóbal Colón unos zapatos decorados con ámbar de este país.

Barb'sWire Jewelry

TEXTO C

Este país fue parte de una guerra que se vino a conocer como "La guerra del fútbol" porque las cien horas que duró coincidieron con los disturbios que estallaron en las eliminatorias de la Copa Mundial de Fútbol de 1970. La turbulencia en el partido de fútbol no fue la causa de la guerra, sino sólo un síntoma de las tensiones políticas que ya existían entre este país y El Salvador sobre la inmigración y la demarcación de la frontera. La breve guerra resultó en un acuerdo de paz once años después en el cual este país recibió la mayoría del territorio en disputa.

TEXTO D

Una de las tradiciones de este país durante el carnaval del verano incluye un tipo de coral-teatral-musical llamado "la murga". En la murga, un grupo canta letras que ellos mismos han escrito con temas relacionadas a la política, la sociedad, las noticias del día o cualquier acontecimiento importante de la actualidad. El espectáculo se define por su tono de ironía para reírse de la adversidad.

© Yacov Dagan/Alamy

TEXTO E

Los habitantes de este país a veces pueden tener hasta cuatro nombres, un sistema que puede resultar en un apellido distinto para cada generación. El nombre completo empieza con un nombre de pila en español, seguido por un nombre de pila africano, luego el nombre de pila del padre (que se convierte en el apellido principal) y finalmente, el nombre de pila de la madre.

TEXTO F

Por sus cordones montañosos y los vientos casi constantes, las actividades aéreas que se destacan dentro del turismo de aventura en este país son la práctica de parapente, de ala delta y los vuelos en planeadores. Uno de los mejores pilotos del mundo, el suizo Andy Hediger, a quien llaman "el Maradona del Parapente Mundial", se quedó a vivir para siempre en las montañas de este país después de haber competido en el 1er Mundial de Parapente.

© iStockphoto

TEXTO G

Las estadísticas de este país en el alfabetismo y la salud lo hacen atractivo al que quiera leer hasta la mayor edad. Las figuras oficiales reclaman un 97% de alfabetismo. Recientemente el gobierno ha alcanzado la meta de poner una computadora portátil en las manos de cada estudiante y maestro en el país. También se distingue por su larga esperanza de vida: el índice de la mortalidad infantil está a 13.9/1000, el cual es muy bajo, y la esperanza de vida al nacimiento es 75.2 años, la más alta de toda Sudamérica.

TEXTO H

En este país una danza llamada "Palo de Mayo" forma parte de la cultura de varias comunidades. También es el nombre del festival que se celebra durante un mes en la costa caribeña. Se cree que tanto la danza como el festival son una mezcla de las tradiciones europeas y afrocaribeñas, aunque hay varias teorías sobre sus orígenes. La mayoría de los historiadores dicen que el Palo de Mayo vino de Inglaterra, pero existen diferencias sobre la ruta de su llegada a la costa. Aunque el ritual del Palo de Mayo ha desaparecido de otros países, en este país sigue pasándose de generación a generación.

TEXTO I

En este país se encuentra una comunidad que se dedica a la permacultura, "un sistema de diseño para la creación de medioambientes humanos sostenibles". La permacultura no se trata solamente de la agricultura, sino también de la cultura, porque para sobrevivir mucho tiempo, las culturas tienen que implementar una ética en su uso de la tierra. Dice Bill Mollison: "Algunos creemos que la Permacultura es hoy en día una de las más ricas, vitales y emergentes síntesis del conocimiento humano en su búsqueda de una sociedad justa en armonía con la naturaleza".

TEXTO J

Aunque el español es el idioma de la mayoría de los habitantes de este país, y es el idioma que utiliza el gobierno, el francés y el portugués igual son idiomas oficiales según la Constitución. También se reconocen las lenguas aborígenes, incluso el *fang,* el *bubi,* el *annobonés,* el *balengue,* el *ndowé,* el *ibo* y el *inglés criollo.* La población es de carácter joven, demostrado en el porcentaje (45) de personas que no sobrepasa los 15 años. Y es el único país hispano en el mundo con una población que en su mayoría es africana.

TEXTO K

Óscar de la Renta, uno de los diseñadores más ilustres y creativos de la moda mundial nació en este país en 1932 con el nombre de Óscar Arístides Renta Fiallo. A los dieciocho años viajó a España para estudiar arte en la Academia de San Fernando en Madrid, pero pronto reconoció su interés en la moda y empezó a hacer diseños para las firmas españolas de alta costura hasta llegar a hacer un aprendizaje con Cristóbal Balenciaga. En 1971, de la Renta se hizo ciudadano estadounidense por razones prácticas, aunque admite que en su corazón, es más latino que norteamericano.

TEXTO L

En este país se encuentran las ruinas de un centro ceremonial y gubernamental de la gran y antigua civilización maya. La ciudad alcanzó su población máxima en el siglo VIII con más de 20.000 habitantes. La zona arqueológica se destaca por sus numerosos templos, plazas, altares y estelas. La Escalinata de los Jeroglíficos contiene más de 1.250 bloques de inscripción que quizás sean los jeroglíficos más importantes y extensos de toda Mesoamérica.

ACTIVIDADES

1 **¿Comprendiste?** Sin hacer investigación, pon las letras de los dos párrafos que crees que correspondan con cada país. Toma tus decisiones rápidamente, después de haber leído el párrafo sólo una vez. No te preocupes si adivinaste mal, ¡es normal! Así puedes aprender más sobre tus ideas de ciertos países.

1. Argentina: _____, _____
2. Guinea Ecuatorial: _____, _____
3. Honduras: _____, _____
4. Nicaragua: _____, _____
5. República Dominicana: _____, _____
6. Uruguay: _____, _____

Tú y el mundo sin fronteras: ¡Exprésate!

2 **Mente abierta** ¿Cómo te fue? Si adivinaste todos los países correctamente, ¡enhorabuena! Escoge uno de los países que más te interese, haz una investigación y escribe un párrafo que enfoque en un dato interesante de ese país que no es muy bien conocido. Si adivinaste mal en algunos de los países, explica el razonamiento que usaste para escoger el país que escogiste. Luego, explica algo de lo que aprendiste de tu visión del mundo al hacer este ejercicio.

3 **¿Qué te pareció?** Con un(a) compañero(a), hablen sobre cómo se sintieron al hacer la **Actividad 1**.

- ¿Qué les gustó o no les gustó del ejercicio?
- ¿Qué información les sorprendió más? ¿Por qué?
- ¿Aprendieron algo que no sabían? ¿Qué fue?
- ¿Les inspiró a viajar? ¿Por qué sí o no?
- ¿A qué país del mundo les gustaría viajar?¿Por qué?
- ¿...?

¡Conéctate!

¿Sabías qué...? Con un(a) compañero(a), hagan una investigación en Internet sobre un país hispanohablante del cual no saben mucho. Busquen por lo menos tres datos o cosas de interés cultural que no son muy bien conocidos de ese país. Preparen una presentación para la clase. Recuerden que el propósito es encontrar cosas que les sorprenderían a sus compañeros con relación a ese país.

A leer

ESTRATEGIA

Here are two strategies that will help you better understand the reading.

1. **Activating background knowledge:** When you approach a reading about a specific topic, prepare yourself for its context by taking an inventory of what you already know about the subject. For example, you are going to read five short passages by Isabel Allende that discuss some of her feelings about national identity, cultural differences, and the importance of travel. What do you already know about Isabel Allende and her life? Given the context of the readings, what words or ideas would you expect to read about in these pieces? Jot down a list of related words or phrases (in either Spanish or English).

2. **Scanning for detail:** When you scan for details, you are looking for specific pieces of information. Before you read the five excerpts on pages 386–387, read the questions in **Activities 3** and **4** (page 388) to see what information you will be looking for. Then, keeping them in mind, read the excerpts to find the information you need.

Para entender y hablar de la lectura

Here are some useful words for understanding and discussing the reading selection, which describes the author's feelings about her national identity, cultural background and world travel.

amar *to love*

el atentado *the attempt*

atestiguar *to testify, to bear witness*

los buenos / malos modales *good / bad manners*

la cadena familiar *family chain (lit., the family lineage)*

(in)cómodo *(un)comfortable*

comportarse *to behave*

de corazón *in my heart*

el eslabón *link (as in a chain)*

el gesto *gesture*

el hogar *home*

lidiar *to fight*

procurar *to try*

replicar *to reply, respond*

los rincones de la memoria *the corners of the memory*

suceder *to happen, occur*

el terreno *land, (home) country*

1 Basándote en las palabras de la lista, ¿cuáles son algunos temas que probablemente va a tratar la lectura?

¡Fíjate!   El renacimiento de Chile

En su libro *Mi país inventado* (2003), Isabel Allende habla de un Chile que existe solamente en sus memorias, ya que ella salió definitivamente del país en 1974. Durante los últimos cuarenta años, Chile ha pasado por una transformación tan marcada que parece una verdadera reinvención.

En 1970, Salvador Allende, el primo del padre de Isabel Allende, fue elegido presidente. Durante los próximos tres años, su gobierno empezó a implementar varias políticas económicas marxistas. En 1973, un golpe militar derrocó *(overthrew)* el gobierno de Allende y el General Augusto Pinochet lo reemplazó como presidente. (Allende murió luchando contra las tropas de Pinochet.) El gobierno de Pinochet, que fue conocido por sus violaciones de los derechos humanos, duró hasta 1989.

Desde entonces, la situación ha mejorado dramáticamente y con la elección de Michelle Bachelet en 2006, Chile consolidó su reputación como un país democrático, progresista y económicamente sano.

2 Isabel Allende salió de Chile en 1974. El país ha cambiado mucho desde entonces. Imagina que saliste de tu país natal hace 15 años. ¿Cómo habría cambiado el país durante esos años? ¿Cómo te sentirías al volver? ¿Qué cosas habrían cambiado? ¿Qué cosas no habrían cambiado?

Isabel Allende, Chile

Isabel Allende nació de padres chilenos en Lima, Perú en 1942. De niña, vivió en Perú, Bolivia y Líbano. Conoció Chile por primera vez en 1945 y vivió allí hasta 1953 y otra vez entre 1958 y 1974. Después de la caída del gobierno de Allende en 1973, ella se trasladó a Venezuela, donde vivió antes de casarse con Willie Gordon, un abogado estadounidense, en 1988. Actualmente vive en San Rafael, California.

Allende es sin duda la autora latinoamericana mejor conocida a nivel internacional. Ha trabajado como periodista y escritora y es autora de una variedad de novelas, libros para niños y adolescentes, obras dramáticas, cuentos y ensayos. Sus libros se han traducido a más de 27 idiomas y ella es la recipiente de una multitud de premios literarios internacionales.

© Associated Press

Lectura

Eduardo Kingman is one of Ecuador's best-known artists. He was famous for his portrayal of his country's indigenous people and his love for its small mountainous communities. He was also known for his portraits of hands, which often express more emotion than his faces. In **Lugar natal** he pays tribute to his birthplace, showing it lovingly cradled inside a gentle pair of hands.

Mi país inventado (extractos), Isabel Allende

Isabel Allende comparte sus sentimientos y emociones sobre la cultura, la identidad nacional y los beneficios de viajar.

Lugar natal, Eduardo Kingman

La identidad nacional

1. Si me hubieran preguntado hace poco de dónde soy, habría replicado, sin pensarlo mucho, que de ninguna parte, o latinoamericana, o tal vez chilena de corazón. Hoy, sin embargo, digo que soy americana, no sólo porque así lo atestigua mi pasaporte, o porque esa palabra incluye a América de norte a sur, o porque mi marido, mi hijo, mis nietos, la mayoría de mis amigos, mis libros y mi casa están en el norte de California, sino también porque no hace mucho un atentado terrorista destruyó las torres gemelas[1] del World Trade Center y desde ese instante algunas cosas han cambiado. No se puede permanecer neutral en una crisis. Esta tragedia me ha confrontado con mi sentido de identidad; me doy cuenta que hoy soy una más dentro de la variopinta[2] población norteamericana, tanto como antes fui chilena. Ya no me siento alienada en los Estados Unidos. [...]

2. Por el momento California es mi hogar y Chile es el territorio de mi nostalgia. Mi corazón no está dividido, sino que ha crecido. Puedo vivir y escribir casi en cualquier parte. Cada libro contribuye a completar ese «pueblo dentro de mi cabeza», como lo llaman mis nietos. En el lento ejercicio de la escritura he lidiado con mis demonios y obsesiones, he explorado los rincones de la memoria, he rescatado historias y personajes del olvido, me he robado las vidas ajenas y con toda esta materia prima[3] he construido un sitio que llamo mi patria. De allí soy. [...]

Diferencias culturales

3. A menudo me pregunto en qué consiste exactamente la nostalgia. En mi caso no es tanto el deseo de vivir en Chile como el de recuperar la seguridad con que allí me muevo. Ése es mi terreno. Cada pueblo tiene sus costumbres, manías, complejos. Conozco la idiosincrasia del mío como la palma de mis manos, nada me sorprende, puedo anticipar las reacciones de los demás, entiendo lo que significan los gestos, los silencios, las frases de cortesía, las reacciones ambiguas. Sólo allí me

---
[1]**torres...** *twin towers* [2]*motley* [3]**materia...** *raw material*

siento cómoda socialmente, a pesar de que rara vez actúo como se espera de mí, porque sé comportarme y rara vez me fallan los buenos modales.

Cuando a los cuarenta y cinco años y recién divorciada emigré a Estados Unidos, obedeciendo al llamado de mi corazón impulsivo, lo primero que me sorprendió fue la actitud infaliblemente optimista de los norteamericanos, tan diferente a la de la gente del sur del continente, que siempre espera que suceda lo peor. Y sucede, por supuesto. En Estados Unidos la Constitución garantiza el derecho a buscar la felicidad, lo cual sería una presunción bochornosa[4] en cualquier otro sitio. Este pueblo también cree tener derecho a estar siempre entretenido y si cualquiera de estos derechos le falla, se siente frustrado. El resto del mundo, en cambio, cuenta con que la vida es por lo general dura y aburrida, de modo que celebra mucho los chispazos[5] de alegría y las diversiones, por modestas que sean, cuando éstas se presentan. [...]

4. Al principio, Willie, condenado[6] a vivir conmigo, se sentía tan incómodo con mis ideas y mis costumbres chilenas como yo con las suyas. Había problemas mayores, como que yo tratara de imponer mis anticuadas normas de convivencia a sus hijos y él no tuviera idea del romanticismo; y problemas menores, como que yo soy incapaz de usar los aparatos electrodomésticos y él ronca[7]; pero poco a poco los hemos superado. Tal vez de eso se trata el matrimonio y nada más: ser flexibles. Como inmigrante he tratado de preservar las virtudes chilenas que me gustan y renunciar a los prejuicios que me colocaban en una camisa de fuerza[8]. He aceptado este país. Para amar un lugar hay que participar en la comunidad y devolver algo por lo mucho que se recibe; creo haberlo hecho. Hay muchas cosas que admiro de Estados Unidos y otras que deseo cambiar, pero ¿no es siempre así? Un país, como un marido, es siempre susceptible de ser mejorado. [...]

La experiencia de viajar

5. Si yo nunca hubiera viajado, si me hubiera quedado anclada[9] y segura en mi familia, si hubiera aceptado la visión de mi abuelo y sus reglas, habría sido imposible recrear o embellecer[10] mi propia existencia, porque ésta habría sido definida por otros y yo sería sólo un eslabón más de una larga cadena familiar. Cambiarme de lugar me ha obligado a reajustar varias veces mi historia y lo he hecho atolondrada[11], casi sin darme cuenta, porque estaba demasiado ocupada en la tarea de sobrevivir. Casi todas las vidas se parecen y pueden contarse en el tono con que se lee la guía de teléfonos, a menos que uno decida ponerles énfasis y color. En mi caso he procurado pulir[12] los detalles para ir creando mi leyenda privada, de manera que, cuando esté en una residencia geriátrica esperando la muerte, tendré material para entretener a otros viejitos seniles.

"Willie" is Willie Gordon, Allende's American husband, whom she met in 1987 during a lecture tour in California.

---

[4]*embarrassing* [5]*sparks* [6]*condemned* [7]*snores* [8]**me...** *put me into a straightjacket* [9]*anchored* [10]*to beautify* [11]*dazed, stunned* [12]*to polish*

Allende, Isabel, *Mi país inventado*. Rayo, copyright 2003. Five excerpts from pages 61–63. Reprinted by permission of Isabel Allende.

Después de leer

3 Contesta las siguientes preguntas sobre los textos de las páginas 386–387.

Texto 1: La identidad nacional

1. Según Allende, ¿qué nacionalidad(es) tenía ella antes del 9/11?
2. ¿Qué nacionalidad adoptó ella después del 9/11? ¿Por qué?
3. ¿Cuáles son dos razones más por las cuales ella se identifica como "americana"?

Texto 2: La Identidad nacional

4. Según Allende, ¿cuál es la diferencia entre los sentimientos que tiene por California y los que tiene por Chile?
5. ¿Cómo le ha afectado esta división interna?
6. ¿Qué le ha ayudado a resolver sus dudas sobre la patria?

Texto 3: Diferencias culturales

7. Con relación a Chile, ¿qué conoce Allende?
8. ¿Dónde se siente ella cómoda socialmente? ¿Por qué?
9. ¿Qué le sorprendió a Allende al emigrar a Estados Unidos?
10. ¿Qué opinión tiene ella sobre el derecho a buscar la felicidad?
11. Según Allende, ¿cuál es la actitud del resto del mundo en cuanto a la felicidad?

Texto 4: Diferencias culturales

12. ¿Qué ha tratado de hacer Allende como inmigrante?
13. Según ella, ¿qué hay que hacer para amar un lugar?
14. ¿Qué comparación hace ella entre un país y un marido?

Texto 5: La experiencia de viajar

15. ¿Cómo le ha afectado a Allende el acto de viajar y cambiarse de lugar?
16. Según ella, ¿cuál es el resultado final de haber tenido la oportunidad de pulir los detalles de su vida?

4 Con un(a) compañero(a) de clase, contesta las siguientes preguntas.

1. En su opinión, ¿cómo le ha afectado a Allende viajar a y vivir en muchos sitios diferentes? ¿Cuáles son algunas de las ventajas y desventajas que ella menciona?
2. ¿Creen que 9/11 cambió las actitudes de muchas personas hacia el patriotismo y la identidad nacional, como pasó con Allende? ¿Por qué sí o por qué no?
3. Allende compara a un país con un esposo. ¿Cuáles son otras comparaciones que se pueden hacer?
4. ¿Qué piensan de los comentarios de Allende sobre los estadounidenses y el derecho de buscar la felicidad y el derecho a estar siempre entretenido? ¿Están de acuerdo? ¿Por qué sí o por qué no?

5 **En grupos de tres o cuatro estudiantes, contesten las siguientes preguntas sobre las ideas de la lectura.**

1. **La cultura y la identidad nacional:** En su opinión, ¿es posible sentirse completamente cómodo(a) culturalmente después de vivir en otro país por muchos años? ¿Creen que es necesario entender y compartir referencias culturales del pasado, como canciones, películas y programas de televisión, para "pertenecer" a la cultura nueva? ¿Por qué sí o por qué no?

2. **La nostalgia:** Cuando piensan en su niñez, ¿hay cosas del pasado por las cuales sienten nostalgia? ¿Cuáles son algunas cosas que existen ahora por las cuales tal vez sentirán nostalgia en el futuro? ¿Cómo afecta la nostalgia nuestra percepción del pasado y del futuro?

3. **Los viajes y la reinvención personal:** ¿Están de acuerdo con la idea de Allende de que cuando uno viaja y se traslada frecuentemente es mucho más fácil reinventarse? ¿Por qué sí o por qué no? ¿Existen otras oportunidades para reinventarse, además de viajar? ¿Cuáles son? Si uno(a) de ustedes se ha reinventado alguna vez, ¿cómo y cuándo lo hizo?

4. **La escritura y la autodefinición:** Allende cree que el acto de escribir le ha ayudado a definirse a sí misma. ¿Les ha ayudado la escritura de esta manera alguna vez? Si es así, ¿cómo les ayudó? Si no es así, ¿cuáles son otros actos o situaciones que les ayudan a verse más claramente?

6 Con un(a) compañero(a) de clase, piensen en sus planes para el futuro. ¿Quieren viajar a otros países? ¿Prefieren quedarse aquí? Imaginen que ya han pasado veinte años y están analizando cómo les afectó su decisión de viajar o no viajar. Túrnense para completar las siguientes frases.

1. Si hubiera viajado, (no) habría...　　2. Si no hubiera viajado, (no) habría...

7 Hay muchos autores como Isabel Allende que se trasladaron de su país natal —o por razones políticas, económicas o personales—, y vivieron por un tiempo (o todavía viven) en otro país. Hay otros, como Julia Álvarez, que nacieron en otro país pero todavía mantienen lazos fuertes con el país de sus antepasados. Escoge uno(a) de los autores de la siguiente lista y haz una investigación sobre su vida y sus obras principales. ¿Qué papel han jugado en sus libros la nostalgia y la experiencia de vivir fuera del país? En tu opinión, ¿han afectado estos temas mucho o poco su producción literaria? Prepara una presentación breve sobre la vida del (de la) autor(a) y sus obras. Luego compártela con la clase entera.

MODELO *Aunque Julia Álvarez nació en EEUU, vivió en la República Dominicana hasta la edad de 10 años. Su familia...*

Autores: Julia Álvarez (República Dominicana), Miguel Ángel Asturias (Guatemala), Gioconda Belli (Nicaragua), Guillermo Cabrera Infante (Cuba), Sandra Cisneros (México), Julio Cortázar (Argentina), Ariel Dorfman (Chile), Jorge Guillén (España), Donato Ndongo-Bidyogo (Guinea Ecuatorial), Octavio Paz (México) y Zoé Valdés (Cuba)

A escribir

>> **Antes de escribir**

ESTRATEGIA

Editing your work

Revision is an important part of the writing process. When you complete a first draft, examine it carefully. Plan on at least two rounds of revision: one to check content, organization, and sentence structure, and a second to look for spelling, grammatical, and punctuation errors. Here are two strategies to help you revise your work.

1. **Know your strengths and weaknesses as a writer:** Do you have problems writing topic sentences? Do you forget to add transitions between your paragraphs? Are you good with detail? Good with narration? Too wordy? The better you understand your work as a writer, the more effectively you can edit it.

2. **Use an editing checklist:** Look at the editing checklist on the next page (**Activity 5**) and those in **Chapters 16–19**. Which of the items listed are often problems for you? Are there some that are not? Take a moment to create a personalized list of the items you typically need to check. Once you have a list that reflects your strengths and weaknesses, you can use it to edit your writing more efficiently.

1 Vas a escribir un ensayo para entrar en un programa de estudios en el país que escogiste en la **Actividad 7** en la sección **Vocabulario útil 1**. Primero, repasa tu lista de razones, beneficios y asuntos prácticos. Después, contesta las siguientes preguntas para informarte sobre otros aspectos de la experiencia de estudiar en el extranjero.

¿Estás listo/a para estudiar en el extranjero?	Sí	No
1. ¿Te gusta viajar y puedes pasar tiempo lejos de tu familia y tus amigos?		
2. ¿Has salido de tu país de origen antes? ¿como turista? ¿por mucho o poco tiempo?		
3. ¿Eres flexible en cuanto a tu rutina diaria?		
4. ¿Quieres aprender una lengua nueva a fondo?		
5. ¿Eres responsable con el dinero?		
6. ¿Puedes pasar más de un mes con lo que puedas llevar en dos maletas (o menos)?		
7. Si piensas en dejar a tu familia y a tus amigos, ¿te pones nervioso(a) y triste?		
8. ¿Puedes acostumbrarte a comer comida diferente y a usar servicios sanitarios diferentes?		
9. Al decidir tus planes para viajar, ¿siempre hablas primero con tu familia? ¿tus amigos? ¿Te gusta tomar tus propias decisiones?		
10. ¿Estás de acuerdo con la siguiente idea? Cuando vayas al extranjero debes adaptarte a las costumbres del nuevo país a toda costa.		

2 Después de examinar tus respuestas de la **Actividad 7**, ¿quieres cambiar el país que escogiste o algunas de tus razones y beneficios? (Unas razones para cambiar pueden ser la distancia o las diferencias culturales, por ejemplo.) Finaliza tu selección de país y tu lista de beneficios y razones antes de escribir tu ensayo.

>> Composición

3 Escribe un ensayo en el que describas tu deseo de estudiar en el país que escogiste. Recuerda que quieres convencer a los directores del programa de que seas un(a) candidato(a) serio(a). Contesta las siguientes preguntas y escribe por lo menos tres párrafos.

- Si pudieras entrar en un programa de estudios en el país que escogiste, ¿qué te gustaría hacer allí?
- ¿Qué beneficios esperas obtener de participar en un programa de estudios en ese país?
- En tu opinión, ¿cuáles te serán los retos más difíciles al participar en un programa de este tipo? Explica por qué y cómo esperas superarlos.

>> Después de escribir

4 Lee tu borrador y revísalo por primera vez. Presta atención a la organización, el contenido y la estructura de las oraciones. ¿Contestaste las tres preguntas de la **Actividad 3**? ¿Tiene tres párrafos bien organizados? ¿Hay transiciones entre los párrafos?

5 Ahora, mira tu borrador otra vez. Usa la siguiente lista para revisarlo.

- ¿Hay concordancia entre los artículos, sustantivos y adjetivos?
- ¿Usaste las formas correctas de todos los verbos? (Presta atención especial al futuro perfecto, el condicional perfecto, las cláusulas con **si** y la secuencia de los tiempos verbales del subjuntivo.)
- ¿Hay errores de puntuación o de ortografía?

Vocabulario

Las perspectivas globales *Global perspectives*

la aldea global *global village*

el entorno profesional / social *professional / social environment*

la experiencia laboral *job experience*

el mercado laboral *job market*

Verbos

ampliar *to expand; to increase; to broaden*

animar(se) *to encourage; to cheer up; to get motivated*

apreciar *to appreciate*

captar *to capture; to grasp*

experimentar *to experience; to feel; to undergo*

independizarse de *to gain independence from*

madurar como persona *to mature as a person*

percibir *to perceive*

sumergirse *to immerse oneself*

Sustantivos

el área de confort *comfort zone*

el choque cultural *culture shock*

el crecimiento *growth*

la etapa de tu vida *stage of your life*

la fuerza de voluntad *willpower*

la gama de barreras *range of obstacles*

la mente abierta *open mind*

la sabiduría *wisdom*

el temor *fear*

Adjetivos

agradable *pleasant; enjoyable; nice*

ajeno(a) *alien, foreign*

alucinante *amazing, mind-boggling*

amplio(a) *broad; wide; spacious; expansive*

etnocéntrico(a) *ethnocentric*

gratificante *gratifying, rewarding*

impresionante *impressive; striking*

inmerso(a) *immersed*

novedoso(a) *novel, original; innovative*

numeroso *numerous, many*

pleno(a) *full; center of; middle*

previsto(a) *foreseen; predicted*

prometedor(a) *promising*

Para estudiar en el extranjero *To study abroad*

el aprendizaje *apprenticeship; internship; training period*

la beca *scholarship*

el criterio *criterion*

el (la) mentor(a) *mentor*

el respaldo *support; backing*

el (la) tutor(a) *tutor*

el viaje educativo *educational travel / trip*

Asuntos prácticos *Practical matters*

el albergue juvenil *youth hostel*

el alojamiento *housing*

con (dos meses de) antelación *(two months) in advance*

el pasaporte vigente *valid passport*

el proceso de la visa *visa process*

el sistema de pago *payment method*

el trámite *procedure*

los trámites aduaneros *customs procedures*

la vacuna *vaccine*

la visa estudiantil *student visa*

Para vivir en el extranjero *Living abroad*

Verbos

aclarar *to clear up, clarify*
acoger *to take in; to welcome*
acudir *to come, arrive; to go to a place frequently*
caber *to fit*
chismear *to gossip*
congregarse *to congregate*
conllevar *to entail; to involve*
convocar *to call, convene; to organize*
dar la vuelta *to take a spin; to go for a walk, a drive, or a ride*
descuidarse *to be careless*
desvelarse *to stay awake; to be unable to sleep*

disculparse *to apologize*
encomendar (ie) *to entrust*
exigir *to demand*
ir de juerga *to go partying*
latir *to beat; to pulsate*
lucir *to look good, look special*
madrugar *to get up early; to stay up late (into the wee hours)*
tener entendido que... *to have the impression that . . . ; to have understood that . . .*
vagar sin rumbo *to wander, roam aimlessly*

Sustantivos

el acontecimiento *event*
el hallazgo *finding, discovery*
la hazaña *great or heroic deed; exploit*
el hecho *fact*
el inconveniente *problem; drawback, disadvantage*
la lengua materna *mother tongue*
el malentendido *misunderstanding*

el ocio *leisure time*
el regocijo *joy*
el ritmo de vida *rhythm of life*
el robo de identidad *identity theft*
el rótulo *sign*
la temporada alta (baja) *high (low) season*
la vida nocturna *night life*

Cómo describir a la gente *How to describe people*

abierto(a) *very open to experiences; open-minded*
acomedido(a) *obliging, helpful*
agobiado(a) *overwhelmed*
amistoso(a) *friendly*
amoroso(a) *loving, affectionate*
audaz *brave, courageous; daring, bold*
aventurero(a) *adventurous*
caprichoso(a) *capricious, fussy; always changing his (her) mind*
cerrado(a) *very closed to experiences; close-minded*
culto(a) *educated; cultured*
cursi *snobby; tasteless*
despistado(a) *scatterbrained, absent-minded*
disciplinado(a) *disciplined*
exigente *demanding*

grosero(a) *rude; crude; vulgar*
(in)seguro(a) de sí mismo(a) *(un)sure of him or herself*
llamativo(a) *striking*
maleducado(a) *bad-mannered; discourteous; rude*
presumido(a) *conceited, full of oneself; arrogant*
prudente *prudent, sensible*
rebelde *rebel*
respetuoso(a) *respectful*
sensato(a) *prudent, sensible*
soberbio(a) *proud, arrogant, haughty*
temeroso(a) *fearful, timid*
terco(a) *stubborn*
vanidoso(a) *vain*

Frases de todos los días *Everyday phrases*

de primera mano *firsthand*
estar mal visto(a) *to be frowned upon*
fuera de lo común *out of the ordinary*
meter la pata *to stick your foot in your mouth*
para chuparse los dedos *mouthwatering*
por casualidad *by sheer chance or coincidence*

quedarse con los brazos cruzados *to twiddle your thumbs*
te apuesto *I bet you*
tener buena (mala) pinta *to have a good (bad) look*
un montón *a ton; a lot; loads of*

Repaso y preparación

¡Felicitaciones! Ya has completado este curso de español. Prepárate para tu futuro en otros cursos y siempre busca oportunidades para practicar el español. Esfuérzate para hablar español en tu comunidad o en línea. Escucha la música popular y mira televisión y películas en español cada vez que puedas. Y si se te presenta la oportunidad, ¡viaja al mundo de habla española!

>> Repaso del Capítulo 20

Complete these activities to check your understanding of the new grammar points in **Chapter 20**.

The answers to this section can be found in **Appendix B**.

The future perfect and the conditional perfect (p. 366)

1 Di qué habrán hecho para el final del año las personas indicadas.

1. Tú y yo _____ (explorar) el mercado laboral en Chile.
2. Ellos _____ (contratar) a un tutor para ayudarles a perfeccionar su español.
3. Usted _____ (empezar) el proceso de la visa para vivir en Perú.
4. Tú _____ (ponerse) todas las vacunas necesarias para tu viaje.
5. Yo _____ (organizar) un viaje educativo a México para unos estudiantes de la escuela secundaria en mi comunidad.

2 Di qué habrían hecho esas personas bajo circunstancias diferentes.

1. Tú y yo _____ (explorar) el mercado laboral en Ecuador y Perú.
2. Ellos _____ (tomar) clases intensivas para ayudar a perfeccionar su español.
3. Usted _____ (hacer) una investigación sobre los requisitos para pasar un año en Colombia.
4. Tú _____ (planear) un viaje a los países andinos.
5. Yo _____ (enseñar) el español a los estudiantes de la escuela secundaria en mi comunidad.

Si clauses (p. 370)

3 Escoge las formas del verbo que mejor completen las oraciones.

1. Si tienes la oportunidad, siempre te (quedas / quedarías) en ese albergue.
2. Si madrugamos mucho, (tendríamos / vamos a tener) mucho sueño.
3. Si ven a mis amigos venezolanos, (denles / les dieran) mis saludos.
4. Si no hubieras ido de juerga, no (tendrás / tendrías) que tomar el examen otra vez.
5. Si hubiéramos venido con ustedes, no (meterán / hubieran metido) la pata con el director del programa.
6. Si yo hubiera aclarado las direcciones de antemano, nosotros no nos (habremos / habríamos) perdido.

4 Escribe oraciones con cláusulas con **si**. Presta atención a los tiempos verbales indicados para los dos verbos.

1. Si tú hablar (presente) con el director / él ayudarte (futuro) con la solicitud para la beca

2. Si nosotros visitar (presente) a mis abuelos / nosotros siempre comer (presente) bien

3. Si ellos investigar (pasado perfecto de subjuntivo) el programa de antemano / ellos no entrar (condicional perfecto)

4. Si yo no ser (imperfecto de subjuntivo) tan despistado / yo no perder (condicional) las maletas con tanta frecuencia

5. Si ustedes (pasado perfecto de subjuntivo) dar una vuelta larga antes de acostarse / ustedes (pasado perfecto de subjuntivo) poder dormir anoche

6. Si él saber (imperfecto de subjuntivo) cómo llegar al albergue juvenil, él no tener (condicional) que tomar un taxi

Sequence of tenses in the subjunctive (p. 374)

5 Escoge las formas de los verbos que mejor completen las oraciones.

1. Esos estudiantes hacen mucho ruido. Si no dejan de hablar, yo (pediré / pediría) que (vayan / fueron) a otro sitio.

2. Ya es tarde. Tú (dudas / dudabas) que (podamos / habríamos podido) encontrar un taxi a esta hora.

3. No sabemos dónde están nuestros amigos. (Queremos / Queríamos) que nos (llamen / llamaran) inmediatamente.

4. Ellos no lo pasaron bien ayer. (Temen / Temían) que (pierdan / hubieran perdido) sus pasaportes, pero por fin los encontraron.

5. ¡Qué lástima! No sé qué habría hecho yo. Tal vez (habré pedido / habría pedido) que mi mentor me (ayude / ayudara) a resolver el malentendido.

6. Ella tuvo un problema con la visa ayer. Por eso (pedía / pidió) que los directores del programa (hablen / hablaran) con los oficiales para resolver el trámite.

7. Tal vez ustedes debieran solucionar el problema de otra manera. Yo (habré convocado / hubiera convocado) una reunión para que todos (podrán / pudieran) dar sus opiniones antes de tomar una decisión.

8. Es una situación difícil. (Tengamos / Tendremos) que animarnos antes de que (perdamos / perdiéramos) la esperanza.

Ana y Manuel

Un cortometraje de Manuel Calvo

Mención especial a la Interpretación Femenina (Elena Anaya) y Guión del II Certamen de Cortometrajes Cine de Málaga. Mejor Corto ex-aequo de la XIV Muestra de Cine Internacional de Palencia y Mención Especial en el VII Premio de Cortometrajes Iberia.

DIRECCIÓN: MANUEL CALVO GUIÓN: MANUEL CALVO BASADO EN UN RELATO DE ISABEL GALÁN
PRODUCCIÓN: ELAMEDIA, ENCANTA FILMS Y KOLDO ZUAZUA PC PRESENTAN PRODUCCIÓN EJECUTIVA: ROBERTO BUTRAGUEÑO, KOLDO ZUAZUA Y MÓNICA BLAS DIRECCIÓN DE PRODUCCIÓN: ROBERTO BUTRAGUEÑO Y ALICIA RODRÍGUEZ FOTOGRAFÍA: DANI SOSA ARTE: HENAR MONTOYA SONIDO: SOUNDERS CREACIÓN SONORA MÚSICA: JOSÉ VILLALOBOS ACTORES PRINCIPALES: ELENA ANAYA EN EL PAPEL DE ANA Y DIEGO MARTÍN EN EL PAPEL DE MANUEL

Image: vgm/Shutterstock

▶ >> Ana y Manuel

¿Qué tiene que ver el amor y la venganza con un perro llamado Man? Manuel y Ana son novios pero tienen distintas actitudes hacia los animales domésticos: a él le gustan y a ella no. Manuel rompe con Ana y, en parte por venganza, Ana termina por comprarse un perro. Su vida con el perro provoca en Ana una variedad de emociones que al final la llevan a una crisis inesperada *(unexpected)*. Cómo el perro les transforma la vida a los ex-novios es la gran cuestión de ***Ana y Manuel***. Déjate llevar por esta historia madrileña de un perro que sabe más del amor que los humanos que lo cuidan.

Ana y Manuel, directed by Manuel Calvo, Encanta Films S.L.

Sustantivos

la derrota *defeat*
el descampado *open area*
la entrega *delivery*
el mercadillo *street market*
el rastro *trace*
el reparo *doubt, reservation*
el sorteo *raffle*
la tortuga *turtle*
los trastos *junk*
la venganza *revenge*

Verbos y frases verbales

arrastrar: arrastrado *dragged*
asimilarse: asimilase *get used to, assimilate*

envolver: envolviéndola *wrapping it*
extrañarse: se extrañó *he (she) was surprised; he (she) found it strange*
hartar: hartarme *get fed up, get sick and tired (of)*
meter: metida *(him/her/it) inside*
parecer: parecía *it seemed*
perseguir: me perseguía *followed me*
reemplazar *to replace*
regatear: regateando *bargaining*
retratarse: me retrataba *described me*

Adjetivos

higiénico(a) *hygienic*
malsonante *rude, foul*
menudo(a) *small, tiny, slight*
monosílabo(a) *monosyllabic*

Frases útiles

en contra de *against*
enseguida *immediately, right away*
ni siquiera *didn't even; not even*

---

1 Vocabulario nuevo Completa las oraciones de Ana con el vocabulario nuevo. Después de ver el cortometraje, vuelve a las oraciones para asegurar que las completaste bien.

1. Yo siempre había estado _____ tener animales en casa.
   a. ni siquiera   b. enseguida   c. en contra de

2. Quizá fue por eso, por _____, por lo que decidí comprarme un perro.
   a. entrega   b. venganza   c. descampado

3. Pero claro, él _____ se enteró.
   a. en contra de   b. ni siquiera   c. malsonante

4. Man creció y, aunque le había cogido cariño, después de varios meses conviviendo con él, empecé a _____.
   a. hartarme   b. reemplazar   c. regatear

5. Llegó la Navidad y un amigo me regaló un disco en el que una de las canciones _____ perfectamente.
   a. me parecía   b. me perseguía   c. me retrataba

6. Si fuéramos tan libres como decimos, no necesitaríamos perros para _____ a nadie.
   a. arrastrar   b. regatear   c. reemplazar

7. Cada año mi madre hacía un _____ para decidir quién regalaba a quién.
   a. sorteo   b. descampado   c. rastro

8. El coche lo encontró la policía en un descampado a los pocos días, pero del perro ni _____.
   a. derrota   b. rastro   c. trastos

The imperfect subjunctive
has two sets of alternate
endings (the -**ra** endings
and the -**se** endings).
Although the -**ra** endings
you have learned are
more commonly used, you
will also see and hear the
-**se** endings in different
parts of the Spanish-
speaking world,
especially in Spain.
Compare the two sets of
endings:

- -**ar** verbs: **llevar** →
  lleva**ra** / lleva**se**,
  lleva**ras** / lleva**ses**,
  lleva**ra** / lleva**se**,
  llevá**ramos** /
  llevá**semos**, lleva**rais** /
  lleva**seis**, lleva**ran** /
  lleva**sen**

- -**er/-ir** verbs: **volver** →
  volvie**ra** / volvie**se**,
  volvie**ras** / volvie**ses**,
  volvie**ra** / volvie**se**,
  volvié**ramos** /
  volvié**semos**, volvie**rais** /
  volvie**seis**, volvie**ran** /
  volvie**sen**

Ana y Manuel, directed by Manuel Calvo,
Encanta Films S.L.

Go to the **SAM Video
Manual, Chapter 19,** and
review the strategy on
viewing a clip several
times.

2   **El imperfecto del subjuntivo** Primero lee la nota en esta página sobre el imperfecto del subjuntivo. Luego, lee las siguientes líneas del cortometraje *Ana y Manuel.* Subraya los verbos en el imperfecto del subjuntivo que se usa en España y conviértelos a la forma que repasaste en el **Capítulo 19**.

1. Conseguí convencer a Manuel de que la llevase al río que pasa cerca de su pueblo.
2. Me recomendaron que le pusiera un nombre monosílabo para que el perro lo asimilase antes.
3. Que aunque pareciese difícil de creer, había tenido la sensación de que había sido el perro quien le había arrastrado hasta mi casa.
4. No quise contarle nada a Manuel, que se extrañó mucho de que el perro fuese tan cariñoso conmigo.
5. Para el perro sonaba casi igual y para mí era un tercio de Manuel y una parte "X" desconocida que había hecho que nos volviésemos a juntar los tres.

3   **Ver** Ve *Ana y Manuel* por lo menos dos veces. La primera vez, no trates de entender todas las líneas. Sólo déjate llevar por las imágenes y el cuento visual. La segunda vez, esfuérzate para entender la narración y el diálogo.

4   **¿Qué pasó?** Subraya la frase entre paréntesis que complete la oración correctamente.

1. A Ana le parece cruel (tener animales / tener pesadillas) en casa.
2. A Manuel le regalaron (un perro / una tortuga) sus compañeros de trabajo.
3. Le recomiendan a Ana que le ponga un nombre monosílabo al (perro / novio).
4. Al principio, a Ana le daba (vergüenza / miedo) llamarle al perro por su nombre en público.
5. Manuel siempre (recordaba / regateaba) con los tenderos porque según el, los precios marcados eran sólo para los turistas.
6. Ana empezó a tenerle cariño a Man, pero después de varios meses con él, empezó a (enamorarse / hartarse).
7. Ana decide darle (el perro / la colonia) a su hermano para la Navidad.
8. Cuando Ana baja a buscar a Man, alguien le ha robado su (coche / bufanda de lana).
9. Manuel compra el perro en el (mercadillo / descampado).
10. Man, ahora llamado Max, (arrastra / persigue) a Manuel a la casa de Ana.

5 **Comprensión** Contesta las siguientes preguntas.

1. ¿En qué no están de acuerdo Ana y Manuel?
2. ¿Por qué está en contra de tener animales en casa Ana?
3. ¿Qué hace Ana por venganza cuando la deja Manuel?
4. ¿Qué nombre le pone Ana al perro? ¿Por qué escogió ese nombre?
5. ¿Qué hacían Ana y Man los domingos?
6. ¿Qué decidió hacer con Man esa Navidad?
7. ¿Qué le había pasado a Man cuando Ana fue a sacarlo del carro?
8. ¿Quién encontró a Man? ¿Dónde lo encontró?
9. ¿Qué secreto tiene Ana que no le revela a Manuel?

6 **Los cinco elementos** Después de ver el cortometraje por primera vez, piensa en los siguientes cinco elementos de una película. Después de ver la película por segunda vez, empareja cada acción con el elemento correcto.

1. el primer evento importante que pone la trama *(plot)* en marcha
2. las complicaciones
3. la crisis
4. el punto culminante *(climax)*
5. la resolución

a. Alguien roba el coche de Ana con el perro adentro.
b. Manuel deja a Ana.
c. Manuel y el perro llegan a la casa de Ana.
d. Manuel, Ana y el perro vuelven a estar juntos.
e. Ana se compra un perro y su vida cambia.

8 **Reseña** En grupos de tres, van a escribir una reseña de la película. En su reseña, incluyan lo siguiente:

- tres cosas que les gustaron o no les gustaron
- tres cosas que los hizo reír o sentirse mal
- tres cosas que no entendieron

- su reacción a la película: ¿Les gustó? ¿No les gustó? ¿Fue satisfactoria la resolución? ¿Hay otra resolución que les gustaría más?

Ana y Manuel, directed by Manuel Calvo, Encanta Films S.L.

NOTA CULTURAL

El mercadillo es un mercado al aire libre que se compone de puestos *(stalls)* de venta ambulantes *(mobile)*. El municipio de Madrid tiene 26 mercadillos en los 15 distritos de la capital. El tradicional y más conocido es El Rastro.

Los mercadillos están abiertos en diferentes días de la semana. El día que ofrece el máximo número de mercadillos es el sábado, con 38. El domingo, con 17, es el día que ofrece el mínimo. Las mercancías que venden varían, las principales siendo alimentación, textiles o calzado *(footwear)*. Hay mercadillos que venden productos de ferretería, juguetes, muebles y utensilios del hogar y plantas. También hay mercadillos de temporada o de festejos populares que ofrecen helados, masas fritas, quioscos y otros productos asociados con esa temporada o festejo.

Si estás en Madrid, consulta *La Guía de Mercadillos de la Comunidad de Madrid* en Internet. ¡Nunca sabes qué tesoros vayas a descubrir!

Reference Materials

Appendix A: KWL Chart

Lo que sé	Lo que quiero saber	Lo que aprendí

Capítulo 11 (pp. 32–33)

Act. 1: 1. se case 2. organicen 3. saques 4. traiga 5. aplaudan 6. regalemos

Act. 2: 1. Ella espera que su madre no se entere de su noviazgo. 2. Nosotros prohibimos que ellos salgan en una cita a ciegas. 3. Yo quiero que tú impresiones a mis padres. 4. Tú no recomiendas que yo me gradúe temprano. 5. Ustedes piden que nosotros asistamos a la reunión. 6. Ellos desean que usted disfrute de su fiesta de jubilación.

Act. 3: 1. No es bueno que tú siempre estés peleado con los otros. 2. Es malo que nosotros nos burlemos de las personas sensibles. 3. Es fantástico que usted se lleve bien con todos. 4. Es terrible que ella rompa con su novio. 5. No es necesario que yo salga con los amigos todas las noches. 6. Es interesante que ellos se acuerden tan claramente de su niñez.

Act. 4: 1. (No) Es mejor que los padres no sepan... 2. (No) Es una lástima que a veces los buenos amigos se peleen. 3. (No) Es normal que una pareja mal emparejada se separe. 4. (No) Es lógico que algunas personas teman... 5. (No) Es extraño que un viudo no quiera... 6. (No) Es necesario que nosotros nos demos cuenta...

Act. 5: 1. Lleguen 2. se esfuercen 3. Prepárense 4. Vístanse 5. siéntense 6. se pongan 7. usen 8. Sigan 9. pasen 10. tomen 11. Cámbiense 12. vengan 13. coman

Capítulo 12 (pp. 64–65)

Act. 1: 1. ir 2. puedas 3. llegar 4. quieran 5. comience 6. guste

Act. 2: *(Verb options, depending on use of* **Creo / No creo***):* 1. es / sea 2. van / vayan 3. compran / compren 4. representan / representen 5. son / sean 6. ganan / ganen 7. cuestan / cuesten 8. traducen / traduzcan

Act. 3: 1. Busco la persona que tiene los boletos. 2. Busco una persona que conozca a esa actriz tan famosa. 3. Quiero ver la telecomedia que trata temas del día. 4. Quiero ver una telecomedia que sea bilingüe. 5. Necesito encontrar el cine que vende las palomitas más frescas de la ciudad. 6. Necesito encontrar un cine que venda pizza y cerveza.

Act. 4: 1. quiere, vayamos 2. esperas, empiece 3. piden, grabes 4. recomiendan, vea 5. insisto, cambien 6. deseamos, compre 7. requiere, lleguen 8. sugieres, escuche

Act. 5: 1. Es ridículo que yo tenga... 2. Es bueno que mis amigos asistan... 3. Es fantástico que ella vea... 4. Es extraño que tú prefieras... 5. Es lógico que nosotras nos vistamos... 6. Es una lástima que él siempre se duerma... 7. Es necesario que yo cambie... 8. Es interesante que tú seas...

Act. 6: 1. (Nosotros) Vamos a pintar. 2. (Tú) Vas a dibujar. 3. (Martín) Va a cantar. 4. (Carmela y Laura) Van a tocar la guitarra. 5. (Yo) Voy a cambiar el canal. 6. (Usted) Va a escuchar música.

Capítulo 13 (pp. 100–101)

Act. 1: 1. ... me escuches bien. 2. ... no es médica. 3. ... me llame. 4. ... me examina. 5. ... termine la tarea. 6. ... salga con mis amigos. 7. ... llegue a la habitación.

Act. 2: 1. dormir 2. tiene 3. sufran 4. sea 5. evitar 6. se acuesten 7. tomen 8. coman 9. es 10. tengan 11. dicen 12. siguen 13. quiera 14. hacer

Act. 3: 1. Tú dormirás más. 2. David y Rebeca harán más ejercicio. 3. El señor Robles llevará una vida más sana. 4. Yo iré al médico para un examen anual. 5. Nosotros comeremos alimentos nutritivos. 6. Usted estudiará para ser médico.

Act. 4: 1. Leo está cansado. 2. Sandra es divertida. 3. Martín es introvertido. 4. Laura está ocupada. 5. Diego está preocupado. 6. Susana es extrovertida.

Act. 5: 1. Había 2. haya 3. haya 4. hay 5. había 6. Hay

Act. 6: *Wording of answers may vary slightly, but verb forms should remain the same.* 1. Tú estás estornudando. 2. Yo estoy durmiendo. 3. Mónica y Carlos están comiendo (unas ensaladas / alimentos nutritivos). 4. Nosotros estamos haciendo ejercicio(s). 5. La señora Trujillo está consultando al médico. 6. Yo estoy tosiendo.

Capítulo 14 (pp. 136–137)

Act. 1: 1. La señora Ramírez ha recibido un aumento de sueldo. 2. Yo he hecho un informe sobre los beneficios de la compañía. 3. Los nuevos empleados han analizado el plan de seguro médico. 4. Tú has dirigido un proyecto muy importante. 5. Nosotros hemos contratado a tres empleados nuevos. 6. El señor Valle se ha jubilado a los sesenta años. 7. Yo he supervisado a cinco empleados.

Act. 2: 1. 2, habían ayudado 2. 6, habíamos llevado 3. 1, habían visto 4. 4, había llamado 5. 3, había mandado 6. 5, habías prestado

Act. 3: 1. haya aumentado 2. hayan hecho 3. nos hayamos informado 4. hayan luchado 5. haya cambiado 6. hayas mirado 7. haya visto 8. hayas iniciado

Act. 4: 1. Tú recibirás un ascenso. 2. Ustedes se jubilarán. 3. El jefe saldrá de la compañía. 4. Los ciudadanos votarán en las elecciones. 5. Yo prepararé el currículum vitae. 6. Nosotros trabajaremos en una fábrica. 7. Tú harás un viaje a Chile. 8. Tú y yo tendremos un empleo interesante.

Act. 5: 1. pasaron 2. resultaron 3. dijo 4. sobrevivieron 5. dejaron 6. fueron 7. sugirieron 8. jugó 9. recibió 10. se reunieron 11. asistieron 12. pidieron 13. pusieron 14. hicieron 15. tomaron 16. protestaron 17. participó 18. comentó 19. aprendimos 20. vi 21. causó 22. tuve

Capítulo 15 (pp. 170–171)

Act. 1: 1. llevara 2. llegaran 3. dejaras 4. enviara 5. tuviéramos 6. pudieras

Act. 2: 1. esquiaría 2. iríamos 3. harían 4. jugarían 5. saldría 6. asistiría 7. visitaría 8. comeríamos

Act. 3: 1. Si ellos tienen el dinero, viajarán a... 2. Si usted consigue el trabajo, vivirá en... 3. Si yo trabajara este verano, ganaría... 4. Si nosotros comiéramos en un restaurante muy caro, pediríamos... 5. Si tú sales con tus amigos hoy te vestirás con... 6. Si mis amigos ganaran la lotería, comprarían...

Act. 4: 1. es, está 2. estoy, estoy 3. es, es 4. somos, estamos 5. es, Son

Act. 5: 1. molestan 2. gustan 3. encanta 4. interesa 5. fascina 6. gustan

Act. 6: 1. Para, por, por 2. para, por 3. para, Para 4. por, por 5. Por, para 6. por, por

Capítulo 16 (pp. 218–219)

Act. 1: *Wording of reasons may vary.* 1. I, Es de cuero negro, *material something is made of* 2. I, ...va a ser..., *location of an event* 3. C, *to say someone is married or divorced* 4. I, ...están al día..., *idiomatic expression* 5. I, Es importante..., *impersonal expression* 6. I, ...es soltero...., *to indicate someone is single*; C, *physical features*

Act. 2: 1. para 2. para 3. para 4. Por, para 5. por 6. por 7. por 8. por

Act. 3: 1. A mí me fastidian los e-mails en cadena. 2. A ustedes les cae bien esa bloguera. 3. A ti te basta el teléfono inteligente. 4. A nosotros nos encanta ese sitio web. 5. A ella le gusta usar el programa para etiquetar fotos. 6. A ellos les importa relajarse después de las clases. 7. A mí me duelen las manos después de escribir en la computadora por muchas horas. 8. A él le falta la disciplina para aprender el programa.

Act. 4: 1. Tú estás pidiendo direcciones al sistema GPS. 2. Ellos están mandando mensajes de texto con el teléfono inteligente. 3. Nosotros estamos jugando el juego multijugador. 4. Yo estoy comprando una tableta. 5. Ella está leyendo el libro electrónico / libro-e. 6. Ustedes están mirando el televisor de alta definición.

Act. 5: 1. leía, se cayó 2. Eran, me di, funcionaba 3. estábamos, borró 4. estuve 5. querían, encontraron

Act. 6: 1. Ustedes se han entretenido..., Ustedes ya se habían entretenido con el nuevo juego cuando decidieron ver un programa de televisión 2. Tú has revisado..., Tú ya habías revisado el aviso del sitio web cuando perdiste la conexión. 3. Nosotras hemos tenido..., Nosotras ya habíamos tenido mucha suerte con ese programa cuando te lo recomendamos. 4. Ellos han guardado..., Ellos ya habían guardado sus cambios cuando cerraron el archivo. 5. Yo he cambiado..., Yo ya había cambiado la información de mi perfil personal cuando añadí la foto.

Capítulo 17 (pp. 260–261)

Act. 1: 1. ¿Cómo realizaste tus metas? 2. Adriana estaba nerviosa porque todavía no hablaba inglés bien. 3. Su hermana menor sólo tenía catorce años pero ya sabía mucho sobre la historia de la familia. 4. Llamé a mis amigos porque quería salir con ellos. 5. Hacía una semana que la familia vivía en la nueva casa. 6. Me levanté, comí el desayuno y salí para la escuela, pero no me sentía bien.

Act. 2: 1. Hay 2. se ha adaptado 3. había criado 4. Hubo 5. establecida 6. animadas 7. había 8. mantenido

Act. 3: 1. ver 2. creer 3. estábamos haciendo 4. estamos abriendo 5. aprovechar 6. dar 7. completar 8. estaba buscando 9. estamos festejando, celebrar

Act. 4: 1. Mantenga 2. se sirva 3. Coopere 4. Respeten 5. Apoyen 6. avísennos, sufran

Act. 5: 1. Aprovecha 2. dudes 3. respeta 4. pidas 5. Desarrolla 6. te aproveches 7. Apoya 8. Enfréntate 9. pierdas 10. sal 11. haz

Act. 6: 1. es 2. echen 3. respete 4. extrañen 5. encuentre 6. han 7. vamos

Capítulo 18 (pp. 302–303)

Act. 1: 1. va 2. continúe 3. amenaza 4. cambie, se descongelen 5. organicemos, incluya, producimos

Act. 2: 1. ayudas 2. Plantemos 3. pruebes 4. Venga 5. Puede 6. debes

Act. 3: 1. Ellos siempre desconectan la computadora y el televisor antes de acostarse, lo cual les ahorra mucho dinero. 2. Esta tienda, a la cual voy frecuentemente, vende productos ecológicos. 3. La selva tropical, la que está en la Amazonia, produce una variedad increíble de plantas y vida silvestre.

Act. 4: 1. se involucran 2. calentándose 3. Se lo 4. Se los 5. Se ponen 6. Se ahorra 7. Se come 8. Se firman

Act. 5: 1. hayamos participado 2. se hayan acabado 3. hayan establecido 4. haya disfrutado 5. haya puesto 6. hayas visto

Act. 6: 1. El gobierno local nos pidió que conserváramos... 2. Era necesario que todos los ciudadanos firmaran... 3. El centro de reciclaje necesitaba un voluntario que pudiera... 4. Ellos dudaban que su familia consumiera... 5. Ojalá que los científicos supieran...

Capítulo 19 (pp. 350–351)

Act. 1: 1. Se te olvidó mandar un e-mail a tu representante. 2. No se les ocurrió registrarse para votar. 3. Se me perdieron las peticiones que ellos firmaron. 4. Se nos acabaron los folletos sobre la campaña electoral. 5. Se trabaja 6. Se reparten 7. selos 8. se, las

Act. 2: 1. nos hubiéramos informado 2. hubiera trabajado 3. hubieran cancelado 4. hubiera llamado 5. hubieras podido

Act. 3: 1. tuviera 2. pueda 3. hubiera participado 4. hubieran informado 5. siga

Act. 4: 1. colaborarás 2. se encargarán 3. usaremos 4. administraré 5. se postulará 6. contribuirán

Act. 5: 1. Buscarían oportunidades de voluntariado. 2. Colaboraría con mi partido político preferido. 3. Denunciaríamos la construcción de nuevos centros comerciales. 4. Participarías en una manifestación en la capital. 5. Trabajaría como voluntario en una escuela primaria.

Act. 6: 1. participaré 2. recaudarías 3. contribuirían 4. construirá 5. pudieran 6. puedo 7. puedes 8. pudiéramos

Capítulo 20 (pp. 394–395)

Act. 1: 1. habremos explorado 2. habrán contratado 3. habrá empezado 4. te habrás puesto 5. habré organizado

Act. 2: 1. habríamos explorado 2. habrían tomado 3. habría hecho 4. habrías planeado 5. habría enseñado

Act. 3: 1. quedas 2. vamos a tener 3. denles 4. tendrías 5. hubieran metido 6. habríamos

Act. 4: 1. Si tú hablas con el director, él te ayudará con la solicitud para la beca. 2. Si nosotros visitamos a mis abuelos, (nosotros) siempre comemos bien. 3. Si ellos hubieran investigado el programa de antemano, (ellos) no habrían entrado. 4. Si yo no fuera tan despistado, (yo) no perdería las maletas con tanta frecuencia. 5. Si ustedes hubieran dado una vuelta larga antes de acostarse, (ustedes) hubieran podido dormir anoche. 6. Si él supiera cómo llegar al albergue juvenil, (él) no tendría que tomar un taxi.

Act. 5: 1. pediré, vayan 2. dudas, podamos 3. Queremos, llamen 4. Temían, hubieran perdido 5. habría pedido, ayudara 6. pidió, hablaran 7. hubiera convocado, pudieran 8. Tendremos, perdamos

Regular Verbs
Simple Tenses

Infinitive	Past participle / Present participle	Indicative					Subjunctive	
		Present	Imperfect	Preterite	Future	Conditional	Present	Imperfect*
cantar *to sing*	cantado cantando	canto cantas canta cantamos cantáis cantan	cantaba cantabas cantaba cantábamos cantabais cantaban	canté cantaste cantó cantamos cantasteis cantaron	cantaré cantarás cantará cantaremos cantaréis cantarán	cantaría cantarías cantaría cantaríamos cantaríais cantarían	cante cantes cante cantemos cantéis canten	cantara cantaras cantara cantáramos cantarais cantaran
correr *to run*	corrido corriendo	corro corres corre corremos corréis corren	corría corrías corría corríamos corríais corrían	corrí corriste corrió corrimos corristeis corrieron	correré correrás correrá correremos correréis correrán	correría correrías correría correríamos correríais correrían	corra corras corra corramos corráis corran	corriera corrieras corriera corriéramos corrierais corrieran
subir *to go up, to climb up*	subido subiendo	subo subes sube subimos subís suben	subía subías subía subíamos subíais subían	subí subiste subió subimos subisteis subieron	subiré subirás subirá subiremos subiréis subirán	subiría subirías subiría subiríamos subiríais subirían	suba subas suba subamos subáis suban	subiera subieras subiera subiéramos subierais subieran

*In addition to this form, another one is less frequently used for all regular and irregular verbs: cantase, cantases, cantase, cantásemos, cantaseis, cantasen; corriese, corrieses, corriese, corriésemos, corrieseis, corriesen; subiese, subieses, subiese, subiésemos, subieseis, subiesen.

Commands

Person	Affirmative	Negative	Affirmative	Negative	Affirmative	Negative
tú	canta	no cantes	corre	no corras	sube	no subas
usted	cante	no cante	corra	no corra	suba	no suba
nosotros	cantemos	no cantemos	corramos	no corramos	subamos	no subamos
vosotros	cantad	no cantéis	corred	no corráis	subid	no subáis
ustedes	canten	no canten	corran	no corran	suban	no suban

Stem-Changing Verbs: *-ar* and *-er* Groups

Type of change in the verb stem	Subject	Indicative Present	Subjunctive Present	Commands Affirmative	Commands Negative	Other *-ar* and *-er* stem-changing verbs
-ar verbs **e > ie** *pensar to think*	yo tú él/ella, Ud. nosotros/as vosotros/as ellos/as, Uds.	**pienso** **piensas** **piensa** pensamos pensáis **piensan**	**piense** **pienses** **piense** pensemos penséis **piensen**	— **piensa** **piense** pensemos pensad **piensen**	— no **pienses** no **piense** no pensemos no penséis no **piensen**	*atravesar to go through, to cross; cerrar to close; despertarse to wake up; empezar to start; negar to deny; sentarse to sit down* *Nevar to snow* is only conjugated in the third-person singular.
-ar verbs **o > ue** *contar to count, to tell*	yo tú él/ella, Ud. nosotros/as vosotros/as ellos/as, Uds.	**cuento** **cuentas** **cuenta** contamos contáis **cuentan**	**cuente** **cuentes** **cuente** contemos contéis **cuenten**	— **cuenta** **cuente** contemos contad **cuenten**	— no **cuentes** no **cuente** no contemos no contéis no **cuenten**	*acordarse to remember; acostarse to go to bed; almorzar to have lunch; colgar to hang; costar to cost; demostrar to demonstrate, to show; encontrar to find; mostrar to show; probar to prove, to taste; recordar to remember*
-er verbs **e > ie** *entender to understand*	yo tú él/ella, Ud. nosotros/as vosotros/as ellos/as, Uds.	**entiendo** **entiendes** **entiende** entendemos entendéis **entienden**	**entienda** **entiendas** **entienda** entendamos entendáis **entiendan**	— **entiende** **entienda** entendamos entended **entiendan**	— no **entiendas** no **entienda** no entendamos no entendáis no **entiendan**	*encender to light, to turn on; extender to stretch; perder to lose*
-er verbs **o > ue** *volver to return*	yo tú él/ella, Ud. nosotros/as vosotros/as ellos/as, Uds.	**vuelvo** **vuelves** **vuelve** volvemos volvéis **vuelven**	**vuelva** **vuelvas** **vuelva** volvamos volváis **vuelvan**	— **vuelve** **vuelva** volvamos volved **vuelvan**	— no **vuelvas** no **vuelva** no volvamos no volváis no **vuelvan**	*mover to move; torcer to twist* *Llover to rain* is only conjugated in the third-person singular.

Stem-Changing Verbs: -ir Verbs

Type of change in the verb stem	Subject	Indicative		Subjunctive		Commands	
		Present	Preterite	Present	Imperfect	Affirmative	Negative
-ir verbs e > ie or i Infinitive: sentir *to feel* Present participle: sintiendo	yo tú él/ella, Ud. nosotros/as vosotros/as ellos/as, Uds.	siento sientes siente sentimos sentís sienten	sentí sentiste sintió sentimos sentisteis sintieron	sienta sientas sienta sintamos sintáis sientan	sintiera sintieras sintiera sintiéramos sintierais sintieran	— siente sienta sintamos sentid sientan	— no sientas no sienta no sintamos no sintáis no sientan
-ir verbs o > ue or u Infinitive: dormir *to sleep* Present participle: durmiendo	yo tú él/ella, Ud. nosotros/as vosotros/as ellos/as, Uds.	duermo duermes duerme dormimos dormís duermen	dormí dormiste durmió dormimos dormisteis durmieron	duerma duermas duerma durmamos durmáis duerman	durmiera durmieras durmiera durmiéramos durmierais durmieran	— duerme duerma durmamos dormid duerman	— no duermas no duerma no durmamos no durmáis no duerman

Other similar verbs: advertir *to warn*; arrepentirse *to repent*; consentir *to consent, pamper*; convertir(se) *to turn into*; divertir(se) *to amuse (oneself)*; herir *to hurt, wound*; mentir *to lie*; morir *to die*; preferir *to prefer*; referir *to refer*; sugerir *to suggest*

Type of change in the verb stem	Subject	Indicative		Subjunctive		Commands	
		Present	Preterite	Present	Imperfect	Affirmative	Negative
-ir verbs e > i Infinitive: pedir *to ask for, to request* Present participle: pidiendo	yo tú él/ella, Ud. nosotros/as vosotros/as ellos/as, Uds.	pido pides pide pedimos pedís piden	pedí pediste pidió pedimos pedisteis pidieron	pida pidas pida pidamos pidáis pidan	pidiera pidieras pidiera pidiéramos pidierais pidieran	— pide pida pidamos pedid pidan	— no pidas no pida no pidamos no pidáis no pidan

Other similar verbs: competir *to compete*; despedir(se) *to say good-bye*; elegir *to choose*; impedir *to prevent*; perseguir *to chase*; repetir *to repeat*; seguir *to follow*; servir *to serve*; vestir(se) *to dress, to get dressed*

Verbs with Spelling Changes

Verb type	Ending	Change	Verbs with similar spelling changes
1 buscar *to look for*	-car	• Preterite: yo busqué • Present subjunctive: busque, busques, busque, busquemos, busquéis, busquen	comunicar, explicar *to explain* indicar *to indicate*, sacar, pescar
2 conocer *to know*	*vowel* + -cer or -cir	• Present indicative: conozco, conoces, conoce, and so on • Present subjunctive: conozca, conozcas, conozca, conozcamos, conozcáis, conozcan	nacer *to be born*, obedecer, ofrecer, parecer, pertenecer *to belong*, reconocer, conducir, traducir
3 vencer *to win*	*consonant +* -cer or -cir	• Present indicative: venzo, vences, vence, and so on • Present subjunctive: venza, venzas, venza, venzamos, venzáis, venzan	convencer, torcer *to twist*
4 leer *to read*	-eer	• Preterite: leyó, leyeron • Imperfect subjunctive: leyera, leyeras, leyera, leyéramos, leyerais, leyeran • Present participle: leyendo	creer, poseer *to own*
5 llegar *to arrive*	-gar	• Preterite: yo llegué • Present subjunctive: llegue, llegues, llegue, lleguemos, lleguéis, lleguen	colgar *to hang*, navegar, negar *to negate, to deny*, pagar, rogar *to beg*, jugar
6 escoger *to choose*	-ger or -gir	• Present indicative: escojo, escoges, escoge, and so on • Present subjunctive: escoja, escojas, escoja, escojamos, escojáis, escojan	proteger, *to protect*, recoger *to collect, gather*, corregir *to correct*, dirigir *to direct*, elegir *to elect, choose*, exigir *to demand*
7 seguir *to follow*	-guir	• Present indicative: sigo, sigues, sigue, and so on • Present subjunctive: siga, sigas, siga, sigamos, sigáis, sigan	conseguir, distinguir, perseguir
8 huir *to flee*	-uir	• Present indicative: huyo, huyes, huye, huimos, huís, huyen • Preterite: huí, huiste, huyó, huimos, huisteis, huyeron • Present subjunctive: huya, huyas, huya, huyamos, huyáis, huyan • Imperfect subjunctive: huyera, huyeras, huyera, huyéramos, huyerais, huyeran • Present participle: huyendo • Commands: huye (tú), huya usted, huyamos (nosotros), huid (vosotros), huyan (ustedes), (negative) no huyas (tú), no huya (usted), no huyamos (nosotros), no huyáis (vosotros), no huyan (ustedes)	concluir, contribuir, construir, destruir, disminuir, distribuir, excluir, influir, instruir, restituir, substituir
9 abrazar *to embrace*	-zar	• Preterite: yo abracé • Present subjunctive: abrace, abraces, abrace, abracemos, abracéis, abracen	alcanzar *to achieve*, almorzar, comenzar, empezar, gozar *to enjoy*, rezar *to pray*

Compound Tenses

	Indicative					Subjunctive	
	Present perfect	Past perfect	Preterite perfect	Future perfect	Conditional perfect	Present perfect	Past perfect
	he	había	hube	habré	habría	haya	hubiera
	has	habías	hubiste	habrás	habrías	hayas	hubieras
	ha	había	hubo	habrá	habría	haya	hubiera
	hemos	habíamos	hubimos	habremos	habríamos	hayamos	hubiéramos
	habéis	habíais	hubisteis	habréis	habríais	hayáis	hubierais
	han	habían	hubieron	habrán	habrían	hayan	hubieran

(Each tense is followed by the past participles cantado, corrido, subido.*)*

All verbs, both regular and irregular, follow the same formation pattern with **haber** in all compound tenses. The only thing that changes is the form of the past participle of each verb. (See the chart below for common verbs with irregular past participles.) Remember that in Spanish, no word can come between **haber** and the past participle.

Common Irregular Past Participles

Infinitive	Past participle	
abrir	**abierto**	*opened*
caer	caído	*fallen*
creer	creído	*believed*
cubrir	**cubierto**	*covered*
decir	**dicho**	*said, told*
descubrir	**descubierto**	*discovered*
escribir	**escrito**	*written*
hacer	**hecho**	*made, done*
leer	leído	*read*
morir	**muerto**	*died*
oír	oído	*heard*
poner	**puesto**	*put, placed*
resolver	**resuelto**	*resolved*
romper	**roto**	*broken, torn*
(son)reír	(son)reído	*(smiled) laughed*
traer	traído	*brought*
ver	**visto**	*seen*
volver	**vuelto**	*returned*

Reflexive Verbs

Regular and Irregular Reflexive Verbs: Position of the Reflexive Pronouns in the Simple Tenses

Infinitive	Present participle	Reflexive pronouns	Indicative					Subjunctive	
			Present	Imperfect	Preterite	Future	Conditional	Present	Imperfect
lavarse	lavándome	me	lavo	lavaba	lavé	lavaré	lavaría	lave	lavara
to wash	lavándote	te	lavas	lavabas	lavaste	lavarás	lavarías	laves	lavaras
oneself	lavándose	se	lava	lavaba	lavó	lavará	lavaría	lave	lavara
	lavándonos	nos	lavamos	lavábamos	lavamos	lavaremos	lavaríamos	lavemos	laváramos
	lavándoos	os	laváis	lavabais	lavasteis	lavaréis	lavaríais	lavéis	lavarais
	lavándose	se	lavan	lavaban	lavaron	lavarán	lavarían	laven	lavaran

Regular and irregular reflexive verbs: Position of the reflexive pronouns with commands

Person	Affirmative	Negative	Affirmative	Negative	Affirmative	Negative
tú	lávate	no te laves	ponte	no te pongas	vístete	no te vistas
usted	lávese	no se lave	póngase	no se ponga	vístase	no se vista
nosotros	lavémonos	no nos lavemos	pongámonos	no nos pongamos	vistámonos	no nos vistamos
vosotros	lavaos	no os lavéis	poneos	no os pongáis	vestíos	no os vistáis
ustedes	lávense	no se laven	pónganse	no se pongan	vístanse	no se vistan

Regular and irregular reflexive verbs: Position of the reflexive pronouns in compound tenses*

	Indicative									Subjunctive		
Reflexive Pronoun	Present Perfect		Past Perfect		Preterite Perfect		Future Perfect		Conditional Perfect		Present Perfect		Past Perfect
me	he	lavado	había	lavado	hube	lavado	habré	lavado	habría	lavado	haya	lavado	hubiera	lavado
te	has	puesto	habías	puesto	hubiste	puesto	habrás	puesto	habrías	puesto	hayas	puesto	hubieras	puesto
se	ha	vestido	había	vestido	hubo	vestido	habrá	vestido	habría	vestido	haya	vestido	hubiera	vestido
nos	hemos		habíamos		hubimos		habremos		habríamos		hayamos		hubiéramos
os	habéis		habíais		hubisteis		habréis		habríais		hayáis		hubierais
se	han		habían		hubieron		habrán		habrían		hayan		hubieran

*The sequence of these three elements—the reflexive pronoun, the auxiliary verb **haber**, and the present perfect form—is invariable and no other words can come in between.

Regular and irregular reflexive verbs: Position of the reflexive pronouns with conjugated verb + infinitive**

	Indicative									Subjunctive		
Reflexive Pronoun	Present		Imperfect		Preterite		Future		Conditional		Present		Imperfect
me	voy a	lavar	iba a	lavar	fui a	lavar	iré a	lavar	iría a	lavar	vaya a	lavar	fuera a	lavar
te	vas a	poner	ibas a	poner	fuiste a	poner	irás a	poner	irías a	poner	vayas a	poner	fueras a	poner
se	va a	vestir	iba a	vestir	fue a	vestir	irá a	vestir	iría a	vestir	vaya a	vestir	fuera a	vestir
nos	vamos a		íbamos a		fuimos a		iremos a		iríamos a		vayamos a		fuéramos a
os	vais a		ibais a		fuisteis a		iréis a		iríais a		vayáis a		fuerais a
se	van a		iban a		fueron a		irán a		irían a		vayan a		fueran a

The reflexive pronoun can also be placed after the infinitive: voy a lavarme**, voy a poner**me**, voy a vestir**me**, and so on. Use the same structure for the present and the past progressive: **me** estoy lavando / estoy lavándo**me**; **me** estaba lavando / estaba lavándo**me**.

Irregular Verbs
andar, caber, caer

Infinitive	Past participle Present participle	Indicative						Subjunctive	
		Present	Imperfect	Preterite	Future	Conditional	Present	Imperfect
andar *to walk; to go*	andado andando	ando andas anda andamos andáis andan	andaba andabas andaba andábamos andabais andaban	anduve anduviste anduvo anduvimos anduvisteis anduvieron	andaré andarás andará andaremos andaréis andarán	andaría andarías andaría andaríamos andaríais andarían	ande andes ande andemos andéis anden	anduviera anduvieras anduviera anduviéramos anduvierais anduvieran
caber *to fit; to have enough space*	cabido cabiendo	quepo cabes cabe cabemos cabéis caben	cabía cabías cabía cabíamos cabíais cabían	cupe cupiste cupo cupimos cupisteis cupieron	cabré cabrás cabrá cabremos cabréis cabrán	cabría cabrías cabría cabríamos cabríais cabrían	quepa quepas quepa quepamos quepáis quepan	cupiera cupieras cupiera cupiéramos cupierais cupieran
caer *to fall*	caído cayendo	caigo caes cae caemos caéis caen	caía caías caía caíamos caíais caían	caí caíste cayó caímos caísteis cayeron	caeré caerás caerá caeremos caeréis caerán	caería caerías caería caeríamos caeríais caerían	caiga caigas caiga caigamos caigáis caigan	cayera cayeras cayera cayéramos cayerais cayeran

Commands

Person	andar		caber		caer	
	Affirmative	Negative	Affirmative	Negative	Affirmative	Negative
tú	anda	no andes	cabe	no quepas	cae	no caigas
usted	ande	no ande	quepa	no quepa	caiga	no caiga
nosotros	andemos	no andemos	quepamos	no quepamos	caigamos	no caigamos
vosotros	andad	no andéis	cabed	no quepáis	caed	no caigáis
ustedes	anden	no anden	quepan	no quepan	caigan	no caigan

dar, decir, estar

Infinitive	Past participle / Present participle	Indicative					Subjunctive	
		Present	Imperfect	Preterite	Future	Conditional	Present	Imperfect
dar *to give*	dado dando	doy das da damos dais dan	daba dabas daba dábamos dabais daban	di diste dio dimos disteis dieron	daré darás dará daremos daréis darán	daría darías daría daríamos daríais darían	dé des dé demos deis den	diera dieras diera diéramos dierais dieran
decir *to say, to tell*	dicho diciendo	digo dices dice decimos decís dicen	decía decías decía decíamos decíais decían	dije dijiste dijo dijimos dijisteis dijeron	diré dirás dirá diremos diréis dirán	diría dirías diría diríamos diríais dirían	diga digas diga digamos digáis digan	dijera dijeras dijera dijéramos dijerais dijeran
estar *to be*	estado estando	estoy estás está estamos estáis están	estaba estabas estaba estábamos estabais estaban	estuve estuviste estuvo estuvimos estuvisteis estuvieron	estaré estarás estará estaremos estaréis estarán	estaría estarías estaría estaríamos estaríais estarían	esté estés esté estemos estéis estén	estuviera estuvieras estuviera estuviéramos estuvierais estuvieran

Commands

dar

Person	Affirmative	Negative
tú	da	no des
usted	dé	no dé
nosotros	demos	no demos
vosotros	dad	no deis
ustedes	den	no den

decir

Person	Affirmative	Negative
tú	di	no digas
usted	diga	no diga
nosotros	digamos	no digamos
vosotros	decid	no digáis
ustedes	digan	no digan

estar

Person	Affirmative	Negative
tú	está	no estés
usted	esté	no esté
nosotros	estemos	no estemos
vosotros	estad	no estéis
ustedes	estén	no estén

haber*, hacer, ir

Infinitive	Past participle / Present participle	Indicative					Subjunctive	
		Present	Imperfect	Preterite	Future	Conditional	Present	Imperfect
haber* *to have*	habido habiendo	he has ha hemos habéis han	había habías había habíamos habíais habían	hube hubiste hubo hubimos hubisteis hubieron	habré habrás habrá habremos habréis habrán	habría habrías habría habríamos habríais habrían	haya hayas haya hayamos hayáis hayan	hubiera hubieras hubiera hubiéramos hubierais hubieran
hacer *do*	hecho haciendo	hago haces hace hacemos hacéis hacen	hacía hacías hacía hacíamos hacíais hacían	hice hiciste hizo hicimos hicisteis hicieron	haré harás hará haremos haréis harán	haría harías haría haríamos haríais harían	haga hagas haga hagamos hagáis hagan	hiciera hicieras hiciera hiciéramos hicierais hicieran
ir *to go*	ido yendo	voy vas va vamos vais van	iba ibas iba íbamos ibais iban	fui fuiste fue fuimos fuisteis fueron	iré irás irá iremos iréis irán	iría irías iría iríamos iríais irían	vaya vayas vaya vayamos vayáis vayan	fuera fueras fuera fuéramos fuerais fueran

*Haber also has an impersonal form, hay. This form is used to express "There is, There are." The imperative of haber is not used.

Commands

Person	hacer		ir	
	Affirmative	Negative	Affirmative	Negative
tú	haz	no hagas	ve	no vayas
usted	haga	no haga	vaya	no vaya
nosotros	hagamos	no hagamos	vamos	no vayamos
vosotros	haced	no hagáis	id	no vayáis
ustedes	hagan	no hagan	vayan	no vayan

jugar, oír, oler

Infinitive	Past participle / Present participle	Indicative					Subjunctive	
		Present	Imperfect	Preterite	Future	Conditional	Present	Imperfect
jugar *to play*	jugado / jugando	juego / juegas / juega / jugamos / jugáis / juegan	jugaba / jugabas / jugaba / jugábamos / jugabais / jugaban	jugué / jugaste / jugó / jugamos / jugasteis / jugaron	jugaré / jugarás / jugará / jugaremos / jugaréis / jugarán	jugaría / jugarías / jugaría / jugaríamos / jugaríais / jugarían	juegue / juegues / juegue / juguemos / juguéis / jueguen	jugara / jugaras / jugara / jugáramos / jugarais / jugaran
oír *to hear, to listen*	oído / oyendo	oigo / oyes / oye / oímos / oís / oyen	oía / oías / oía / oíamos / oíais / oían	oí / oíste / oyó / oímos / oísteis / oyeron	oiré / oirás / oirá / oiremos / oiréis / oirán	oiría / oirías / oiría / oiríamos / oiríais / oirían	oiga / oigas / oiga / oigamos / oigáis / oigan	oyera / oyeras / oyera / oyéramos / oyerais / oyeran
oler *to smell*	olido / oliendo	huelo / hueles / huele / olemos / oléis / huelen	olía / olías / olía / olíamos / olíais / olían	olí / oliste / olió / olimos / olisteis / olieron	oleré / olerás / olerá / oleremos / oleréis / olerán	olería / olerías / olería / oleríamos / oleríais / olerían	huela / huelas / huela / olamos / oláis / huelan	oliera / olieras / oliera / oliéramos / olierais / olieran

Commands

jugar

Person	Affirmative	Negative
tú	juega	no juegues
usted	juegue	no juegue
nosotros	juguemos	no juguemos
vosotros	jugad	no juguéis
ustedes	jueguen	no jueguen

oír

Person	Affirmative	Negative
tú	oye	no oigas
usted	oiga	no oiga
nosotros	oigamos	no oigamos
vosotros	oíd	no oigáis
ustedes	oigan	no oigan

oler

Person	Affirmative	Negative
tú	huele	no huelas
usted	huela	no huela
nosotros	olamos	no olamos
vosotros	oled	no oláis
ustedes	huelan	no huelan

poder, poner, querer

Infinitive	Past participle / Present participle	Indicative					Subjunctive	
		Present	**Imperfect**	**Preterite**	**Future**	**Conditional**	**Present**	**Imperfect**
poder *to be able to, can*	podido pudiendo	puedo puedes puede podemos podéis pueden	podía podías podía podíamos podíais podían	pude pudiste pudo pudimos pudisteis pudieron	podré podrás podrá podremos podréis podrán	podría podrías podría podríamos podríais podrían	pueda puedas pueda podamos podáis puedan	pudiera pudieras pudiera pudiéramos pudierais pudieran
poner* *to put*	puesto poniendo	pongo pones pone ponemos ponéis ponen	ponía ponías ponía poníamos poníais ponían	puse pusiste puso pusimos pusisteis pusieron	pondré pondrás pondrá pondremos pondréis pondrán	pondría pondrías pondría pondríamos pondríais pondrían	ponga pongas ponga pongamos pongáis pongan	pusiera pusieras pusiera pusiéramos pusierais pusieran
querer *to want, to wish; to love*	querido queriendo	quiero quieres quiere queremos queréis quieren	quería querías quería queríamos queríais querían	quise quisiste quiso quisimos quisisteis quisieron	querré querrás querrá querremos querréis querrán	querría querrías querría querríamos querríais querrían	quiera quieras quiera queramos queráis quieran	quisiera quisieras quisiera quisiéramos quisierais quisieran

*Similar verbs to poner: imponer, suponer.

Commands**

Person	poner		querer	
	Affirmative	**Negative**	**Affirmative**	**Negative**
tú	pon	no pongas	quiere	no quieras
usted	ponga	no ponga	quiera	no quiera
nosotros	pongamos	no pongamos	queramos	no queramos
vosotros	poned	no pongáis	quered	no queráis
ustedes	pongan	no pongan	quieran	no quieran

Note: The imperative of **poder is used very infrequently and is not included here.

saber, salir, ser

Infinitive	Past participle / Present participle	Indicative					Subjunctive	
		Present	Imperfect	Preterite	Future	Conditional	Present	Imperfect
saber *to know*	sabido / sabiendo	sé	sabía	supe	sabré	sabría	sepa	supiera
		sabes	sabías	supiste	sabrás	sabrías	sepas	supieras
		sabe	sabía	supo	sabrá	sabría	sepa	supiera
		sabemos	sabíamos	supimos	sabremos	sabríamos	sepamos	supiéramos
		sabéis	sabíais	supisteis	sabréis	sabríais	sepáis	supierais
		saben	sabían	supieron	sabrán	sabrían	sepan	supieran
salir *to go out, to leave*	salido / saliendo	salgo	salía	salí	saldré	saldría	salga	saliera
		sales	salías	saliste	saldrás	saldrías	salgas	salieras
		sale	salía	salió	saldrá	saldría	salga	saliera
		salimos	salíamos	salimos	saldremos	saldríamos	salgamos	saliéramos
		salís	salíais	salisteis	saldréis	saldríais	salgáis	salierais
		salen	salían	salieron	saldrán	saldrían	salgan	salieran
ser *to be*	sido / siendo	soy	era	fui	seré	sería	sea	fuera
		eres	eras	fuiste	serás	serías	seas	fueras
		es	era	fue	será	sería	sea	fuera
		somos	éramos	fuimos	seremos	seríamos	seamos	fuéramos
		sois	erais	fuisteis	seréis	seríais	seáis	fuerais
		son	eran	fueron	serán	serían	sean	fueran

Commands

Person	saber		salir		ser	
	Affirmative	Negative	Affirmative	Negative	Affirmative	Negative
tú	sabe	no sepas	sal	no salgas	sé	no seas
usted	sepa	no sepa	salga	no salga	sea	no sea
nosotros	sepamos	no sepamos	salgamos	no salgamos	seamos	no seamos
vosotros	sabed	no sepáis	salid	no salgáis	sed	no seáis
ustedes	sepan	no sepan	salgan	no salgan	sean	no sean

sonreír, tener*, traer

Infinitive	Past participle / Present participle	Indicative					Subjunctive	
		Present	Imperfect	Preterite	Future	Conditional	Present	Imperfect
sonreír *to smile*	sonreído sonriendo	sonrío sonríes sonríe sonreímos sonreís sonríen	sonreía sonreías sonreía sonreíamos sonreíais sonreían	sonreí sonreíste sonrió sonreímos sonreísteis sonrieron	sonreiré sonreirás sonreirá sonreiremos sonreiréis sonreirán	sonreiría sonreirías sonreiría sonreiríamos sonreiríais sonreirían	sonría sonrías sonría sonriamos sonriáis sonrían	sonriera sonrieras sonriera sonriéramos sonrierais sonrieran
tener* *to have*	tenido teniendo	tengo tienes tiene tenemos tenéis tienen	tenía tenías tenía teníamos teníais tenían	tuve tuviste tuvo tuvimos tuvisteis tuvieron	tendré tendrás tendrá tendremos tendréis tendrán	tendría tendrías tendría tendríamos tendríais tendrían	tenga tengas tenga tengamos tengáis tengan	tuviera tuvieras tuviera tuviéramos tuvierais tuvieran
traer *to bring*	traído trayendo	traigo traes trae traemos traéis traen	traía traías traía traíamos traíais traían	traje trajiste trajo trajimos trajisteis trajeron	traeré traerás traerá traeremos traeréis traerán	traería traerías traería traeríamos traeríais traerían	traiga traigas traiga traigamos traigáis traigan	trajera trajeras trajera trajéramos trajerais trajeran

*Many verbs ending in –tener are conjugated like tener: contener, detener, entretener(se), mantener, obtener, retener.

Commands

Person	sonreír		tener		traer	
	Affirmative	Negative	Affirmative	Negative	Affirmative	Negative
tú	sonríe	no sonrías	ten	no tengas	trae	no traigas
usted	sonría	no sonría	tenga	no tenga	traiga	no traiga
nosotros	sonriamos	no sonriamos	tengamos	no tengamos	traigamos	no traigamos
vosotros	sonreíd	no sonriáis	tened	no tengáis	traed	no traigáis
ustedes	sonrían	no sonrían	tengan	no tengan	traigan	no traigan

valer, venir*, ver

Infinitive	Past participle / Present participle	Indicative					Subjunctive	
		Present	Imperfect	Preterite	Future	Conditional	Present	Imperfect
valer *to be worth*	valido valiendo	**valgo** vales vale valemos valéis valen	valía valías valía valíamos valíais valían	valí valiste valió valimos valisteis valieron	**valdré** **valdrás** **valdrá** **valdremos** **valdréis** **valdrán**	**valdría** **valdrías** **valdría** **valdríamos** **valdríais** **valdrían**	**valga** **valgas** **valga** **valgamos** **valgáis** **valgan**	valiera valieras valiera valiéramos valierais valieran
venir* *to come*	venido viniendo	**vengo** **vienes** **viene** venimos venís **vienen**	venía venías venía veníamos veníais venían	**vine** **viniste** **vino** **vinimos** **vinisteis** **vinieron**	**vendré** **vendrás** **vendrá** **vendremos** **vendréis** **vendrán**	**vendría** **vendrías** **vendría** **vendríamos** **vendríais** **vendrían**	**venga** **vengas** **venga** **vengamos** **vengáis** **vengan**	**viniera** **vinieras** **viniera** **viniéramos** **vinierais** **vinieran**
ver *to see*	visto viendo	**veo** ves ve vemos **veis** ven	**veía** **veías** **veía** **veíamos** **veíais** **veían**	**vi** viste **vio** vimos visteis vieron	veré verás verá veremos veréis verán	vería verías vería veríamos veríais verían	vea veas vea veamos veáis vean	viera vieras viera viéramos vierais vieran

*Similar verb to venir: prevenir

Commands

	valer		venir		ver	
Person	Affirmative	Negative	Affirmative	Negative	Affirmative	Negative
tú	vale	no valgas	ven	no vengas	ve	no veas
usted	**valga**	no valga	**venga**	no venga	**vea**	no vea
nosotros	**valgamos**	no valgamos	**vengamos**	no vengamos	veamos	no veamos
vosotros	valed	no valgáis	venid	no vengáis	ved	no veáis
ustedes	**valgan**	no valgan	**vengan**	no vengan	vean	no vean

AMÉRICA DEL SUR

BELICE
HONDURAS
NICARAGUA
Lago de Managua
Barranquilla
Cartagena
Maracaibo
Caracas
Lago de Maracaibo
MAR CARIBE
San Cristóbal
Río Orinoco
EL SALVADOR
GUATEMALA
PANAMÁ
COSTA RICA
Medellín
Río Magdalena
VENEZUELA
GUAYANA
Georgetown
Paramaribo
SURINAM
Cayena
OCÉANO ATLÁNTICO
Bogotá
Boa Vista
GUAYANA FRANCESA
Cali
ECUADOR
COLOMBIA
Quito
ECUADOR
Guayaquil
Cuenca
Iquitos
Río Amazonas
ISLAS GALÁPAGOS
PERÚ
LOS ANDES
A M A Z O N A S
BRASIL
Lima
Machu Picchu
Ayacucho
Cuzco
BOLIVIA
Brasilia
Lago Titicaca
La Paz
Santa Cruz
Sucre
Potosí
Río Paraná
PARAGUAY
Asunción
Iguazú
Río de Janeiro
São Paulo
CHILE
LOS ANDES
OCÉANO PACÍFICO
Córdoba
Río Uruguay
URUGUAY
Montevideo
OCÉANO ATLÁNTICO
Viña del Mar
Valparaíso
Santiago
Buenos Aires
Concepción
ARGENTINA
Bahía Blanca
Río de la Plata
Viedma

AMÉRICA DEL SUR

ISLAS MALVINAS (Br.)
Estrecho de Magallanes
TIERRA DEL FUEGO

| 0 | 250 | 500 | 750 | 1,000 MILLAS |
| 0 | 500 | 1,000 | 1,500 KILÓMETROS |

NIGERIA
ÁFRICA
CAMERÚN
Malabo
GUINEA ECUATORIAL
GABÓN
ÁFRICA

| 0 | MILLAS | 500 |
| 0 | KILÓMETROS | 750 |

MÉXICO,
AMÉRICA CENTRAL
Y EL CARIBE

| 0 | 125 | 250 | 375 | 500 MILLAS |
| 0 | 250 | 500 | 750 KILÓMETROS |

ESTADOS UNIDOS

GOLFO DE MÉXICO

*BAJA
CALIFORNIA*

SIERRA

*MADRE
OCCIDENTAL*

MÉXICO

*OCÉANO
PACÍFICO*

*PENÍNSULA
DE YUCATÁN*

*BAHÍA DE
CAMPECHE*

BELICE

GUATEMALA

EL SALVADOR

Tijuana
San Diego
Mexicali
Albuquerque
Nogales
Nogales
El Paso
Ciudad Juárez
Hermosillo
Chihuahua
San Antonio
Río Bravo
Laredo
Nuevo Laredo
Monterrey
Brownsville
Matamoros
Mazatlán
Aguascalientes
San Luis Potosí
León
Tampico
Puerto
Vallarta
Guadalajara
México,
Distrito
Federal
Toluca
Veracruz
Cuernavaca
Puebla
Acapulco
Oaxaca
Palenque
Mérida
Cancún
Chichén
Itzá
Belmopan
Guatemala
Tegucigalpa
San Salvador
Managua

OCÉANO ATLÁNTICO

Miami

Nassau

BAHAMAS

La Habana

CUBA

MAR CARIBE

Santiago de Cuba

Puerto Príncipe

REPÚBLICA DOMINICANA

San Juan

Santo Domingo

PUERTO RICO

GUADALUPE

Kingston

JAMAICA

HAITÍ

MARTINICA

HONDURAS

NICARAGUA

Lago de Nicaragua

San José

CANAL DE PANAMÁ

Colón

Panamá

PANAMÁ

Caracas

COSTA RICA

GOLFO DE PANAMÁ

VENEZUELA

COLOMBIA

Bogotá

ESPAÑA

FRANCIA

ANDORRA

MAR CANTÁBRICO

OCÉANO ATLÁNTICO

PRINCIPADO DE ASTURIAS

GALICIA

Santiago de Compostela

Santander

Bilbao

CANTABRIA PAÍS VASCO

CORDILLERA CANTÁBRICA

CASTILLA Y LEÓN

Valladolid

Salamanca

Segovia

SIERRA DE GUADARRAMA

★ Madrid

MADRID

Toledo

CASTILLA-LA MANCHA

Ciudad Real

PORTUGAL

EXTREMADURA

Río Tajo

Río Guadalquivir

ANDALUCÍA

Córdoba

Sevilla

Granada

SIERRA NEVADA

Málaga

Cádiz

Costa del Sol

Estrecho de Gibraltar

GIBRALTAR (Br.)

CEUTA (Sp.)

MELILLA (Sp.)

MARRUECOS

Tánger

Lisboa ★

NAVARRA

Pamplona

LA RIOJA

Río Ebro

ARAGÓN

Zaragoza

Lérida

PIRINEOS

CATALUÑA

Gerona

Barcelona

Costa Brava

COMUNIDAD VALENCIANA

Valencia

Alicante

MURCIA

Murcia

Cartagena

MAR MEDITERRÁNEO

MENORCA

MALLORCA

Palma

ISLAS BALEARES

IBIZA

Escala

200 MILLAS

300 KILÓMETROS

0 50 100 150 200

0 100 200 300

ISLAS CANARIAS

LANZAROTE

FUERTEVENTURA

Las Palmas

GRAN CANARIA

TENERIFE

LA PALMA

GOMERA

HIERRO

MILLAS

KILÓMETROS

0 50 100 150

ÁFRICA

Chapter 11

>> ## Gramática útil 1

Expressing hopes and wishes: The subjunctive mood, part 1

Cómo usarlo

LO BÁSICO

As you know, a *verb tense* is a form of a verb that indicates *when* an action took place, is taking place, or will take place. The present indicative, the present progressive, the preterite, and the imperfect are all *verb tenses*. (The preterite and imperfect are different aspects of the past tense.)

Mood refers to a verb form that expresses *attitudes* towards actions and events.

1. Verbs can be used to express *time* (with tenses) and *attitudes* (moods) in both Spanish and English. You have already learned to use the *indicative mood* (to make statements, ask questions, and express objective, factual, or real information) and the *imperative mood* (to give commands).

2. The *subjunctive mood* allows the speaker to express a variety of subjective nuances, such as hopes, wishes, desires, doubts, and opinions. The subjunctive is also used to express unknown or hypothetical situations. Although the subjunctive mood exists in English, it is usually used only in literature or in formal written communication.

3. Like the indicative mood, the subjunctive mood has tenses. The *present subjunctive*, like the present indicative, expresses what happens regularly, what is happening now, and what is about to happen. The difference is that the present subjunctive views these present-tense events through a subjective, emotional, or contrary-to-fact filter.

> In this chapter, you will focus on forming the present subjunctive correctly and using it to express hopes, wishes, emotions, and opinions.

Compare the following sentences that contrast the uses of the present indicative and the present subjunctive.

Present indicative	Present subjunctive
Hago una cita con Marcos.	Mi madre **quiere que** yo **haga** una cita con Marcos.
Mis abuelos **celebran** su aniversario de oro este año.	**Espero que** mis abuelos **celebren** su aniversario de oro este año.
Tú **te casas** en mayo.	**Recomiendo que** **te cases** en mayo.
La pareja **vive** en una casa nueva.	Sus padres **insisten en que** la pareja **viva** en una casa nueva.
¡El buffet **es** fantástico!	La novia **pide que** el buffet **sea** fantástico.

Remember that if there is no change of subject in the sentence, the infinitive is used: **Adela quiere invitar a Elmer a ser un padrino.** Note that this is not *always* the case for these kinds of verbs. For example, **esperar** can trigger the subjunctive without a change of subject: **Esperamos que no lleguemos tarde.**

Note that the subjunctive often translates into English as an infinitive and the word **que** usually isn't translated.

4. Notice that in the sentences on page 14, the subjunctive is used when there is a change of subject; in other words, when someone else wishes another person to take (or not take) some sort of action. This change of subject is signaled by the word **que**. These kinds of sentences are called complex sentences. They contain an independent clause (Person 1 + verb) and a dependent clause (Person 2 + verb), which follows the word **que**. You'll learn more about complex sentences later in this chapter and also in **Chapters 12** and **13**.

Person 1 + indicative verb + **que** + Person 2 + subjunctive verb

Adela	quiere	que	Elmer	*sea un padrino.*
Adela	wants	(that) Elmer		to be a groomsman.

5. Here are some verbs that you can use to express what people wish, need, request, desire, or want others to do (or not to do!). (These are known as verbs of volition.)

aconsejar	*to advise*	**permitir**	*to permit, allow*
desear	*to wish*	**prohibir**	*to forbid*
esperar	*to hope*	**querer (ie)**	*to wish; to want*
insistir en	*to insist*	**recomendar (ie)**	*to recommend*
mandar	*to order*	**requerir (ie, i)**	*to require*
necesitar	*to need*	**sugerir (ie, i)**	*to suggest*
pedir (i, i)	*to ask, request*		

>> ## Gramática útil 2

Expressing hopes and wishes: The subjunctive mood, part 2

Cómo formarlo

1. To form the subjunctive, take the present indicative **yo** form of the verb, delete the **o**, and add the following subjunctive endings.

Using the **yo** form of the verb makes sure that any irregularities such as stem changes are automatically carried over into the present subjunctive forms.

	hablar	comer	escribir
yo	habl**e**	com**a**	escrib**a**
tú	habl**es**	com**as**	escrib**as**
usted / él / ella	habl**e**	com**a**	escrib**a**
nosotros / nosotras	habl**emos**	com**amos**	escrib**amos**
vosotros / vosotras	habl**éis**	com**áis**	escrib**áis**
ustedes / ellos / ellas	habl**en**	com**an**	escrib**an**

2. **-Ar** and **-er** stem-changing verbs follow the same stem-changing pattern that they use in the present indicative. However, **-ir** stem-changing verbs show a stem change in the **nosotros** and the **vosotros** forms as well.

-ar verb: pensar	p**ie**nse, p**ie**nses, p**ie**nse, pensemos, penséis, p**ie**nsen
-er verb: poder	p**ue**da, p**ue**das, p**ue**da, podamos, podáis, p**ue**dan
-ir verb: pedir	p**i**da, p**i**das, p**i**da, <u>p**i**damos</u>, <u>p**i**dáis</u>, p**i**dan

Notice the similarity between the subjunctive forms and the **usted / ustedes** command forms, both of which are based on the idea of using "opposite vowel endings."

Note that **dormir** and **morir** show an additional **o → u** change in the **nosotros** (d<u>u</u>rmamos, m<u>u</u>ramos) and **vosotros** (d<u>u</u>rmáis, m<u>u</u>ráis) forms.

3. Preterite spelling-change verbs (**-car** verbs: **c → qu, -gar** verbs: **g → gu,** and **-zar** verbs: **z → c**) have the same change in all subjunctive forms.

buscar	bus**que**, bus**que**s, bus**que**, bus**que**mos, bus**qué**is, bus**que**n
llegar	lle**gue**, lle**gue**s, lle**gue**, lle**gue**mos, lle**gué**is, lle**gue**n
comenzar	comien**ce**, comien**ce**s, comien**ce**, comen**ce**mos, comen**cé**is, comien**ce**n

4. The following verbs have irregular present subjunctive forms.

	dar	estar	ir	saber	ser
yo	**dé**	**esté**	**vaya**	**sepa**	**sea**
tú	**des**	**estés**	**vayas**	**sepas**	**seas**
usted / él / ella	**dé**	**esté**	**vaya**	**sepa**	**sea**
nosotros / nosotras	**demos**	**estemos**	**vayamos**	**sepamos**	**seamos**
vosotros / vosotras	**deis**	**estéis**	**vayáis**	**sepáis**	**seáis**
ustedes / ellos / ellas	**den**	**estén**	**vayan**	**sepan**	**sean**

Dar and **estar** are irregular only because you remove the **-oy** ending in the **yo** form and then add accented endings for all forms except **nosotros(as)** and **vosotros(as)**.

>> Gramática útil 3

Expressing opinions and emotions: The subjunctive with impersonal expressions

1. You have learned to form the present subjunctive tense and to use it with verbs of volition to express wishes and desires.

Queremos que la reunión **sea** una sorpresa.
We want the reunion to be a surprise.

Los invitados **piden que** la banda **toque** más canciones de amor.
The guests request that the band play more love songs.

Espero que ellos **se comprometan**.
I hope that they get engaged.

2. The present subjunctive is also used in a variety of other contexts, which you will learn here and in **Chapters 12** and **13**.

3. Impersonal expressions, such as **es bueno, es malo**, and **es fantástico**, also require the subjunctive. Note that here the subjunctive occurs in complex sentences with **que**, just like the sentences you formed in **Gramática útil 2** using verbs of volition.

Es bueno que los invitados **disfruten** de la celebración.	***It's good that** the guests **enjoy (are enjoying)** the celebration.*
No es lógico que ellos no **se conozcan**.	***It's not logical that** they **don't know each other.***
¡Es extraño que Margarita **tenga** tantos enemigos!	***It's strange that** Margarita **has** so many enemies!*
No es necesario que todos **asistan** a la ceremonia.	***It's not necessary that** everyone **attend** the ceremony.*

4. Here are some impersonal expressions that are frequently used with the present subjunctive to express emotions and opinions.

Impersonal expressions		
es bueno	es imprescindible *(essential)*	es mejor
es extraño *(strange)*	es interesante	es necesario
es fantástico	es una lástima	es ridículo
es horrible	es lógico	es terrible
es importante	es malo	

5. Note that in situations where there is no change of subject (and **que** is not used), you use the infinitive instead of the subjunctive.

Es importante llegar a tiempo.	vs.	**Es importante que lleguemos** a tiempo.
No es necesario traer un regalo.	vs.	**No es necesario que traigas** un regalo.

Chapter 12

Gramática útil 1

Expressing emotion and wishes: The subjunctive with expressions of emotion and ojalá

Cómo usarlo

LO BÁSICO

- An independent clause is a phrase containing a verb that can stand alone as a complete sentence: **Están muy contentos.**
- A dependent clause is a phrase containing a verb that cannot stand alone as a complete sentence: **...que vayamos al teatro con ellos.**
- A complex sentence combines both independent and dependent clauses: **Están muy contentos de que vayamos al teatro con ellos.**

In **Chapter 11,** you learned to use the present subjunctive with verbs of volition—verbs that express what people want, need, hope, or wish other people will do and with impersonal expressions. You read and created complex sentences such as the following.

Es importante que ellos **vayan** al concierto.	*It's important* that they **go** to the concert.
Quiero que ellos me **lleven** el programa.	*I want* them **to bring** me a program.

In this chapter, you will learn three more uses of the present subjunctive.

You may want to review the present subjunctive forms you learned in **Chapter 11** to refresh your memory.

1. In addition to verbs of volition and impersonal expressions, Spanish speakers also use the present subjunctive when they express emotion or use the Spanish word **ojalá.**

Nos alegramos de que puedas venir.	*We're happy that you can come.*
Ojalá (que) la película **sea** buena.	*I hope the movie is good.*

2. Notice that the model sentences above all follow the pattern you learned in **Chapter 11.** These sentences are complex sentences where a verb or expression in the independent clause triggers the use of the subjunctive in the dependent clause.

> **Ojalá** *(I wish, I hope)* is a word of Arabic origin meaning "May Allah grant." This and other Arabic words entered the Spanish language during almost eight centuries of Arab presence in Spain.

> The use of **que** is optional with **ojalá**, but is used in the rest of the sentences to signal the beginning of the dependent clause.

Notice that in this usage with the subjunctive there is often a change of subject from the independent clause to the dependent clause.

independent clause (verb of emotion or *ojalá*)	*que*	dependent clause (verb in subjunctive)
A ellos les **encanta**	que	**haya** muchos cines aquí.
Ojalá	(que)	la película **sea** buena.

Notice that the present subjunctive of **hay** is **haya**. Like **hay**, it is invariable; you use **haya** with both singular and plural nouns.

3. Remember, in situations where there is no use of **que** and no change of subject, there is also no use of the subjunctive. (**Ojalá** always requires the subjunctive, whether you use **que** or omit it, and whether or not there is a change of subject.)

Me alegro de poder ir al concierto.	vs.	Me alegro de **que tú puedas** ir al concierto.
Quiero llegar a tiempo.	vs.	Ojalá **que llegue** a tiempo.

4. Here are some verbs and expressions that are frequently used with the subjunctive. Notice that some of these are the same as or similar to the verbs of volition you learned in **Chapter 11.** This is because the subjunctive is usually used to describe situations that involve emotion, which includes volition.

Verbs of emotion, positive and neutral		
alegrarse de	estar contento(a) de	ojalá
encantar*	fascinar*	sorprender* *(to surprise)*
esperar	gustar	
Verbs of emotion, negative		
molestar*	temer *(to fear)*	
sentir *(to feel sorry, to regret)*	tener miedo de	

*Can be conjugated like **gustar**

5. As you learned in **Chapter 4**, some verbs (such as **encantar, fascinar, sorprender**, and **molestar**) are conjugated like **gustar.** They are used with the indirect object pronouns **me, te, le, nos, os**, and **les**, rather than with the subject pronouns **yo, tú, usted, él, ella, nosotros(as), vosotros(as), ustedes, ellos**, and **ellas: Me molesta que no quieran ir a la ópera. Me fascina que tú no veas nunca la televisión.**

Gramática útil 2

Expressing doubt and uncertainty: The subjunctive with expressions of doubt and disbelief

Cómo usarlo

1. The subjunctive is also used to express doubt and uncertainty.

No creen que funcione el televisor.	*They don't think the TV is working.*
Dudamos que podamos ver el programa.	*We doubt we'll be able to watch the program.*

2. When speakers view situations as doubtful, or do not expect them to occur, they use the subjunctive. Notice that in this usage, you do not need to have a change in subject: **Dudamos que podamos ver el programa.**

3. Here are some verbs and expressions that express doubt and uncertainty.

   - **Verbs:** dudar *(to doubt)*, no creer *(to not believe)*
   - **Expressions:**
     Es dudoso / improbable. *(It's doubtful / improbable.)*
     No es probable / cierto / seguro / verdad. *(It's not probable / certain / sure / true.)*
     no estar seguro(a) de *(to not be sure of)*

4. When speakers use similar expressions to express belief or certainty—**creer, estar seguro(a), es cierto, es seguro, es obvio**—the present indicative (and not the present subjunctive) is used.

Creen que **funciona** el televisor.	*They think the TV is working.*
Es cierto que podemos ver el programa.	*It's certain that we can watch the program.*

> Note that when you use some of these expressions in a question, you use the indicative, not the subjunctive, because you are not expressing doubt, but are assuming your listener agrees with you in your certainty: **¿No es cierto que esa película es buenísima? ¿No crees que ese programa es interestante?**

>> Gramática útil 3

Expressing unrealized desires and unknown situations:
The subjunctive with nonexistent and indefinite situations

Cómo usarlo

1. You have used the subjunctive in dependent clauses that begin with **que** and that follow independent clauses containing:

   - verbs of volition — Mis amigos **prefieren** que **vayamos** al teatro.

   - impersonal expressions — **Es ridículo** que las entradas **sean** tan caras.

   - verbs / expressions of emotion — **¡Qué lástima** que no **puedas** acompañarnos!

   - **ojalá** — **Ojalá** que **vengas** la próxima vez.

   - expressions of doubt — **No estoy seguro** de que todos **podamos** ir.

2. You also use the subjunctive when you refer to people, places, or things that don't exist or may not exist. These references to nonexistent or unknown things also occur in dependent **que** clauses.

   - Doesn't exist:

     No veo a nadie que **conozcamos**.   *I don't see anyone here who we know.*

   - Unknown—don't know if it exists:

     Buscan un teatro que se **especialice** en comedias.   *They're looking for a theater that specializes in comedies.*

3. When you *know or believe* that something or someone exists, you use the present indicative in the dependent **que** clause.

   Veo a alguien que **conocemos**.   *I see someone that we know.*
   Conoces un teatro que **se especializa** en comedias.   *You know of a theater that specializes in comedies.*

4. These sentences follow the same pattern as the other complex sentences you learned: independent clause + **que** + dependent clause with subjunctive.

Chapter 13

>> Gramática útil 1

Expressing possible outcomes: The subjunctive and indicative with conjunctions

Cómo usarlo

LO BÁSICO

A conjunction is a word or phrase that links two clauses in a sentence. In the sentence **Voy a llamar a la farmacia para que tenga lista tu receta,** the conjunction is **para que.**

1. As you have learned, your decision to use the subjunctive often depends on what you are expressing. The subjunctive is used after verbs or expressions of *uncertainty, doubt, disbelief, volition, negation,* and *emotion.*

2. Certain conjunctions also require the use of the subjunctive. With some conjunctions, the subjunctive is always used. With other conjunctions, either the subjunctive or the indicative may be used, depending upon the context.

> Remember that the situations referred to in number 1 are places where the subjunctive is used in a dependent clause that begins with **que.**

3. The following groups of conjunctions are either used with the subjunctive only, or may be used with both the subjunctive and the indicative.

- Conjunctions that require the subjunctive:

a menos que	unless	en caso de que	in case
antes (de) que	before	para que	so that
con tal (de) que	provided that	sin que	without

- Conjunctions that may be used with the subjunctive or indicative, depending on context:

aunque	although	en cuanto	as soon as
cuando	when	hasta que	until
después (de) que	after	tan pronto (como)	as soon as

> In some regions of the Spanish-speaking world, **tan pronto** is used without **como.**

4. Examine the following sentences to see how and when the subjunctive is used.

No te vas a mejorar **a menos que** *tomes* tu medicina todos los días.

*You won't get better **unless you take** your medicine every day.*

El médico dice que puedo hacer ejercicio **con tal de que** *no me sienta* peor.

*The doctor says I can exercise **as long as I don't feel** worse.*

Ella va a ir al hospital **en cuanto** *llegue* Nati de la oficina.

*She's going to the hospital **as soon as** Nati **arrives** from the office (whenever that may be).*

Fue al hospital **en cuanto** *llegó* Nati de la oficina.

*She went to the hospital **as soon as** Nati **arrived** from the office (she has already arrived).*

Debes quedarte en cama **hasta que** nos *llame* el médico.

*You should stay in bed **until** the doctor **calls** us (whenever that may be).*

Cuando estás enfermo, te quedas en cama **hasta que** te *llama* el médico.

*When you are sick, you stay in bed **until** the doctor **calls** you (habitual action).*

5. In the case of conjunctions that require the subjunctive, the subjunctive is used because the action expressed in the dependent clause has not yet taken place and is an unrealized event with respect to the action described in the main clause.

Ella va al hospital **antes de que venga** la niñera.

*She's going to the hospital **before** the babysitter **arrives**. (She's leaving now, the babysitter's not here, she doesn't know when the sitter will come.)*

6. With conjunctions that may be used with the subjunctive or the indicative, use depends upon whether or not the action described is habitual (indicative), whether it has already occurred (indicative), or whether it has yet to occur (subjunctive).

Ella siempre va al hospital **tan pronto como** *viene* la niñera.

*She always goes to the hospital **as soon as** the babysitter **arrives**. (habitual action)*

Ella fue al hospital **tan pronto como** *vino* la niñera.

*She went to the hospital **as soon as** the babysitter **arrived**. (past action)*

Ella va al hospital **tan pronto como** *venga* la niñera.

*She's going to the hospital **as soon as** the babysitter **arrives**. (future action—she doesn't know when it will occur)*

7. **Aunque** is a different case. When used with the subjunctive, it may mean that the speaker does not know what the current situation is. When used with the indicative, it indicates that the situation is, in fact, true.

Aunque esté enfermo, Arturo siempre asiste a sus clases.

Even though he may be sick (we don't know right now if he is), Arturo always attends his classes.

Aunque está enfermo, Arturo asiste a sus clases.

Even though he is sick (right now), Arturo attends his classes.

>> Gramática útil 2

Expressing yourself precisely: Choosing between the subjunctive and indicative moods

Cómo usarlo

Here is a summary of the basic situations and contexts in which the subjunctive mood, the indicative mood, and the infinitive are used.

Use the subjunctive:

- after expressions of emotion

  Me alegro de **que te sientas** mejor.

- after expressions of doubt and uncertainty

  Dudan **que** el médico **sepa** la respuesta.

- after impersonal expressions, **ojalá,** and verbs expressing opinions, wishes, desires, and influence (verbs of volition)

  Es importante **que sigas** las instrucciones de la enfermera.
  Ojalá **tengamos** tiempo para comer una cena nutritiva hoy.
  Mis amigos quieren **que** yo **vaya** con ellos al gimnasio.

- in a **que** clause to refer to unknown or nonexistent situations

  Buscas un médico **que tenga** experiencia con medicina geriátrica.

- after certain conjunctions to refer to events that have not yet taken place or that may not take place

  Antes de que **vayas** al médico, debes hacer una lista de preguntas.
  Voy a la farmacia en cuanto **salga** del trabajo.

- after **aunque** to express situations that may or may not be true, or are considered irrelevant

  Aunque el médico no **esté,** voy a su oficina.

> Remember that all these uses of the subjunctive occur either in a dependent clause that begins with **que** or a conjunction (such as **cuando** or **para que**), or after **ojalá**.

Use the indicative:

- after expressions of certainty

  Están seguros de que el médico **sabe** la respuesta.

- in a **que** clause with known or definite situations

  Sé que tu médico **tiene** experiencia con medicina geriátrica.

- after certain conjunctions to express past or habitual actions

  Elena salió para el hospital después de que yo **llegué.**

- after **aunque** when a situation is a reality

  Aunque ya **es** tarde, vamos a llamar al médico.

Use an infinitive:

- after expressions of emotion when there is no change of subject

  Estoy contenta de **sentirme** mejor.

- after verbs of volition or influence when there is no change of subject

  Tus amigos quieren **ir** al gimnasio.

- after impersonal expressions to make generalized statements

  Es importante **seguir** las instrucciones de la enfermera.

>> Gramática útil 3

Talking about future activities: The future tense

Cómo usarlo

1. You have already learned to use the present tense of **pensar** and **ir** + **a** + infinitive to talk about the future.

Pienso ser enfermera.	*I plan to become* a nurse.
Voy a ir al médico el viernes.	*I'm going to go* to the doctor on *Friday.*

2. Additionally, Spanish has a separate tense, the future tense, which you can use to talk about events that have not yet occurred. This tense is equivalent to the *will* + infinitive future tense used in English.

Hablaré con el médico.	*I will talk* to the doctor.

3. Most Spanish speakers use the present indicative or **ir a** + infinitive to talk about future events that are about to happen. They tend to use the future tense in more formal contexts or to discuss events that are further away in time.

Voy al gimnasio esta tarde.	**I'm going** to the gym this afternoon.
Voy a correr en el parque mañana.	**I'm going to run** in the park tomorrow.
El próximo mes **iré** a la playa.	Next month **I will go** to the beach.

4. Spanish speakers also use the future tense to speculate about current situations.

—¿**Dónde estará** el médico? Hace una hora que lo esperamos.	Where **could** the doctor **be**? We've been waiting for him for an hour.
—**Tendrá** una emergencia.	**He must have** an emergency.

Cómo formarlo

1. Future-tense endings are the same for **-ar, -er,** and **-ir** verbs. The future endings attach to the end of the *infinitive*, rather than to a verb stem.

yo	-é	hablaré	nosotros / as	-emos	hablaremos
tú	-ás	hablarás	vosotros / as	-éis	hablaréis
Ud. / él / ella	-á	hablará	Uds. / ellos / ellas	-án	hablarán

> Notice that all forms except the first-person plural (**nosotros**) have a written accent on the final syllable.

2. These verbs are irregular in the future tense. They attach the regular future endings to the irregular stems shown, rather than to the infinitive. They are grouped by their similarities, but some have further irregularities.

irregular: c changes to r		
decir	dir-	diré, dirás, dirá, diremos, diréis, dirán
hacer	har-	haré, harás, hará, haremos, haréis, harán
irregular: e is dropped from infinitive		
poder	podr-	podré, podrás, podrá, podremos, podréis, podrán
querer	querr-	querré, querrás, querrá, querremos, querréis, querrán
saber	sabr-	sabré, sabrás, sabrá, sabremos, sabréis, sabrán
irregular: d replaces the final vowel		
poner	pondr-	pondré, pondrás, pondrá, pondremos, pondréis, pondrán
salir	saldr-	saldré, saldrás, saldrá, saldremos, saldréis, saldrán
tener	tendr-	tendré, tendrás, tendrá, tendremos, tendréis, tendrán
venir	vendr-	vendré, vendrás, vendrá, vendremos, vendréis, vendrán

3. The future tense of **hay** is **habrá**.

Habrá una reunión mañana.	**There will be** a meeting tomorrow.

Chapter 14

Gramática útil 1

Talking about what has occurred: The present perfect tense

Cómo usarlo

LO BÁSICO

- A *past participle* is a verb form that expresses an action that has been completed. In the sentence *I have **walked** to the office every day this week, walked* is the past participle, used with the auxiliary verb *to have*.
- An *auxiliary verb* is a verb that is used with another verb. **Estar** is one example of a Spanish auxiliary verb you have already learned. You used it to form the present progressive with the present participle: **Estoy trabajando ahora.**

1. The present perfect tense is used to talk about actions that have already been completed at the time of speaking. It is used similarly to the preterite, but the present perfect usually gives a greater sense of immediacy to the completion of the action and usually focuses on its relation to the present. Compare the following two sentences.

He hablado con el jefe.	*I have spoken with the boss.*
Hablé con el jefe.	*I spoke with the boss.*

The first sentence implies a more recent conversation and, because it relates to the present, hints that there may be more information still to come. In the second sentence, the action is viewed as completed and done with.

> Compare the two usages. Spain: **¿Qué has hecho esta mañana? / He tenido una entrevista para un puesto.** Latin America: **¿Qué hiciste esta mañana? / Tuve una entrevista para un puesto.**

2. Spanish speakers' use of the present perfect tense, as compared to the preterite, varies from country to country. For example, in Spain, the present perfect is used more frequently to talk about past actions than it is in many Latin American countries. In Latin America the present perfect is used much as it is in English.

Cómo formarlo

1. The present perfect tense is formed using a present-tense form of the auxiliary verb **haber** and the past participle of a second verb.

- The past participle is formed by removing the **-ar, -er**, or **-ir** ending from the verb and adding the following endings. Notice that the same endings are used for both **-er** and **-ir** verbs.

> **Haber** means *to have,* as does the verb **tener,** but the difference is that **haber** is almost always used with another verb, as an auxiliary verb, while **tener** is used alone. The invariable forms **hay** *(there is, there are)* and **había** *(there was, there were)* also come from **haber.**

-ar verb: **trabajar**	-er verb: **conocer**	-ir verb: **compartir**
-ado: **trabajado**	-ido: **conocido**	-ido: **compartido**

- Conjugated forms of **haber** are used with the past participle.

Present perfect tense		
yo	**he**	
tú	**has**	
Ud. / él / ella	**ha**	+ **trabajado / conocido / compartido,** etc.
nosotros(as)	**hemos**	
vosotros(as)	**habéis**	
Uds. / ellos / ellas	**han**	

2. A number of verbs have irregular past participles.

abrir: **abierto**	morir: **muerto**	satisfacer: **satisfecho**
decir: **dicho**	poner: **puesto**	ver: **visto**
escribir: **escrito**	romper: **roto**	volver: **vuelto**
hacer: **hecho**		

> Verbs that end in **-rir** follow the same pattern as **abrir**: descubrir → **descubierto**. Verbs that end in **-ver** (except **ver**), use the **-uelto** ending: resolver → **resuelto**. Sometimes the same verb can have two different past participles, depending upon local usage; for example: **imprimir: imprimido / impreso, freír: frito** (more common), **freído**.

3. When an **a, e,** or **o** precedes the **i** in **-ido,** place an accent on the **i** to maintain the correct pronunciation: **leído, traído, oído.** No accent is used, however, when the **i** of **-ido** is preceded by **u: construido, destruido.**

4. When using a form of **haber** and the past participle to form the present perfect tense, the form of **haber** changes to agree with the subject. The present participle does not change.

Elena ha tenido tres entrevistas con esa compañía.	***Elena has*** *had three interviews with that company.*
Yo sólo **he** tenido una entrevista con ellos.	***I have*** *only had one interview with them.*

5. The past participle may also be used as an adjective, frequently with the verb **estar.** When it is used this way, it changes its form to reflect number and gender, as do all adjectives.

Han escrito los informes hoy.	(past participle used in present perfect)
Los informes ya **están escritos**.	(past participle used as an adjective)
El jefe tiene todos los informes **escritos**.	(past participle used as an adjective)

> Note that, unlike in English, an adverb cannot separate the auxiliary verb from the past participle; the two components making up the Spanish present perfect tense are never split by another word: *I have* <u>already</u> *applied for the job,* but **ya he solicitado el puesto.**

6. When the past participle of reflexive verbs is formed, the reflexive pronoun goes *before* the auxiliary verb. The same is true with direct and indirect object pronouns.

Ya **me he preparado** para la reunión.	***I have*** *already **prepared myself** for the meeting.*
¿El informe? Sí, **lo he escrito**.	*The report? Yes,* ***I have written it***.

Talking about events that took place prior to other events: The past perfect tense

Cómo usarlo

1. The past perfect tense, like the present perfect tense, uses forms of **haber** with the past participle. It describes past actions that occurred *before* other past actions.

   Ya **había escrito** el informe cuando la jefa me lo pidió.

   *I had already **written** the report when the boss asked me for it.*

2. The past perfect tense is frequently used in the same sentence with the preterite to describe a past action (past perfect) that occurred *before* another past action (preterite).

   Ya me **habían llamado** cuando **llegué** a la oficina.

   *They **had** already **called** me when **I arrived** at the office.*

> **Ya** *(Already)* is frequently used with the past perfect, due to its use in specifying the order of past events.

Cómo formarlo

1. The past perfect tense also uses past participles (just like the present perfect). But it uses the *imperfect* (instead of the *present*) forms of **haber** with the past participle.

Past perfect tense		
yo	**había**	
tú	**habías**	
Ud. / él / ella	**había**	**+ trabajado / conocido / compartido**, etc.
nosotros(as)	**habíamos**	
vosotros(as)	**habíais**	
Uds. / ellos / ellas	**habían**	

> Remember that when you use the past participle as an adjective it changes to agree with the noun it modifies: **una presentación escrita, unos informes preparados**.

2. Apart from changing the tense of **haber** to the imperfect, the formation of the past perfect is the same as the present perfect.

   - **Haber** changes to agree with the subject but the past participle does not change its form: <u>***Los gerentes habían*** escrito dos cartas adicionales.</u>
   - All reflexive and object pronouns precede the form of **haber** and the past participle: **La jefa me pidió el informe, pero ya <u>*se lo había dado*</u> a su secretario para copiar.**

Gramática útil 3

**Expressing doubt, emotion, and will:
The present perfect subjunctive**

Cómo usarlo

1. In **Chapters 11–13,** you learned to use the subjunctive mood to express a variety of reactions and emotions.

2. The present perfect subjunctive is used in the same contexts as the present subjunctive. The difference is that you are using the present perfect subjunctive in a *past-tense context,* rather than a present-tense context. The present perfect subjunctive, like the present perfect indicative, describes actions that recently occurred or have a bearing on the present.

¡Me alegro de que hayas conseguido el puesto!	*I'm happy that you have gotten the position!*
Dudo que hayan terminado el proyecto.	*I doubt that they have finished the project.*
Es bueno que él haya estudiado los informes antes de la reunión.	*It's good that he has studied the reports before the meeting.*
Ojalá que hayamos hecho todo antes de las siete.	*I hope that we have done everything before 7:00.*
No hay nadie en la oficina **que haya cumplido el curso de XML**.	*There is no one in the office who has completed the XML course.*
Cuando hayas leído los reportes, debes hablar con la directora.	*When you have read the reports, you should talk to the director.*
Tráeme el contrato **tan pronto como lo haya firmado el jefe**, por favor.	*Bring me the contract as soon as the boss has signed it, please.*

Cómo formarlo

The present perfect subjunctive uses the same past participles you have already learned, and follows the same rules as the present perfect tense. The only difference is that it uses the present subjunctive forms of the verb **haber**, rather than its present indicative forms.

Present perfect subjunctive		
yo	**haya**	
tú	**hayas**	
Ud. / él / ella	**haya**	**+ trabajado / conocido / imprimido,** etc.
nosotros(as)	**hayamos**	
vosotros(as)	**hayáis**	
Uds. / ellos / ellas	**hayan**	

Chapter 15

>> **Gramática útil 1**

Expressing doubt, emotion, volition, and nonexistence in the past: The imperfect subjunctive

Cómo usarlo

1. When you use verbs that express doubt, emotion, volition, and nonexistence within a past-tense or hypothetical context, the imperfect subjunctive— instead of the present subjunctive—is used in the dependent clause.

Los niños **querían** que sus padres **compraran** un auto nuevo para el viaje.	*The children **wanted** their parents **to buy** a new car for the trip.*
Era necesario que **estudiaras** los mapas antes del viaje.	*It **was** necessary that **you study** the maps before the trip.*
No **había** nadie que **supiera** tanto de la región como tú.	*There **was** no one who **knew** as much about the region as you.*

2. The imperfect subjunctive is used in the following situations.

main clause verb is in the *imperfect, preterite,* or *past perfect* →	dependent clause verb is in the *imperfect subjunctive*
Los turistas nos **pedían** que... *The tourists **asked** (us) that . . .*	... los **lleváramos** a las montañas. . . . **we take** *them to the mountains*.
Los turistas **se alegraron** de que... *The tourists **were happy** that . . .*	... los **pudiéramos** llevar. . . . **we could** *take them*.
Yo **había dudado** que... *I **had doubted** that . . .*	... **tuviéramos** tiempo para el viaje. . . . **we had** *time for the trip*.

3. The imperfect subjunctive forms of **poder** and **querer** are often used in present-tense situations to express requests more courteously.

Quisiera hacerle una pregunta. ¿**Pudiera** ayudarme con el itinerario?	*I **would like** to ask you a question. **Could you** (please) help me with the itinerary?*

4. Note that when the main clause uses **decir** in the preterite or the imperfect, the verb used in the dependent clause varies, depending upon what is meant.

Marta **dijo** que el viaje **fue** fenomenal.	*Marta **said** that the trip **was** phenomenal.*
Marta **dijo** que **nos quedáramos** en su casa.	*Marta **told** us **to stay** in her house.*

In the first example, you are merely reporting what Marta said. This is known as indirect discourse and is often used in newspaper accounts to quote someone's speech. In the second example, Marta is expressing a wish or desire, which means that the subjunctive is required because it says what she wants us to do. Look carefully at past-tense sentences with **decir** to see which meaning is being expressed.

R-42 Appendix E: Grammar Review

Cómo formarlo

1. To form the imperfect subjunctive, take the **ustedes / ellos / ellas** form of the preterite tense. Remove the **-on** ending and add the new endings shown in the following chart. Notice that this formula is the same for **-ar, -er**, and **-ir** verbs.

regular -ar verb: **viajar** viajaron → viajar-		regular -er verb: **ver** vieron → vier-		regular -ir verb: **salir** salieron → salier-	
viaja**ra**	viajá**ramos**	vie**ra**	vié**ramos**	salie**ra**	salié**ramos**
viaja**ras**	viaja**rais**	vie**ras**	vie**rais**	salie**ras**	salie**rais**
viaja**ra**	viaja**ran**	vie**ra**	vie**ran**	salie**ra**	salie**ran**

irregular verb: **ir** fueron → fuer-		stem-change verb: **pedir** pidieron → pidier-	
fue**ra**	fué**ramos**	pidie**ra**	pidié**ramos**
fue**ras**	fue**rais**	pidie**ras**	pidie**rais**
fue**ra**	fue**ran**	pidie**ra**	pidie**ran**

> Notice that you must put an accent on the **nosotros** form in order to maintain the correct pronunciation.

> You may want to review irregular preterite and preterite stem-changing verbs in **Chapters 7** and **8** in order to refresh your memory on these conjugations.

2. Because you are forming the imperfect subjunctive from an already conjugated preterite form, this form already reflects any irregularities of the verb in the preterite, as well as any spelling or stem changes.

>> Gramática útil 2

Saying what might happen or could occur: The conditional

Cómo usarlo

LO BÁSICO

So far you have learned a number of *tenses* (the present, the present progressive, the present perfect, the past perfect, the preterite, the imperfect, and the future) and three *moods* (the indicative, imperative, and subjunctive moods). As you recall, *tenses* are associated with *time*, while *moods* reflect *how the speaker views the event* he or she is describing.

1. Both English and Spanish speakers use a mood called the *conditional* to talk about *events that might or could happen* in the future. The conditional is used because the speaker is saying *what could or might occur, under certain conditions.*

Ojalá que me toque la lotería. **Usaría** el dinero para viajar por todo el mundo. Primero **iría** a Sudamérica y luego **viajaría** por África.	*I hope I win the lottery.* ***I would use*** *the money to travel all over the world. First* ***I would go*** *to South America and later* ***I would travel*** *through Africa.*

2. The conditional is used to soften requests or make suggestions in a more courteous way. Verbs frequently used in this way are **poder** and **querer,** similar to the use in the imperfect subjunctive that you learned on page 151.

¿**Podría** decirme cuándo sale el autobús para la playa?	*Could you (please)* tell me when the bus for the beach leaves?
¿**Querría** usted cambiar de asiento?	*Would you like* to change seats?

3. The conditional may also be used to speculate about events that have already occurred, similar to the way that the future tense is used to speculate about current events. It is often used this way with expressions such as **tal vez** and **quizás** *(perhaps).*

No sé por qué llegó tan tarde el tren. **Tal vez habría** nieve.	*I don't know why the train arrived so late. **Perhaps there was** snow.*

Cómo formarlo

1. The formation of the conditional is very similar to the formation of the future tense, which you learned in **Chapter 13.** As with the future, you add a set of endings to the full *infinitive*, not the *stem*, of regular **-ar, -er**, and **-ir** verbs. Here are the conditional endings.

yo	-ía	viajaría	nosotros (as)	-íamos	viajaríamos
tú	-ías	viajarías	vosotros (as)	-íais	viajaríais
Ud. / él / ella	-ía	viajaría	Uds. / ellos / ellas	-ían	viajarían

2. The following verbs are irregular in the conditional. They attach the regular conditional endings to the irregular stems shown, not the infinitive.

irregular, no pattern except the addition of **r**:		
decir	**dir-**	diría, dirías, diría, diríamos, diríais, dirían
hacer	**har-**	haría, harías, haría, haríamos, haríais, harían
e is dropped from infinitive:		
poder	**podr-**	podría, podrías, podría, podríamos, podríais, podrían
querer	**querr-**	querría, querrías, querría, querríamos, querríais, querrían
saber	**sabr-**	sabría, sabrías, sabría, sabríamos, sabríais, sabrían
d replaces the final vowel:		
poner	**pondr-**	pondría, pondrías, pondría, pondríamos, pondríais, pondrían
salir	**saldr-**	saldría, saldrías, saldría, saldríamos, saldríais, saldrían
tener	**tendr-**	tendría, tendrías, tendría, tendríamos, tendríais, tendrían
venir	**vendr-**	vendría, vendrías, vendría, vendríamos, vendríais, vendrían

3. The conditional form of **hay** is **habría.**

Habría un problema.	*There must have been a problem.*

Gramática útil 3

Expressing the likelihood that an event will occur: Si clauses with the subjunctive and the indicative

Cómo usarlo

1. The conditional is often used with **si** *(if)* and the imperfect subjunctive to talk about situations that are contrary to fact or very unlikely to occur (at least in the speaker's opinion). The **si** clause is the dependent clause that expresses the unlikely hypothesis, while the main clause expresses what would occur in the contrary-to-fact situation.

Si me dieran el trabajo, **viajaría** por todo el mundo.

If they give me (were to give me) the job, I would travel throughout the world.

Si tuviéramos el dinero y el tiempo, **haríamos** un viaje de seis meses después de graduarnos de la universidad.

If we had (were to have) the money and the time, we would make a six-month trip after graduating from the university.

> Note that the two clauses can go in either order: **Si compro un auto, iré a Florida. / Iré a Florida si compro un auto.**

2. In situations where you think an outcome is *likely* to occur, use the present indicative in the **si** clause and the future or **ir** + **a** + infinitive in the main clause.

Si tengo tiempo, **haré / voy a hacer** las reservaciones hoy.

If I have time (and I think I will), I will make / am going to make the reservation today.

Si estás mejor mañana, **vendrás / vas a venir** en el tren con nosotros.

If you are better tomorrow (and you probably will be), you will come / are going to come on the train with us.

3. To summarize:

Si clause to express unlikely outcome	Si clause to express likely outcome
Si + *imperfect subjunctive* is used with the *conditional.*	**Si** + *present indicative* is used with the *future* or **ir** + **a** + *infinitive.*
Si tuviera el dinero, **haría** un viaje. *If (in the unlikely situation that) I were to have the money, I would take a trip.*	**Si tengo** el dinero, **haré / voya hacer** un viaje. *If I have the money—and I think I will—I will take / am going to take a trip.*

> Note that you do not use the present subjunctive with **si.** You either use the present indicative (**Si tengo el tiempo…**) if you are fairly certain that the event will occur, or the imperfect subjunctive (**Si tuviera el tiempo…**) if you consider it unlikely.

Spanish–English Glossary

The vocabulary includes the vocabulary lists in the chapters as well as the **Explora y exprésate** sections and the **Lectura** sections.

The gender of nouns is indicated except for masculine nouns ending in **-o** and feminine nouns ending in **-a**. Stem changes and spelling changes are shown for verbs, e.g., **advertir (ie, i); colgar (ue)**.

The following abbreviations are used.

adv.	adverb	*f.*	feminine	C1 =	Cortometraje pp. 102–105
irreg.	irregular	*m.*	masculine	C2 =	Cortometraje pp. 172–175
p.p.	past participle	P =	capítulo preliminar	C3 =	Cortometraje pp. 304–307
				C4 =	Cortometraje pp. 396–399

A

a to; **~ la inversa** and viceversa, C3; **~ la vez** at the same time, C3; **~ medida que** as, 11; **~ menos que** unless, 13; **~ pesar de** in spite of, 11

abierto(a) (*p.p. of* **abrir**) open, 14; very open to experiences; open-minded, 20

abogado(a) lawyer

abordar to board, 15

abrazar to hug, 11

abrir to open

abuela grandmother

abuelo grandfather

aburrido(a) boring; bored

acabarse: se acabó it's done, finished, C1

acariciar to caress, 11

acercarse a to get nearer to; to get close to, 11

aclarar to clear up, clarify, 20

acoger to take in; to welcome, 20

acomedido(a) obliging, helpful, 20

aconsejar to advise, 11

acontecimiento event, 20

acordarse (ue) de to remember, 11

acostumbrar(se) a to be in the habit of; to get accustomed to, 16, C2

activismo juvenil youth activism, 19

activista (*m., f.*) activist, 19

actividad (*f.*) activity

activo(a) active

actor (*m.*) actor

actriz (*f.*) actress

acudir to come, arrive; to go to a place frequently, 20

acurrucado(a) (*p.p. of* **acurrucar**) curled up, 19

adaptarse to adapt, 17

Adelante Forward button, 16

"adelante troyanos" "onward, Trojans", P4

adivinar to guess; **Adivina.** Guess.

Adjuntar (un archivo) Attach (a file), 16

administración de empresas (*f.*) business administration

administrar to run, manage, 19

adolescencia adolescence, 11

adquirir to acquire, 17

aduana customs, 15

adversario(a) (*m., f.*) opponent, adversary, 19

advertencia warning, 18

advertir (ie, i) to warn, 18, 19

afectar to affect, 18

afirmar to say, affirm, 17

agencia de viajes travel agency, 15

agobiado(a) overwhelmed, 20

agotado(a) exhausted, 17

agradable pleasant; enjoyable; nice, 20

agregar to add, 16

agua water, 18; **~ dulce** fresh water, 18; **~ potable** drinkable water, 18; **~ salada (de mar)** saltwater, 18

aguafiestas party pooper, C3

ahorrar to save, 18

aire (*m.*) **acondicionado** air conditioning, 15

ajeno(a) alien, foreign, 20

al lado de next to, P3

albergue juvenil (*m.*) youth hostel, 20

alcalde/alcaldesa (*m., f.*) mayor; female mayor, 19

alcanzar to reach, 16, 17; to achieve, 17

aldea global global village, 20

alegrarse de to be happy about, 12

alegría joy, happiness, 11

alejarse de to distance oneself from, 11

alemán (*m.*) German language

alemán, alemana German

alergia allergy, 13

al fin y al cabo when all is said and done, 19

alianza alliance, 11; **~ del barrio** neighborhood alliance, 19

al lado de next to, P3

almacén (*m.*) store

almacenar to store, archive, 16

al to the; **~ otro extremo** to the other side, C2; **~ respecto** regarding that matter, 19; **~ revés** backwards, C1

alojamiento housing, 20

a lo largo de over the span of, 18

alquilar videos to rent videos

alto(a) tall, P; **alta definición** high definition, 12

alucinante amazing, mind-boggling, 20

aluminio aluminum, 18

ambulante mobile, C4

amañado(a) (*p.p. of* **amañar**) rigged, 20

amante lover, 11

amar to love, 11, 20

ambas caras both sides, C3

amenaza threat, 18

amenazar to threaten, 18

a menudo often, 17

a mi parecer in my opinion, 19

amigo(a) friend

amistad friendship, 11; **~es** friends, 11

amistoso(a) friendly, 11, 20

amor love, 11

amoroso(a) loving, affectionate, 20

ampliar to expand; to increase; to broaden, 20

amplio(a) broad; wide; spacious; expansive, 20

analfabetismo illiteracy, 16, 19

análisis (*m.*) test; **de sangre / orina** blood / urine test, 13

anclado(a) (*p.p. of anclar*) anchored, 20

andarse por las ramas to beat around the bush, 19

angustiado(a) worried, anxious; distressed, 17

animado(a) (*p.p. of animar*) animated, lively; in good spirits, 17

animar to encourage; to inspire, 18

animar(se) to encourage; to cheer up; to get motivated, 20

aniquilado(a) (*p.p. of aniquilar*) annihilated, wiped out, 17

ansioso(a) anxious, 17

antepasado ancestor, 17

Anterior Previous, 16

antes before; ~ **(de) que** before, 13; ~ **que nada** first of all, 16

antibiótico antibiotic, 13

antipático(a) unpleasant

aparecer (aparezco) appear, 11

apartamento apartment

apegado(a) tightly, closely, 17

apestar: apesta it stinks, C1

apoyar to support, lean on, 17

apreciar to appreciate, 20

aprendizaje (*m.*) apprenticeship; internship; training period, 20

apretarse: me aprieta it's tight on me, C1

aprovechar(se) de to take unfair advantage of, 17

aprovechar to take advantage of, 17

apto(a) apt, fit; ~ **para toda la familia** rated G (for general audiences), 12

apuntes (*m.*) notes

apurarse: no se apure don't worry; don't hurry, C2

árabe (*m.*) Arabic language

archivo de contactos address book, 16

área de confort (*m.*) comfort zone, 20

arena sand, 15

argentino(a) Argentinian

argumento plot, P3

arquitecto(a) architect

arquitectura architecture

arrancar to pull out, 18

arrastrar to drag, 16, C4

arrecife (de coral) (*m.*) (coral) reef, 18

arriesgado(a) risky, 19

arte (*m.*) art; ~ **y cultura** the arts, 12

artista (*m., f.*) artist, P

ascendencia descent, ancestry, 17

ascenso (job) promotion, 14

ascensor (*m.*) elevator, 15

asegurarse to assure oneself, 17

asequible accessible, C3

asiento seat, 15;
~ **de pasillo** aisle seat, 15;
~ **de ventanilla** window seat, 15

asimilarse: asimílase get used to, assimilate, C4

asistente (*m., f.*) assistant;
~ **de vuelo** flight attendant, 15

asombro astonishment, 19

aspirina aspirin, 13

astestiguar to testify, bear witness, 20

asunto subject, 16;
~ **primordial** essential, fundamental matter, C1

asustado(a) (*p.p. of asustar*) scared, 17

atentado attempt, 20

a todas luces obviously, 18

atolondrado(a) (*p.p. of atolondrar*) dazed, stunned, 20

atraer to attract, 11, 16

Atrás Back button, 16

atravesarlo to cross it; to go through it, C2

atril (*m.*) lecturn, C3

a tu alcance within your reach, 18

audaz brave, courageous; daring, bold, 20

audio audio

auditorio auditorium

agujero de gusano wormhole, C2

aumento de sueldo salary increase, 14

aunque although, even though, 13

australiano(a) Australian

auto eléctrico electric car, 18

auto híbrido hybrid car, 18

autoridades (*f.*) authorities, 19

autorrealizarse to self-realize; to come into your own, 19

aventura: aventura amorosa affair, 11

aventurero(a) adventurous, 20

avergonzado(a) ashamed, 17

averiguar (gü) to find out; to look into, to investigate, 14

avión (*m.*) airplane, 15

aviso notice, alert, 16

B

bailar to dance

baile (*m.*) dance

bajar audio y video to download audio and video, 16

bajar fotos to download photos, 16

bajo(a) short (*in height*); **bajo demanda** on demand, 12

banco bank

banda: ancha high-speed, 12

bandeja de entrada inbox, 16

bandeja de salida outbox, 16

bandera flag, 17

banquete banquet, 11

barra de herramientas toolbar, 16

barrio neighborhood

base de enchufes (*f.*) power strip, 18

básquetbol (*m.*) basketball

bastar to be enough, 16

basurero trash can, 18

beca scholarship, 20

béisbol (*m.*) baseball

beneficiar to benefit, 18

beneficio benefit, 14

berenjena eggplant, 18

beso kiss, 11

biblioteca musical music library (*on an MP3*), 16

billete (*m.*) ticket, 15; ~ **de ida** one-way ticket, 15; ~ **de ida y vuelta** round-trip ticket, 15

biodegradable biodegradable, 18

biodiversidad (*f.*) biodiversity, 18

biología biology

blanqueamiento bleaching, 18

boca mouth, 13

bochornoso(a) embarrassing, 20

boda wedding; **aniverario de ~s** wedding anniversary, 11

boleto ticket, 12; ~ **de ida** one-way ticket, 15; ~ **de ida y vuelta** round-trip ticket, 15

bolígrafo ballpoint pen

boliviano(a) Bolivian

bolsa: ~ de valores stock market, 14, C3

bolsita de té teabag, 18

boludo(a) jerk; stupid, C1

bombero(a) firefighter

bombilla lightbulb, 18

bordado embroidery, 17

borrar to delete, erase, 16

bosque (*m.*) forest, 15; **~ tropical** (*m.*) rainforest, 18

botar to throw away, 18

botones (*m. s.*) bellhop, 15

boxeo boxing

brazo arm, 13

brindar to toast, 11; to offer, provide, 19

brindis toast, 11

broma joke, 17

bromear to joke around, 17

bromista joker; prankster, 11

buena onda good vibe, 17

bueno(a) good; **es bueno** it's good, 12

buffet buffet, 11

burlarse de to make fun of, 11

buscar to look for, P4

búsqueda de contactos search for contacts, 16

C

caber to fit, 20

cabeza head, 13; **dolor** (*m.*) **de ~** headache, 13

cable (*m.*) cable; cable television, 12

cadena familiar family chain (*lit.*), the family lineage, 20

caer (*irreg.* **yo** *form*) **bien / mal** to like, dislike, 16

cafetería cafeteria

cajero automático automatic teller machine (ATM)

cálculo calculus

calefacción (*f.*) heating; **~ central** central heating, 18; **~ eléctrica** (*f.*) electric heat, 18

calentamiento global global warming, 18

calentarse (ie) to get hot, heat up, 18

calidad de vida (*f.*) quality of life, 18

calificar: con cuatro estrellas to give a four-star rating, 12

callarse to keep quiet, not say anything, 17

calzado footwear, C4

cámara secreta secret chamber,18

cama bed; **guardar ~** to stay in bed, 13

camarero(a) waiter; waitress

cambiar: ~ dinero to exchange money, 15; **~ de tema** to change the subject, 16; **~ el canal** to change the channel, 12

cambio climático climate change, 18

caminar to walk

camisa de fuerza straightjacket, 20

campaña campaign, P3, 14

canadiense Canadian

cancelar to cancel, 16

cancha (campo) de fútbol soccer field

candidato(a) candidate, 14

cañón (*m.*) canyon, 15

cansado(a) tired

cantar to sing

capacitado(a) competent, 19

capa de ozono ozone layer, 18

capaz competent, 19; **~ de** capable of, C1

capítulo chapter

caso: en ~ de que in case, 13

caprichoso(a) capricious, fussy; always changing his (her) mind, 20

captar to capture; to grasp, 20

cara a cara face to face, 17

carecer de to lack something, C3

caricia caress, 11

cariño affection, 11

cariñoso(a) affectionate, 11

carpeta folder, C3

carpintero(a) carpenter

carro de la compra shopping cart, 16

cartón (*m.*) cardboard, 18

cartucho de la impresora printer cartridge, 18

casa house

casado(a) married, 11; **recién ~** recently married, 11; **recién ~s** newlyweds, 11

casarse con to get married, 11

castaño(a) brown

castigar to punish, 17

catarro cold (*e.g.*, *head cold*), 13

catorce fourteen

cautiverio captivity, 18

ceder el paso to yield, 17

celebrar to celebrate, 11

censurar to censure, condemn, 18

centro comercial mall

ceremonia religiosa / civil religious / civil ceremony, 11

cerca de close to, P3

cerebro brain, C3

cero zero

cerrado(a) very closed to experiences; close-minded, 20

cerrar (ie) (la) sesión to log out; to close session, 16

charla chat, 16; **~ en tiempo real** real-time chat; live chat, 16

chatear to chat online, 16

chequeo médico physical, checkup, 13

chibolo boy, P4

chico(a) boy (girl)

chileno(a) Chilean

chino Chinese language

chino(a) Chinese

chismear to gossip, 20

chispazo spark, 20

chocolate (*m.*) chocolate, 12

choque cultural (*m.*) culture shock, 20

ciclismo cycling

cielo sky, 15

ciencias políticas political science

cierto(a) certain; **no es cierto** it's not certain, 12

cinco five

cincuenta fifty

cine (*m.*) cinema; movies, 12

cita date, 12; appointment, 13; **~ a ciegas** blind date, 11

ciudadano(a) citizen, 14

clase (*f.*) class; **~ baja** lower class; **~ de película** movie genre, 12

clasificar (qu) con cuatro estrellas to give a four-star rating, 12

clínica clinic, 13

cobarde cowardly, 11

cobardía cowardice, 11

cobrar sentido to make sense, 17

cocción (*f.*) cooking, brewing, 18

cocinar to cook, P

cocinero(a) cook, chef

código code, 16

codo elbow, 13

colaborar to collaborate, 19

colgar (ue) to hang, 18

colgarse: se cuelga to get hung up; to freeze (as in a computer), C3

colombiano(a) Colombian

combustibles fósiles (*m.*) fossil fuels, 18

comedia (romántica) (romantic) comedy, 12

comentar to comment, 16

comer to eat; **~ alimentos nutritivos** to eat healthy foods, 13

comercio justo fair trade, 19

cómico(a) funny

cómodo(a) comfortable, 20

como lo pintan as it's portrayed, 18

compañero(a) de cuarto roommate
compañía multinacional multinational corporation, 14
compasivo(a) compassionate, 19
compensar to make up for, compensate, 18
competente competent, 19
comportar to behave, 18; **~se** to behave, 20
compostaje (*m.*) compost, 18
comprensivo(a) understanding, 11
comprometerse to get engaged, 11; to commit oneself, to promise to do something, 19
computación (*f.*) computer science
computadora computer; **~ portátil** laptop computer
con with; **~ destino a** with destination to, 15; **~ (dos meses) de antelación** (two months) in advance, 20; **~ tal (de) que** so that, provided that, 13
conciencia conscience, 18
condenado(a) (*p.p. of* **condenar**) condemned, 20
condiciones de uso (*f.*) terms of agreement, 16
conejo de pascua Easter bunny, 17
conexión (*f.*) connection; **~ a Internet** Internet connection, 15
confiar to trust, 19
confundido(a) confused, 17
congestionado(a): estar ~ to be congested, 13
congregarse to congregate, 20
congresista (*m., f.*) member of Congress, 19
conllevar to entail; to involve, 20
conocerse to meet; to get to know each other, 11
conocido(a) someone you know, 16
conocimientos: tener (*irreg.*) **algunos ~ de** to have some knowledge of, 14
consejo advice, 13
conserje (*m., f.*) concierge, 15
conservación (*f.*) conservation, 18
conservar to conserve, 18; to preserve (traditions), 17
consultorio del médico doctor's office, 13
consumir to consume, 18
consumismo consumerism, 19
consumo consumption, 18
contabilidad (*f.*) accounting
contactos personales personal contacts, 16

contador(a) accountant
contaminación (*f.*) (**del aire**) (air) pollution, 14
contaminar to contaminate; to pollute, 18
contento(a) happy; **estar ~ de** to be pleased about, 12
contratar to hire, 14
contrato contract, 14; **~ prenupcial** prenuptual agreement
contribuir (**y**) to contribute, 19
control (*m.*) **remoto** remote control, 12
convivir to coexist, 17
convocar to call, convene; to organize, 20
cooperar to cooperate, 17, 19
coordinar to coordinate, 19
corazón (*m.*) heart, 13
coreano(a) Korean
corregir to correct, 11
correo basura junk mail, spam, 16
correr la voz spread the word, 19
cortar to cut, 13; **~ y pegar** to cut and paste, 16; **~se** to cut oneself, 13
cosecha harvest, 17
cosquillas tickling sensations, C1
costarricense Costa Rican
costo cost, 14
costumbre (*f.*) custom, 17
crecer (**zc**) to grow, 11, 19
crecimiento growth, 20
creencia belief, 17
creer (**en**) to believe (in); to think; **no creer** to not believe, 12
crema cream, 13
creo que I think, P4
criar(se) to grow up; to be raised, 17
crimen (*m.*) crime, 14
crisis económica / fiscal (*f.*) economic crisis, 19
criterio criterion, 20
crítica criticism; critique, review, 12
crítico(a) critic, 12
cuaderno notebook
cualificado(a) (*p.p. of* **cualificar**) qualified, 19
cuando when, 13
cuantioso(a) substantial, considerable, C2
cuanto: en ~ as soon as, 13; **en ~ a** in relation to
cuarenta forty
cuatro four
cubano(a) Cuban
cuello neck, 13

culpa fault, blame, P4
cuenta de cacao measure used as money, 17
cuerpo body, 13
cuidadoso(a) cautious
culpa blame, 17
culpar to blame, 19
culto(a) educated; cultured, 20
cuñado(a) brother-in-law (sister-in-law)
curita (small) bandage, 13
currículum vitae (*m.*) curriculum vitae, résumé, 14
cursi snobby; tasteless, 20

D

dama de honor bridesmaid, 11
danza dance, 12
dañar to harm, 18
dañino(a) harmful, 18
dar to give; **~(se) cuenta de** to report; to realize, become aware of, 11, 16; **~ la vuelta** to take a spin; to go for a walk, a drive, or a ride, 20; **~ para** to be enough, 16; **~ rienda suelta** to give free rein, 19; **~se la mano** to shake hands, 14
deber cívico (*m.*) civic duty, 19
decir (*irreg.*) to say, to tell
declaración de misión (*f.*) mission statement, 19
declararse (a favor de / en contra de) to take a stand (in favor of / against), 19
de corazón in my heart, 20
de derechas entitled, 18
dedo finger, toe, 13
definitivamente definitively, absolutely, 18
deforestación (*f.*) deforestation, 18
deforestar to deforest, 18
dejar huella to leave a footprint, 19
delegado(a) (*m., f.*) delegate, 19
delgado(a) thin
delito crime, P4
democracia democracy, 19
demora delay, 15
demorar to delay, 15
dentista (*m., f.*) dentist
denunciar to denounce, 19
dependiente (*m., f.*) salesclerk
de primera mano firsthand, 20
deprimido(a) (*p.p. of* **deprimir**) depressed, 17

derecho right, 19; **derechos civiles** civil rights, 19; **~ humanos** human rights, 19

derrocar to overthrow, 20

derrota defeat, C4

desafiar to challenge, 17

desaparecer (-zco) to disappear, 11, 18

desarrollo development, 14

desarrollar to develop, 17

desastre natural (*m.*) natural disaster, 14

desayuno breakfast; **~ incluido** breakfast included, 15

descampado open area, C4

descartar to rule out, 18, 19

descendencia descendants, 17

desconectar to disconnect, 18

descongelar to unfreeze, 18

desconocido(a) (*m. and f.*) someone you don't know, 16

descuidarse to be careless, 20

desdoblamiento being split in two, 19

desear to wish, 11

desechable disposable, 18

desembarcar (qu) to disembark, 15

desempeñar to carry out, perform; to play (a role), 19

desempleo unemployment, 19

desenchufar to unplug, 18

deshacerse de to get rid of, C2

deshecho (*irreg. p.p. of* **deshacer**) gotten rid of, 17

desierto desert, 15

desigualdad (*f.*) inequality, 14

desmayarse to faint, 13

despacho office, 19

despedir (i, i) to fire, 14

desperdiciar to waste, 18

despistado(a) scatterbrained, absent-minded, 20

desplazarse to displace; to be displaced, 17

después after; **~ (de) que** after, 13

destacarse to stand out; to be outstanding, 17

destinatario(a) (*m. and f.*) recipient, 16

destino: con ~ a with destination to, 15

destruir (y) to destroy, 18

desvelarse to stay awake; to be unable to sleep, 20

desventaja disadvantage, 14, 18

detallista detail-oriented, 14

deuda nacional national debt, 19

¡De veras! Really!, 16

devolver (ue) to return, 11

dibujo drawing; **~ animado** cartoon; (*pl.*) animated film, 12

diccionario dictionary

dicho saying; (*p.p. of* **decir**) said, 14

diecinueve nineteen

dieciocho eighteen

dieciséis sixteen

diecisiete seventeen

diez ten

digno(a) de confianza trustworthy, reliable, 19

dimensiones subatómicas subatomic dimensions, C2

dios (*m.*) god, 17

dirigir (j) to direct, 14

discapacidad (*f.*) disability, 19

disciplinado(a) disciplined, 20

discreción: se recomienda ~ rated PG-13 (parental discretion advised), 12

discriminación (*f.*) discrimination, 14

disculparse to apologize, 20

diseminar información to disseminate information, 19

diseñador(a) gráfico(a) graphic designer

diseño gráfico graphic design

disfrutar (de) to enjoy, 11, 16, 18; to enjoy doing, 16

disponible available, 14, C3

disponibilidad (*f.*) availability, 19

dispositivo: dispositivo bio-óptico bio-optical device, C3; **~ de cosido** stitched mechanism, C3

diversidad (*f.*) diversity, 17

divertido(a) fun, entertaining

divorciado(a) divorced, 11

divorciarse de to divorce from, 11

divorcio divorce, 11

DNI Peruvian identity card, P4

doblado(a) dubbed, 12

doce twelve

documental (*m.*) documentary, 12

documento document, 16

doler (ue) to hurt, 13, 16

dolor (*m.*) pain, ache, 13; **~ de cabeza** headache, 14; **~ de estómago** stomachache, 13; **~ de garganta** sore throat, 13

dominar la lengua to master the language, 17

domingo Sunday

dominicano(a) Dominican

dormitorio dormitory

dos two

drama (*m.*) drama, 12

dudar (que) to doubt (that), P4, 12

dudoso(a) doubtful, unlikely, 12

dueño(a) de owner of

dulce (*m.*) candy, 12

duplicar archivos to back up or duplicate a file, 16

duradero(a) long-lasting, C3

E

echar to throw away, 18; **~ de menos** to miss, 11, 17; **~ raíces** to put down roots, 17

economía economics; economy, 14

ecosistema (*m.*) ecosystem, 18; **~ acuático** aquatic ecosystem, 18; **~ forestal** forest ecosystem, 18

ecuatoguineano(a) Equatorial Guinean

ecuatoriano(a) Ecuadoran

educación (*f.*) education

egoísta selfish, egotistic

ejército army, 14

elección (*f.*) election, 14

electorado electorate; body of voters, 19

elegir una opción to choose an option, 16

elenco de posibilidades list of possibilities, C2

el porqué the reason why, 16

e-mail (*m.*) e-mail; **~ en cadena** (*m.*) chain e-mail, 16

embellecer to beautify, 20

embotellamientos traffic jams, 18

emergencia emergency, 13

emigración (*f.*) emigration, 17

emigrar (de) to emigrate (from), 17

emisiones (*f.*) emissions, 18; **~ de dióxido de carbono** carbon dioxide emissions, 18; **~ de gases de efecto invernadero** (*f.*) greenhouse gas emissions, 18

emocionado(a) excited; moved, touched; thrilled, 17

emocionarse to be moved; to get excited, 11

emparejarse to pair off, 11

empático(a) empathetic, 19

empleado(a) employee, 14

emplear to employ, 14

empleo employment, 19

emprendedor(a) enterprising, 14

emprender to undertake, 19

empresario(a) businessman / woman, 14

empresas (*pl.*) business

en in, on, at; **~ caso de que** in case, 13; **~ contra de** against, C4; **~ cuanto** as soon as, 13; **~ realidad** actually; **~vivo** live, 11

enamorado(a) in love, 11

encantar to like a lot, to enchant, to please, 12, 16

encargarse de to be in charge of, 19

encomendar (ie) to entrust, 20

enemigo(a) enemy

enfermedad (*f.*) sickness, illness, 13

enfermero(a) nurse

enfermo(a) sick

en fin in summary, 17

enfrentarse a los retos to face the challenges, 17

engañar to deceive, mislead, 16

engordarse to gain weight, P4

enloquecer: enloquecen drive you crazy, C2

enmudecer to fall or stay silent, 19

enojado(a) angry

enseguida immediately, right away, C4

enterarse de to find out, 11

entorno environment; **~ profesional** professional environment, 20; **~ social** social environment, 20

entrada ticket (*to a movie, concert, etc.*), 12

entre between, P3

entrega delivery, C4

entregar (gu) to turn in

entrenamiento training, 19

entrenarse to train

entretanto meanwhile, in the meantime, 11

entretener(se) to entertain or amuse (oneself), 16

entrevista interview, 14

entrevistador(a) interviewer, 12

envase (*m.*) packaging, 18

enviados envoys, 17

enviar mensajes de texto cortos to send brief text messages, 16

en voz alta out loud, C1

envolver: envolviéndola wrapping it, C4

episodio episode, 12

equidad de género (*f.*) gender equality, 19

equivocarse to make a mistake; to be mistaken, 17

equipaje (*m.*) baggage, luggage, 15; **facturar el ~** to check one's baggage, 15

error dimensional dimensional error, C2

es (*from* **ser**) it is; **~ bueno** it's good, 11; **~ extraño** it's strange, 11; **~ fantástico** it's fantastic, 11; **~ horrible** it's horrible, 11; **(no) ~ importante** it's (not) important, P3, 11; **~ imprescindible** it's extremely important, 11; it's essential, 18; **(no) ~ lógico** it's (not) logical, P3, P4, 11; **¡ ~ lo máximo!** That's the best!; That's cool!, 16; **~ malo** it's bad, 11; **~ mejor** it's better, 11; **(no) ~ necesario** it's (not) necessary, P3, P4, 11; **~ ridículo** it's ridiculous, 11; **~ terrible** it's terrible, 11; **~ típico** it's typical, P4; **~ una lástima** it's a shame, 11

escala: hacer ~ en to make a stopover in, 15

escaso(a) scarce, 18

escoger un lema to choose a slogan, 19

escote lowcut neckline, C1

escribir to write; **~ un editorial** to write an editorial, 19

escrito (*p.p. of* **escribir**) written, 14

escritorio desk

escuchar to listen

escultura sculpture, 12

esforzarse (ue) por to make an effort, 11

esfuerzo effort, 17

eslabón (*m.*) link (*as in a chain*), 20

Eso es el colmo. That's the last straw., 16

espalda back, 13

español (*m.*) Spanish language

español(a) Spanish

especies (*f.*) species; **~ amenazadas** endangered species, 18; **~ en peligro de extinción** (*f.*) endangered species, 18

espectáculo show, 12

esperanza hope, 1, 17

esperar to wait, 11, 12

esposa wife

esposo husband

esquí (*m.*) ski, skiing

esquiar to ski

establecer(se) (zc) to establish (yourself), 17

estación (*f.*) station, 12

estado civil marital status, 11

estadio stadium

estadística statistics

estadounidense U.S. citizen

estampilla postage stamp, 15

estándares internacionales international standards, C3

estar to be; **~ a favor de** to be in favor of, 16; **~ al día** to be current, aware of current events, 16; **~ al tanto** to be up to date, 16; **~ a punto de** to be about to, 18; **~ compuesto** to be composed of, C3; **~ con** to be with, 11; **~ congestionado(a)** to be congested, 13; **~ contento(a) de** to be pleased about, 12; **~ de acuerdo (con)** to agree, 16; **~ de moda** to be in style, 16; **~ de vacaciones** be on vacation, P4; **~ enfermo** be sick, P4; **~ harto(a)** to be sick of, fed up with, 16; **~ jugado** die was cast; it was decided, 16; **~ juntos** to be together, 11; **~ mal visto(a)** to be frowned upon, 20; **~ mareado(a)** to feel dizzy, 13; **~ muy ocupado** to be busy, P4; **~ peleados** to be on the outs; to be broken up, 11; **~ por las nubes** to be very happy, 16; **~ vigilado**(a) to be guarded, under surveillance, C2

este (*m.*) east, 15

estómago stomach, 13; **dolor** (*m.*) **de ~** stomachache, 13

estornudar to sneeze, 13

Estoy harto(a). I'm fed up., 16

estrella de cine movie star, 12

estudiante (*m., f.*) student

estudiar to study

etapa de la (tu) vida stage of (your) life, 11, 20

etiqueta ecológica eco-friendly label, 18

etiquetar fotos to label photos, 16

etnia ethnic group, 17

etnocéntrico(a) ethnocentric, 20

evitar to avoid, 17, 18

exagerado(a) tends to exaggerate, 11

examinar to examine, 13
exigente demanding, 20
exigir to demand, 20
éxito success, 17
expectativas expectations, 19
experiencia laboral job experience, 20
experimentado(a) experienced, 11
experimentar to experience; to feel; to undergo, 20
exposición (*f.*) **de arte** art exhibit, 12
extranjero(a) foreigner, C1
extrañar to miss, 17
extraño(a) strange, 12
extrovertido(a) extroverted

F

fábrica factory, 14
fabricantes manufacturers, C3
fácil de manejar easy to use, C3
factura invoice; bill, 18
facturar el equipaje to check one's baggage, 15
faltar to miss, be lacking, 16
fantástico(a) fantastic, 12
fascinar to fascinate, 16
fastidiar(se) to bother; annoy; to get upset, 16
favorito bookmark, 16
fecha límite deadline, 19
feo(a) ugly
festejar to celebrate, 11, 17
fiebre (*f.*) fever, 13
fiel faithful, 17
fiestas patrias Independence Day celebrations, 17
filosofía philosophy
financiar to finance, 19
firmar to sign, 18; **~ la petición** to sign a petition, 19
física physics
flojo(a) lazy, 18
flora y fauna plant and animal wildlife, 18
florecer to flourish, 17
flujo: de video en tiempo real streaming video, 12
formulario form, 14
foto (*f.*) photo
fracasar to fail, 19
fractura fracture, 13
francés (*m.*) French language
francés, francesa French
frenar to stop, 19; to put on the brakes, C1

frente a in front of, P3
frontera border, 17
fuente renovable renewable energy source, 18
fuera de lo común out of the ordinary, 20
fuerza: de trabajo/laboral work force, 19; **~ de voluntad** willpower, 20
fuerzas armadas armed forces, 14
funcionario(a) del Estado/ gobierno (*m., f.*) government official, 19
furioso(a) furious
fútbol (*m.*) soccer; **~ americano** (*m.*) football

G

gama de barreras range of obstacles, 20
ganancia profit, 14
ganar to win; to earn (*money*), 14
garganta throat, 13; **dolor** (*m.*) **de ~** sore throat, 13
generoso(a) generous
geoestacionario(a) geopositional, C2
geografía geography
gesto gesture, 20
gimnasio gymnasium
glaciar (*m.*) glacier, 18
globalización (*f.*) globalization, 14
gobernador(a) (*m., f.*) governor, 19
gobernar to govern, 19
gobierno government, 14
golf (*m.*) golf
golpe (*m.*) blow, strike; **~ de estado** coup, conquest, 17; **~ de suerte** stroke of luck, 18, 19
gordo(a) fat
gotas (*f. pl.*) drops, 13
gotear to leak, 18
gozar to enjoy, 16
grabar to videotape, 12
graduarse de to graduate from, 11
grande big, great
granito de arena grain of sand, 19
gratificante gratifying, rewarding, 20
grifo faucet, 18
gripe (*f.*) flu, 13
grosero(a) rude; crude; vulgar, 20
grueso(a) thick, 17
grupo étnico ethnic group, 17
guapo(a) handsome, attractive

guardar to save, hold on to, 18; **~ cama** to stay in bed, 13; **~ cambios** to save changes, 16
guatemalteco(a) Guatemalan
guerra war, 14
guía turística tourist guide, brochure, 15
gustar to like, to please, 12

H

haber bautizado to have named, 17
hábil clever, 16
habilidad de tomar decisiones por sí mismo(a) (*f.*) self-directed, 19
habilidades necesarias necessary skills, 14
habitación (*f.*) bedroom; **~ con baño / ducha** room with a bath / shower, 15; **~ de fumar / de no fumar** smoking / non-smoking room, 15; **~ doble** double room, 15; **~ sencilla** single room, 15; **~ sin baño / ducha** room without a bath / shower, 15
hábitat (*m.*) habitat, 18
hacer (*irreg.*) to do; **~ circular la petición** to circulate a petition, 19; **~ cuentas** to sum up, 11; make; **~ ejercicio** to exercise; **~ escala en** to make a stopover in, 15; **~ informes** to write reports, 14; **~le falta (algo a alguien)** he (she) is in need of something, 17; **~se atender** to be seen, 16; **~se amigos(as)** to become friends, 11; **~ un análisis de sangre / orina** to give a blood / urine test, 13; **~ un tour** to take a tour, 15; **~ una radiografía** to take an X-ray, 13; **~ una reservación** to make a reservation, 15
halagar to flatter, 16
hallazgo finding, discovery, 20
hartar: hartarme get fed up, get sick and tired (of), C4
hasta until, 13; **~ que** until, 13
hazaña great or heroic deed, 19, 20; exploit, 20
hebreo rashi North African Hebrew, 17
hecho(a) (*p. p. of* **hacer**) done, 14
hecho fact, 20
hechos events, actions, 17

herencia inheritance, 17
herida injury, wound, 13
herido(a) hurt, injured, 18
hermana (mayor) (older) sister
hermanastro(a) stepbrother (stepsister)
hermano (menor) (younger) brother
herramienta tool, C3
hielo ice, 18
hierba herb, 13
higiénico(a) hygienic, C4
hija daughter
hijo son
¡Híjole! Holy moly!, 17
hiperespacio hyperspace, C2
historia history
hockey (*m.*) hockey
hogar (*m.*) home, 20
hoja de papel sheet of paper
hombre (*m.*) man
hombro shoulder, 13
hondureño(a) Honduran
hongo fungus, 18
horrible horrible, 12
hortelano gardener, 18
hotel (*m.*) hotel, 15
huelga strike, 14
huella mark, P4
huella de carbono carbon footprint, 18
huerto vegetable garden, 18
huésped(a) hotel guest, 15
huracán (*m.*) hurricane, 14

I

ideales (*m.*) ideals, 17
idiomas (*m.*) languages
igualdad (*f.*) equality, 14
impaciente impatient
impedir (i) to impede, 19
imponer (like **poner**) to impose, 17, 18
importante important, 12
importar to matter, to be important to, 16
imprescindible extremely important, 12
impresionante impressive, striking, 20
impresionar to impress, 11
improbable improbable, unlikely, 12
impuestos taxes, 19
impulsar to promote, 19
impulsivo(a) impulsive
inalámbrico(a) wireless, 16
inaudito(a) unprecedented, outrageous, C2

incómodo(a) uncomfortable, 20
inconveniente (*m.*) problem; drawback, disadvantage, 20
independizarse de to gain independence from, 20
índice (*m.*) index; **~ de audiencia** movie ratings, 12
indio(a) Indian
industria industry, 14
inesperada unexpected, C4
infancia infancy, childhood, 11
infección (*f.*) infection, 13
inflación (*f.*) inflation, 19
influencia influence, 17
influir (y) to influence, 17
informática computer science
informe (*m.*) report; **hacer informes** to write reports, 14
infusión (*f.*) tea, usually herbal, 18
ingeniería engineering
ingeniero(a) engineer
inglés (*m.*) English language
inglés, inglesa English
ingresar to enter, 16
inhabilitarme have me declared incompetent, 18
iniciar to initiate, 15; **~ (la) sesión** to log in; to initiate session, 16
inicio startup, beginning, 16
injertado(a) grafted, 17
inmerso(a) immersed, 20
inmigración (*f.*) immigration, 17
inmigrar to immigrate, 17
inodoro toilet, 18
inseguro(a) de sí mismo(a) unsure of him- or herself, 20
insistir en to insist, P4, 11
instrucción (*f.*) instruction, 13
instructor(a) instructor
insultar to insult, 16
integrar(se) to integrate oneself into, 17
inteligente intelligent
interacción (*f.*) interaction, 16
intercambiar to exchange, 17
intercambio exchange, 17
interesante interesting
interesar(se) to interest; to take an interest in, 16
internauta (*m., f.*) web surfer, 16
íntimo(a) intimate, close, 11
intolerancia intolerance, 17
introvertido(a) introverted
inundación (*f.*) flood, 14
inútil useless, 18
invitado(a) guest, 11
invitar to invite, 11

involucrarse (en) to get involved (in), 18
inyección (*f.*) injection, 13
ir de juerga to go partying, 20
irresponsable irresponsible
isla island, 15
italiano(a) Italian
itinerario itinerary, 15

J

japonés (*m.*) Japanese language
japonés, japonesa Japanese
jarabe (*m.*) **(para la tos)** (cough) syrup, 13
jefe(a) boss, 14
joven young
jubilarse to retire, 11, 14
juego multijugador multiplayer game, 16
jueves Thursday
jugar (ue) to play
justicia justice, 19; **~ social** social justice, 19
juventud youth, 11

L

ladino Spanish-Hebrew language, 17
lamentablemente regrettably, 19
lapicero ballpoint pen; mechanical pencil, C3
lápiz (*m.*) pencil
lástima: es una ~ it's a shame, 12
lastimarse to hurt / injure oneself, 13
lata tin or aluminum can, 18
latir to beat; to pulsate, 20
lavado en seco dry cleaning, 15
lección (*f.*) lesson
lector digital (de periódicos) (*m.*) e-reader (for newspapers), 16
leer (y) to read
legado legacy, 17
legislador(a) legislator, 19
lejos de far from, P3
lengua tongue, 13; **~ materna** mother tongue, 20; **sacar la ~** to stick out one's tongue, 13
lenguas languages
letra lyrics, C1
levantar to lift; **~ el ánimo** to raise one's spirits, 17; **~ pesas** to lift weights

ley (*f.*) law, 19

libertad (*f.*) freedom, 19; **~ de prensa** freedom of the press, 19

libro book; **libro-e** e-book, 16; **~ electrónico** e-book, 16

líder (*m. and f.*) leader, 14

lidiar to fight, 20

límite autoimpuesto self-imposed limit, C1

lindo(a) pretty

línea: ~ aérea airline, 15

lista de espera waiting list, 15

literatura literature

llamativo(a) striking, 20

llanto crying, weeping, C1

llave (*f.*) key (to a lock), 15

llegada arrival, 15

llevar to take, to carry; **~ a cabo** to carry out, 17; **~se bien / mal con la gente** to get along well (badly) with people, 11, 14; **~ una vida sana** to lead a healthy life, 13

llorar to cry, 11

locutor(a) announcer, 12

lógico(a) logical, 12

lograr to attain, achieve, 17

lucha fight, struggle, 17

luchar contra to fight against, 14

lucir to look good, look special, 20

luna de miel honeymoon, 11

lunes Monday

M

madrastra stepmother

madre (*f.*) mother; **~ patria** (*f.*) mother country, 17

madrugada wee hours of the morning, 16

madrugar to get up early; to stay up late (into the wee hours), 20

madurar como persona to mature as a person, 20

madurez maturity, 11

maestro(a) teacher

maleducado(a) bad-mannered; discourteous; rude, 20

malentendido misunderstanding, 20

maleta suitcase, 15

maletín (*m.*) briefcase, 14

malgastar to waste; to squander, 18

malsonante rude, foul, C4

mandar to order, 11

matrimonio marriage, 11

malo(a) bad

mamá mom, mother

mañana morning

mandar to send; **~ mensajes de texto cortos** to send brief text messages, 16; **~ un e-mail a tu representante** to send an e-mail to your representative, 19

manifestación (*f.*) demonstration, 14

mano (*f.*) hand, 13; **darse la ~** to shake hands, 14

mantener (*like* **tener**) **contacto** to maintain contact, 17

mantener en sintonía stay tuned, 11

mapa del sitio (*m.*) site map, 16

mar (*m., f.*) sea, 15

marcapáginas bookmark

marcapasos pacemaker, C3

marcar la diferencia to make a difference, 19

mareado(a): estar ~ to feel dizzy, 13

marido husband, 11

martes Tuesday

materia prima raw material, 20

materno(a) maternal

matones thugs, C2

mayoría a majority, C3

mecánico(a) mechanic

me cuesta mucho it pains me, 18

media hermana half-sister

medicina medicine

médico(a) doctor

mediante through, by means of, C3

medio ambiente environment, 18

medio hermano half-brother

mejor better; **es ~** it's better, 12; **~ dicho** let me rephrase, 16

mejorar to improve, to better, 17

menos: ~ que less than; **a ~ que** unless, 13; **~ mal** just as well, 19

mensajería instantánea (*m.*) instant messaging, 16

mente (*f.*) mind, 17; **~ abierta** open mind, 20

mentiroso(a) dishonest, liar

mentor(a) (*m., f.*) mentor, 20

menú desplegable (*m.*) drop-down menu, 16

menudo(a) small, tiny, slight, C4

mercadeo marketing

mercadillo street market, C4

mercado market; **~ laboral** job market, 20

mesa table

meta goal, 16, 17

meter la pata to stick your foot in your mouth, 20

meterse to get into, 19

mexicano(a) Mexican

mezcla mix; mixing, mixture; blend, 17

mezclar to mix, 17

mientras tanto meanwhile, in the meantime, 11

miércoles Wednesday

ministro (*m., f.*) minister; Secretary, 19

mirar televisión watch television

mirarse el ombligo to navel gaze, P4

misterio mystery, 12

mochila backpack

modales buenos / malos (*m.*) good / bad manners, 20

modo "stand-by" stand-by mode, 18

moléculas molecues, C2

molestar(se) to bother; to be offended, trouble oneself or be bothered, 16

monosíbilabo(a) monosyllabic, C4

montar to ride

morir (ue) to die, 11

mostrador (*m.*) counter; check-in desk, 15

MP3 portátil portable MP3 player

muchacho(a) boy (girl)

mudarse to move, 17

muerte death, 11

muerto(a) (*p.p. of* **morir**) dead, 14

mujer (*f.*) woman; wife, 11

muleta crutch, 13 **mundial: música ~** world music, 12

museo museum

música music; **~ clásica** classical music, 12; **~ contemporánea** contemporary music, 12; **~ country** country music, 12; **~ moderna** modern music, 12; **~ mundial** world music, 12; **~ pop** pop songs, 12

musical musical, 13

N

nacer to be born (to), 11, 17

nacimiento birth, 11, 17

nadar to swim

nariz (*f.*) nose, 13

natación (*f.*) swimming

náuseas (*f. pl.*) nausea, 13

navegar (gu) por Internet to surf the Internet

necesario(a) necessary, 12

necesitar to need, 11

negro(a) black

neozelandés, neozelandesa New Zealander

nervioso(a) nervous

nicaragüense Nicaraguan

nick nickname, 16

nieta granddaughter

nieto grandson

ni idea no idea whatsoever, 17

niñez childhood, 11

niño(a) boy (girl)

ni siquiera didn't even; not even

nivel (*m.*) **(de emisiones)** level (of emissions) 18

noche (*f.*) evening, night

no dar para to not be enough, 16

¡No estoy bromeando! I'm not kidding!, 17

No les hace ninguna gracia. They don't think it's funny at all., C2

nombre de usuario (*m.*) user name, 16

no pegar (did) not catch, 17

normalidad normalcy, C2

norte (*m.*) north, 15

nostalgia nostalgia, 17

nostálgico(a) nostalgic, 17

nota grade

noticias (*f. pl.*) news, 12; **~ del día** current events, 14

novedoso(a) novel, original; innovative, 20

noventa ninety

noviazgo engagement, 11

novio(a) boyfriend, girlfriend, 11; groom, bride, 11

nuera daughter-in-law

nueve nine

nulo(a) non-existent, nil, C1

numeroso(a) numerous, many, 20

nutrir to take nourishment, 18

O

obra teatral play, 12

obvio(a) obvious, 12

océano ocean, 13

ochenta eighty

ocho eight

ocio leisure time, 20

ocupado(a) busy

oeste (*m.*) west, 15

ofender to offend, 17

oficina office

oficina de correos post office

oído inner ear, 13

ojalá (que) I wish, I hope, 12; **¡~ se mejore pronto!** I hope you'll get better soon! 13

ojo eye, 13

ola wave (of a body of water), C3

olla pot, cooker, 18

olvidar to forget, 11

¡Olvídate! Forget about it!, 18

once eleven

ONU (Organización de las Naciones Unidas) United Nations, 17

ópera opera, 12

oportunidades de voluntariado (*f.*) volunteering opportunities, 19

organización (*f.*) organization, 19; **~ benéfica** charitable organization, 18; **~ comunitaria** community organization, 19; **~ no gubernamental** non-governmental organization (NGO), 19; **~ sin fines de lucro** non-profit organization, 19

organizar en línea to organize online, 19

oreja outer ear, 13

orgullosamente proudly, 17

P

paciente patient

padrastro stepfather

padre (*m.*) father; **padres** (*m.*) parents

padrino groomsman, 11; father of the bride, 11

página: ~ de inicio startup page, 16; **~ principal** home page, 16

pago:; ~ por visión pay per view, 12

palomitas (*f. pl.*) popcorn, 12

palpitar to palpitate, 13

panameño(a) Panamanian

panel solar (*m.*) solar panel, 18

pantalla táctil touchscreen, 16

papá (*m.*) dad, father

papel role; paper

papelera trash can, 18

papelería stationery store

papel reciclado (*m.*) recycled paper, 18

para for, toward, in the direction of, in order to (+ *inf.*); **~ chuparse los dedos** mouthwatering, 20; **~ nada** not at all, 16; **~ que** so that, 13; **~ siempre** always, 16

paraguayo(a) Paraguayan

pareja couple; **~ malemparejada** mismatched couple, 11

participar en programas de aprendizaje-servicio to participate in service-learning programs, 19

parecer: parecía it seemed, C4

pared (*f.*) wall

participante (*m., f.*) participant, 12

participar en to participate in, 14

pasaporte vigente (*m.*) valid passport, 20

pasaje (*m.*) ticket, 15

pasajero(a) passenger, 15; **~ de clase turista** coach passenger, 15; **~ de primera clase** first class passenger, 15

pasaporte (*m.*) passport, 15

pastilla tablet, 13

paterno(a) paternal

patinar to skate

patria homeland, native country, 17

paz (*f.*) peace; **~ mundial** world peace, 14

pecho chest, 13; (*fig.*) heart

pedazo piece, 18

pedir (i, i) to ask, request, 11

película movie, film, 12; **~ de acción** action movie, 12; **~ de ciencia ficción** science fiction movie, 12; **~ de horror / terror** horror movie, 12; **~ titulada...** movie called ..., 12

pelirrojo(a) redheaded

peluquero(a) barber / hairdresser

pequeño(a) small

percibir to perceive, 20

pérdida loss, 14, 18, C2

perdonar to forgive, 11

perezoso(a) lazy

perfil (*m.*) profile, 16

periodismo journalism

periodista (*m., f.*) journalist

perjudicar to damage, 16

permitir to permit, allow, 11

perseguir: me perseguía followed me, C4

pertenecer (zc) to belong to; to be a member of, 17

peruano(a) Peruvian

pescar to fish; **~ de pequeños** to find as a child, 18

pesadilla nightmare, 11

pese a in spite of, P4

pesticida (*m.*) pesticide, 18

pie (*m.*) foot, 13

pierna leg, 13

píldora pill, 13

pintar to paint

pintura painting

piscina swimming pool

pista de atletismo athletics track

pizarra interactiva interactive whiteboard

pizzería pizzeria

planeta planet, C2

plantar to plant, 18

plasmar to express, 17

plástico plastic, 18

playa beach, 15

plaza plaza

pleno(a) full; center of; middle, 20

plomería plumbing, 18

plomero(a) plumber

poblar to populate; to inhabit, 17

pobreza poverty, 19

pocho(a) Americanized Mexican American; bilingual but not fluent, 17

poco a poco little by little, 17

poder (*m.*) power, P4

policía (*m., f.*) policeman/ policewoman

política politics; policy, 14, 19; **~ exterior** foreign policy, 19; **~ interna** domestic policy, 19

poner (*irreg.*) to put; **~ una inyección** to give an injection, 13; **~ una vacuna** to vaccinate, 13

por for, during, in, through, along, on behalf of, by; **~ casualidad** by sheer chance or coincidence, 20; **~ cierto** for sure, 18; **~ ejemplo** for example, 16; **~ el camino** on the way, C2; **~ eso** so, that's why, 16; **~ favor** please, 16; **~ fin** finally, 16; **~ lo general** generally, 16; **~ lo menos** at least, 16; **~ qué** why, 16; **~ satélite** by satellite dish, 12; **~ si** in case, 16; **~ si las dudas** just in case, 18; **~ supuesto** of course, 16

porque because, 16

portátil: MP3 ~ portable MP3 player; **computadora ~** laptop computer

portavoz (*m., f.*) spokesperson, 19

portugués, portuguesa Portuguese

poseer to possess, 19

postularse to apply for something, 19

practicar deportes to play sports

preferencias preferences, 16

pregunta question, 13

preocupado(a) worried

presentador(a) host (*of a show*), 12

preservar to preserve, 18

presumido(a) conceited; full of oneself; arrogant, 20

presupuesto budget, 14

previsto(a) foreseen; predicted, 20

prima female cousin

primario(a) primitive, 17

primo male cousin

principios principles, 17

privacidad (*f.*) privacy, 16

privilegio privilege, 19

probable probable, likely, 12

proceder con cautela to proceed with caution, C2

proceso: ~ de la visa visa process, 20; **~ electoral** election process, 14

procurar to try, 20

producto interno bruto (PIB) gross domestic product (GDP), 19

profesor(a) professor

programa (*m.*) program; **~ de concursos** game show, 12; **~ de entrevistas** talk show, 12; **~ de realidad** reality show, 12; **~ de televisión** television program, 12

programador(a) programmer

prohibido para menores rated R (minors restricted), 12

prohibir to forbid, 11

prometedor(a) promising, 20

promover to promote, 18

proteger to protect, 18

protegido(a) protected, 18

proveer to provide, 19

proyecto: de corto (largo) plazo short-term (long-term) project, 19; **~ de ley** bill, 19

prudente prudent, sensible, 20

psicología psychology

publicidad (*f.*) public relations

público audience, 12

pueblo people; village, 17

puerta door; **~ (de embarque)** (departure) gate, 15

puertorriqueño(a) Puerto Rican

puesto job, position, 14

puesto (*p.p. of* **poner**) placed, 14

puesto stall, stand, C4

pulir to polish, 20

pulmón (*m.*) lung, 13

punto culminante climax, C4

puntual punctual, 14

Q

quedar(se) to be left; to stay, 16; **~ con los brazos cruzados** to twiddle your thumbs, 20; **~ solo(a)** to remain alone; to be left alone, 11

qué: ¿qué? what? which?; **¡~ demonios!** What the heck!, C2; **¿~ le duele?** What hurts (you)? 13; **¡ ~ lata!** What a pain!, 16; **~ rayos** what the heck, P4; **¿~ síntomas tiene?** What are your symptoms? 13; **¿ ~ sé yo?** What do I know?, 17

quebrado(a) broken, 13

querer (ie) to love, 11

querido(a) beloved, 11

química chemistry

quince fifteen

500 del ala 500 cash, C3

R

R & B Rhythm and Blues, 12

rábano radish, 18

radiografía: tomar una ~ to take an X-ray, 13

raíz (*f.*) root, 17

rap (*m.*) rap, 12

rasgo characteristic, 17

rastro trace, C4

raza race, 17

reacción (*f.*) **crítica** critical reaction, 12

realizar to carry out, execute, 17

rebelde (*m., f.*) rebel, 20

rebuscado(a) affected, unnatural, 16

recapitular to sum up, recap, 11

recargarse recharge, C3

recaudar fondos to collect funds, 19

recepción (*f.*) reception desk, 15

recesión (*f.*) recession, 19

receta prescription, 13

recetar una medicina to prescribe a medicine, 13

reciclable renewable, recyclable, 18

reciclar to recycle, 18

recipiente (*m.*) container, 18

recomendar (ie) to recommend, 11

recovecos nooks and crannies, 18

recuperación recovery, C3

recurrir a to turn to, 17

recursos naturales natural resources, 18

red social (*f.*) social networking, 16

reducción (de gases) (*f.*) reduction of gases, 18

reducir (-zco) to reduce, 18

reemplazar to replace, C4

regalado given as a gift, 17

regalar to give as a gift, 11

regatear: regateando bargaining, C4

registrarse to register, 15; **~ para votar** to register to vote, 19

regocijo joy, 20

Regresar Back button, 16

reiniciar: ser reiniciado reboot, C3

relajar(se) to relax; to be relaxed, 16

remar to row

remitente (*m. and f.*) sender, 16

reparo doubt, reservation, C4

repartir panfletos / folletos to distribute, hand out pamphlets/ brochures, 19

repetir (i, i) to repeat

replicar to reply, respond, 20

representante (*m., f.*) representative (U.S.), 19

requerir (ie) to require, 11

requisito requisite, 14

reseña review, 12

reservación (*f.*) reservation, 15

reserva natural (*f.*) natural preserve, 18

resfriado cold (*e.g., head cold*), 13

resfriarse to get chilled; to catch cold, 13

residencia estudiantil dormitory

residuos orgánicos organic waste products, 18

resolver (ue) to resolve, 18

respaldo support; backing, 20

respetar to respect, 17

respeto respect, 17

respetuoso(a) respectful, C3

respirar to breathe; **Respire hondo.** Breathe deeply. 13

Responder Reply, 16; **~ a todos** Reply to all, 16

responsable responsible

restarle seriedad al asunto to play down the seriousness of the situation, 19

restaurante (*m.*) restaurant

resultar to result in, 11

retraso delay, 15

restringido(a) restricted, 16

reto challenge, 17

retratarse: me retrataba described me, C4

reunión reunion, 11

reutilizable reusable, 18

reutilizar to reuse, 18

revisar to read, examine; to review, 16

ridículo(a) ridiculous, 12

riesgo risk, 17, 19

rincones de la memoria (*m.*) the corners of memory, 20

ritmo de la vida rhythm of life, 20

robatiempo a waste of time, 16

robo de (la) identidad identity theft, 20

roce brush, touch (as in: the brush of her skin), C1

rock (*m.*) rock (music), 12

rodilla knee, 13

rompecorazones (*m., f.*) heartbreaker, 11

romper con to break up with, 11

roncar to snore, 20

roto (*p.p. of* **romper**) broken, 14

rótulo sign, 20

rubio(a) blond

ruina ruin, 15

ruptura tecnológica technological break, C3

S

sábado Saturday

saber trabajar sin supervisión directa self directed, 19

sabiduría wisdom, 20

sablazo ripoff, C2

sacar (qu) to take out; **~ la lengua** to stick out one's tongue, 13

sacudida de dedo a flick of the finger, C3

sala living room; **~ de emergencias** emergency room, 13; **~ de equipajes** baggage claim, 15; **~ de espera** waiting room, 13; **~ privada** private chat room, 16

salida departure, 15

salón (*m.*) **de clase** classroom

saltar to skip, 16

saltarse las normas to break the rules, 16

salud (*f.*) health

salvadoreño(a) Salvadoran

salvar to save, 18

salvavidas (*m.*) lifesaver, 16

salir con to go out with; to date, 11

sanciones económicas (*f.*) economic sanctions, 18

sangre (*f.*) blood, 13

satisfacer (*like* **hacer**) to satisfy, 14

satisfecho (*p.p. of* **satisfacer**) satisfied, 14

secador (*m.*) **de pelo** hairdryer, 15

secar to dry, 18

secretario(a) secretary

sefardí (*m.*) Sephardic Jew, 17

seguro(a) sure, certain; **~ de sí mismo(a)** sure of him or herself, 20; **no es seguro** it's not sure, 12; **no estar ~ de** to not be sure, 12; **~ médico** medical insurance, 14

Sé lo que digo. I know what I'm talking about, 17

seis six

selva tropical rainforest, 15, 18

sembrado(a) planted, 17

semilla seed, 19

senador(a) (*m., f.*) senator, 19

sensato(a) prudent, sensible, 20

sensible sensitive, 11

sentir (ie, i) to feel; to feel sorry, to regret, 12

separación separation, 11

separado(a) separated, 11

separarse de to separate from, 11

serio(a) serious

ser tal para cual to be two of a kind, 16

servicio service; **~ a la habitación** room service, 15; **~ comunitario** community service, 19; **~ despertador** wake-up call, 15; **~ juvenil** youth service, 19

servidor seguro (*m.*) secure server, 16

sesenta sixty

setenta seventy

show (*m.*) show, 12

sida AIDS, 18

siempre y cuando when and if, 19

siete seven

Siguiente Next, 16

silla chair

simpático(a) nice

sincero(a) sincere

sin without; **~ falta** without fail, 16; **~ mucha vuelta** without beating around the bush, 19; **~ que** without, 13

síntoma (*m.*) symptom, 13

sistema (*m.*): **~ de pago** (*m.*) payment method, 20; **~ GPS** GPS (Geographical Positioning System), 16

sitios de redes sociales (SRS) social networking sites, 16

sitio web seguro secure web site, 16

smartphone (*m.*) smartphone, 16

soberbio(a) proud, arrogant, haughty, 20

sobrepoblación (*f.*) overpopulation, 18

sobrevivir to survive, overcome, P, 14

sobrino(a) nephew (niece)

socio(a) (*m., f.*) member, partner, 19

soler (ue) to be in the habit of (usually), 17

solicitar empleo to apply for a job, 14

solicitud (*f.*) application, 14

solidaridad cívica (*f.*) civic solidarity, 19

soltero(a) single, 11

sonoro(a) resonant, 17

sorteo raffle, C4

sospechoso(a) suspicious, C2

sostenible sustainable, 18

sorprender to surprise, 12

sorpresa surprise, 11

streaming (*m.*) streaming video, 12

subir: ~ a to load onto, 16; **~ audio y video** to upload audio and video, 16; **~ fotos** to upload photos, 16

súbitamente abruptly, 19

subtítulos: con ~ en inglés with subtitles in English, 12

suceder to happen, occur, 20

sudor (*m.*) sweat, P4, C1

suegro(a) father-in-law (mother-in-law)

sueño dream, 17

sufrir to suffer, 11, 17; **~ (las consecuencias)** to suffer (the consequences), 14

sugerir (ie, i) to suggest, 11

sumamente extremely, 17

sumergirse to immerse oneself, 20

superar to overcome, 17

supermercado supermarket

supervisar to supervise, 14

sur (*m.*) south, 15

surgir to arise; to develop, emerge, 18

T

tala tree felling, 18

tal como (lo/los/las) pinta the way he (she) tells it, 11

tallado de madera wood carvings, 17

taparse los ojos to cover one's eyes, 19

tarde (*f.*) afternoon; **~ o temprano** sooner or later, 16;

tarea homework

tarjeta business card, 14; **~ de embarque** boarding pass, 15; **~ postal** postcard, 15

tasa rate; **~ de desempleo** unemployment rate, 19; **~ delictiva** crime rate, 19

te apuesto I bet you, 20

telecomedia sitcom, 12

telecomunicaciones (*f. pl.*) telecommunications, 14

teledrama (*m.*) drama series, 12

teléfono inteligente smartphone, 16

teleguía TV guide, 12

telenovela soap opera, 12

teleserie (*f.*) TV series, 12

televidente (*m., f.*) TV viewer, 12

televisión (*f.*) television broadcasting, 12; **~ de pago** pay TV, enhanced cable, premium channels, 12; **~ por cable** cable TV, 15

televisor de alta definición (*m.*) HDTV; high definition television, 16

¡Te lo juro! I swear!, 18

temblar (ie) to tremble, 19

temer to fear, 12, 16

temeroso(a) fearful, timid, 20

temor (*m.*) fear, 17, 20

temporada alta (baja) high (low) season, 20

temprano early

tener (el) espíritu de participación to have a spirit of participation, 19

tener to have, 19; **~ algunos conocimientos de...** to have some knowledge of . . ., 14; **~ buena (mala) pinta** to have a good (bad) appearance, 20; **~ buena presencia** to have a good presence, 14; **~ entendido que...** to have the impression that . . .; to have understood that . . ., 20; **~ (la) iniciativa propia** to have initiative, 19; **~ las habilidades necesarias** to have the necessary skills, 14; **~ mucha experiencia en** to have a lot of experience in, 14; **~ suerte** to be lucky, 16

tenis (*m.*) tennis

teoría theory, C2

terco(a) stubborn, 20

terremoto earthquake, 14

terrenal earthly, 17

terreno land, (home) country, 20

terrorismo terrorism, 14

testigo witness, 19

textear to text, 16

texteo texting, 16

tía aunt

tiempo weather; **a ~ completo** full-time (*work*), 14; **a ~ parcial** part-time (*work*), 14

tienda store

tierra land, 17; **~ natal** homeland, native land, 17

timbre (*m.*) bell, 17

tímido(a) shy

tío uncle

tirar to throw away, 18

tirita (small) bandage, 13

titubear hesitating, 19

tiza chalk

tobillo ankle, 13; **~ torcido** twisted ankle, 13 ; **~ quebrado / roto** broken ankle, 13

tocar to play

tolerancia tolerance, 17

toma de corriente electrical socket, C3

tomar to take; **~ medidas** to take measures, 14; **~ la presión** to take blood pressure, 13; **~ la temperatura** to take the temperature, 13; **~ una radiografía** to take an X-ray, 13

tonto(a) silly, stupid

torres gemelas (*f.*) twin towers, 20

tortuga turtle, C4

tos (*f.*) cough, 13; **jarabe** (*m.*) **para la ~** cough syrup, 13

toser to cough, 13

tóxico(a) toxic, 18

trabajador(a) hard-working; worker

trabajar to work, 19; **~ a tiempo completo** to work full-time, 14; **~ a tiempo parcial** to work part-time, 14; **~ como un(a) asistente legislativo(a)** to work as a legislative aide, 19; **~ como voluntario** work as a volunteer, 19; **~ con grupos de la iglesia** work with church groups, 19

tradición oral (*f.*) oral tradition, 17

traducción (*f.*)   translation, 17
traducir (zc)   to translate, 17
traer: traer consigo   bring with it, C1
Trague.   Swallow. 13
traicionar   to betray, 11
trama   plot, C4
trámite (*m.*)   procedure, 20;
   ~a aduaneros   customs procedures, 20
transacción (*f.*)   transaction, 16
tránsito   motor traffic, 18
trascender   to go beyond, transcend, 19
trasladarse   to relocate, transfer, 17
trastos   junk, C4
tratarse de   to be a matter of; to be;
   Se trata de...   It's about..., 12
triste   sad
tristeza   sadness, 11
trece   thirteen
treinta   thirty
tres   three
tromba   whirlwind, 19
tuitear   to tweet, 16
tuiteo   a tweet, 16
tutor(a) (*m., f.*)   tutor, 20

U

un montón   a ton; a lot; loads of, 20
un sinfín   an innumerable amount, 16
únicamente   only, solely, C3
unidireccional   uni-directional, C2
universo   universe, C2
uno   one

uruguayo(a)   Uruguayan
usar los medios sociales para organizar el voto   to use social networking to organize the vote, 19
utilizar   to utilize, 18

V

vacuna   vaccination, 13, 20
vagar sin rumbo   to wander, roam aimlessly, 20
valer: la pena   to be worthwhile, 16; **~se por sí mismo(a)**   to be independent, self-sufficient, 19
valiente   brave, 11
valores (*m.*)   values, 17
vanidoso(a)   vain, 20
variopinta   motley, 20
veinte   twenty
veintiuno   twenty-one
vejeta   older woman, 16
velado(a)   veiled, hidden, 17
venda de gasa   gauze bandage, 13
venezolano(a)   Venezuelan
venganza   revenge, C4
ventas cortas   short sales, C2
ventaja   advantage, 14, 18
ventana   window
verdad   true; **(no) es ~**   it's (not) true, 12; **~** (*f.*)   truth
vestuario   wardrobe, 17
veterinario(a)   veterinarian
vía de doble sentido   two-way street, 17
viajar   to travel; **~ al extranjero**   to travel abroad, 15

viaje: viaje educativo (*m.*)   educational travel/trip, 20;
   ~ interdimensional   interdimensional trips, C2
vida nocturna   night life, 20
vida silvestre   wildlife, 18
video a pedido, ~ bajo demanda   video on demand, 12
viejo(a)   old
viernes   Friday
vigilar   to watch, guard, 18
violencia   violence, 14
visa estudiantil   student visa, 20
visionario(a) (*m., f.*)   visionary, 19
visitar a amigos   to visit friends
visto (*p. p. of* **ver**)   seen, 14
vitamina   vitamin, 13
viudo(a)   widowed, 11
vivero   (plant) nursery, 18
vivienda   housing, 19
vivo: en ~   live, 12
volcán (*m.*)   volcano, 15
volibol (*m.*)   volleyball
voluntario(a) en línea (*m., f.*)   online volunteer, 19
vomitar   to throw up, 13
votar   to vote, 14
votos matrimoniales   marriage vows, 11
vuelo   flight, 15
vuelto (*p.p. of* **volver**)   returned, 14

Y

yerno   son-in-law

English–Spanish Glossary

P = capítulo preliminar
C1 = Cortometraje pp. 102–105
C2 = Cortometraje pp. 172–175
C3 = Cortometraje pp. 304–307
C4 = Cortometraje pp. 396–399

A

abruptly súbitamente, 19
accessible asequible, C3
accountant contador(a)
accounting contabilidad (*f.*)
accustomed acostumbrar(se) a, 16, C2
achieve alcanzar, lograr, 17
acquire adquirir, 17
active activo(a)
activist activista (*m., f.*), 19
activity actividad (*f.*)
actor actor (*m.*)
actress actriz (*f.*)
adapt adaptarse, 17
add agregar, 16
address book archivo de contactos, 16
adolescence adolescencia, 11
advantage ventaja, 14, 18
adventurous aventurero(a), 20
adversary adversario(a) (*m., f.*), 19
advice consejo, 13
advise aconsejar, 11
affair aventura amorosa, 11
affect afectar, 18
affected rebuscado(a), 16
affection cariño, 11
affectionate amoroso(a), 20; cariñoso(a), 11
affirm afirmar, 17
after después (de) que, 13
against en contra de, C4
agree estar de acuerdo (con), 16
AIDS sida, 18
air conditioning aire (*m.*) acondicionado, 15
airline línea aérea, 15
airplane avión (*m.*), 15
alien foreign, 20
allergy alergia, 13
alliance alianza, 11
alone: to be left alone dejar solo, 11
although aunque, 13
aluminum aluminio, 18
always para siempre, 16
amazing alucinante, 20
Americanized Mexican American (*bilingual but not fluent*) pocho(a), 17

ancestor antepasado, 17
ancestry ascendencia, 7
anchored anclado(a) (*p.p. of* anclar), 20
angry enojado(a)
animal and plant wildlife fauna y flora, 18
animated animado(a) (*p.p. of* animar), 17
ankle tobillo, 13; **broken ~** tobillo quebrado / roto, 13; **twisted ~** tobillo torcido, 13
annihilated aniquilado(a) (*p.p. of* aniquilar), 17
announcer locutor(a), 12
antibiotic antibiótico, 13
anxious ansioso(a), angustiado(a), 17
apartment apartamento
apologize disculparse, 20
appear aparecer (aparezco), 11
appearance (good) buena presencia, 20
application solicitud (*f.*), 14
apply for a job solicitar empleo, 14; **~ for something** postularse, 19
apprenticeship aprendizaje (*m.*), 20
apt apto(a)
Arabic language árabe (*m.*)
architect arquitecto(a)
architecture arquitectura
archive almacenar, 16
Argentinian argentino(a)
arise surgir, 18
arm brazo, 13
armed forces fuerzas armadas, 14
army ejército, 14
arrival llegada, 15
arrogant soberbio(a), 20
art arte (*m.*); **the ~s** arte y cultura, 12; **~ exhibit** exposición (*f.*) de arte, 12
artist artista (*m., f.*), P
as it's portrayed como lo pintan, 18
as soon as en cuanto, 13
ashamed avergonzado(a), 17
ask pedir (i, i), 11
aspirin aspirina, 13
assimilate (get used to) asimilarse: asimílase, C4

assistant asistente (*m., f.*)
assure oneself asegurarse, 17
astonishment asombro, 19
athletics track pista de atletismo
Attach (a file) Adjuntar (un archivo), 16
attempt atentado, 20
attract atraer, 11, 16
audience público, 12
audio audio
auditorium auditorio
aunt tía
Australian australiano(a)
authorities autoridades (*f.*), 19
availability disponibilidad (*f.*), 19
available disponible, 14, C3
avoid evitar, 17, 18

B

back espalda 13
Back button Atrás, Regresar, 16
back up or duplicate a file duplicar archivos, 16
backpack mochila
backwards al revés, C1
bad malo(a); **bad-mannered** maleducado(a), 20
baggage equipaje (*m.*), 15; **check one's ~** facturar el equipaje, 15; **~ claim** sala de equipajes, 15
ballpoint pen bolígrafo, lapicero, C3
bandage (*small*) curita, 13
bank banco
banquet banquete, 11
bargain regatear, C4
baseball béisbol (*m.*)
basketball básquetbol (*m.*)
be enough dar para, 16
beach playa, 15
beat latir, 20; **~ around the bush** andarse por las ramas, 19
beautify embellecer, 20
because porque, 16
bed cama; **stay in ~** guardar cama, 13
bedroom habitación (*f.*)
before antes; antes (de) que, 1
behave comportar, 18, 20
belief creencia 17

believe (*in*) creer (en); **not ~** no creer, 12

bell timbre (*m.*), 17

bellhop botones (*m. s.*), 15

belong to pertenecer (zc), 17

beloved querido(a), 11

benefit beneficio, 14; beneficiar, 18

betray traicionar, 11

better mejor

between entre, P3

big grande

bill proyecto de ley, 19

biodegradable biodegradable, 18; **~diversity** biodiversidad (*f.*), 18

biology biología

bio-optical device dispositivo bio-óptico, C3

birth nacimiento, 11, 17

black negro(a)

blame culpa (*m.*), 17; culpar, 19

bleaching blanqueamiento, 18

blond rubio(a)

blood sangre (*f.*), 13; **~ test** análisis (*m.*) de sangre, 13

blow golpe (*m.*)

board abordar, 15; **~ing pass** tarjeta de embarque, 15

body cuerpo, 13

Bolivian boliviano(a)

book libro; **e-~** libro-e, libro electrónico, 16

bookmark marcapáginas, 16

border frontera, 17

boring aburrido(a)

born (to) nacer, 11, 17

boss jefe(a), 14

both sides ambas caras, C3

bother fastidiar(se), 16

boxing boxeo

boy chibolo, P4; muchacho, chico, niño

boyfriend novio, 11

brain cerebro, C3

brave valiente, 11, audaz, 20

break up with romper con, 11

breakfast desayuno; **~ included** desayuno incluido, 15

breathe respirar; **~ deeply.** Respire hondo., 13

bridesmaid dama de honor, 11

briefcase maletín (*m.*), 14

bring traer, C1

broad amplio(a), 20

broaden ampliar, 20

broken quebrado(a), 13; roto (*p.p. of* romper), 14

brother hermano; **~-in-law** cuñado

brown castaño(a)

brush roce, C1

budget presupuesto, 14

buffet buffet, 11

business empresas (*pl.*); **~ administration** administración de empresas (*f.*); **~ card** tarjeta, 14; **~man / ~woman** empresario(a), 14

busy estar muy ocupado, P4

C

cable television cable (*m.*), 12

cafeteria cafetería

calculus cálculo

campaign campaña, P3, 14

Canadian canadiense

cancel cancelar, 16

candidate candidato(a), 14

candy dulce (*m.*), 12

canyon cañón (*m.*), 15

capable capaz de, C1

capricious caprichoso(a), 20

captivity cautiverio, 18

capture captar, 20

carbon footprint huella de carbono, 18

cardboard cartón (*m.*), 18

careless descuidarse, 20

caress acariciar, caricia, 11

carpenter carpintero(a)

carry out llevar a cabo, realizar, 17

cartoon dibujo animado, 12

catch (did not) no pegar, 17; **~ cold** resfriarse, 13

cautious cuidadoso(a)

celebrate celebrar, 11; festejar 11, 17

censure censurar, 18

certain cierto(a); **it's not ~** no es cierto, 12

chalk tiza

challenge desafiar, reto, 17

change cambiar; **~ the channel** cambiar el canal, 12; **~ the subject** cambiar de tema, 16

chapter capítulo

characteristic rasgo, 17

chat charla, 16; **~ online** chatear, 16; **real-time / live ~** charla en tiempo real, 16

check one's baggage facturar el equipaje, 15

check-in desk mostrador (*m.*), 15

checkup (physical) chequeo médico, 13

cheer up animar(se), 20

chemistry química

chest pecho, 13

childhood niñez, 11

Chilean chileno(a)

Chinese chino(a)

Chinese language chino

chocolate chocolate (*m.*), 12

choose: ~ an option elegir una opción, 16; **~ a slogan** escoger un lema, 19

circulate a petition hacer circular la petición, 19

citizen ciudadano(a), 14

civic: ~ duty deber cívico (*m.*), 19; **~ solidarity** solidaridad (*f.*) cívica, 19

civil rights derechos civiles, 19

clarify aclarar, 20

class clase (*f.*); **lower ~** clase baja

classroom salón (*m.*) de clase

clever hábil, 16

climate change cambio climático, 18

climax punto culminante, C4

clinic clínica, 13

close-minded cerrado(a), 20

close to cerca de

code código, 16

coexist convivir, 17

cold (*e.g., head cold*) catarro, resfriado, 13

collaborate colaborar, 19

collect funds recaudar fondos, 19

Colombian colombiano(a)

comedy (*romantic*) comedia (romántica), 12

comfort zone área de confort (*m.*), 20

comfortable cómodo(a), 20

comment comentar, 16

commit oneself comprometerse, 19

compassionate compasivo(a), 19

compensate compensar, 18

competent capacitado(a), 19

composed estar compuesto, C3

compost compostaje (*m.*), 18

computer computadora; **laptop ~** computadora portátil; **~ science** computación (*f.*), informática

conceited presumido(a), 20

concierge conserje (*m., f.*), 15

condemned condenado(a) (*p.p. of* condenar), 20

confused confundido(a), 17

congested estar congestionado(a), 13

congregate congregarse, 20

connection conexión (*f.*);
    Internet ~ conexión a Internet, 15
conscience conciencia, 18
conservation conservación (*f.*), 18
conserve conservar, 18
consume consumir, 18
consumerism consumismo, 19
consumption consumo, 18
container recipiente (*m.*), 18
contaminate contaminar, 18
contract contrato, 14
contribute contribuir (y), 19
convene convocar, 20
cook cocinar, P; **~ing** cocción
    (*f.*), 18
cooperate cooperar, 17, 19
coordinate coordinar, 19
correct corregir, 11
cost costo, 14
Costa Rican costarricense
cough tos (*f.*), 13; toser, 13;
    ~ syrup jarabe (*m.*) para la tos
coup golpe de estado, 17
couple pareja; **mismatched ~**
    pareja malemparejada, 11
cover one's eyes taparse los ojos, 19
cowardice cobardía, 11
cowardly cobarde, 11
cream crema, 13
crime crimen (*m.*), 14; delito, P4
criterion criterio, 20
critic crítico(a), 12
critical reaction reacción (*f.*)
    crítica, 12
criticism; critique review crítica,
    12
cross it atravesarlo, C2
crutch muleta, 13
cry llorar, 11
Cuban cubano(a)
culture shock choque cultural
    (*m.*), 20
curled up acurrucado(a) (*p.p. of*
    acurrucar), 19
current events noticias del día, 14
curriculum vitae currículum vitae
    (*m.*), 14
custom costumbre (*f.*), 17
customs aduana, 15
cut cortar, 13; **~ and paste** cortar
    y pegar, 16; **~ oneself** cortarse, 13
cycling ciclismo

D

damage perjudicar, 16
dance danza, 12
date cita, 12; salir con, 11;
    blind ~ cita a ciegas, 11

daughter hija; **~-in-law** nuera
dawn madrugada, 16
dazed atolondrado(a) (*p.p. of*
    atolondrar), 20
dead muerto(a) (*p.p. of* morir), 14
deadline fecha límite, 19
death muerte, 11
deceive engañar, 16
defeat derrota, C4
definitively definitivamente, 18
deforest deforestar, 18
deforestation deforestación (*f.*), 18
delay demora, demorar, 15; retraso,
    15
delegate delegado(a) (*m, f.*), 19
delete borrar, 16
delivery entrega, C4
demand exigir, 20
demanding exigente, 20
democracy democracia, 19
demonstration manifestación (*f.*),
    14
denounce denunciar, 19
dentist dentista (*m., f.*)
departure salida, 15
depressed deprimido(a) (*p.p. of*
    deprimir), 17
descendants descendencia, 17
desert desierto, 15
desk escritorio
destroy destruir (y), 18
detail-oriented detallista, 14
develop desarrollar, 17
development desarrollo, 14
dictionary diccionario
die morir (ue), 11
die was cast estar jugado, 16
dimensional error error
    dimensional, C2
direct dirigir (j), 14
disability discapacidad (*f.*), 19
disadvantage desventaja, 14, 18
disappear desaparecer (-zco), 11, 18
disciplined disciplinado(a), 20
disconnect desconectar, 18
discovery hallazgo, 20
discrimination discriminación (*f.*),
    14
disembark desembarcar
    (qu), 15
dishonest mentiroso(a)
displace desplazarse, 17
disposable desechable, 18
disseminate information
    diseminar información, 19
distance oneself from alejarse
    de, 11
distressed angustiado(a), 17
diversity diversidad (*f.*), 17

divorce divorcio, divorciarse de, 11;
    divorced divorciado(a), 11
dizzy estar mareado(a), 13
do hacer (*irreg.*)
doctor médico(a); **~'s office**
    consultorio del médico, 13
document documento, 16
documentary documental (*m.*), 12
Dominican dominicano(a)
done hecho(a) (*p. p. of* hacer), 14
don't worry apurarse: no se apure, C2
door puerta
dormitory dormitorio, residencia
    estudiantil
doubt reparo, C4; **~ (that)**
    dudar (que), P4, 12
doubtful dudoso(a), 12
download audio and video bajar
    audio y video, 16; **~ photos**
    bajar fotos, 16
drag arrastrar, 16, C4
drama drama (*m.*), 12; **~ series**
    teledrama (*m.*), 12
drawing dibujo
dream sueño, 17
drive you crazy enloquecer, C2
drop-down menu menú
    desplegable (*m.*), 16
drops gotas (*f. pl.*), 13
dry secar, 18
dry cleaning lavado en seco, 15
dubbed doblado(a), 12
during por

E

early temprano
earthly terrenal, 17
earthquake terremoto, 14
east este (*m.*), 15
Easter bunny conejo de pascua, 17
easy to use fácil de manejar, C3
eat comer; **~ healthy foods** comer
    alimentos nutritivos, 13
eco-friendly label etiqueta
    ecológica, 18
economic crisis crisis económica /
    fiscal (*f.*), 19; **~ sanctions**
    sanciones económicas (*f.*), 18
economics economía, 14
economy economía, 14
ecosystem ecosistema (*m.*), 18;
    aquatic ~ ecosistema acuático,
    18; **forest ~** ecosistema
    forestal, 18
Ecuadoran ecuatoriano(a)
educated culto(a), 20
education educación (*f.*)
effort esfuerzo, 17

eggplant berenjena, 18
eight ocho
eighteen dieciocho
eighty ochenta
elbow codo, 13
election elección (*f.*), 14
election process proceso electoral, 14
electorate electorado, 19
electric car auto eléctrico, 18
electrical socket toma de corriente, C3
elevator ascensor (*m.*), 15
eleven once
e-mail e-mail (*m.*); **chain ~** e-mail en cadena (*m.*), 16
embarrassing bochornoso(a), 20
embroidery bordado, 17
emergency emergencia, 13
emigrate (from) emigrar (de), 17
emigration emigración (*f.*), 17
emissions emisiones (*f.*), 18;
   carbon dioxide ~ emisiones de dióxido de carbono, 18;
   greenhouse gas ~ emisiones de gases de efecto invernadero, 18;
   level of ~ nivel de emisiones, 18
empathetic empático(a), 19
employ emplear, 14
employee empleado(a), 14
employment empleo, 19
encourage animar, 18; animar(se), 20
enemy enemigo(a)
engaged comprometerse, 11
engagement noviazgo, 11
engineer ingeniero(a)
engineering ingeniería
English inglés, inglesa; **~ language** inglés (*m.*)
enjoy disfrutar (de), 11, 16, 18; gozar, 16
enjoyable agradable, 20
enough bastar, 16
entail conllevar, 20
enter ingresar, 16
enterprising emprendedor(a), 14
entertain (oneself) entretener(se), 16
entitled de derechas, 18
entrust encomendar (ie), 20
environment entorno; medio ambiente, 18; **professional ~** entorno profesional, 20
envoys enviados, 17
episode episodio, 12
equality igualdad (*f.*), 14
Equatorial Guinean ecuatoguineano(a)

erase borrar, 16
e-reader (*for newspapers*) lector digital (de periódicos) (*m.*), 16
ethnic group etnia, 17; grupo étnico, 17
ethnocentric etnocéntrico(a), 20
even though aunque, 13
evening noche (*f.*)
event acontecimiento, 20; **~s** hechos, 17
exaggerate exagerado(a), 11
examine examinar, 13
exchange intercambiar, intercambio, 17; **~ money** cambiar dinero, 15
excited emocionado(a), 17
exercise hacer ejercicio
exhausted agotado(a), 17
expand ampliar, 20
expansive amplio(a), 20
expectations expectativas, 19
experience experimentar, 20; **~ in** experimentar suerte, 14
experienced experimentado(a), 11
exploit hazaña, 20
express plasmar, 17
extremely sumamente, 17
extroverted extrovertido(a)
eye ojo, 13

F

face the challenges enfrentarse a los retos, 17
face to face cara a cara, 17
fact hecho, 20
factory fábrica, 14
fail fracasar, 19
faint desmayarse, 13
fair trade comercio justo, 19
faithful fiel, 17
fall silent enmudecer, 19
family chain (*lit.*) cadena familiar, 20
fantastic fantástico(a), 12
far (from) lejos (de), P3
fascinate fascinar, 16
fat gordo(a)
father padre (*m.*); **~ of the bride** padrino, 11; **~-in-law** suegro
faucet grifo, 18
fault culpa, P4
fear temer, 12, 16
fed up with estar harto(a), 16
fever fiebre, (*f.*) 13
fifteen quince
fifty cincuenta
fight lidiar, 20
fight against luchar contra, 14
finally por fin

finance financiar, 19
find as a child pescar de pequeños, 18
find out enterarse de, 11; averiguar (gü), 14
finger dedo 13; **flick of the ~** sacudida de dedo C3
fire despedir (i, i), 14; **~fighter** bombero(a)
first of all antes que nada, 16
firsthand de primera mano, 20
fish pescar
fit caber, 20
five cinco
500 cash 500 del ala, C3
flag bandera, 17
flatter halagar, 16
flight vuelo 15; **~ attendant** asistente de vuelo, 15
flood inundación (*f.*) 14
flourish florecer, 17
flu gripe (*f.*) , 13
folder carpeta, C3
follow perseguir, C4
foot pie (*m.*), 13
football fútbol americano (*m.*)
footwear calzado, C4
for para, (+ *inf.*); **~ example** ejemplo, 16
forbid prohibir, 11
foreigner extranjero(a), C1
foreseen previsto(a), 20
forest bosque (*m.*), 15
forget olvidar, 11; **~ about it!** ¡Olvídate!, 18
forgive perdonar, 11
form formulario, 14
forty cuarenta
Forward button Adelante, 16
fossil fuels combustibles fósiles (*m.*), 18
four cuatro
fourteen catorce
fracture fractura, 13
freedom libertad (*f.*), 19; **~ of the press** libertad de prensa, 19
freeze (*as in a computer*) colgarse: se cuelga, C3
French francés, francesa; **~ language** francés (*m.*)
Friday viernes
friend amigo(a); **become ~s** hacer se amigos(as), 11; **~ly** amistoso(a), 11, 20; **~s** amistades, 11; **~ship** amistad, 11
frowned upon estar mal visto(a), 20
full pleno(a), 20
fun divertido(a)

fundamental matter asunto primordial, C1

fungus hongo, 18

funny cómico(a)

furious furioso(a)

G

gain: ~ independence from independizarse de, 20; **~ weight** engordarse, P4

gardener hortelano, 18

gate (*departure*) puerta (de embarque), 15

gauze bandage venda de gasa, 13

gender equality equidad de género (*f.*), 19

generous generoso(a)

geography geografía

geopositional geoestacionario(a), C2

German alemán, alemana; **~ language** alemán (*m.*)

gesture gesto, 20

get: ~ along well (badly) with people llevarse bien / mal con la gente, 11, 14; **~ fed up** hartar, C4; **~ into** meterse, 19; **~ involved (in)** involucrarse (en), 18; **~ up early** madrugar, 20

give dar; **~ a blood / urine test** hacer un análisis de sangre / orina, 13; **~ an injection** poner una inyección, 13; **~ as a gift** regalar, 11, 17; **~ free rein** dar rienda suelta, 19

glacier glaciar (*m.*), 18

global village aldea global, 20; **~ warming** calentamiento global, 18

globalization globalización (*f.*), 14

go partying ir de juerga, 20

goal meta, 16, 17

god dios (*m.*), 17

golf golf (*m.*)

good bueno(a); **~ / bad manners** modales buenos / malos (*m.*), 20; **~ vibe** buena onda, 17; **it's ~** es bueno, 12

gossip chismear, 20

gotten rid of deshecho (*irreg. p.p. of* deshacer), 17

govern gobernar, 19

government gobierno, 14; **~ official** funcionario(a) del Estado (*m., f.*), 19

governor gobernador(a) (*m., f.*), 19

GPS (*Geographical Positioning System*) sistema GPS, 16

grade nota

graduate graduarse de, 11

grafted injertado(a), 17

grain of sand granito de arena, 19

granddaughter nieta

grandfather abuelo

grandmother abuela

grandson nieto

graphic design diseño gráfico; **~ designer** diseñador(a) gráfico(a)

gratifying gratificante, 20

groom novio, 11

groomsman padrino, 11

gross domestic product (*GDP*) producto interno bruto (PIB), 19

grow crecer (zc), 11, 19; **~ up** criar(se), 17

growth crecimiento, 20

Guatemalan guatemalteco(a)

guess adivinar

guest invitado(a), 11

gymnasium gimnasio

H

habitat hábitat (*m.*), 18

hairdryer secador (*m.*) de pelo, 15

half-brother medio hermano

half-sister media hermana

hand mano (*f.*) 13; **shake ~s** darse la mano, 14

hand out pamphlets/ brochures repartir panfletos / folletos, 19

handsome guapo(a)

hang colgar (ue) 18

happiness alegría 11

happy contento(a); **~ about** alegrarse de, 12

hard-working trabajador(a)

harm dañar, 18; **~ful** dañino(a), 18

harvest cosecha, 17

have tener (*irreg.*), 19; **~ a good (bad) appearance** tener buena (mala) pinta, 20; **~ a good presence** tener (*irreg.*) buena presencia, 14; **~ a lot of experience in** tener (*irreg.*) mucha experiencia en, 14; **~ a spirit of participation** tener (el) espíritu de participación, 19; **~ initiative** tener (la) iniciativa propia, 19; **some knowledge of** tener (*irreg.*) algunos conocimientos de, 14; **~ the necessary skills** tener (*irreg.*) las habilidades necesarias, 14;

~ the impression that . . . tener entendido que..., 20; **~ understood that . . .** tener entendido que..., 20

head cabeza, 13; **~ache** dolor de cabeza, 13, 14

health salud (*f.*)

heart corazón (*m.*) 13; **~breaker** rompecorazones (*m., f.*), 11

heat up calentarse (ie), 18

heating calefacción (*f.*); **central ~ing** calefacción central, 18; **electric ~** calefacción eléctrica, 18

herb hierba, 13

heroic deed hazaña, 19, 20

hesitating titubear 19

high definition television (*HDTV*) televisor de alta definición (*m.*), 16

high-speed banda ancha, 12

hire contratar, 14

history historia

hockey hockey (*m.*)

Holy moly! ¡Híjole!, 17

home hogar (*m.*), 20; **~ page** página principal, 16; **~work** tarea

homeland patria, 17

Honduran hondureño(a)

honeymoon luna de miel, 11

hope esperanza, 1, 17

horrible horrible, 12

host (*of a show*) presentador(a), 12

hotel hotel (*m.*), 15; **~ guest** huésped(a), 15

house casa

housing vivienda, 19; alojamiento, 20

hug abrazar, 11

human rights derechos humanos, 19

hurricane huracán (*m.*), 14

hurt doler (ue), 13, 16; herido(a), 18; lastimarse, 13

husband esposo, 11

hybrid car auto híbrido, 18

hygienic higiénico(a), C4

hyperspace hiperespacio, C2

I

I: ~ bet you te apuesto, 20; **~ hope you'll get better soon!** ¡Ojalá se mejore pronto!, 13; **~ know what I'm talking about.** Sé lo que digo., 17; **~ swear!** ¡Te lo juro!, 18; **~ think** creo que, P4; **~ wish** ojalá (que), 12

ice hielo, 18
ideals ideales (*m.*), 17
identity theft robo de (la) identidad, 20
illiteracy analfabetismo, 16, 19
I'm: ~ fed up. Estoy harto(a). 16; **~ not kidding!** ¡No estoy bromeando!,
immediately enseguida, C4
immerse oneself sumergirse, 20
immersed inmerso(a), 20
immigrate inmigrar, 17
immigration inmigración (*f.*), 17
impatient impaciente
impede impedir (i), 19
important importante, 12; **extremely ~** imprescindible, 12
impose imponer, 17, 18
impress impresionar, 11
impressive impresionante, 20
improbable improbable, 12
improve mejorar, 17
impulsive impulsivo(a)
in en; **~ advance** (*two months*) con (dos meses) de antelación, 20; **~ case** en caso de que, 13; **~ charge of** encargarse de, 19; **~ favor of** favor de, 16; **~ front of** frente a, P3; **~ good spirits** animado(a) (*p.p. of* animar), 17; **~ love** enamorado(a), 11; **~ my heart** de corazón, 20; **~ spite of** pese a, P4; **~ style** estar de moda, 16; **~ summary** en fin, 17; **~ the habit of (usually)** soler (ue), 17
inbox bandeja de entrada, 16
increase ampliar, 20
Independence Day celebrations fiestas patrias, 17
index índice (*m.*)
Indian indio(a)
industry industria, 14
inequality desigualdad (*f.*), 14
infancy infancia, 11
infection infección (*f.*), 13
inflation inflación (*f.*), 19
influence influir (y), influencia, 17
inheritance herencia, 17
initiate iniciar, 15
injection inyección (*f.*), 13
injury herida, 13
inner ear oído, 13
innumerable amount un sinfín, 16
insist insistir en, P4, 11
inspire animar, 18
instant messaging mensajería instantánea (*m.*), 16

instruction instrucción (*f.*), 13
instructor instructor(a)
insult insultar, 16
integrate oneself into integrar(se), 17
intelligent inteligente
interaction interacción (*f.*), 16
interactive whiteboard pizarra interactiva
interest interesar(se), 16
interesting interesante
international standards estándares internacionales, C3
interview entrevista, 14; **~er** entrevistador(a), 12
intimate íntimo(a), 11
intolerance intolerancia, 17
introverted introvertido(a)
invite invitar, 11
invoice factura, 18
irresponsible irresponsable
island isla, 15
it: it pains me me cuesta mucho, 18; **~ stinks** apestar: apesta
It's about . . . Se trata de…, 12
Italian italiano(a)
itinerary itinerario, 15
it's es; **~ better** es mejor, 12; **~ done** finished acabarse: se acabó, C1; **~ extremely important** es imprescindible, 11; **~ fantastic** es fantástico, 11, C1; **~ good** es bueno, 11; **~ horrible** es horrible, 11; **~ (not) important** (no) es importante, P3, 11; **~ logical** es lógico, P3; **~ (not) necessary** (no) es necesario P3, P4, 11; **~ a shame** es una lástima, 12; **~ strange** es extraño, 11; **~ tight on me** apretarse: me aprieta, C1; **~ typical** es típico, P4

J

Japanese japonés, japonesa; **~ language** japonés (*m.*)
jerk boludo(a) C1
job puesto, 14; **~ experience** experiencia laboral, 20; **~ market** mercado laboral, 20
joke broma, 17; **~ around** bromear, 17
journalism periodismo
journalist periodista (*m.*, *f.*)
joy alegría, 11; regocijo, 20
junk trastos, C4

junk mail correo basura, 16
just as well menos mal, 19
justice justicia, 19; **social ~** justicia social, 19

K

keep quiet callarse, 17
key (*to a lock*) llave (*f.*), 15
kiss beso, 11
knee rodilla, 13
Korean coreano(a)

L

label photos etiquetar fotos, 16
lack something carecer de, C3
land tierra, 17; terreno, 20; **home~** tierra natal, 17
languages idiomas (*m.*) lenguas
laptop computer computadora portátil
law ley (*f.*), 19
lawyer abogado(a)
lazy flojo(a), 18
lead a healthy life llevar una vida sana, 13
leader líder (*m.*, *f.*), 14
leak gotear, 18
leave a footprint dejar huella, 19
lecturn atril (*m.*), C3
leg pierna, 13
legacy legado, 17
legislator legislador(a), 19
leisure time ocio, 20
less than menos que
lesson lección (*f.*)
let me rephrase mejor dicho, 16
life: night ~ vida nocturna, 20; **wild~** vida silvestre, 18; **~saver** salvavidas (*m.*), 16
lift levantar; **~ weights** levantar pesas
lightbulb bombilla, 18
like gustar, 12; **~ a lot** encantar, 12, 16
link (*as in a chain*) eslabón (*m.*), 20
list of possibilities elenco de posibilidades, C2
listen escuchar
literature literatura
little by little poco a poco, 17
live vivo, 12
lively animado(a) (*p.p. of* animar), 17
loads of un montón, 20
log in iniciar (la) sesión, 16
log out cerrar (ie) (la) sesión, 16
logical lógico(a), 12

long-lasting duradero(a), C3
look (*for*) buscar, P4; **~ good** lucir, 20
loss pérdida, 14, 18, C2
love amor, 11; querer (ie), 11
lover amante, 11
loving amoroso(a), 20
lowcut neckline escote, C1
lucky suertudo, 16
lung pulmón (*m.*), 13
lyrics letra, C1

M

maintain contact mantener (*like* tener) contacto, 17
majority mayoría, C3
make: ~ a difference marcar la diferencia, 19; **~ a mistake** equivocarse, 17; **~ a reservation** hacer una reservación, 15; **~ a stopover in** hacer escala en, 15; **~ an effort** esforzarse (ue) por, 11; **~ fun of** burlarse de, 11
mall centro comercial
man hombre (*m.*)
manufacturers fabricantes, C3
marital status estado civil, 11
mark huella, P4
market mercado
marketing mercadeo
marriage matrimonio, 11; **~ vows** votos matrimoniales, 11
married casado(a), 11; **get~** casarse con, 11; **recently ~** recién casado(a), 11
master the language dominar la lengua, 17
maternal materno(a)
matter importar, 16; **~ of** tratarse de
mature as a person madurar como persona, 20
maturity madurez, 11
mayor: female mayor alcalde/alcaldesa (*m., f.*), 19
meanwhile entretanto, 11; mientras tanto, 11
mechanic mecánico(a)
medical insurance seguro(a) médico, 14
medicine medicina
meet conocerse, 11
member of Congress congresista (*m., f.*), 19
mentor mentor(a) (*m., f.*), 20
Mexican mexicano(a)

mind mente (*f.*), 17; **~ -boggling** alucinante, 20
minister ministro (*m., f.*), 19
miss echar de menos, 11, 17; extrañar, 17; faltar, 16
mission statement declaración de misión (*f.*), 19
misunderstanding malentendido, 20
mix mezcla, mezclar, 17
mobile ambulante, C4
molecues moléculas, C2
Monday lunes
money: measure used as money cuenta de cacao, 17
monosyllabic monosíbilabo(a), C4
morning mañana
mother madre (*f.*); **~ country** madre (*f.*) patria, 17; **~ tongue** lengua materna, 20
motivated animar(se), 20
motley variopinta, 20
motor traffic tránsito, 18
mouth boca, 13; **~watering** para chuparse los dedos, 20
move mudarse, 17
moved emocionarse, 11
movie cine (*m.*), 12; película, 12; **action ~** película de acción, 12; **horror ~** película de horror/terror, 12; **~ called . . .** película titulada…, 12; **~ star** estrella de cine, 12; **science fiction ~** película de ciencia ficción, 12;
movie genre clase de película, 12
multinational corporation compañía multinacional, 14
multiplayer game juego multijugador, 16
museum museo
music library (*on an MP3*) biblioteca musical, 16
music música; **classical ~** música clásica, 12; **contemporary ~** música contemporánea, 12; **country ~** música country, 12; **modern ~** música moderna, 12; **world ~** música mundial, 12
musical musical, 13
mystery misterio, 12

N

named haber bautizado, 17
national debt deuda nacional, 19
natural disaster desastre natural (*m.*), 14

natural preserve reserva natural (*f.*), 18
natural resources recursos naturales, 18
nausea náuseas (*f. pl.*), 13
navel gaze mirarse el ombligo, P4
near: get nearer to acercarse a, 11
necessary necesario(a), 12; **~ skills** habilidades necesarias, 14
neck cuello, 13
need necesitar, 11
neighborhood barrio; **~ alliance** alianza del barrio, 19
nervous nervioso(a)
New Zealander neozelandés, neozelandesa
newlyweds recién casados, 11
news noticias (*f. pl.*), 12
Next Siguiente, 16; **~ to** al lado de, P3
Nicaraguan nicaragüense
nice agradable, 20
nickname nick, 16
nightmare pesadilla, 11
nine nueve
nineteen diecinueve
ninety noventa
no idea whatsoever ni idea, 17
non-existent nulo(a), C1
nooks and crannies recovecos, 18
normalcy normalidad, C2
north norte (*m.*), 15; **~ African Hebrew** hebreo rashi, 17
nose nariz (*f.*), 13
nostalgia nostalgia, nostálgico(a), 17
not: not at all para nada, 16; **~ be enough** no dar para, 16; **~ even** ni siquiera
notebook cuaderno
notes apuntes (*m.*)
notice aviso, 16
novel novedoso(a), 20
numerous numeroso(a), 20
nurse enfermero(a)
nursery (plant) vivero, 18

O

obliging acomedido(a), 20
obvious obvio(a), 12
obviously a todas luces, 18
occur suceder, 20
ocean océano, 13
offend ofender, 17
office despacho, 19
often a menudo, 17
old viejo(a); **~er woman** vejeta, 16

on demand bajo demanda, 12; **~ the outs** estar peleados, 11; **~ the way** seguir el camino, C2; **~ vacation** estar de vacaciones, P4

one uno

online volunteer voluntario(a) en línea (*m.*, *f.*), 19

only únicamente, C3

open abrir, 14; **~ area** descampado, C4; **~ mind** mente abierta, 20; **~ to experiences, ~-minded** abierto(a) (*p.p. of* abrir), 20

opera ópera, 12

opinion: in my opinion a mi parecer, 19

opponent adversario(a) (*m.*, *f.*), 19

oral tradition tradición oral (*f.*), 17

order mandar, 11

organic waste products residuos orgánicos, 18

organization organización (*f.*), 19; **charitable ~** organización benéfica, 18; **community ~** organización comunitaria, 19; **non-governmental ~** (*NGO*) organización no gubernamental, 19; **non-profit ~** organización sin fines de lucro, 19

organize online organizar en línea, 19

out loud en voz alta, C1; **~ of the ordinary** fuera de lo común, 20

other: to the other side al otro extremo, C2

outbox bandeja de salida, 16

outer ear oreja, 13

over the span of a lo largo de, 18

overcome superar, 17

overpopulation sobrepoblación (*f.*), 18

overthrow derrocar, 20

overwhelmed agobiado(a), 20

owner dueño(a) de

ozone layer capa de ozono, 18

P

pacemaker marcapasos, C3

packaging envase (*m.*), 18

pain dolor (*m.*), 13;

paint pintar; **~ing** pintura

pair off emparejarse, 11

palpitate palpitar, 13

Panamanian panameño(a)

paper papel; **recycled ~** papel reciclado (*m.*), 18

Paraguayan paraguayo(a)

parents padres (*m.*)

participant participante (*m.*, *f.*), 12

participate in participar en, 14; **~ service-learning programs** participar en programas de aprendizaje-servicio, 19

partner socio(a) (*m.*, *f.*), 19

party pooper aguafiestas, C3

passenger pasajero(a), 15; **coach ~** pasajero(a) de clase turista, 15; **first class ~** pasajero(a) de primera clase, 15

passport pasaporte (*m.*), 15

paternal paterno(a)

patient paciente

pay per view pago por visión, 12

payment method sistema (*m.*) de pago, 20

peace paz (*f.*); **world ~** paz mundial, 14

pencil lápiz (*m.*)

people pueblo, 17

perceive percibir, 20

perform desempeñar, 19

permit permitir, 11

personal contacts contactos personales, 16

Peruvian peruano(a); **~ identity card** DNI, P4

pesticide pesticida (*m.*), 18

philosophy filosofía

photo foto (*f.*)

Physics física

piece pedazo, 18

pill píldora, 13

pizzeria pizzería

placed puesto (*p.p. of* poner), 14

planet planeta, C2

plant plantar, 18; **~ed** sembrado(a), 17

plant and animal wildlife flora y fauna, 18

plastic plástico, 18

play obra teatral, 12; jugar (ue); tocar, 13; **~ down the seriousness of the situation** restarle seriedad al asunto, 19; **~ sports** practicar deportes

plaza plaza

pleasant agradable, 20

please por favor, 16; **~ed about** estar contento(a) de, 12

plot argumento, P3; trama, C4

plumber plomero(a)

plumbing plomería, 18

policeman / policewoman policía (*m.*, *f.*)

policy política, 14, 19; **foreign ~** política exterior, 19; **domestic ~** política interna, 19

polish pulir, 20

political science ciencias políticas

pollution (*air*) contaminación (*f.*) (del aire), 14

pop songs música pop, 12

popcorn palomitas (*f. pl.*), 12

populate poblar, 17

portable MP3 player MP3 portátil

Portuguese portugués, portuguesa

possess poseer, 19

post office oficina de correos

postage stamp estampilla, 15

postcard tarjeta postal, 15

pot olla, 18

poverty pobreza, 19

power poder (*m.*), P4; **~ strip** base de enchufes (*f.*), 18

prankster bromista, 11

preferences preferencias, 16

prenuptual agreement contrato prenupcial, 14

prescribe a medicine recetar una medicina, 13

prescription receta, 13

preserve preservar, 18 **~ traditions** conservar, 17

pretty lindo(a)

previous anterior, 16

primitive primario(a), 17

principles principios, 17

printer cartridge cartucho de la impresora, 18

privacy privacidad (*f.*), 16

privilege privilegio, 19

probable probable, 12

problem inconveniente (*m.*), 20

procedure trámite (*m.*), 20; **customs ~** trámite a aduaneros, 20

proceed with caution proceder con cautela, C2

professor profesor(a)

profile perfil (*m.*), 16

profit ganancia, 14

program programa (*m.*); **television ~** programa de televisión, 12

programmer programador(a)

promise to do something comprometerse, 19

promising prometedor(a), 20

promote impulsar, 19; promover, 18

promotion (job) ascenso, 14

protect proteger, 18 **~ed** protegido(a), 18

proudly orgullosamente, 17

provide   proveer, 19
prudent   prudente, sensato(a), 20
psychology   psicología
public relations   publicidad (*f.*)
Puerto Rican   puertorriqueño(a)
pull out   arrancar, 18
punctual   puntual, 14
punish   castigar, 17
put   poner (*irreg.*); **~ down roots** echar raíces, 17

Q

qualified   cualificado(a) (*p.p. of* cualificar), 19
quality of life   calidad de vida (*f.*), 18
question   pregunta, 13

R

race   raza, 17
radish   rábano, 18
raffle   sorteo, C4
rainforest   bosque tropical (*m.*), 18; selva tropical, 15, 18
raise one's spirits   levantar el ánimo, 17
range of obstacles   gama de barreras, 20
rap   rap (*m.*), 12
rate   tasa; **unemployment ~** tasa de desempleo, 19; **crime ~** tasa delictiva, 19; **~ed G** (*for general audiences*)   apto(a) para toda la familia, 12; **~ed PG-13** (*parental discretion advised*)   se recomienda discreción, 12; **~ed R** (*minors restricted*)   prohibido para menores, 12;
rating: to give a four-star rating   clasificar con cuatro estrellas, 12
raw material   materia prima, 20
reach   alcanzar, 16, 17
read   leer (y)
realize   dar (se) cuenta de, 11, 16
Really!   ¡De veras!, 16
reason   por qué, 16
rebel   rebelde (*m., f.*), 20
reboot   reiniciar, C3
recap   recapitular, 11
reception desk   recepción (*f.*), 15
recession   recesión (*f.*), 19
recharge   recargarse, C3
recipient   destinatario(a) (*m., f.*), 16

recommend   recomendar (ie), 11
recovery   recuperación, C3
recyclable   reciclable, 18
recycle   reciclar, 18
redheaded   pelirrojo(a)
reduce   reducir (-zco), 18
reef (*coral*)   arrecife (*m.*) (de coral), 18
regard: regarding that matter   al respecto, 19
register   registrarse, 15; **~ to vote**   registrar para votar, 19
regret   sentir (ie, i), 12
regrettably   lamentablemente, 19
relax   relajar(se), 16
religious / civil ceremony   ceremonia religiosa / civil, 11
relocate   trasladarse, 17
remember   acordarse (ue) de, 11
remote control   control (*m.*) remoto, 12
renewable energy source   fuente renovable, 18
repeat   repetir (i, i)
replace   reemplazar, C4
reply   replicar, 20; **~** Responder, 16; **~ to all**   Responder a todos, 16
report   informe (*m.*)
representative (*U.S.*)   representante (*m., f.*), 19
require   requerir (ie), 11
requisite   requisito, 14
reservation   reservación (*f.*), 15
resolve   resolver (ue), 18
resonant   sonoro(a), 17
respect   respetar, 17; **~ful**   respetuoso(a), C3
responsible   responsable
restaurant   restaurante (*m.*)
restricted   restringido(a), 16
result in   resultar, 11
retire   jubilarse, 11, 14
return   devolver (ue), 11; **~ed**   vuelto (*p.p. of* volver), 14
reunion   reunión, 11
reusable   reutilizable, 18
reuse   reutilizar, 18
revenge   venganza, C4
review   reseña, 12; revisar, 16
Rhythm and Blues   R & B, 12
rhythm of life   ritmo de la vida, 20
rid of   deshacerse de, C2
ride   montar
ridiculous   ridículo(a), 12
rigged   amañado(a) (*p.p. of* amañar), 20

right   derecho, 19
ripoff   sablazo, C2
risk   riesgo, 17, 19
risky   arriesgado(a), 19
rock (music)   rock (*m.*), 12
role   papel
room: double ~   habitación doble, 15; **emergency ~**   sala de emergencias, 13; **living ~**   sala; **private chat ~**   sala privada, 16; **~ with a bath / shower**   habitación con baño / ducha, 15; **~ without a bath / shower**   habitación sin baño / ducha, 15; **waiting ~**   sala de espera, 13; **smoking / non-smoking ~**   habitación de fumar / de no fumar
roommate   compañero(a) de cuarto, 15
root   raíz (*f.*), 17
round-trip ticket   billete de ida y vuelta, 15
row   remar
rude   grosero(a), 20; malsonante, C4
ruin   ruina, 15
rule out   descartar, 18, 19
run   administrar, 19

S

sad   triste
sadness   tristeza, 11
salary increase   aumento de sueldo, 14
salesclerk   dependiente (*m., f.*)
Salvadoran   salvadoreño(a)
same time   a la vez, C3
sand   arena, 15
satisfy   satisfacer (*like* hacer), 14
Saturday   sábado
save   ahorrar, 18; guardar, 18; salvar, 18; **~ changes**   guardar cambios, 16
say   afirmar, 17
saying   dicho, 14
scarce   escaso(a), 18
scared   asustado(a) (*p.p. of* asustar), 17
scatterbrained   despistado(a), 20
scholarship   beca, 20
sculpture   escultura, 12
sea   mar (*m., f.*), 15
search for contacts   búsqueda de contactos, 16
seat   asiento, 15; **aisle ~**   asiento de pasillo, 15; **window ~**   asiento de ventanilla, 15
secret chamber   cámara secreta, 18
Secretary   ministro, 19

secure server servidor seguro (*m.*), 16; **~ web site** sitio web seguro, 16

seed semilla, 19

seem parecer, C4

seen hacerse atender, 16; visto (*p. p. of ver*), 14

self-directed habilidad de tomar decisiones por sí mismo(a) (*f.*), 19; saber trabajar sin supervisión directa, 19

self-imposed limit límite autoimpuesto, C1

selfish egoísta

self-realize autorrealizarse, 19

self-sufficient valerse por sí mismo(a), 19

senator senador(a) (*m., f.*), 19

send mandar; **~ brief text messages** mandar mensajes de texto cortos, 16; **~ an e-mail to your representative** mandar un e-mail a tu representante, 19

sender remitente (*m., f.*), 16

sense cobrar sentido, 17

sensible sensato(a), 20

sensitive sensible, 11

separation separación, separarse de, 11

Sephardic Jew sefardí (*m.*), 17

serious serio(a)

service servicio; **community ~** servicio comunitario, 19; **room ~** servicio a la habitación, 15; **youth ~** servicio juvenil, 19

seven siete

seventeen diecisiete

seventy setenta

shake hands darse la mano, 14

sheet of paper hoja de papel

shopping cart carro de la compra, 16

short (*in height*) bajo(a); **~ sales** ventas cortas, C2; **~-term (long-term) project** proyecto de corto (largo) plazo, 19;

shoulder hombro, 13

show espectáculo, 12; *show* (*m.*), 12; **game ~** programa de concursos, 12; **talk ~** programa de entrevistas, 12; **reality ~** programa de realidad, 12

shy tímido(a)

sick estar enfermo, P4; **~ness** enfermedad (*f.*), 13

sign firmar, 18; **~ a petition** firmar la petición, 19

sign (*n.*) rótulo, 20

silla chair

silly tonto(a)

sincere sincero(a)

sing cantar

single soltero(a), 11

sister hermana

sitcom telecomedia, 12

site map mapa del sitio (*m.*), 16

six seis

sixteen dieciséis

sixty sesenta

skate patinar

ski esquí (*m.*)

skip saltar, 16

sky cielo, 15

small menudo(a), C4

smartphone *smartphone* (*m.*), 16; teléfono inteligente, 16

sneeze estornudar, 13

snobby cursi, 20

snore roncar, 20

so that con tal (de) que, 13; para que, 13

soap opera telenovela, 12

soccer fútbol (*m.*); **~ field** cancha (campo) de fútbol

social: ~ environment entorno social, 20; **~ networking** red social (*f.*), 16

solar panel panel solar (*m.*), 18

someone you (don't) know conocido(a) / desconocido(a) (*m., f.*), 16

son hijo; **son-in-law** yerno

sooner or later tarde (*f.*) o temprano, 16

sore throat dolor de garganta, 13

south sur (*m.*), 15

spacious amplio(a), 20

spam correo basura, 16

Spanish español(a); **~ language** español (*m.*); **~-Hebrew language** ladino, 17

spark chispazo, 20

species especies (*f.*); **endangered ~** especies amenazadas, 18; especies en peligro de extinción, 18

spirit of participation tener (el) espíritu de participación, 19

split in two desdoblamiento, 19

spokesperson portavoz (*m., f.*), 19

spread the word correr la voz, 19

squander malgastar, 18

stadium estadio

stage of (your) life etapa de la (tu) vida, 11, 20

stall puesto, C4

stand out destacarse, 17

stand-by mode modo "stand-by", 18

startup inicio, 16; **~ page** página de inicio, 16

station estación (*f.*), 12

stationery store papelería

statistics estadística

stay quedar(se), 16; **~ awake** quedarse despierto, 20; **~ in bed** guardar cama, 13; **~ tuned** mantener en sintonía, 11

stepbrother (stepsister) hermanastro(a)

stepfather padrastro

stepmother madrastra

stick: ~ out one's tongue sacar (qu) la lengua, 13; **~ your foot in your mouth** meter la pata, 20

stitched device mechanism dispositivo de cosido, C3

stock market bolsa de valores, 14, C3

stomach estómago, 13; **~ache** dolor de estómago, 13

stop frenar, 19, C1

store archive, almacenar, 16; **~** (*n.*) almacén (*m.*), tienda

straightjacket camisa de fuerza, 20

strange extraño(a), 12

streaming video flujo de video en tiempo real, *streaming* (*m.*), 12

street market mercadillo, C4

strike huelga, 14; **~ing** llamativo(a), 20

stroke of luck golpe de suerte, 18, 19

struggle lucha, 17

stubborn terco(a), 20

student estudiante (*m., f.*); **~ visa** visa estudiantil, 20

study estudiar

subatomic dimensions dimensiones subatómicas, C2

subject asunto, 16

substantial cuantioso(a), C2

subtitles subtítulos; **with ~ in English** con subtítulos en inglés, 12

success éxito, 17

suffer sufrir, 11, 17; **~ (the consequences)** sufrir (las consecuencias), 14

suggest sugerir (ie, i), 11

suitcase maleta, 15

sum up hacer cuentas, 11

Sunday domingo

supermarket supermercado

supervise supervisar, 14
support apoyar, 17; respaldo, 20
sure seguro(a); **~ of him or herself** seguro(a) de sí mismo(a), 20; **it's not ~** no es seguro, 12; **not be ~** no estar seguro(a) de, 12
surf the Internet navegar (gu) por Internet
surprise sorpresa, 11; sorprender, 12
survive sobrevivir, P, 14
suspicious sospechoso(a), C2
sustainable sostenible, 18
Swallow. Trague., 13
sweat sudor (*m.*), P4, C1
swim nadar; **~ming** natación (*f.*); **~ming pool** piscina
symptom síntoma (*m.*), 13
system sistema (*m.*)

T

table mesa
tablet pastilla, 13
take llevar; **~ a spin** dar la vuelta, 20; **~ a stand (in) favor of / against)** declararse (a favor de / en contra de), 19; **~ a tour** hacer un tour, 15; **~ advantage of** aprovechar, 17; **~ an X-ray** hacer una radiografía, 13; **~ measures** tomar medidas, 14; **~ nourishment** nutrir, 18; **~ out** sacar; **~ unfair advantage of** aprovechar(se) de, 17
tall alto(a), P
taxes impuestos, 19
tea (*usually herbal*) infusión (*f.*), 18; **~bag** bolsita de té, 18
teacher maestro(a)
technological break ruptura tecnológica, C3
telecommunications telecomunicaciones (*f. pl.*), 14
television broadcasting televisión (*f.*), 12
tell decir
temeroso(a) fearful, 20
temor (*m.*) fear, 17, 20
ten diez
tennis tenis (*m.*)
terms of agreement condiciones de uso (*f.*), 16
terrorism terrorismo, 14
test análisis (*m.*)
testify astestiguar, 20
text (to) textear, 16

texting texteo, 16
That's the last straw. Eso es el colmo., 16
the way he (she) tells it tal como (lo/los/las) pinta, 11
theory teoría C2
They don't think it's funny at all. No les hace ninguna gracia., C2
thick grueso(a), 17
thin delgado(a)
thirteen trece
thirty treinta
threat amenaza, 18
threaten amenazar, 18
three tres
throat garganta, 13; **sore ~** dolor (*m.*) de garganta, 13
through mediante, C3
throw away botar, 18; echar, 18; tirar, 18
throw up vomitar, 13
thugs matones, C2
Thursday jueves
ticket billete (*m.*), 15; boleto, 12; pasaje (*m.*), 15; (*to a movie, concert, etc.*) entrada, 12
tickling sensations cosquillas, C1
tightly closely apegado(a), 17
tin (*or aluminum*) can lata, 18
tired cansado(a)
toast brindar, 11; brindis (*m.*), 11, 19
toe dedo, 13
together estar juntos, 11
toilet inodoro, 18
tolerance tolerancia, 17
tongue lengua, 13
tool herramienta C3; **~bar** barra de herramientas, 16
touchscreen pantalla táctil, 16
tourist guide guía turística, 15
toxic tóxico(a), 18
trace rastro, C4
traffic jams embotellamientos, 18
train entrenarse; **~ing** entrenamiento, 19
transaction transacción (*f.*), 16
transcend trascender, 19
translate traducir (zc), 17
translation traducción (*f.*), 17
trashcan basurero, 18; papelera 18
travel viajar; **~ abroad**; viajar al extranjero, 15; **~ agency** agencia de viajes, 15
tree felling tala, 18
trip viaje; **educational ~** viaje (*m.*) educativo, 20; **interdimensional ~** viaje interdimensional, C2

true verdad; **it's (not) true** (no) es verdad, 12
trust confiar, 19; **trustworthy** digno(a) de confianza, 19
truth verdad (*f.*)
try procurar, 20
Tuesday martes
turn: ~ in entregar (gu); **~ to** recurrir a, 17
turtle tortuga, C4
tutor tutor(a) (*m., f.*), 20
TV: ~ guide teleguía, 12; **cable ~** televisión por cable, 15; **pay ~** televisión de pago, 12; **~ series** teleserie (*f.*), 12; **~ viewer** televidente (*m., f.*), 12
tweet tuiteo, tuitear, 16
twelve doce
twenty veinte
twenty-one veintiuno
twin towers torres gemelas (*f.*), 20
two dos; **~ of a kind** ser tal para cual, 16; **~-way street** vía de doble sentido, 17

U

U.S. citizen estadounidense
ugly feo(a)
uncle tío
uncomfortable incómodo(a), 20
under surveillance estar vigilado(a), C2
understanding comprensivo(a), 11
undertake emprender, 19
unemployment desempleo, 19
unexpected inesperada, C4
unfreeze descongelar, 18
uni-directional unidireccional, C2
United Nations ONU (Organización de las Naciones Unidas), 17
universe universo, C2
unless a menos que, 13
unpleasant antipático(a)
unplug desenchufar, 18
unprecedented inaudito(a), C2
until hasta (que), 13
upload subir: **~ onto** subir a, 16; **~ audio and video** subir audio y video, 16; **~ photos** subir fotos, 16
Uruguayan uruguayo(a)
useless inútil, 18
username nombre de usuario (*m.*), 16
utilize utilizar, 18

V

vaccinate   poner una vacuna, 13
vaccination   vacuna, 13, 20
vain   vanidoso(a), 20
valid passport   pasaporte vigente (*m.*), 20
values   valores (*m.*), 17
vegetable garden   huerto, 18
veiled   velado(a), 17
Venezuelan   venezolano(a)
veterinarian   veterinario(a)
viceversa   a la inversa, C3
video on demand   video a pedido, video bajo demanda, 12
videotape   grabar, 12
village   pueblo, 17
violence   violencia, 14
visa process   proceso de la visa, 20
visionary   visionario(a) (*m., f.*), 19
vitamin   vitamina, 13
volcano   volcán (*m.*), 15
volleyball   volibol (*m.*)
volunteering opportunities   oportunidades de voluntariado (*f.*), 19
vote   votar, 14

W

wait   esperar, 11, 12
waiter; waitress   camarero(a)
waiting list   lista de espera, 15
wake-up call   servicio despertador, 15
walk   caminar
wall   pared (*f.*)

wander aimlessly   vagar sin rumbo, 20
war   guerra, 14
wardrobe   vestuario, 17
warn   advertir (ie,i), 18, 19; **~ing** advertencia, 18
waste   desperdiciar, 18; **~ of time** robatiempo, 16
watch   vigilar, 18; **~ television** mirar televisión
water   agua, 18; **fresh ~** agua dulce, 18; **drinkable ~** agua potable, 18; **~water** agua salada, 18
wave (*of a body of water*)   ola, C3
weather   tiempo
web surfer   internauta (*m., f.*), 16
wedding   boda; **~ anniversary** aniverario de bodas, 11
Wednesday   miércoles
weeping   llanto, C1
west   oeste (*m.*), 15
what   qué, **what?** ¿qué?; **~ a pain!**   ¡Qué lata!, 16, C2; **~ are your symptoms?** ¿Qué síntomas tiene?, 13; **~ do I know?** ¿Qué sé yo?, 17; **~ the heck**   qué rayos, P4; **~ hurts (you)?** ¿Qué le duele?, 13
when   cuando, 13; **~ all is said and done**   al fin y al cabo, 19; **~ and if**   siempre y cuando, 19
whirlwind   tromba, 19
wide   amplio(a), 20
widowed   viudo(a), 11
wife   esposa
willpower   fuerza de voluntad, 20
win   ganar, 14

window   ventana
wireless   inalámbrico(a), 16
wisdom   sabiduría, 20
wish   desear, 11
with   estar con, 11; **~ destination to**   con destino a, 15; **~in your reach**   a tu alcance, 18; **~out**   sin, sin que, 13; **~out beating around the bush**   sin mucha vuelta, 19; **~out fail**   sin falta, 16
witness   testigo, 19
woman   mujer (*f.*), 11
wood carvings   tallado de madera, 17
work force   fuerza laboral, 19; **~ full-time**   a tiempo completo, 14; **~ part-time**   a tiempo parcial, 14
wormhole   agujero de gusano, C2
worried   angustiado(a), 17
worthwhile   valer la pena, 16
wrapping   envolver: envolviéndola, C4
write   escribir; **~ an editorial**   escribir un editorial, 19; **~ reports**   hacer informes, 14
written   escrito (*p.p. of* escribir), 14

Y

yield   ceder el paso, 17
young   joven
youth   juventud, 11; **~ activism**   activismo juvenil, 19; **~ hostel**   albergue juvenil (*m.*), 20

Z

zero   cero

Index